우울한 현대인에게 주는
번즈 박사의 충고

FEELING GOOD

The New Mood Therapy

David D. Burns, M. D.

feeling good

우울한 현대인에게 주는 번즈 박사의 충고

데이비드 번즈 지음 | 박승용 옮김

문예출판사

차 례

머리말 - 7
감사의 말 - 9
들어가는 말 - 11

제1부 이론과 연구 - 17
1장 기분장애 치료의 한 돌파구 - 19
2장 기분을 진단하는 법 : 치유의 첫걸음 - 29
3장 기분을 이해하기 : 자신이 생각하는 방식으로 느낀다 - 39

제2부 실천적 적용 - 65
4장 자기존중을 확립함으로 시작하라 - 67
5장 무위주의 : 그것을 이기는 법 - 97
6장 언어 유도 : 비난 세례를 받을 때 말대꾸하기를 배우라 - 149
7장 화난 느낌? 당신의 IQ는 얼마인가? - 169
8장 죄의식을 이기는 길 - 224

제3부 '현실적' 우울증 - 259
9장 슬픔은 우울증이 아니다 - 261

제4부 예방과 인격적 성장 - 291

　　10장　그 모든 것의 원인 - 293

　　11장　승인 중독 - 317

　　12장　사랑 중독 - 342

　　13장　당신의 일이 당신의 가치는 아니다 - 359

　　14장　감히 평범해지라! : 완벽주의를 극복하는 길 - 386

제5부 희망 없음과 자살 격퇴하기 - 419

　　15장　궁극적 승리 : 살기로 선택하기 - 421

제6부 일상의 스트레스와 긴장에 대처하기 - 447

　　16장　내가 설교하는 것을 나는 어떻게 실천하고 있는가 - 449

제7부 기분의 화학작용 - 465

　　17장　항우울제 치료에 대한 지침 - 467

　　추천 도서 - 496

　　옮긴이의 말 - 497

• 이 책에서 원주는 * 로 표시했음.

머리말

나는 최근 들어 정신건강 전문가들 사이에 많은 흥미와 흥분을 자아냈던 기분수정(mood modification) 접근 한 가지를 일반 대중에게 소용되도록 애쓴 점에 대해 데이비드 번즈에게 감사한다. 번즈 박사는 펜실베이니아 대학교에서 진행된 우울증의 원인과 치료에 관한 수년간의 연구를 요약하고, 그 연구에서 비롯된 전문적 치료의 핵심인 자기도움 요소를 알기 쉽게 제시한다. 이 책은 자신의 기분을 이해하고 정통하는 데 '최고의' 교육을 받고 싶어하는 이들에게 중요한 공헌을 한다.

인지 요법의 발전에 대한 몇 마디 말이 이 책의 독자들에게 흥미를 줄 것이다. 나는 전통의 심리분석적 정신의학의 열성적인 연구자이며 개업의사로서, 전문 경력을 시작하자마자 우울증에 대한 프로이트의 이론과 치료를 위한 경험적 증거를 조사하기 시작했다. 그런 증거가 붙잡기 어려운 것이 입증된 반면, 나의 탐구로 얻어진 자료는 정서적 장애의 원인에 대한 새롭고 검사할 만한 이론을 제안했다. 그 연구는 우울증 환자가 자신을 '실패자'로, 좌절이나 박탈 및 굴욕과 실패하게 되어 있는 무력한 사람으로 보고 있음을 밝힌 듯했다. 그 후의 실험들은 우울증 환자의 자기평가, 기대, 열망의 측면과 그의 실제적 성취라는 측면 사이에서 놀랍게도 현격한 차이를 보여주었다. 나는 우울증이 사고의 장애를 포함하는 것이 틀림없다고 결론지었다. 즉 우울증 환자는 자기 자신과 자신의 환경 및 미래에 대해 특이질적(idiosyncratic)·부정적 방식으로 사고한다는 것이다. 비관적인 정신 자세는 기분과 동기부여 및 대인관계에 영향을 미치며, 우울증 특유의 심리학적·신체적 증상을 일으킨다.

우리는 이제 많은 분량의 연구 자료와 임상 경험을 갖고 있다. 그 자료와 경험들은 사람들이 비교적 간단한 약간의 원칙과 기법을 적용해 고통스런 기분장애와 자멸적 행동의 통제를 배울 수 있다고 제시한다. 이 조사의 유망한 결과는 정신과 의사뿐 아니라 심리학자와 다른 정신건강 전문가들 사이에서 인지 요법에 관한 흥미를 불러일으켰다. 많은 저술가는 우리의 발견을 정신 치료와 인격적 변화의 과학적 연구 분야에서 하나의 주요한 발전으로 보았다. 이 연구의 기초가 되는 정서적 장애에 대한 이론은 발전을 거듭하며 전 세계 학술 센터의 강도 높은 조사 주제가 되었다.

번즈 박사는 우리가 우울증에 대한 이해에서 이룩한 진전을 명쾌히 서술한다. 그는 고통스런 우울한 기분을 바꾸고 환자를 쇠약하게 하는 불안을 감소시키는 혁신적이고 효과적인 방법들을 쉬운 말로 제시한다. 나는 이 책의 독자들이 우리가 환자와 함께 작업하며 개발한 원칙과 기법을 자신의 문제에 적용할 수 있으리라고 기대한다. 더 심각한 정서적 장애를 가진 사람들은 정신건강 전문가의 도움이 필요하겠지만, 비교적 제어하기 쉬운 문제를 가진 사람들은 번즈 박사가 윤곽을 잡아주는 새로운 '상식적' 대처 기술을 사용해 유익을 얻을 수 있다. 마찬가지로 이 책은 자신을 돕고자 하는 사람들에게 더할 나위 없이 유용한 단계적 안내자가 될 것이다.

마지막으로 이 책은 저자의 독특한 혜안을 반영하고 있다. 그의 열성과 창조적 활기는 그의 환자들과 동료들에게 각별한 선물이었다.

펜실베이니아 대학교 의과대학 정신의학 교수
아론 T. 베크(Aaron T. Beck)

감사의 말

나는 이 책을 준비하며 보낸 숱한 저녁과 주말 시간 동안 내 아내 멜라니가 베풀어준 격려와 인내, 그리고 편집의 도움에 대해 감사한 마음을 전한다. 또한 원고를 정성껏 입력해주고 기술적 도움을 아끼지 않은 메리 러벨에게도 감사한다.

인지 요법의 개발은 기분진료소(mood clinic)와 인지요법센터에서 귀중하게 기여한 여러 재능 있는 사람들이 관여한, 하나의 팀이 노력한 결과물이다. 그들 중에는 아론 베크 박사를 비롯해 존 러시(John Rush), 마리아 코박스(Maria Kovacs), 브라이언 쇼(Brian Shaw), 게리 에머리(Gary Emery), 스티브 홀론(Steve Hollon), 리치 베드로시안(Rich Bedrosian)과 다른 많은 이들이 있다. 그리고 루스 그린버그(Ruth Greenberg), 아이러 허먼(Ira Herman), 제프 영(Jeff Young), 아트 프리먼(Art Freeman)과 론 콜먼(Ron Coleman)을 포함한 현재의 동료들과, 그들의 조언에 깊이 감사하고 싶다.

또한 이 책에서 자신의 저술을 자세히 언급하도록 허락한 레이몬드 노바코(Raymond Novaco), 알렌 와이즈먼(Arlene Weissman), 마크 골드스타인(Mark K. Goldstein)에게 감사드린다.

나는 이 책의 편집자인 마리아 과르나셀리(Maria Guarnaschelli)에 대해 특별히 언급하고 싶다. 그녀는 끝없는 번뜩임과 생기로 내게 특별한 영감을 주곤 했다.

이 책을 위한 훈련과 연구에 종사하는 동안 나는 정신의학연구기금재단의 회원이었다. 내게 이 경험을 가능하게 해준 그들의 후원에 대해 감사한다.

그리고 기분장애의 치료에서 생리학적 요인 및 항우울제 약물의 역할과 관련된 소중한 토의를 허락한 전국정신건강연구소의 임상심리학 분과장인 프레드릭 구드윈(Frederick K. Goodwin) 박사에게 감사드린다.

끝으로 이 책이 출판에 이르기까지 끊임없이 격려해준 아서 슈워츠(Arthur P. Schwartz)에게 감사드린다.

들어가는 말

　이 책에서 내가 당신과 나누고자 하는 것은 최근에 과학적으로 시험된 몇 가지 방법들이다. 그 방법들이란 우울한 기분을 극복하고 인생을 기분 좋게 해주는 것이다. 이 기법들은 인지 요법으로 알려진 새로운 치료 형식에 근거를 두고 있다. 이 치료가 인지 요법으로 불리는 이유는 마음이 산란할 때 사물을 바라보고 해석하는 방법을 바꾸도록 훈련시킴으로써 유쾌함을 느끼고 더욱 생산적으로 행동하게 해주기 때문이다.
　기분을 향상시키는 이 기법들은 놀랍게도 효과적일 수 있다. 사실 인지 요법은 가볍거나 심한 우울증 치료에 항우울제 약물 치료만큼 효과적이거나 경우에 따라서는 더 효과적일 수 있는 주요한 정신 치료 방법 가운데 하나다. 항우울제가 때로는 매우 유용하기도 하지만, 우리는 이제 많은 사람들이 약을 먹지 않고도 기분 문제를 극복하도록 도와준 효과적인 접근 방법을 갖고 있다. 설사 당신이 약물 치료 중이라 해도 자기도움 기법들은 회복을 앞당길 수 있다.
　이미 출판된 자료들도 인지 요법이 행동, 그룹, 통찰 지향적 요법들을 포함한 다른 정신 치료 형식보다 더 나을 수 있음을 제시했다. 이런 발견은 많은 정신과 의사와 심리학자의 흥미를 자아내어 기본적이고 임상적인 연구 조사를 하게 만들었다. 뉴 헤이븐의 예일 대학교 의과대학 미르나 웨이즈먼(Myrna Weissman) 박사는 영향력 있는 잡지 《일반정신의학회지(Archives of General Psychiatry)》에 기고한 글에서, 다른 개별 치료들에 비해서 전체적인 연구가 인지 요법의 월등성을 보여준다고 결론짓는다. 약물과 정신건강 연구에 대한 다른 개발들의 경우와 마찬가지로, 마지막 판결은 시간과 더 많은 연구의 시험을 견뎌내야 하지만 초기 발견들은 매우 유망하다.

이 책에서 소개하는 새로운 치료는 상식에 근거한 개입을 강조한다. 이 치료의 빠른 작용 방식은 전통 지향의 적잖은 분석요법가들에게 의구심을 갖게 했다. 관습적인 치료 방법들은 때때로 다양한 기분장애에 소용되지 못하며, 실제로 상태를 악화시키는 결과를 빚기도 한다. 반면에 이 책에 있는 기법으로 치료를 받은 중증 우울증 환자들 가운데 대다수는 치료를 시작한 지 3개월 만에 증상이 현저하게 감소되었다고 보고했다. 내가 이 책을 쓴 목적은 많은 사람으로 하여금 우울증을 극복하고 행복감과 자기존중을 고양하도록 도와준 방법을 널리 알리려는 것이다. 당신 스스로가 자신의 기분에 정통하기를 배우면서 인격적 성장은 유쾌한 체험이 될 수 있음을 깨닫게 될 것이다. 그 과정에서 당신은 더욱 의미 있는 일련의 인격적 가치들을 개발할 뿐 아니라 사리에 맞고 스스로가 원하는 결과, 곧 향상된 유효성과 더 큰 기쁨을 가져다줄 인생철학을 채택하게 될 것이다.

내가 인지 요법을 접하게 된 것은 간접적 경로를 통해서였다. 1973년 여름, 나는 가족들을 조그만 차에 태우고 샌프란시스코에서 필라델피아에 이르는 긴 여행을 시작했다. 당시 나는 펜실베이니아 대학교 의대에서 정신과 수석 레지던트로 기분 연구를 위한 훈련을 받기로 되어 있었다. 처음에는 필라델피아 재향군인병원의 우울증 연구 병동에서 일했다. 마침 그들은 최근 인기를 끄는 우울증에 대한 화학적 이론들에 관한 자료를 모으고 있었다. 이 연구의 결과, 나는 어떻게 두뇌가 기분 조절에 중요한 것으로 여겨지는 특정 화학물질의 수준을 조절하는가에 대한 나의 실험들에서 문제 해결의 실마리를 이끌어낼 수 있었다. 이 작업 덕분에 나는 1975년 생리학적정신의학협회(Society of Biological Psychiatry)로부터 기초정신의학 부문의 베네트 상(A.E. Bennett Award)을 받았다.

나는 늘 그 상을 경력의 정점으로 여겨왔으므로 꿈을 이룬 셈이었다. 그러나 결정적 요소가 간과되어 있었다. 그 발견들은 내가 매일 우울증과 여타의 정서적 장애로 고통을 받거나 심지어 죽음에 이르기도 하는 사람들을 치료할 때 직면해야 하는 임상 문제들과는 너무나 거리가 멀었던 것이다. 너무 많은 수의 내 환자들이 적절한 형태의 치료에 반응조차 하지 않았다.

나이 든 퇴역군인 프레드가 생각난다. 그는 10년 이상 중증의 지독한 우울증을 겪었다. 그는 종일 벽을 노려보며 우울증 연구 병동의 병실에 앉아 떨고 있었고, 말을 붙여볼라치면 나를 바라보며 이렇게 중얼거리곤 했다. "죽고 싶소. 선생, 난 죽고 싶소." 그 방에 너무 오래도록 앉아 있는 그가 그렇게 늙어 죽지 않을까 걱정스러울 지경이었다. 어느 날 심장마비를 일으켜 거의 죽을 뻔하다가 살아난 그는 몹시 실망했다. 그는 심혈관 질환 병실에서 몇 주를 보낸 뒤 우울증 연구 병동으로 옮겨졌다.

프레드를 치료한 의사는 실험 단계의 수많은 약물과 당시 알려진 항우울제 약물 처방을 다 써보아도 전혀 차도가 없자, 결국 궁여지책으로 전기충격 요법을 사용하기로 결정했다. 전기충격 요법은 다른 치료의 실패가 입증된 경우에만 사용되는 치료법이다. 나는 충격 요법에 참여한 적이 없어서 그 정신과 의사를 돕는 것이 고작이었다. 나는 프레드가 19번이나 충격 요법을 받은 뒤 마취에서 깨어나 여기가 어디냐고 묻던 것이 생각난다. 나는 그가 있는 곳은 재향군인병원이며, 지금 병실로 옮겨가는 중이라고 말했다. 나는 사소한 호전 징후라도 발견할 수 있기를 바라면서 기분이 어떠냐고 물었다. 그러자 그가 나를 쳐다보며 슬프게 중얼거렸다.

"난 죽고 싶소."

나는 그때 우울증과 싸우려면 우리가 더 강력한 화력을 갖추어야 한다는 것을 깨달았다. 그러나 그것이 무엇인지는 몰랐다. 그즈음에 펜실베이니아 대학교의 정신의학부장 존 폴 브래디(John Paul Brady) 박사가 기분장애에 관해 세계 최고의 권위자 중 한 사람인 베크 박사와 일해보지 않겠느냐고 내게 제의해왔다. 베크 박사는 우울증 치료에서 혁명적이며 쟁점거리인 대화 치료의 한 유형을 '인지 요법'이라 명명하고 연구하는 중이었다.

'인지'란 특정한 순간에 사물들에 대해 어떻게 생각하고 무엇을 느끼는지를 뜻한다. 베크 박사의 논제는 간단하다. (1) 우울증에 빠지고 화가 날 때 비논리적이고 부정적인 방식으로 생각하며 부주의하게도 자기 파괴적으로 행동한다. (2) 적은 노력으로도 자신의 뒤틀린 사고 유형을 바르게 하도록 자신을 훈련시킬 수 있다. (3) 고통스런 증상들이 제거되면서 다시 생산적이고 행복해지며 자신을 신뢰할 것이다. (4) 이 목적들은 직선적인 방법들에 힘입어 비교적 짧은 기간 안에 대부분 성취된다.

이것은 너무 간단하고 명확해 보였다. 확실히 나의 우울증 환자들은 그럴 필요가 없는데도 사물들에 대해 비관적이고 왜곡된 사고방식을 갖고 있었다. 그러나 깊은 참호로 둘러싸인 정신적·정서적 습관들이 베크 박사가 제시하는 유형의 훈련 프로그램으로 쉽사리 제거될 수 있다는 것에 대해 나는 회의적이었다. 전반적인 착상이 너무 단순해 보였기 때문이다!

그러나 나는 과학의 역사에서 수많은 위대한 개발이 처음에는 강한 회의의 눈초리로 관찰되었음을 기억해냈다. 인지적 개념 및 방법들이 기분장애를 치료하는 데 혁신을 일으킬지도 모른다는 가능성이 흥미를 자아내기에 충분했으므로, 나는 까다로운 환자들 중 몇 사람에게 그 치료를 시험 삼아 시도해보기로 마음먹었다. 상당한 결과를 보리라고 전혀 기대하지 않았고, 단지 인지 요법이 인기나 노리는 저속한 수법인지 아닌지 스스로 밝혀보고 싶었다.

결과는 놀라웠다. 많은 환자가 수년 만에 처음으로 고통의 경감을 체험했다. 몇몇 사람은 난생처음 행복을 느낀다고 증언했다. 이러한 임상 경험의 결과로 나는 펜실베이니아 대학교 기분진료소에서 베크 박사의 팀과 더 긴밀히 연계하기 시작했다. 이 그룹은 우리가 개발 중인 새로운 치료 방법의 효과를 평가할 여러 과학적 연구들을 시작하고 완성했다. 이런 연구 보고의 결과는 1장에서 소개되고 있는데, 미국과 다른 여러 나라의 정신건강 분야에 커다란 충격을 주었다.

이 새로운 방법들의 도움을 받기 위해 심각하게 긴장할 필요는 없다. 우리는 정신적 조율(mental 'tune-up')로부터 그때마다 도움을 받을 수 있다. 이 책은 당신이 우울해질 때 무엇을 할지 정확히 보여줄 것이다. 이 책은 당신이 왜 그런 식으로 느끼는지 이유를 정확하게 가려내고, 당신의 문제를 가능한 한 빨리 역전시킬 효과적인 전략을 세우도록 도와줄 것이다. 만일 시간을 조금만 투자할 용의가 있으면, 일상적인 신체 건강 조절 계획에 참여한 운동선수가 더 강한 지구력과 힘을 개발하듯이 당신의 기분을 보다 효과적으로 다루는 법을 배울 수 있다. 그 훈련은 확실하고 납득할 수 있게끔 성취될 것이다. 이런 제안은 실용적이므로 당신의 장애와 그 근본 원인에 대한 이해와 정서적 안도를 동시에 산출할 인격 성장 계획을 세울 수도 있다. 이 방법들은 실제로 작용하며, 그 결과들은 매우 심원할 수 있다.

제1부
이론과 연구

1장
기분장애 치료의 한 돌파구

　우울증은 세계 제일의 대중 건강 문제로 지적되어왔다. 사실 우울증은 너무 널리 퍼져 있어서 정신의학적 장애의 감기로 여겨질 정도다. 그러나 우울증과 감기는 엄연히 다르다. 우울증은 당신을 죽일 수도 있다. 연구 자료에 따르면, 최근 몇 년 사이에 어린이들과 청소년층에서 자살률이 놀라울 정도로 상승하고 있다. 지난 수십 년간 보급된 수십억 개의 항우울제와 신경안정제에도 불구하고 이처럼 사망률이 급상승한 것이다.

　이 말은 침울하게 들릴지 모르겠다. 당신이 더 침울해지기 전에 좋은 소식을 알리고 싶다. 우울증은 하나의 병이며, 건강한 생활의 필수적인 한 부분이 아니다. 더구나 중요한 것은 기분 향상을 위한 몇 가지 단순한 방법을 배움으로써 그 병을 극복할 수 있다는 점이다. 펜실베이니아 대학교 의대의 정신과 의사들과 심리학자들은 기분장애 치료와 예방에서 하나의 중요한 돌파구를 보고했다. 전통적인 우울증 치료 방법이 느리고 비효과적이라는 점을 발견하고 불만을 갖게 된 그들은 우울증과 여타의 정서장애에 아주 새롭고도 놀랄 만한 성공적인 접근법을 개발하고 체계적으로 검사했다. 최근에 이루어진 일련의 연구는 이 기법들이 관습적인 정신 치료나 약물 치료보다 훨씬 더 빨리 우울 증상을 감소시킨다는 사실을 확인해준다. 이 혁명적인 치료법의 이름은 '인지 요법'이다.

나는 인지 요법의 개발에 깊이 관여했으며, 이 책은 일반 대중에게 이 치료법을 소개하는 최초의 것이다. 임상적인 우울증 치료에서 이 접근을 체계적으로 적용하고 과학적인 평가를 내린 것은 벡크 박사의 혁신적인 저서가 최초였다. 그는 1950년대 중반에 기분 변화를 위한 자신의 독특한 접근을 다듬기 시작했다.*

그의 선구자적인 노력의 결과들이 지난 10년 동안 현저히 드러나기 시작했는데, 이는 펜실베이니아 대학교 의료원과 여러 다른 학술연구소에서 수많은 정신건강 전문가들이 인지 요법을 다듬고 평가한 덕분이다.

인지 요법은 당신이 스스로 적용법을 배울 수 있는 효과 빠른 기분 수정의 기술이다. 이 요법은 당신을 도와 그 증상들을 제거하고 인격적 성장을 체험하게 함으로써 미래에 대한 불안을 최소화하고, 앞으로 더 효과적으로 우울증에 대처할 수 있게 한다.

인지 요법이라는 단순하고 효과적인 기분 통제 방법이 마련해주는 것은 다음과 같다.

1. **증상의 빠른 개선** 가벼운 우울증의 경우 12주 정도의 짧은 시간이면 증상의 제거를 흔히 관찰할 수 있다.
2. **이해** 왜 우울했는지, 그리고 기분을 바꾸기 위해 무엇을 할 수 있는지 명확히 설명해준다. 당신은 무엇이 당신의 강력한 느낌을 야기하는지 배울 것이다. 정상적인 정서와 비정상적인 정서를 구별하는

---

* 사고 유형이 기분에 영향을 줄 수 있다는 개념은 2천500년 전부터 수많은 철학자에 의해 표명되었다. 최근 정서적 혼란에 대한 인지적 견해는 알프레드 아들러(Alfred Adler), 앨버트 엘리스(Albert Ellis), 카렌 호니(Karen Horney)와 아널드 래저러스(Arnold Lazarus)를 비롯한 많은 정신과 의사와 심리학자의 저서에서 탐구되었다. 이 움직임의 역사에 관해서는 다음 책을 참조하라. A. Ellis, *Reason and Emotion in Psychotherapy*(New York : Lyle Stuart), 1962.

법, 그리고 나쁜 기분의 강도를 진단하고 평가하는 법.
3. **자기통제** 기분이 나쁠 때마다 좋아지게 하는 안전하고 효과적인 대처 전략의 적용법을 배울 수 있다. 나는 당신이 실용적·현실적·단계적인 자기도움 계획(self-help plan)을 개발하도록 안내할 것이다. 그 계획을 적용하면서 당신의 기분을 좀 더 뜻대로 통제할 수 있게 될 것이다.
4. **예방과 인격적 성장** 앞으로 일어날 수 있는 기분 변동을 제대로 예방하는 길은 고통스런 우울증 성향의 핵심에 있는 몇 가지 기본적 가치들과 태도들을 재평가하는 것이다. 나는 무엇이 인간의 가치를 이루는가에 관한 몇 가지 가정들에 도전하고 재평가하는 법을 보여주고자 한다.

당신이 배울 문제 해결과 대처의 기법은 작은 분노로부터 큰 정서적 붕괴에 이르는 현대 생활의 모든 위기를 망라할 것이다. 이 위기는 이혼, 죽음, 실패 같은 현실적인 문제뿐만 아니라 낮은 자기확신, 좌절, 무의식, 무관심처럼 뚜렷한 외적 원인이 없는 듯한 애매하면서도 고질적인 문제들도 포함한다.

"이건 또 다른 통속적인 자기도움 심리학이 아닌가?" 라는 의문이 생길 수 있다. 사실 인지 요법은 학술공동체의 비판적인 감독 아래 엄격한 과학적 연구를 통해 효과적이라고 밝혀진 최초의 정신 치료 형식 중 하나로서, 최고 학술 수준의 전문적 평가와 인정을 받고 있다는 점에서 독특하다. 이 요법은 또 다른 일시적 유행의 자기도움이 아니라, 현대 정신의학 연구와 실제의 주류에서 중요한 부분이 된 하나의 주요한 개발이다. 인지 요법의 학술적 기반은 그 영향을 상승시켰고, 향후 수년간 지속할 힘을 부여했다. 그러나 인지 요법이 획득한 전문적 지위 때문에 겁먹지 않기를 바란다. 많은 전통의 정신 치료와 달리 인지 요법은 불가사의하거나 반직관적이지 않다. 실용적이고 상식에 근거한 이 요법은 당신 자신을 위해 사용할 수 있다.

인지 요법의 첫 번째 원칙은 모든 기분은 '인지' 또는 생각에 의해 만들어진다는 것이다. 인지는 사물을 바라보는 방식, 즉 지각이나 정신적 태도 및 신념들을 말한다. 또한 사물을 해석하는 방식, 다시 말해서 어떤 것이나 어떤 사람에 대해 자신에게 이야기하는 것을 포함한다. 당신이 이 순간 생각하고 있는 사고 때문에 당신이 바로 지금 하고 있는 방식으로 느낀다.

예를 들어보겠다. 당신은 이 책을 읽으면서 어떤 느낌을 갖는가? "인지 요법은 너무 좋게 들려서 사실과 다를 거야. 나에게는 소용되지 않을 거야"라고 생각했을 수 있다. 만일 생각이 이 노선을 따르고 있다면, 당신은 회의적이거나 의기소침하게 느끼고 있는 것이다. 무엇이 당신으로 하여금 그런 식으로 느끼게 하는가? 당신의 사고가 그것이다. 당신은 이 책에 관해 자신과 나누는 대화에서 그런 느낌을 창조해낸다.

반대로 말하면 이렇다. 당신은 갑작스런 기분의 향상을 느꼈을 수도 있다. "야! 이 이야기는 나를 결정적으로 도와줄 수 있을 것 같군"이라고 생각했기 때문이다. 정서적 반응은 당신이 읽는 문장이 아니라 당신이 생각하는 방식에 의해 작동된 것이다. 어떤 생각을 갖고 그것을 믿는 순간 당신은 즉각적인 정서적 반응을 체험할 것이다. 당신의 사고는 실제로 정서를 **창조한다**.

두 번째 원칙은 우울함을 느낄 때 당신의 사고는 스며드는 부정성에 의해 지배받고 있다는 것이다. 당신은 자신뿐만 아니라 세계 전체를 어둡고 침울한 용어로 지각한다. 설상가상인 것은 사물을 당신이 상상하는 만큼 **정말 나쁘다고** 믿게 된다는 점이다.

중증의 우울증에 빠진 경우에는 사물들이 언제나 부정적이었고, 심지어 언제나 부정적일 거라고 믿기까지 할 것이다. 당신이 과거를 돌이켜보면 온갖 나쁜 일들이 일어났음을 기억한다. 미래를 상상해볼라치면 오로지 공허와 끝없는 문제들만 보일 뿐이다. 이 황폐한 전망은 희망이 사라진 느낌을 만들어낸다. 이 느낌은 절대로 비논리적이지만 너무나 실제 같아서, 당신은 자신의 무력함이 언제까지나 지속될 거라고 스스로에게 확신시키고 만다.

세 번째 원칙은 철학적·치료적으로 매우 중요하다. 우리의 연구는 정서적 혼란을 일으키는 부정적 사고가 거의 언제나 지나친 왜곡을 포함한다고 제시했다. 비록 이런 사고가 타당한 듯이 보여도 비합리적이거나 그릇되다는 것, 그리고 그 뒤틀린 생각이 고통의 주요 원인임을 배울 것이다.

이 말이 함축하는 바는 중요하다. 우울증은 분명 현실에 대한 정확한 지각 위에 기초한 것이 아니라 대개 정신적 과오의 산물이란 것이다.

내 말이 타당성을 갖는다고 믿는다면 당신에게 무슨 유익이 있겠는가? 이제 우리 임상적 연구의 가장 중요한 결과에 이르렀다. 자신을 도와 기분 나쁘게 하는 정신적 왜곡들을 정확히 가려내고 제거할 방법에 정통한다면 더 효과적으로 기분을 다룰 수 있다. 당신이 더 객관적으로 생각할수록 기분은 더 좋아질 것이다.

인지 요법은 기존의 다른 방법들과 비교해서 얼마나 효과적일까? 이 새로운 요법은 심하게 우울증에 빠진 사람들을 약물 없이도 낫게 할 수 있을까? 얼마나 신속히? 그 결과는 얼마나 지속될까?

수년 전 펜실베이니아 대학교 의대 인지요법센터에서 존 러시, 아론 베크, 마리아 코박스와 스티브 홀론 박사를 비롯한 일단의 연구자들이 시판 중인 항우울제 가운데 가장 널리 쓰이고 효과적인 약 중의 하나인 토프라닐(Tofranil, imipramine hydrochloride)과 인지 요법을 비교하는 예비 검사(pilot study)를 시작했다. 40명 이상의 중증의 우울증 환자들이 무작위로 분류되어 두 그룹으로 나뉘었다. 한 그룹이 개인 인지 요법을 받되 약물을 쓰지 않은 반면, 다른 그룹은 토프라닐만으로 치료받기로 했다. 이 연구 계획은 두 치료법이 얼마나 비교되는지를 보기 위한 최상의 기회를 제공한다는 점에서 채택되었다. 그때까지 우울증에 대한 어떤 정신 치료도 항우울제를 쓰는 치료보다 효과적으로 보인 적은 없었다. 항우울제들이 대중매체로부터 큰 관심을 받으며 지난 20년 동안 전문가 공동체에 의해 극심한 형태의 우울증에 대한 최상의 치료로 간주되기에 이른 까닭이 여기에 있다.

두 환자 그룹은 12주 동안 치료를 받았고, 모든 환자는 치료 이전뿐만 아니라 치료가 끝난 뒤에도 1년 동안 수개월의 간격을 두고 광범위한 심리학적 검사를 통해 체계적으로 평가되었다. 이 점은 각 치료 유형의 장점에 대한 객관적 평가를 보증했다.

환자들은 온건한 우울증부터 심한 우울증까지 다양하게 분포되어 있었다. 대다수는 다른 진료소에서 둘이나 그 이상의 치료자들에게 진료받은 적이 있지만 호전되지 않았다. 그들 가운데 4분의 3이 의뢰 당시 자살할 지경이었고, 보통의 환자들은 만성적이거나 간헐적인 우울증으로 8년 동안 고생하고 있었다. 환자들은 자신의 문제를 해결할 수 없으며, 자신의 삶은 희망이 없다고 철저히 확신하고 있었다. 당신의 기분 문제는 그들의 처지만큼 압도적이지는 않을 것이다. 일단의 중증 환자들이 가장 치료하기 힘들고 도전적인 조건에서 검사될 수 있게끔 선택된 것이었다.

연구 결과는 대단히 예상 밖이었고 고무적이었다. 인지 요법은 모든 측면에서 항우울제를 이용한 약물 치료보다 우월한 것으로 판명되었다. 〈표 1-1〉에서 보이듯, 인지 요법으로 치료를 받은 19명의 환자 중 15명이 12주 이후 증상이 현저히 감소했다.*

표 1-1 치료 시작 12주 이후 44명의 심한 우울증 환자들의 상태

	인지 요법만으로 치료받은 환자들	항우울제 요법만으로 치료받은 환자들
치료받은 수	19	25
완전히 회복된 수*	15	5
현저히 호전되었으나 아직 가벼운 우울증의 경계선에 있는 수	2	7
호전되지 않은 수	1	5
치료에서 탈락한 수	1	8

* 인지 요법으로 치료받고 회복된 환자들의 수가 월등히 많은 것은 통계학적으로 의미심장하다.

아울러 두 사람이 호전은 되었지만 아직 가벼운 우울증의 경계에 있었다. 오직 한 명이 치료에서 탈락했으며, 한 사람은 치료 끝까지 호전의 기미조차 보이지 않았다. 반대로 약물 치료를 받은 25명 중에서는 5명만이 검사 기간 끝에 완전한 회복을 보여주었다. 약물 치료 환자 가운데 8명은 약물 부작용으로 치료에서 탈락되었으며, 나머지 12명은 전혀 호전의 기미를 보이지 않거나 보였어도 부분적이었다.

인지 요법을 받은 환자들이 약물로 치료받은 환자들보다 훨씬 더 빨리 호전되었다는 것은 특별한 중요성을 갖는다. 검사 1~2주 안에 인지 요법 그룹에서는 자살 충동이 현저히 감소했다. 인지 요법의 유효성은 기분을 향상시키기 위해 약물에 의존하기보다 자신을 괴롭히는 것의 정체와 그에 대처하는 방법에 대한 이해를 개발하고 싶어하는 사람들에게 두말

---

* 〈표 1-1〉의 출처: Rush, A. J., Beck, A. T., Kovacs, M., and Hollon, S., 'Comparative Efficacy of Cognitive Therapy and Pharmacotherapy in the treatment of Depressed Outpatients.', *Cognitive Therapy and Research*, Vol. 1, no. 1, March 1977, pp. 17~38.

할 나위 없이 고무적이다.

12주가 지나고도 회복되지 않은 환자들은 어떻게 된 것인가? 다른 치료 형식과 마찬가지로 이 요법 역시 만병통치약은 아니다. 임상 경험은 모든 경우에서 빠르게 반응하지는 않지만 대부분 더 오랫동안 치료를 지속하면 향상될 수 있음을 보여준다. 때때로 이것은 매우 힘든 일이다! 고질적인 중증의 우울증을 가진 사람을 위해 특별히 고무적인 발전이 있는데, 아이비 블랙번(Ivy Blackburn) 박사와 그녀의 동료들이 스코틀랜드의 에든버러 대학교 의학연구원에서 행한 최근의 연구가 그것이다.*

이 연구자들은 항우울제와 인지 요법을 동시에 사용하는 치료가 이들 각각을 따로따로 사용하는 것보다 훨씬 효과적일 수 있음을 보여주었다.

내 경험으로 볼 때 회복의 가장 결정적인 청신호는 자신을 도우려는 상당한 노력을 아끼지 않는 지속적인 의지다. 이 태도만 있으면 성공한다.

꼭 얼마만큼의 향상을 바랄 수 있을까? 인지 요법을 받은 보통의 환자들은 치료 끝에 증상의 상당한 소멸을 체험했다. 많은 수의 환자가 그들 생애에서 경험한 가장 행복한 느낌이라고 보고했다. 그들은 이 기분 훈련이 일종의 자기존중과 자신감을 가져다주었다고 강조했다. 당신이 지금 얼마나 비참하고 우울하고 비관적으로 느끼든 간에, 이 책에 쓰인 방법들을 지속성과 견실함을 가지고 기꺼이 적용한다면 유익한 효과를 경험할 수 있다고 확신한다.

그 효과는 얼마나 지속될까? 앞서 말한 12주간의 치료 종결 이후 1년간 계속된 사후 연구에서 발견된 내용들은 매우 흥미롭다. 두 그룹의 많

---

* Blackburn, I. M., Bishop, S., Glen, A. I. M., Whalley, L. J., and Christie, J. E., 'The Efficacy of Cognitive Therapy in Depression. A Treatment Trial Using Cognitive Therapy and Pharmacotherapy, each Alone and in Combination.', *British Journal of Psychiatry*, Vol. 139, January 1981, pp. 181~189.

은 사람이 1년 동안 여러 번 우연찮은 기분 변동을 겪었으나, 두 그룹은 대체로 치료 직후에 보인 소득을 계속 유지하고 있었다.

어느 그룹이 사후 연구 기간 동안 실제로 더 잘 생활했을까? 환자 자신들의 보고뿐만 아니라 심리학적 검사들도 인지 요법 그룹이 실제로 기분이 더 좋았다고 확인했으며, 이 차이는 통계학적으로 중요하다. 인지 요법 그룹의 1년간의 재발률은 약물 치료 그룹의 절반에 불과했다. 이것은 새로운 방법으로 치료된 환자들에게 유리한 꽤 큰 차이점이다.

이는 내가 당신이 현재의 우울증을 제거하려고 인지 요법을 쓴 이후에 결코 다시는 우울증을 겪지 않을 거라고 보증할 수 있다는 뜻인가? 물론 아니다. 그것은 마치 당신이 매일 조깅을 하는데 한 번만 좋은 신체 상태를 획득하면 결코 다시는 숨 차는 일이 없을 거라고 말하는 식이다. 때때로 불안해지는 것도 인간의 한 측면이므로 나는 당신이 끝없는 희열의 상태를 이룰 수는 없을 거라고 단언할 수 있다! 이는 당신이 자신의 기분에 정통하기를 계속 원한다면 당신을 도와주는 기법들을 끊임없이 적용해야 함을 의미한다. 기분이 좋다는 것(이것은 저절로 일어날 수 있다)과 기분이 좋아진다는 것(이는 필요에 따라 기분을 향상시킬 방법들을 체계적으로 적용하고 또 적용한 결과다) 사이에는 차이점이 있다.

이 작업이 학술공동체에게는 어떻게 받아들여졌는가? 정신과 의사와 심리학자 및 여타의 정신건강 전문가들에게 이러한 발견들이 미친 충격은 상당하며, 주된 충격은 아직도 계속 중인 것으로 보인다. 우리 연구, 전문 출판물, 강의, 전국 순회 학술모임의 결과로 인지 요법에 대한 초기의 회의는 확산된 관심으로 바뀌어가고 있다. 이런 발견들을 조사하려는 연구 노력들이 미국과 유럽의 유수한 여러 학술단체들에서 진행 중이다. 매우 중요한 최근의 발전은 미국 연방정부가 전국 정신건강연구소의 후원으로 다대학교 우울증 연구계획(multi-university depression-research program)에 향후 수년간 수백만 달러를 투자하기로 결정한 것이다. 최초의 연구처럼, 인지 요법과 기분 향상 약물 가운데 어느 치료 유형이 더 나은 항우울증 효과를 나타내는지 비교될 것이다. 덧붙여 상호 인격적 요인들에 초점을 두는 정신 치료의 세 번째 형태가 평가될 것이다. 《사이언스(Science)》 최근호에 실린 바 있는 이 계획은 역사상 가장 광범위하고 주의 깊게 통제된 정신 치료 연구가 되길 명백히 지향하고 있다.*

이 모든 것은 무엇을 뜻하는가? 우리는 현대 정신의학과 심리학에서 결정적인 발전을 경험하고 있다. 그 발전은 설득력 있고 검사 가능한 치료에 기초하여 인간 정서 이해에 가능성을 연 새로운 접근법이다. 많은 정신건강 전문가가 지금 이 접근법에 지대한 관심을 보이고 있으며, 충격의 큰 파도는 방금 시작된 것으로 보인다.

최초의 연구가 종결된 뒤 수백 명의 우울증 환자가 인지 요법으로 치료를 받고 호전되었다. 결코 치유될 수 없다고 절망했다가 자살을 하기 전에 마지막 시도로 찾아온 사람들도 있었다. 많은 다른 사람은 일상생활의 지겨운 긴장으로 고통을 받거나 인격적 행복을 갈구하고 있었다. 이 책은 우리의 작업을 주의 깊게 심사숙고한 실용적인 적용이며, 당신을 위해 기획된 것이다. 행운이 있기를!

---

* Marshall, E., 'Psychotherapy Works, but for Whom?', *Science*, Vol. 207, February 1, 1980, pp. 506~508.

2장
기분을 진단하는 법 :
치유의 첫걸음

아마도 당신은 자신이 사실 우울증으로 고통을 받고 있는 상태인지 궁금할 것이다. 이제 당신이 어디에 서 있는지 보자. 베크 우울증 목록(Beck Depression Inventory, BDI)은 우울증을 발견하고 정확히 그 강도를 측정할 수 있는 믿을 만한 기분 측정 고안물이다. 이 간단한 선다형 질문표는 작성을 완료하는 데 겨우 수분밖에 걸리지 않는다. 당신이 BDI를 다 작성하면 나는 총점에 근거하여 결과의 간단한 해석법을 보여주겠다. 그러면 당신은 자신이 진짜 우울증으로 고통 받고 있는지 아닌지와, 우울증이 있다면 그 정도는 얼마나 되는지 즉시 알 수 있다. 나는 당신이 이 책을 안내자로 삼아 자신의 우울한 기분을 안전하고 효과적으로 치료하는 데, 또 당신이 더 심각한 정서적 장애를 갖고 있다면 자신의 노력에 덧붙여 전문가의 중재로부터 유익함을 얻도록 마음먹는 데 도움을 줄 몇 가지 중요한 안내 지침을 제시하겠다.

질문표의 각 항을 주의 깊게 읽고 지난 며칠 동안 당신이 느낀 바를 가장 잘 반영하고 있는 번호에 동그라미를 쳐라. 21개 질문 각각에 한 가지 번호만 골라야 한다.* 당신이 느끼기에 한 개 이상의 답이 해당되는 것 같으면 높은 번호에 동그라미를 쳐라[예를 들어 2번보다는 3번이 높은 번호임—옮긴이 주]. 의심스러울 때는 추측해보라. 어떤 질문에도 답하지 않고 검사를

표 2-1 베크 우울증 목록

1   0   나는 슬프지 않다.
     1   나는 슬프다.
     2   나는 언제나 슬프고 기운을 낼 수가 없다.
     3   나는 너무 슬프고 불행한 느낌이어서 견딜 수가 없다.

2   0   나는 미래에 대해 특히 의기소침하지 않다.
     1   나는 미래에 대해 의기소침하다.
     2   나는 미래에 기대할 것이 없다고 느낀다.
     3   나는 미래가 희망이라곤 없으며 상황은 향상될 수 없다고 느낀다.

3   0   나는 실패자라고 느끼지 않는다.
     1   나는 여느 사람보다는 실패했다고 느낀다.
     2   내 인생을 돌아볼 때 볼 것이라고는 수많은 실패뿐이다.
     3   나는 인간으로서 완전한 실패자라고 느낀다.

4   0   나는 전에도 그랬듯이 만사에서 만족을 얻는다.
     1   나는 전에 하던 식으로 만사를 즐기지는 못한다.
     2   나는 어느 것에서도 더 이상 진짜 만족을 얻지 못한다.
     3   나는 불만스럽고 만사가 지겹다.

5   0   나는 죄스럽다고 느끼지 않는다.
     1   나는 가끔 죄의식을 느낀다.
     2   나는 거의 늘 매우 죄의식을 느낀다.
     3   나는 언제나 죄의식을 느낀다.

6   0   나는 처벌받고 있다는 느낌은 없다.
     1   나는 아마 처벌받을지도 모른다고 느낀다.
     2   나는 처벌받으리라고 생각한다.
     3   나는 처벌받고 있다고 느낀다.

---

* 몇 가지 질문은 당신이 최근 신경과민이나 불면증 같은 특별한 증상을 경험했는지 묻는다. '…평소보다 좀 더'나 '…전보다 더'. 그런 증상이 만성우울증 때문에 오래 지속되었다면 현재 느낌과 우울하지 않고 행복하던 시절의 느낌을 비교하여 질문에 답해야 한다. 전에 행복하거나 우울하지 않은 적이 없다고 믿는다면 현재 느낌을 당신이 상상하기에 정상적이고 우울증에 걸리지 않은 사람이 어떻게 느낄 것인가를 비교해서 질문에 대답하면 된다.

7   0   나는 나 자신에 대해 실망스럽다고 느끼지 않는다.
    1   나는 나 자신에 대해 실망한다.
    2   나는 나 자신에 대해 아주 실망한다.
    3   나는 나 자신이 혐오스럽다.

8   0   나는 남들에 비해 내가 형편없다고 느끼지 않는다.
    1   나는 나의 약점이나 실수 때문에 나 자신에 대해 비관적이다.
    2   나는 나의 과오들 때문에 언제나 나 자신을 책망한다.
    3   나는 발생하는 모든 나쁜 일 때문에 나 자신을 책망한다.

9   0   나는 자살 따위는 생각조차 하지 않는다.
    1   나는 자살을 생각해보지만 실행하진 않겠다.
    2   나는 자살하고 싶다.
    3   나는 기회만 오면 자살하겠다.

10 0   나는 평소보다 좀 더 울지는 않는다.
    1   나는 요즈음 전보다 더 우는 편이다.
    2   나는 요즈음 언제나 운다.
    3   나는 전에 울 수 있었는데 지금은 울고 싶어도 울 수가 없다.

11 0   나는 평소보다 만사에 대해 더 화내지는 않는다.
    1   나는 요즈음 평소보다 조금 더 화내는 편이다.
    2   나는 거의 늘 매우 속상하고 안달한다.
    3   나는 요즈음 언제나 화를 낸다.

12 0   나는 다른 사람들에 대한 관심을 잃지 않았다.
    1   나는 전에 비해 다른 사람들에 대해 더 이상 관심이 가질 않는다.
    2   나는 다른 사람들에 대해 관심을 아주 상당히 잃었다.
    3   나는 다른 사람들에 대한 관심이라곤 손톱만큼도 없다.

13 0   나는 전에 할 수 있었던 만큼 결정을 내린다.
    1   나는 전에 비해 결정 내리기를 미룬다.
    2   나는 전에 비해 결정 내리는 데 아주 큰 어려움을 겪는다.
    3   나는 더 이상 결정을 내릴 수가 없다.

14 0   나는 전보다 더 나쁘게 보인다고 느끼지 않는다.
    1   나는 내가 늙어 보이거나 매력이 없어 보인다고 걱정한다.
    2   나는 외모에서 나를 매력 없어 보이게 하는 영구적 변화들이 있다고 느낀다.
    3   나는 내가 추해 보인다고 믿는다.

15 0 나는 전만큼 일할 수 있다.
    1 일을 시작하려면 몇 곱절이나 힘이 든다.
    2 나는 어떤 일이든 하려면 나 자신을 말할 수 없이 밀어붙여야만 할 수 있다.
    3 나는 아무 일이든 할 수가 없다.

16 0 나는 평소처럼 잘 잔다.
    1 나는 전처럼 잘 자지 못한다.
    2 나는 평소보다 1~2시간 일찍 깨고 다시 잠들기가 힘들다.
    3 나는 이전에 비해 몇 시간 일찍 깨고 다시 잠들지 못한다.

17 0 이전보다 더 피곤해지진 않는다.
    1 이전에 비해 더 쉽게 피곤해진다.
    2 거의 무슨 일을 하든지 피곤해진다.
    3 나는 너무 피곤해서 아무것도 할 수가 없다.

18 0 내 입맛은 전에 비해 조금도 나쁘지 않다.
    1 입맛이 이전만큼 좋지 않다.
    2 입맛이 요즘 무척 없다.
    3 입맛이라고는 전혀 없다.

19 0 몸무게가 줄지 않았지만, 필요하다면 나중에 빼겠다.
    1 몸무게가 약 2킬로그램 이상 줄었다.
    2 몸무게가 약 4킬로그램 이상 줄었다.
    3 몸무게가 약 6킬로그램 이상 줄었다.

20 0 나는 이전에 비해 내 건강에 대해 그다지 걱정하지 않는다.
    1 갑작스런 통증이나 동통, 배탈, 변비 같은 신체상의 문제에 대해 걱정한다.
    2 신체상의 문제에 대해 매우 걱정돼서 다른 여러 일을 생각하기가 힘들다.
    3 신체상의 문제에 대한 걱정 때문에 다른 일은 도대체 생각할 수가 없다.

21 0 섹스에 대한 나의 관심이 최근 바뀐 느낌은 없다.
    1 전에 비해 섹스에 대한 나의 관심이 조금 줄었다.
    2 요즈음 섹스에 대한 나의 관심은 아주 조금밖에는 없다.
    3 섹스에 대한 관심이라고는 하나도 없다.

마치는 일은 없어야 한다. 결과에 상관없이 이 질문표를 작성하는 것은 정서적 향상을 향한 당신의 첫걸음이 될 수 있다.

베크 우울증 목록의 해석

검사를 마쳤으면 21개 질문의 각 점수를 합하여 총점을 내라. 각 질문에서 얻을 수 있는 최고점이 3점이므로 가능한 최고점은 63점이다(이는 곧 21개 질문 모두 3번에 동그라미했다는 뜻이다). 각 질문의 최하점은 0점이므로 가능한 최하점은 0점이다(이는 곧 각 질문마다 0번에 동그라미했음을 뜻한다).

이제 당신은 〈표 2-2〉를 따라서 자신의 우울증을 평가할 수 있다. 보다시피 총점이 높을수록 우울증은 더 심각하다. 반대로 총점이 낮을수록 당신의 기분은 좋은 것이다.

비록 BDI 검사의 작성과 총점 내기가 어렵지 않으며 시간을 오래 끌지도 않지만 그 간단함 때문에 불신해서는 안 된다. 당신은 방금 우울증 진단을 위해 고도로 정교화된 도구의 사용법을 배운 것이다. 과거 10년간 많은 연구 노력은 BDI 검사와 유사한 기분평정(氣分評定) 방법들이 우울

표 2-2 베크 우울증 목록의 해석

총점	우울의 정도*
1~10	이런 증감은 정상으로 보인다.
11~16	가벼운 기분 혼란
17~20	경계선상의 우울증
21~30	온건한 우울증
31~40	심각한 우울증
40 이상	극도의 우울증

* 계속해서 17점 또는 그 이상을 받는 경우에는 전문가의 진찰을 받아야 한다.

증을 찾아내고 측정하는 데 매우 정확하고 신뢰할 만한 것임을 증명했다. 정신과 응급실에서 행한 최근의 연구에서, 당신이 방금 작성한 것과 비슷한 자기평정 우울증 목록이 실제로 이런 검사를 사용하지 않은 숙련된 임상의의 정식 면접보다 더 빈번하게 우울 증상의 존재를 정확히 찾아냈음이 발견되었다. 당신은 자신을 진단하고 당신의 진보를 감시하는 데 확신을 갖고 BDI를 사용할 수 있다.

당신은 이 책에 쓰인 다양한 자기도움 기법들을 적용하면서도 BDI 검사를 정기적으로 실시하여 당신의 진보를 객관적으로 평가하라. 최소한 1주일에 한 번을 권한다. 식이요법을 할 때 정기적으로 체중을 재어보는 것에 비교해보라. 당신은 이 책의 여러 장들이 우울증의 다른 증상들에 초점을 맞추고 있음을 알아차릴 것이다. 그리고 이런 증상들을 극복하는 법을 배우면서 당신의 총점이 줄어드는 것을 발견할 것이다. 이것은 당신이 호전되고 있다는 뜻이다. 총점이 10점 이하가 되면 당신은 정상으로 사료되는 상황 안에 들어선 것이다. 총점이 5점 이하면 당신의 기분은 아주 좋을 것이다. 나는 당신의 총점이 언제나 5점 이하에 머물기를 바란다. 이것이 당신 치료 목표의 하나다.

우울증에 걸린 모든 사람이 이 책에서 윤곽을 잡아준 원칙들과 방법들을 따라서 자신을 치료하려는 것이 안전한가? 대답은 '**확실히 그렇다**'이다. 그 이유는 기분장애가 얼마나 심하든지 상관없이 **자신을 도우려고 시도한다는** 이 결정적 결심이 기분을 가능한 한 빨리 좋게 만드는 열쇠이기 때문이다.

어떤 상태에 있을 때 전문가의 도움을 구해야 하는가? 만일 BDI 검사가 우울증을 나타내지만 총점이 16점 이하일 경우 당신의 우울증은, 적어도 이 시점에서는 가벼운 정도로 비상사태는 아니다. 당신이 확실히 문제를 고치려 하면 전문가의 개입이 불필요할 수도 있다. 이 책에 제시된 노선을 따르는 체계적인 자기도움의 노력과 신뢰받는 친구와 자주 나누는 솔직한 대화로도 틀림없이 충분할 것이다. 점수가 16점 이상일 경우 당신은 더욱 심각하게 우울증에 빠져 있는 것이다. 당신의 기분은 심히 불안정하고, 아마도 위험하기 쉽다. 우리 대부분도 잠깐씩 극도로 불안하기는 하지만, 당신의 점수가 이 범위에서 2주 이상 머무를 경우에는 전문가의 진찰을 받아야 한다. 확신하건대 당신은 아직 이 책에서 가르쳐주는 것을 적용해 큰 유익을 얻을 수도 있고, 어쩌면 온전히 스스로 자신의 우울증을 잘 정복할 수도 있는 상태다. 그러나 전문가의 안내 없이 시도하기를 고집하는 것은 지혜롭지 못하다. 신뢰받는 유능한 상담가를 찾아라.

당신의 BDI 총점을 평가하는 데 덧붙여 자살 경향에 대해 묻는 9번 질문에 주의를 기울여라. 이 질문에서 2점이나 3점을 받는다면 위험스럽게도 자살적일 수 있다. 이때는 즉시 전문가의 도움을 받도록 강력히 권고한다. 15장에서 자살적 충동을 평가하고 뒤바꾸는 효과적인 몇 가지 방법을 소개하겠지만, 자살이 해볼 만하다거나 필연적인 선택이란 식으로 나타나면 전문가와 상의해야 한다. 희망은 사라지고 없다는 확신은 자살이 아니라 치료를 받아야 할 이유다. 심하게 우울증에 걸린 사람들 대부분은 추호의 의심도 없이 자기들에게 희망이 없다고 믿어버린다. 이 파괴적인 망상은 병의 증상일 뿐 사실이 아니다. 희망이 사라지고 없다는 느낌은 실제로 그렇지 않다는 강력한 증거다.

당신이 최근 들어 건강에 대해 더 염려했는지 묻는 20번 질문을 살펴보는 것 또한 중요하다. 이유도 없이 갑작스런 통증, 동통, 발열, 몸무게 감소와 다른 가능한 의학적 질병의 증상을 체험했는가? 만일 그랬다면 병력 진술, 완전한 신체 검사, 병리 검사를 포함하는 의학적 진찰을 받을 만하다. 아마도 의사는 깨끗한 건강증명서를 당신에게 줄 것이다. 이는 불안정한 육체적 증상들이 정서적 상태와 관련되어 있음을 시사한다. 기분 변화는 때때로 갖가지 헷갈리는 신체적 증상들을 다양하게 창조해내므로 우울증은 수많은 의학적 장애를 모방할 수 있다. 예컨대 변비, 설사, 동통, 불면이나 너무 많이 잠자는 경향, 허기, 성적 관심의 감소, 가벼운 상기(上氣), 떨림과 마비 등의 증상은 우울증이 호전되면 십중팔구 없어질 것이다. 그러나 치료 가능한 수많은 질병이 처음에는 우울증으로 가장할 수 있다는 것과, 의학적 검사는 바로잡을 수 있는 신체의 질병을 조기에 진단해낼 수 있다는 것을 (그리하여 생명을 구한다는 것을) 명심해야 한다.

심각한 정신적 장애의 존재를 시사하는, 그러나 증명하지는 않는 수많은 증상이 있다. 이런 증상들은 이 책의 자기관리적인 인격 성장 계획에 덧붙여 정신건강 전문가의 진찰과 가능한 치료도 필요로 한다. 주요 증상 몇 가지를 소개하면 다음과 같다. 사람들이 자신을 다치게 하거나 생명을 빼앗으려고 음모를 꾸민다는 신념, 정상적인 사람이 이해할 수 없는 기괴한 체험, 외적인 세력이 자신의 마음과 몸을 통제한다는 확신, 다른 사람들이 자신의 생각을 듣거나 자기 마음을 읽을 수 있다는 느낌, 머리 바깥에서 들리는 소리들, 있지도 않은 사물을 보는 것, 다른 이들에게는 들리지도 보이지도 않는 소리와 영상을 라디오나 텔레비전에서 듣고 보는 것.

이런 증상들은 비록 우울병의 일부는 아니지만 주요한 정신장애를 나타낸다. 정신의학적 치료가 필수다. 이런 증상을 가진 사람들은 대부분 자신들에게 아무것도 잘못된 것이 없다고 확신하므로 의심쩍은 원한과 저항을 받더라도 정신의학적 치료를 받도록 권고해주어야 한다. 반대로 자신은 미쳐가고 있으며 스스로 느끼기에 통제력을 잃거나 깊은 나락으로 떨어지는 경악스런 체험을 하고 있다는 깊은 공포를 품고 있는 경우에는 그렇지 않다는 것이 거의 확실하다. 이것들은 정상적 불안이나 경미한

장애의 전형적인 증상들이다.

조병(躁病, mania)은 잘 알려져 있는 기분장애의 특별한 한 형태다. 조병은 우울증의 반대여서 리튬(lithium)을 처방할 수 있는 정신과 의사의 즉각적인 개입이 필요하다. 리튬은 극단적인 기분 변화를 안정시키고 환자가 정상적인 생활을 영위하게 해준다. 그러나 치료가 시작되기까지 그 병은 정서적으로 파괴적일 수 있다. 그 증상들에는 약이나 알코올의 영향도 아니면서 기껏해야 이틀밖에 가지 못하는 비정상적인 의기양양이나 나쁜 기분이 포함된다. 조병 환자들이 보이는 행동의 특징은 자기확신의 과대한 의식과 함께 (이를테면 무책임하고 지나치게 시간을 끄는) 어설픈 판단을 보이는 충동적인 행동이다. 조병은 증가된 성적 또는 공격적 행위를 동반한다. 이를테면 과잉 활동적이거나 끊임없는 신체운동, 질주하는 생각이나 쉬지 않고 계속되는 흥분된 수다, 그리고 저하된 수면 욕구 등이다. 조병 환자들은 자기가 특별히 강력하고 똑똑하다는 망상을 갖고 있으며, 흔히 자기들이 어떤 철학적 또는 과학적 발견이나 수지맞는 돈벌이를 막 하려는 참이라고 우긴다. 다수의 유명한 창조적인 사람들이 이 병을 앓고 있으며 리튬으로 통제해가고 있다. 이 병은 기분을 너무 좋게 해서 처음 병에 걸린 당사자들은 흔히 치료받도록 인식시킬 수가 없다. 첫 증상들이 아주 도취적이므로 그 희생자들은 자신의 갑작스런 자기확신과 내적 황홀경의 획득이 실제로는 단지 파괴적인 질병의 표시라는 생각을 받아들이지 않는다.

잠시 뒤 그 행복한 상태는 본의 아닌 입원을 필요로 하는 통제 불가능한 섬망(譫妄, delirium)으로 발전하거나, 갑자기 현저한 고정성과 무감동을 동반한 무력화하는 우울증으로 변할 수도 있다. 나는 당신이 조병의 증상들에 정통하길 바란다. 그 이유는 진짜 주요한 우울증을 겪는 환자들 가운데 상당수가 얼마 안 가서 이 증상으로 발전해갔기 때문이다. 이 일이 일어나면 발병한 개인의 인격은 며칠 또는 몇 주 안에 심한 변화를 겪는다. 정신 치료와 자기도움 계획이 큰 도움이 되겠지만, 의학적 감독 아래 리튬을 동시에 사용하는 치료법은 최상의 대응을 위해 필수적이다. 그런 치료를 받은 조병의 예후(豫後)는 썩 좋은 편이다.

당신의 BDI 점수가 17점 이하이고 강한 자살적 충동, 환각이나 조병 증상을 갖고 있지 않다고 가정하자. 침울하고 비참한 느낌 대신에 이제 당신은 이 책에 제시된 방법들을 이용해 더 나아지도록 전진할 수 있다. 당신은 즐겁게 살아가기 시작할 수 있고, 일할 수 있으며, 억압되는 데 쓰인 에너지를 활기차고 창조적인 삶을 위해 사용할 수 있다.

3장
기분을 이해하기 :
자신이 생각하는 방식으로 느낀다

앞장에서 읽은 대로, 당신은 우울증의 영향이 얼마나 광범위한지 알게 되었다. 당신의 기분은 의기소침해지고, 자아상(自我像)은 부서지며, 몸은 적절히 기능을 발휘하지 않고, 의지력은 마비되며, 행동은 당신을 좌절시킨다. 이것이 바로 당신이 우울하며 완전히 주저앉은 느낌을 갖는 까닭이다. 이 모든 것을 푸는 열쇠는 무엇일까?

정신의학 역사에서 우울증은 정서적 장애로 간주되었으므로 대부분의 심리학과 출신 치료자들은 환자의 느낌과 접촉하는 것을 아주 강조해왔다. 그러나 우리 연구는 예기치 못한 사실을 밝혀준다. 우울은 정서적 장애가 전혀 아니라는 것이다! 당신이 느끼는 방식의 갑작스런 변화는 감기가 들면 콧물이 흐르는 식의 우연한 관련성에 지나지 않는다. 당신이 느끼는 온갖 나쁜 감정은 왜곡된 부정적 사고의 결과다. 논리에 어긋난 비관적 태도는 모든 증상의 발전과 지속에 중심 역할을 한다.

심한 부정적 사고는 언제나 우울증이나 그 일에 대한 고통스런 정서를 동반한다. 당신의 우울한 사고는 기분 나쁘지 않을 때 가진 사고들과는 완전히 다른 듯하다. 박사 학위를 곧 받을 한 젊은 여성은 그것을 이렇게 설명한다.

우울증에 빠질 때면 나는 마치 갑자기 우주적인 충격을 받은 듯이 느낀다. 그리고 나는 사물들을 다르게 보기 시작한다. 그 변화는 한 시간 안에도 올 수 있다. 나의 사고는 부정적이고 비관적이 된다. 과거를 돌아보면, 내가 행한 모든 것이 부질없었다고 확신하게 된다. 행복했던 어떤 시절도 환상인 듯하다. 나의 업적은 서부 영화의 세트에 쓰이는 가짜 건물의 전면만큼밖에는 성실하지 않은 듯하다. 나는 진정한 나라는 존재가 가치 없고 부적절하다고 확신하게 된다. 나는 의심으로 얼어붙어서 내 일을 진행시킬 수가 없다. 그러나 그 비참함을 참지 못할 지경이어서 가만히 있을 수가 없다.

그녀처럼 당신도 마음을 흠뻑 적신 부정적 사고가 당신의 자멸적인 정서의 실제적 원인임을 알 것이다. 이 사고들이 당신을 무기력하게 만들고 무력한 느낌이 들게 하는 것이다. 부정적 사고 또는 인식들이 당신의 우울증에서 가장 간과된 증상들이다. 이러한 인식들은 치유에 대한 열쇠를 포함하고 있으므로 매우 중요한 증상들이다.

당신이 무언가에 대해 우울해질 때마다 우울하기 바로 전과 우울하게 느끼는 중에 가졌던 공통의 부정적 사고를 찾아내도록 힘쓰라. 이 사고들이 나쁜 기분을 실제로 창조해내므로, 그것들을 재구성하는 법을 배움으로써 기분을 바꿀 수 있다.

당신은 필시 이 말에 의심을 품을 것이다. 왜냐하면 당신의 부정적 사고는 삶의 일부가 되어버려 자동적이 되었기 때문이다. 그래서 나는 부정적 사고를 '자동적 사고'라고 부른다. 부정적 사고는 당신의 미소한 노력 없이도 자동으로 당신 마음을 관통해서 거기 놓인다. 그것은 당신이 수저를 드는 것만큼 명백하고 자연스러울 정도다.

생각하는 방식과 느끼는 방식 간의 관계를 나타내는 〈그림 3-1〉은 당신의 기분을 이해하는 주요한 첫 번째 열쇠를 보여준다. 당신의 정서는 사

그림 3-1 세계와 당신이 느끼는 방식의 관계

기분 변화를 초래한 것은 실제 사건이 아니라 당신의 지각이다. 슬플 때는 당신의 사고가 부정적 사건에 현실적인 해석을 한다. 그러나 우울증에 걸리거나 불안할 때 당신의 사고는 언제나 비논리적 또는 비현실적이거나, 단지 틀리거나 왜곡되어 있을 것이다.

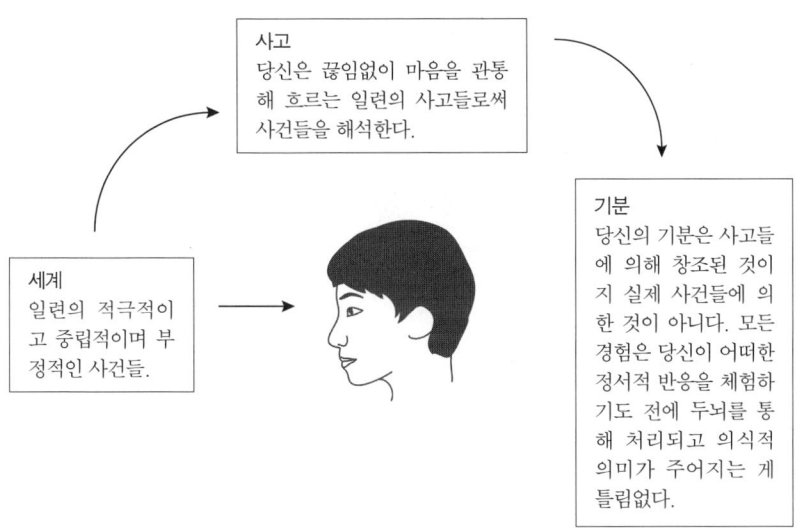

물을 바라보는 방식으로부터 온전히 결정된다. 어떤 사건을 체험할 수 있기 전에 마음으로 먼저 조사해 분류하고 거기에 의미를 부여해야 한다는 것은 명백한 신경학적 사실이다.

무슨 일이 일어나는지에 대한 이해가 정확할 때 당신의 정서는 정상일 것이다. 만일 당신의 인식이 어떤 식으로든 꼬이고 비틀린 것이라면 정서적 반응은 비정상일 것이다. 우울증도 이 범주에 들어간다. 그건 언제나 정신적 잡음, 즉 왜곡의 결과인 것이다. 우울한 기분은 주파수가 잘 안 맞은 라디오에서 흘러나오는 지지거리는 음악에 비할 수 있다. 문제는 진공관이나 트랜지스터에 결함이 있다든지 라디오 방송국의 신호가 악천후 탓에 혼선되었다는 것이 아니다. 당신은 단지 다이얼을 맞추기만 하면 된다. 정신적 주파수 조절법을 배우기만 하면 음악은 다시 깨끗하게 흘러나오고 우울증은 사라질 것이다.

몇몇 독자들, 그리고 아마도 당신은 이 단락을 읽으면서 절망의 고통을 체험할 것이다. 그러나 이에 불안할 것은 없다. 만일 있다면 그 단락은 희망을 줄 것이다. 그렇다면 이 글을 읽을 때 무엇이 당신의 기분을 주저앉게 만들었을까? 그것은 "다른 사람에게는 약간의 주파수 조절로 충분할지 몰라도 난 수리할 수 없을 만큼 부서져버린 라디오란 말이야. 나는 만 명의 우울증 환자가 완쾌된다 해도 상관없는 사람이야. 난 내 문제에 희망이 없다는 걸 의심의 여지없이 확신하고 있어"라는 생각이었다. 나는 이런 말을 한 주에 50번씩이나 듣는다! 우울증에 걸린 거의 모든 사람은 자기들이 정말 희망 없는 특별한 자라고 아무 까닭도 이유도 없이 믿고 있는 듯하다. 이 망상은 바로 당신 병의 핵심에 있는 정신적 진행 과정의 종류를 반영하고 있다!

어린 시절의 나는 마술에 관한 책들을 보며 지방도서관에서 시간을 보내곤 했다. 토요일이면 마술가게에서 살다시피 하면서 카운터 위의 남자가 카드와 비단으로 놀라운 장면을 연출하는 모습과 상식의 모든 법칙에 도전하는 공중에 떠오른 크롬 공들을 보았다. 나의 가장 행복한 유년기 기억 중의 하나는 여덟 살 때 콜로라도 덴버에서 열린 '세계 최고의 마술가, 블랙스톤'의 공연을 본 것이다. 나는 다른 여러 어린이들과 함께 무대 위로 초대를 받았다. 블랙스톤은 우리 손을 모든 길이가 60센티미터인 새장 위에 얹도록 지시했다. 그 새장에는 흰 비둘기들이 가득 들어 있었고, 우리 손이 위와 아래뿐 아니라 나머지 사면까지 완전히 덮었다. 그는 가까이 서서 "새장을 똑바로 봐!" 하고 말했고, 나는 그대로 했다. 그가 "이제 손뼉을 칠게"라고 외치고는 그렇게 했다. 그 순간 새장은 사라졌다. 내 손은 허공에 매달려 있었다. 그건 불가능했다! 그러나 그 일이 일어났다. 나는 어리벙벙했다.

이제 나는 마술가로서의 블랙스톤의 능력은 여느 우울증 환자보다도 더 컸다는 것을 안다. 이 말에는 당신도 포함된다. 당신은 우울할 때 현실에 기초를 두지 않은 사물을 **믿거나** 주위 사람들로 하여금 믿게 만드는 그 놀라운 능력을 소유한다. 당신이 어떻게 자신을 속였는지 볼 수 있게 거울들 너머로 **보는 법**을 가르치는 것, 당신의 환상을 **관통하는** 것이 치료자로서 나의 할 일이다. 당신은 내가 자신을 각성시키려고 계획한다고 말할지도 모른다! 그렇지만 당신이 싫어하리라고는 생각하지 않는다.

모든 우울증의 기초를 이루는 10가지 인지적 왜곡들의 다음 목록을 숙독하라. 그것들에 대한 감각을 갖도록 하라. 나는 이 목록을 대단히 신경 써서 마련했다. 그것은 여러 해의 연구와 임상 경험에서 뽑아낸 핵심이다. 이 책의 제2부를 읽을 때 거듭거듭 이 내용을 참조하라. 당신이 불안할 때 이 목록은 당신이 어떻게 자신을 속이는지 알게 해주는 데 더없이 귀중할 것이다.

인지적 왜곡들의 정의

1. 전부 아니면 무사고

이는 인격적 자질을 극단적인 흑백 범주로 평가하는 경향을 말한다. 예를 들어 한 뛰어난 정치가가 "나는 주지사 경선에서 졌으니 가치 없는 인간이오"라고 말한다. 또는 늘 A학점만 받는 학생이 어쩌다 B학점을 받고는 "이제 나는 완전한 실패자야"라고 결론짓는다. 전부 아니면 무사고는 완벽주의의 기초를 형성한다. 그것은 당신으로 하여금 어떠한 실수나 불완전을 두려워하게 만드는데, 그때 당신은 자신을 완전한 낙오자로 인식하고 무력하고 무가치하게 느끼기 때문이다. 이런 식의 사물 판단은 비현실적이다. 왜냐하면 인생은 완전히 이 길 아니면 저 길이란 식이 아니기 때문이다. 예컨대 아무도 절대로 똑똑하거나 완전히 멍청하지는 않다. 마찬가지로 아무도 완전히 매력적이거나 완전히 추하지는 않다. 지금 당신이 있는 방의 바닥을 보라. 완전히 깨끗한가? 한 치마다 먼지와 더러움이 겹겹으로 쌓여 있는가? 아니면 부분적으로 깨끗한가? 절대적인 것은 이 우주 안에 존재하지 않는다. 만일 당신의 경험을 절대적 범주 안으로 밀어 넣으려 한다면 현실에 적합하지 않은 당신의 지각 때문에 계속 우울해질 것이다. 당신이 무엇을 하든지 자신의 과장된 기대에 들어맞지 못하므로 자신을 끝없이 불신하기 시작할 것이다. 이런 유형의 지각적 오류를 전문 용어로 '이분법적 사고(dichotomous thinking)'라고 한다. 당신은 모든 것을 흑 아니면 백으로 나눈다(회색의 그림자는 존재하지 않는다고 본다).

2. 지나친 보편화

나는 열한 살 때 애리조나 주 박람회에서 스벵걸리덱이라는 속임수카드 한 벌을 샀다. 당신도 다음과 같은 간단하고도 인상 깊은 요술을 보았을 것이다. 우선 내가 당신에게 그 카드 한 벌을 보여준다(모든 카드는 다르다). 당신은 무작위로 카드 한 장을 고른다. 스페이드 잭을 뽑았다고 치자. 그게 무엇인지 내게 말하지 않고 당신은 그것을 카드 맨 위에 엎어놓는다. 그리고 내가 "스벵걸리!"라고 외치며 그 카드들을 뒤집으면 모든 카드는 스페이드 잭으로 변해 있는 것이다.

지나친 보편화를 하는 것은 정신적인 스벵걸리와 같다. 당신은 자신에게 한 번 일어난 일이 스페이드 잭처럼 증가하고 자꾸자꾸 일어날 거라고 임의로 결론짓는다. 일어난 일은 항상 언짢은 것이므로 당신은 기분이 나쁘다.

우울증에 걸린 외판원이 차 유리창에서 새똥을 발견하고 "제기랄, 또 글렀다! 새들은 언제나 내 유리창에 똥을 싼단 말이야!"라고 생각했다. 이것은 보편화의 완벽한 예다. 내가 그에게 그 경험에 대해 묻자, 이제껏 그는 20년간 다니면서 새가 자기 차 유리창에 배변한 것을 처음 보았다는 사실을 수긍했다.

거부의 고통은 거의 대부분 지나친 보편화에서 야기된다. 그것이 아니라면 인격적 모욕이 실망스럽긴 해도 심각하게 장애적일 수는 없다. 수줍은 젊은 남자가 어느 아가씨에게 용기를 내어 데이트를 청했는데 그녀는 선약 때문에 정중히 거절했다. 그는 중얼거린다. "난 데이트라곤 못할 거야. 어느 여자도 나와 데이트하고 싶진 않을 거야. 난 평생 고독하고 비참하게 살 거야." 왜곡된 인지 안에서 그는 그녀가 자신을 한 번 거절했기에 그녀는 언제나 그럴 거라고, 그리고 모든 여성이 100퍼센트 취향이 같으므로 그는 세상의 어느 바람직한 여성한테도 끝없이 자꾸만 거절당할 거라고 결론짓는다. 스벙걸리!

3. 정신적 필터

어느 상황에서 부정적인 세부 사항 하나를 뽑아 오로지 그것만 강조함으로써 전체 상황이 부정적이라고 지각한다. 예를 들어 우울증에 걸린 한 여대생이 그녀의 가장 친한 친구를 몇몇 학생들이 놀려대는 것을 들었다. 그녀는 "인간이란 기본적으로 같아. 잔인하고 무감각해!"라고 생각하며 화를 냈다. 하지만 그녀는 지난 몇 달 동안 자기에게 잔인하고 무감각하게 대한 사람은 거의 없었다는 사실을 간과하고 있다. 다른 기회에 그녀는 첫 중간고사를 마치고 100문제 중 대략 17문제를 틀린 것을 알게 되었다. 그녀는 오로지 틀린 17문제만 생각하고 대학에서 퇴학당할 거라고 결론지었다. 그녀가 되돌려받은 시험지에는 다음과 같은 구절이 쓰여 있었다. "100문제 중 83문제를 맞히셨군요. 단연 올해 최고의 점수 A⁺입니다."

당신이 우울할 때는 적극적인 것이라곤 다 걸러내버리는 특수렌즈 안경을 걸치고 있는 것이다. 당신이 자신의 의식적 마음에 들여보내는 것은 모두 부정적이다. 이 '걸러내기 과정'을 모르는 당신은 모든 것이 부정적이라고 결론짓는다. 이런 과정을 전문 용어로 '선택적 추출(selective abstraction)'이라고 하는데, 당신으로 하여금 쓸모없이 많은 고통을 겪게 할 수 있는 나쁜 습관이다.

4. 적극성의 박탈

더욱 극적인 정신적 요술은 중립적이거나 심지어 적극적인 경험을 부정적인 것으로 변형시키는 몇몇 우울증 환자의 고집스런 경향이다. 적극적인 경험을 단지 무시하는 게 아니라, 영리하게도 재빨리 악몽 같은 정반대의 것으로 바꾸는 것이다. 나는 이것을 '역연금술'이라고 부른다. 중세 연금술사들은 하등 금속을 금으로 변성시킬 방법을 찾으려 했다. 우울해지면 정반대의 작업을 하는 재능을 개발할 수 있으니, 황금 같은 기쁨을 정서적 납으로 즉시 변형시킬 수 있기 때문이다. 물론 의도적이지는 않다. 자기가 뭘 하는지조차 전혀 모를 것이다.

이에 대한 일상생활의 예는 우리 대부분이 칭찬에 조건반사적으로 반응하는 방식이다. 누군가가 당신의 외모나 업적을 칭찬하면, 당신은 즉시 "그들은 다정하게 굴 뿐이야"라고 중얼거릴 것이다. 민첩한 일격으로 당신은 그들의 칭찬을 정신적으로 실격시킨다. 당신이 그들에게 "참 별말씀을 다 하십니다"라고 말할 때도 마찬가지다. 당신에게 일어나는 좋은 일들에 스스로 끊임없이 찬물을 끼얹으면 인생이 습기 차고 으스스해지는 것도 놀라운 일이 아니다!

적극성의 박탈은 가장 파괴적인 형태의 인지적 왜곡 가운데 하나다. 당신은 마음에 드는 가설을 뒷받침하려고 의도적으로 증거를 찾으려 애쓰는 과학자와 같다. 당신의 우울증적 사고를 지배하는 가정은 "난 2등급이야"의 몇 가지 개정판인 경우가 보통이다. 부정적 경험을 당할 때면 주저앉아서 "내내 알던 것이 증명되는군"이라고 결론짓는다. 반대로 적극적인 경험을 할 때는 "요행이야. 고려되지 않아"라고 중얼거린다. 이 경향으로 당신이 치르는 대가는 극심한 비참함과 자신에게 일어나는 좋은 일에 대해 감사할 수 없는 마음이다.

인지적 왜곡의 이 형태는 평범한 것이나 우울증의 가장 극단적이고 고집 센 몇 가지 형태의 기초가 될 수도 있다. 예를 들어 심한 우울증으로 입원한 한 젊은 여성은 이렇게 말했다. "나는 아주 흉한 인간이라서 아마 누구도 나를 돌볼 수 없을 거예요. 나는 고독한 사람이에요." 그녀가 퇴원할 때 많은 환자와 직원이 그녀에게 호의를 표했다. 당신은 그녀가 이 모든 것을 어떻게 부정했는지 짐작할 수 있는가? "그들은 현실세계 안의 나를 보지 않아서 고려되지 않아요. 병원 밖에 있는 현실의 사람이라면 나를 사랑할 수 없을 거예요." 그래서 나는 그녀를 아끼는 병원 밖의 많은 친구와 가족이 있다는 사실과 그 주장을 어떻게 조화시켰는지 물었다. 그녀는 "그들은 진정한 나를 모르니까 고려되지 않지요. 번즈 박사님, 당신은 내가 내적으로는 절대로 나쁘단 걸 아시지요? 난 세상에서 제일 나쁜 인간이에요. 누군가가 나를 한순간만이라도 정말 좋아하기란 불가능하지요"라고 말했다. 이런 식으로 적극적 경험을 박탈함으로써 그녀는 명백히 비현실적이고 그녀의 일상 경험과 맞지 않는 부정적 신념을 지속할 수 있었다.

부정적 사고가 아마도 그녀의 경우만큼 극심하지 않다 해도 당신에게 일어난 진정 적극적인 것들을 무심코 무시한 나날들이 많았을지도 모른다. 이는 삶의 풍요를 대부분 앗아가며, 불필요하게도 사물이 황폐한 모습을 띠게 만든다.

5. 성급한 결론
자기 마음대로 상황의 사실에 의해 정당화되지도 않은 부정적 결론을 성급히 내린다. 이러한 예로는 '독심술'과 '점쟁이 오류'가 있다.

독심술 당신은 다른 사람들이 자신을 경멸한다고 가정하고는, 그것을 확인해보려고도 않으면서 그렇다고 확신한다. 당신이 멋진 강의를 하다가 맨 앞줄에서 졸고 있는 한 남자를 보았다고 가정해보자. 그는 밤새 춤을 추었지만 당신이 그 사실을 알 턱이 없다. 당신은 "이 청중이 나를 따분한 사람으로 여기는군" 하고 생각할지 모른다. 또는 길거리에서 당신 친구가 자기 생각에 골몰한 나머지 당신을 보지 못해 인사도 하지 않고 지나쳤다고 가정해보자. 당신은 그릇되게도 "그는 날 무시하는군. 날 더 이상 좋아하지 않는 것이 분명해"라고 결론짓는다. 어쩌면 당신 배우자는 직장에서 비난을 받고 너무 속상해서 그 문제에 대해 더 이상 논의하고 싶지 않은 나머지 어느 날 저녁 아무 반응이 없다. 당신은 그 침묵을 "그(그녀)는 화가 났군. 내가 뭘 잘못했나?"라고 해석하는 탓에 마음이 무겁게 가라앉는다. 그러면 당신은 이처럼 스스로 상상한 부정적 반응에 대해 후회나 반격으로 반응할 수 있다. 이 자기파멸적 행동 유형은 자기성취 예언으로서 작동할 수 있으며, 인간관계에서 애초 존재하지도 않던 부정적 상호 작용을 일으킬 수 있다.

점쟁이 오류 이는 마치 불행만을 예언하는 수정구를 갖고 있는 것과 같다. 당신은 뭔가 나쁜 일이 생길 거라고 상상하고, 그 예언이 비현실적인데도 불구하고 사실로서 받아들인다. 어느 고등학교 사서는 불안발작 동안 계속 중얼거렸다. "난 기절하거나 미칠 거야." 이 예언은 비현실적이었는데, 그녀는 평생 한 번도 기절하거나 미치지 않았던 것이다. 그녀는 임박한 정신이상을 알리는 여느 심각한 증상도 보이지 않았다. 치료 기간 중 급성우울증에 걸린 어느 내과의는 자신이 그 기간에 실습을 포기한 이유를 내게 설명했다. "난 영영 우울하리라는 것을 깨달았지요. 나의 불행은 지속되고 또 지속되어서 이런 저런 치료도 실패하게 되어 있음을 절대로 확신합니다." 그의 예후에 대한 이 부정적 예언은 그로 하여금 희망이 없다는 느낌을 갖게 했다. 치료를 시작하자마자 나타난 증상의 호전은 그의 점패가 얼마나 근거 없는 것이었는지를 보여주었다.

당신은 이처럼 성급히 결론짓는 자신을 발견한 적이 있는가? 당신이 한 친구에게 전화를 부탁하는 메시지를 남겼으나 응답 전화가 없었다고 가정해보자. 그러면 당신은 친구가 메시지를 받았으나 전화 걸 마음이 없어서 무소식인 거라고 중얼거리며 우울해한다. 당신의 왜곡은? 독심술. 비통한 마음에 다시 전화하지 않기로 결심한 당신은 "다시 전화 걸면 그 친구는 나를 불쾌하게 여길 거야. 나만 우스운 꼴이 되는 거지"라고 생각하고는 그대로 실행한다. 이 부정적 예언(점쟁이 오류) 때문에 당신은 친구를 피하고 기분은 침통하다. 3주 후 당신은 친구가 메시지를 받은 적이 없음을 알게 된다. 사실은 결국 밝혀졌지만 그 온갖 조바심은 단지 스스로 부과한 어이없는 일이었던 것이다. 또한 당신의 정신적 마술이 낳은 또 하나의 고통이었던 것이다!

6. 확대와 축소

당신이 빠질 수 있는 사고의 또 다른 함정은 '확대'와 '축소'로 불린다. 왜냐하면 사물을 부풀리거나 축소시키는 것이기 때문이다. 그러나 나는 그것을 '쌍안경 속임수'라고 생각하고 싶다. 확대는 보통 자신의 과실, 공포, 불완전을 보고 그 비중을 과장할 때 발생한다. "맙소사, 실수했군. 지독하고 끔찍해! 소문은 들불처럼 번질 테고 내 명성은 더럽혀질 거야!" 당신은 자신의 과오들을 크고 기괴하게 보이게 하는 쌍안경의 한쪽에서 바라보고 있다. 이는 평범한 부정적 사건을 악몽의 괴물로 바꿔놓기 때문에 '파멸화'라고도 불린다.

당신이 자기 힘에 대해 생각할 때는 반대로 사물이 작고 하찮게 보이는 쌍안경의 그릇된 쪽을 통해 볼 수도 있다. 자신의 불완전을 확대하고 장점을 축소한다면, 당신은 열등감을 느끼도록 보증된 것이다. 그러나 문제는 당신이 아니라 당신이 쓰고 있는 미친 렌즈들이다!

7. 정서적 추리

당신은 자신의 정서를 진리의 증거로 채택한다. 당신의 논리는 이렇다. "난 폐인 같은 느낌이다. 고로 난 폐인이다." 당신의 느낌은 사고와 신념을 반영하므로 이러한 종류의 추리는 그르치기 쉽다. 사고와 신념이 왜곡될 경우, 빈번한 일이지만, 당신의 정서는 더 이상 정당성을 갖지 못한다. 정서적 추리의 예를 들면 다음과 같다. "난 죄의식을 느낀다. 고로 난 뭔가 나쁜 일을 했음이 틀림없다", "난 질리고 희망 없는 느낌이다. 고로 내 문제는 해결 불가능한 게 틀림없다", "난 무력한 느낌이 든다. 고로 난 쓸모없는 사람임에 틀림없다", "난 무언가를 할 기분이 아니다. 고로 침대에 누워 있는 편이 나을 것이다" 또는 "난 너한테 화난다. 이는 네가 형편없이 굴었고 나를 이용하려 한다는 것을 증명한다."

정서적 추리는 거의 모든 우울증에서 한몫을 한다. 만사가 당신에게 너무 부정적으로 **느껴지므로** 당신은 정말 그러려니 추측한다. 당신의 느낌을 만들어낸 지각의 타당성에 도전하는 일은 일어나지 않는다.

정서적 추리의 다른 통상적 부작용은 미루는 버릇(procrastination)이다. 당신은 책상 청소를 피한다. 그 까닭은 "저 더러운 책상을 생각하면 아주 불쾌한 느낌이군. 그걸 청소하기란 불가능할 거야"라고 마음속으로 생각하기 때문이다. 6개월 뒤 결국 당신은 자신을 약간 밀어붙여 그 일을 해치운다. 그 일은 유쾌하고 조금도 힘들지 않았다는 사실이 밝혀진다. 당신은 부정적 느낌으로 하여금 행동 방식을 안내하게 하는 습관에 젖어 있었으므로 내내 바보스런 짓을 한 것이다.

8. 당위진술

당신은 "난 이걸 해야 한다" 또는 "난 저걸 해야만 한다"라고 말하면서 자신에게 동기를 유발하고자 한다. 이런 진술은 당신으로 하여금 압박감과 분노를 느끼게 하고, 역설적으로 당신은 결국 무감동과 무자극의 느낌을 갖게 된다. 앨버트 엘리스는 이를 '당위혼란(musturbation)'이라 부르지만, 나는 인생에의 '당위적' 접근이라 부르고 싶다.

당위진술을 다른 사람에게 돌릴 때 보통 당신은 좌절을 느낀다. 응급사태 때문에 치료 첫 시간에 5분 늦게 나타난 나에 대해 새로 온 환자는 "의사가 이렇게 자기중심적이고 사려 없어서는 **안 되지**. 그는 기민해야 **한다**"라고 생각했다. 이 사고는 환자로 하여금 불쾌감과 분노를 느끼게 했다.

당위진술은 일상생활에서 불필요한 정서적 혼란을 일으킨다. 당신의 행동이 현실에서 자신의 기준에 미흡할 경우 당신의 '해야 한다'와 '해서는 안 된다'는 자기혐오, 수치, 죄의식을 만든다. 때때로 불가피하게 일어나듯이 다른 이들의 지극히 인간적인 행위 모두가 당신의 기대치에 미치지 못할 때 당신은 씁쓸하고 독선적인 느낌을 갖는다. 당신은 현실에 적합하도록 자신의 기대치를 바꾸든지, 아니면 언제나 사람의 행동 탓으로 좌절된 느낌을 가져야 한다. 자신에게 이 나쁜 '해야 한다' 버릇이 있음을 깨달으면 내가 죄의식과 분노를 다룬 뒷장들에서 제시한 '해야 한다'와 '해서는 안 된다'를 효과적으로 제거하는 여러 방법을 참고할 수 있다.

9. 명명과 그릇된 낙인

개인적 명명은 자신의 오류에 근거해서 완전히 부정적인 자기상을 만드는 것을 의미한다. 이는 지나친 보편화의 극단적인 한 형태다. 이 오류의 배후에는 "한 인간의 척도는 그가 한 실수들이다"라는 철학이 존재한다. 이 오류에 관계된 경우는 자신의 실수를 "저는 …입니다"라고 시작하는 문장으로 표현할 때다. 예를 들어 당신이 18번 홀에 퍼트를 놓치면 "내 실수로 퍼트를 잡혔군" 하지 않고 "난 타고난 실점자야"라고 말할지 모른다. 비슷하게 당신이 투자한 주식이 오르지 않고 떨어지면 "실수했군" 하는 대신 "난 타고난 실패자야"라고 생각할지 모른다.

자기 자신을 명명함은 자멸적일 뿐만 아니라 비합리적이다. 당신 자신은 당신이 하는 어떤 일 하나와 동등할 수 없다. 당신의 생명은 사고 및 정서와 행동의 변화무쌍한 흐름이며 복합적인 유기체다. 달리 말해 당신은 하나의 조각품이기보다 오히려 강과 같다. 부정적 낙인으로 자신을 정의하는 것을 그만둬라. 그 일은 너무 단순하고 그릇된 것이다. 당신은 오로지 먹는다는 이유로 자기를 '먹보'로, 숨 쉰다는 이유로 '숨보'로 생각할 것인가? 이건 난센스다. 그러나 당신이 스스로가 무능하다는 느낌에서 자신을 명명할 때 그런 난센스는 고통스러워진다.

당신이 다른 사람을 명명할 때는 반드시 적의를 나타낼 것이다. 예컨대 때때로 속 썩이는 비서를 '비협조적인 암캐'로 보는 사람이다. 이 낙인 때문에 그는 그녀에게 화를 내고 사사건건 비난한다. 반대로 그녀는 그를 '무감각한 국수주의자'라고 명명하고 기회만 있으면 불평을 터뜨린다. 이런 식으로 그들은 다른 이의 무가치함을 드러내는 증거로 모든 약점과 불완전에 초점을 맞추고 서로 험담한다.

그릇된 낙인에는 부정확하고 정서적으로 중무장된 단어를 사용해 어떤 사건을 묘사하는 것도 포함된다. 예를 들어 다이어트 중인 한 여성은 아이스크림 한 접시를 먹고 "난 정말 내가 정떨어지고 싫어. 난 **돼지야**"라고 생각한다. 이 사고는 그녀를 화나게 만들고 급기야 그녀는 아이스크림 한 통을 다 먹어치우고 말았다!

10. 인격화

이 왜곡은 죄의식의 어머니다. 부정적 사건을 접한 경우 그렇게 행동한 근거가 없어도 그 책임을 떠맡는다. 당신은 발생한 사건에 대한 책임이 자신에게 없을지라도 모두 당신의 잘못이거나 당신의 무능함을 반영한다고 임의로 결론 내린다. 예를 들어 내가 내준 자기도움 과제를 환자가 하지 않았을 때 나는 "난 틀림없이 형편없는 치료자로군. 그녀가 자기를 도우려 애쓰지 않는 건 내 잘못이야. 그녀가 회복될 거라고 확신을 주는 것이 내 책임이니까"라고 생각하면서 죄의식을 느낀다. 한 어머니가 자녀의 성적표에서 그 아이는 그다지 열심히 공부하지 않는다는 교사의 의견을 본다. 그녀는 즉시 결론짓는다. "난 틀림없이 나쁜 엄마야. 이건 내가 얼마나 실패했는지를 보여주는 거야."

인격화는 당신으로 하여금 죄의식으로 불구가 된 느낌을 갖게 한다. 당신은 두 어깨로 세상을 운반하라고 강요하는 식의, 마비시키고 부담을 주는 책임감으로 고통 받는다. 당신은 다른 이에 대한 **통제**와 **영향**을 혼동한다. 교사, 상담가, 부모, 내과의, 외판원, 행정가라는 역할 안에서 당신은 상대하는 사람에게 확실히 영향을 주겠지만, 아무도 당신이 그들을 통제하리라고 기대하지 않는 것은 당연하다. 다른 사람의 행동은 최종적으로 그의 책임이지 당신 책임이 아니다. 당신이 인격화하는 경향을 극복하고 책임감을 관리 가능하고 현실적인 비율로 깎아 다듬도록 도와줄 방법들이 이 책의 뒤에서 토의될 것이다.

인지적 왜곡의 10개 형태는 우울증의 상태 전부는 아니지만 상당수를 일으킨다. 이 내용은 〈표 3-1〉에 요약되어 있다. 이 표를 공부하고 그 개념에 정통하라. 자기 전화번호만큼 친숙해지도록 애쓰라. 기분 수정을 위한 다양한 방법을 배우면서 수시로 〈표 3-1〉을 참조하라. 왜곡의 10가지 형태와 친숙해질 때 당신은 이 지식으로부터 생애 내내 많은 유익을 얻을 것이다.

나는 당신을 도와 10개 왜곡들에 대한 당신의 이해를 검사하고 강화시켜줄 간단한 자기평가 퀴즈를 만들어보았다. 다음의 짧은 문장을 읽으면서 당신이 그 이야기의 주인공이라고 상상하라. 그리고 제시된 부정적 사고에 있는 왜곡을 가리키는 하나 또는 그 이상의 답을 골라라. 첫 번째 문제를 설명하겠다. 그 외의 문제의 답은 이 장의 끝에 있다. 그러나 답을 미리 보지 말라! 나는 당신이 첫 번째 문제에서 적어도 하나의 왜곡은 알아낼 수 있으리라고 확신한다. 자, 시작하자!

1. 당신은 가정주부다. 남편이 스테이크가 너무 익었다고 시무룩하게 불평해대자 당신 마음은 무거워진다. 다음 생각들이 당신에게 스쳐간다! "난 완전한 실패자야. 참을 수 없군! 내가 하는 일은 **결코** 잘되는 게 없어. 난 노예처럼 일하는데 겨우 받는 감사의 인사가 이 정도라니! 바보!" 이

표 3-1 인지적 왜곡의 정의

1. **전부 아니면 무사고** 모든 사물을 흑백 범주 안에서 본다. 행위가 완벽하지 못할 때 당신은 자신을 완전한 실패자로 인식한다.

2. **지나친 보편화** 하나의 부정적 사건을 항구적인 유형의 패배로 본다.

3. **정신적 필터** 실험용 컵의 물 전체를 물들이는 잉크 한 방울처럼, 하나의 부정적 세부 사항을 뽑아 오로지 그것만 강조한 나머지 모든 현실에 대한 전망이 어두워진다.

4. **적극성 박탈** 적극적 경험들을 이러저러한 이유로 "고려되지 않는다"고 우기면서 거부한다. 이런 식으로 당신은 일상 경험과 모순되는 부정적 신념을 지속할 수 있다.

5. **성급한 결론** 자신의 결론을 확실하게 뒷받침할 만한 확정적인 사실이 없음에도 불구하고 부정적 해석을 내린다.
   - 독심술 ― 당신은 누군가가 자신에게 부정적으로 반응한다고 마음대로 결론을 내리고는 확인해보려고도 하지 않는다.
   - 점쟁이 오류 ― 당신은 만사가 나쁘게 결말나리라고 예감하며 자신의 예언이 이미 실현된 사실이라고 확신한다.

6. **확대(파멸화)와 축소** 일들(당신의 실수로 망친 일 또는 다른 이의 업적)의 중요성을 과장하거나 부적절하게도 그것들이 작아 보이게 오그라뜨린다. '쌍안경 속임수'라고도 불린다.

7. **정서적 추리** 자신의 부정적 정서가 필연적으로 사물이 실제 있는 그대로를 반영한다고 가정한다. "나는 그것을 느낀다. 고로 그것은 사실임에 틀림없다."

8. **당위진술** '해야 한다'와 '해서는 안 된다' 등으로 동기를 유발하려 한다. 마치 어떤 것을 하도록 기대되기 전에 채찍질당하고 벌 받아야만 한다는 듯이 말이다. '해야 함'과 '하는 것이 당연하다' 또한 범죄자들이다. 그로 인한 정서적 귀결은 죄의식이다. 당신이 당위진술을 다른 사람에게 적용할 때는 자신이 분노와 좌절과 원망을 느낀다.

9. **명명과 그릇된 낙인** 지나친 보편화의 극단적인 한 형태다. 자신의 잘못을 표현하는 대신 스스로에게 "나는 실점자다"라는 부정적 낙인을 붙인다. 다른 사람의 행동이 비위를 거스를 때, 당신은 "그는 더러운 녀석이야"라는 부정적 낙인을 붙인다. 그릇된 낙인은 한 사건을 대단히 윤색되고 정서적으로 중무장된 언어로 묘사하는 것도 포함된다.

10. **인격화** 당신은 자신을 사실상 본래 당신 책임 소관이 아닌 어떤 부정적인 외적 사건의 원인이라고 본다.

런 생각들이 당신으로 하여금 슬픔과 분노를 느끼게 한다. 당신의 왜곡은 다음의 한 가지나 그 이상을 포함한다.

　가. 전부 아니면 무사고
　나. 지나친 보편화
　다. 확대
　라. 명명
　마. 이상 모든 답

　이제 나는 곧 이 질문의 정답에 대해 토론할 것이므로 당신은 즉각적인 피드백을 얻을 수 있다. 당신이 표시한 어느 답(들)도 다 맞다. 무엇을 골랐던지 당신은 제대로 맞힌 것이다! 그 이유는 이렇다. 자신을 "나는 완전한 실패자야"라고 표현한 당신은 전부 아니면 무사고를 하고 있다. 그걸 중지하라! 스테이크가 좀 퍽퍽하다 해서 인생 전체가 완전한 실패가 되진 않는다. "내가 하는 일은 결코 잘되는 게 없어!"라고 생각한 당신은 지나친 보편화를 하고 있다. 결코라고? 뭐든지 안 된다고? "참을 수가 없군"이라고 말한 당신은 느끼고 있는 고통을 확대하고 있다. 견뎌내고 있기 때문에 턱없이 부풀리고 있는 것이다. 당신이 하고 있다면, 당신은 할 수 있다. 남편의 불평이 당신이 듣고 싶은 소리가 아닌 것은 정확하다. 그러나 그것이 당신 가치의 반영은 아니다. "나는 노예처럼 일하는데 겨우 받는 감사의 인사가 이 정도라니! **바보**"라고 선언할 때 당신은 마침내 당신 부부 모두에게 낙인을 찍고 있다. 그는 **바보**가 아니다. 그는 단지 성미가 급하고 무감각해져 있다. 바보스런 행동은 존재해도 바보들은 존재하지 않는다. 마찬가지로 당신 스스로를 노예라고 명명하는 것도 어리석다. 당신은 그의 까다로움이 당신의 저녁시간을 불쾌하게 만들도록 내버려두고 있을 뿐이다.

자, 그러면 이제 퀴즈를 계속해보자.

2. 당신은 방금 이 자기평가 퀴즈를 풀어야 한다고 내가 알려준 문장을 읽었다. 당신의 마음은 갑자기 무거워지고 이렇게 생각한다. "오, 이럴 수 없어. 시험은 싫어! 난 언제나 시험을 망친다고. 난 이 부분을 건너뛰어야겠다. 그건 신경만 쓰이게 하고 조금도 도움이 안 될 거야." 당신의 왜곡들에 포함되는 것은?

　가. 성급한 결론(점쟁이 오류)
　나. 지나친 보편화
　다. 전부 아니면 무사고
　라. 인격화
　마. 정서적 추리

3. 당신은 펜실베이니아 대학교에 있는 정신과 의사다. 당신은 뉴욕의 편집자를 만난 뒤 우울증에 대한 원고를 개정하려 한다. 편집자는 아주 열성적으로 보이지만, 당신은 "그들이 내 책을 선택할 때 큰 실수를 했군! 난 잘할 수 없을 거야. 나는 그 책을 참신하고 선명하고 힘 있게 만들지 못할 거야. 내 문장은 너무 단조롭고 내 사상은 썩 좋지 않아"라는 생각 때문에 겁나고 무력감이 드는 것을 발견한다. 당신의 인지적 왜곡에 포함되는 것은?

　가. 전부 아니면 무사고
　나. 성급한 결론(부정적 예언)
　다. 정신적 필터
　라. 적극성 박탈
　마. 확대

4. 고독한 당신은 독신자 모임에 참석하기로 결정한다. 거기에 가자마자 마음이 조마조마하고 방어적이 되어 떠나고 싶은 마음이 간절하다. 다음의 생각들이 마음에 스친다. "그다지 재미있는 사람들은 아닌 것 같군. 왜 나 자신을 고문하지? 그들은 단지 일단의 실패자들일 뿐이다. 난 이 모임이 너무 지겨우니까 말할 수 있어. 이 모임은 지겨운 것이 될 거야." 당신의 오류에 포함되는 것은?

   가. 명명

   나. 확대

   다. 성급한 결론(점쟁이 오류와 독심술)

   라. 정서적 추리

   마. 인격화

5. 당신은 고용주로부터 일시 해고 통지를 받는다. 당신은 화가 나고 좌절을 느낀다. 당신은 생각한다. "젠장, 이건 세상이 절대 좋지 않다는 걸 증명하는 거야. 나는 행운을 결코 잡지 못하는군." 당신의 왜곡에 포함되는 것은?

   가. 전부 아니면 무사고

   나. 적극성 박탈

   다. 정신적 필터

   라. 인격화

   마. 당위진술

6. 당신은 강의를 막 시작하려는 순간 심장이 두근거리는 걸 알아챈다. 당신은 긴장과 두려움을 느낀다. 그 이유는 당신이 "맙소사, 나는 말하려고 한 것을 필시 잊어버릴 거야. 내 연설이 여하튼 좋지는 않거든. 내 정

신은 텅 비어버릴 거고 난 창피를 당할 거야"라고 생각하기 때문이다. 당신의 사고 오류가 포함하는 것은?

　　가. 전부 아니면 무사고

　　나. 적극성 박탈

　　다. 성급한 결론(점쟁이 오류)

　　라. 축소

　　마. 명명

7. 당신의 데이트 상대가 약속 시간에 임박해서야 아프다면서 취소 전화를 걸어 온다. 당신은 "나는 차이는 거야. 내가 뭘 망쳐놓았지?"라고 생각하므로 화가 나고 실망을 느낀다. 당신의 사고 오류가 포함하는 것은?

　　가. 전부 아니면 무사고

　　나. 당위진술

　　다. 성급한 결론(독심술)

　　라. 인격화

　　마. 지나친 보편화

8. 당신은 사업보고서의 작성을 미뤄왔다. 매일 밤 착수하려 해도 전체 프로젝트가 너무 어려운 듯해서 텔레비전만 보곤 한다. 당신은 압도되고 죄스런 느낌을 갖는다. 당신은 다음과 같이 생각한다. "난 너무 게을러서 이 일을 마치지 못할 거야. 난 단지 그 빌어먹을 일을 못할 뿐인데. 그건 영영 계속될 거야. 여하튼 결과가 좋지 않을 거야." 당신의 사고 오류가 포함하는 것은?

　　가. 성급한 결론(점쟁이 오류)

나. 지나친 보편화

다. 명명

라. 확대

마. 정서적 추리

9. 당신은 이 책 전체를 읽었고, 수주 동안 방법들을 적용하자 기분이 나아지기 시작한다. 당신의 BDI 점수는 26점(온건한 우울증)에서 11점(경계선상의 우울증)으로 내려갔다. 그러다가 갑자기 기분이 나빠지더니 3일 만에 점수가 다시 28점으로 올라가고 말았다. 당신은 다음과 같은 생각 때문에 환멸과 희망 없음, 그리고 비통하고 절망적인 느낌을 갖는다. "난 아무래도 끝이 나질 않아. 이 방법들은 내게 소용이 없어. 지금쯤 좋아져 있어야 하는데. '호전'이라는 것은 요행이었어." 당신의 인지 왜곡이 포함하는 것은?

가. 적극성 박탈

나. 당위진술

다. 정서적 추리

라. 전부 아니면 무사고

마. 성급한 결론(부정적 예언)

10. 당신은 다이어트를 시도해왔다. 이번 주에 당신은 신경질적인데다가 아무 할 일도 없던 까닭에 조금씩 먹어댔다. 네 개째 사탕을 먹고 당신은 자신에게 말한다. "나 자신을 통제할 수 없군. 그 여러 주 동안 해온 식이요법과 조깅이 허사로군. 난 틀림없이 풍선처럼 보일 거야. 난 저걸 먹지 말았어야 했는데. 참을 수 없군. 난 주말마다 돼지가 될 거야!" 당신은 죄의식을 느끼지만, 기분을 낮게 하려는 노력이 수포로 돌아가고 사탕

60

한 움큼을 입에 털어 넣는다. 당신의 왜곡이 포함하는 것은?

가. 전부 아니면 무사고

나. 그릇된 낙인

다. 성급한 결론(부정적 예언)

라. 당위진술

마. 적극성 박탈

〈해 답〉

1. 가 나 다 라 마   6. 가 다 라 마
2. 가 나 다 마   7. 다 라
3. 가 나 라 마   8. 가 나 다 라 마
4. 가 나 다 라   9. 가 나 다 라 마
5. 가 다   10. 가 나 다 라 마

느낌은 사실이 아니다

이 시점에서 당신은 이렇게 자문할지 모른다. "좋아, 내 기분이 좋고 나쁨에 따라 삶에 대한 나의 전망이 크게 변하니까 나의 우울증이 나의 부정적 사고들에서 비롯되었다는 것을 이해해. 그러나 나의 부정적 사고들이 그토록 왜곡되었다면 어떻게 계속 나 자신을 속일 수 있지? 나는 여느 사람만큼 명백하고 현실적으로 생각할 수 있어. 그러니 내가 자신에게 말하는 바가 비합리적이라면 어떻게 그것이 그토록 옳게 보이는 걸까?"

당신을 우울하게 하는 사고들은 왜곡되어 있을지라도 강력한 진실 환상을 창조해낸다. 그 사기의 근거를 투박한 용어로 폭로하자면, 당신의

느낌은 사실이 아니다! 사실 당신의 느낌은 그 자체로 별게 아니다. 단지 당신 사고방식의 거울이란 점만 빼고는. 당신의 지각이 사리에 맞지 않는다면, 그것을 창조해낸 느낌은 유원지의 속임수 거울에 비친 이미지처럼 터무니없을 것이다. 그러나 이러한 비정상적 정서는 왜곡되지 않은 사고가 창조한 진짜 느낌만큼 타당하고 현실적으로만 느껴진다. 그래서 당신은 자동적으로 그 정서가 진리를 내포한다고 생각한다. 이것은 바로 우울증이 강력한 형태의 못된 정신적 마술인 까닭이다.

일단 당신이 바로 우울증을 '자동적으로' 연속된 인지적 왜곡들을 통해 초대하면, 당신의 느낌과 행동은 자기 영속적 악순환 속에서 서로를 강화시킬 것이다. 당신은 우울증에 걸린 두뇌가 말해주는 것을 뭐든지 **믿으므로** 자신이 거의 모든 것에 부정적으로 느끼고 있음을 발견할 것이다. 이 반응은 0.001초 만에 일어나므로 당신은 알아차릴 수조차 없다. 부정적 정서는 현실적으로 느껴져서 자기를 창조해낸 왜곡된 사고에 도리어 신뢰성의 향기를 제공한다. 그 순환은 마냥 계속되어 당신은 마침내 걸려들고 만다. 정신적 감옥은 당신이 부주의하게 창조한 환상이요 짓궂은 장난이지만, **현실감이** 들기 때문에 현실처럼 **보인다.**

당신을 자신의 정서적 감옥으로부터 해방시킬 열쇠는 무엇인가? 단순하게도 다음과 같다. 당신 사고는 당신 정서를 창조한다, 고로 당신 정서는 당신 사고가 정확하다고 증명할 수는 없다. 불쾌한 느낌은 단지 당신이 뭔가 부정적인 것을 생각하고 있음을 나타낼 뿐이다. 당신의 정서는 마치 꼬마 녀석이 제 엄마를 뒤쫓아다니듯이 당신의 사고를 **뒤쫓는다.** 그러나 꼬마 녀석이 충실히 내내 쫓아다닌다는 사실이 그 엄마가 자신이 어디로 가는지 알고 있다는 것을 증명하지는 않는다!

당신의 등식 "나는 느낀다. 고로 나는 있다"를 조사해보자. 정서는 일종의 자명한, 최종적 진리를 반영한다는 이런 태도가 우울증에 걸린 사람들에게 독특한 것은 아니다. 오늘날 대부분의 정신 치료자들은 당신의 느낌을 더 잘 알고 개방적으로 그 느낌을 표현하는 것이 정서적 성숙의 표시라는 확신을 갖고 있다. 다시 말해 당신의 느낌은 더 높은 실재, 곧 의심할 여지가 없는 진리인 인격적 통합을 표시한다는 뜻이다.

내 입장은 전혀 다르다. 당신의 느낌은 그 자체로서 필연적으로 특별한 것이 아니다. 사실 부정적 정서는 흔히 그렇듯 정신적 왜곡에 기초하고 있으므로 바람직한 것으로 보기 어렵다.

내가 지금 '모든' 정서를 없애야 한다고 말하는 것인가? 내가 당신이 로봇이 되기를 원하는가? 아니다. 나는 정신적 왜곡에 기초한 고통스런 느낌들이 타당하지도 바람직하지도 않으므로 당신에게 그것들을 피하는 방법을 가르쳐주고자 하는 것이다. 일단 당신이 인생을 더 현실적으로 지각하는 법을 배우면, 당신은 왜곡이 없는 진짜 슬픔과 기쁨을 깊이 인식하는 고양된 정서 생활을 경험하리라고 믿는다.

이 책의 다음 부분에서 당신은 불안할 때 자신을 속이는 왜곡들을 어떻게 고치는지 배운다. 동시에 파괴적인 기분 변동에 공격받기 쉽게 만드는 당신의 몇 가지 기본 가치 기준과 가정들을 재평가할 기회를 갖게 될 것이다. 나는 필요한 단계에 대해 세부적으로 윤곽을 잡았다. 비논리적 사고 유형의 수정은 당신의 기분에 깊은 영향을 미치고, 생산적인 삶을 위한 당신의 능력을 향상시킬 것이다. 이제 앞으로 나아가서 우리가 어떻게 당신의 문제를 되돌리는지 보도록 하자.

제2부

실천적 적용

4장
자기존중을 확립함으로 시작하라

당신이 우울증에 걸리면 자기가 무가치하다고 믿게 마련이다. 우울증이 심각할수록 더욱 그런 식으로 느낀다. 이 점에서 당신 혼자만 그런 것이 아니다. 아론 베크 박사의 최근 연구는 우울증 환자의 80퍼센트가 자기혐오를 표현했다고 밝히고 있다.* 게다가 우울증 환자들은 스스로 가장 높이 평가하는 바로 그 자질들, 이를테면 지성, 성취, 인기, 매력, 건강과 힘 등이 자신들에게 불충분하다고 보고 있음을 발견했다. 베크 박사는 우울한 자기상을 D자로 시작하는 네 개의 단어로 특징지을 수 있다고 말했다. 즉 패배자(Defeated), 결함자(Defective), 버림받은 자(Deserted), 그리고 박탈당한 자(Deprived)이다.

거의 모든 부정적 반응은 **오로지** 낮은 자기존중의 결과로 손상을 입히는 것이다. 빈약한 자기상은 사소한 실수나 불완전함을 인격적 좌절의 압도적 상징으로 변형시킬 수 있는 확대거울이다. 예를 들어 법대 1학년의 에릭은 강의실에서 공포를 느낀다. "교수님이 나를 부르시면 나는 분명 실수를 할 거야." 비록 에릭의 마음 전면에 나타난 것은 '실수'에 대한 공

---

* Beck, Aaron T., *Depression: Clinical, Experimental, & Theoretical Aspects*(New York: Hoeber), 1967. (Republished as *Depression: Causes and Treatment*. Philadelphia: University of Pennsylvania Press, 1972, pp. 17~23.)

포였지만, 나는 그와의 대화를 통해 인격적 무력감이 그 문제의 실제 원인임을 알아냈다.

번즈 당신이 교실에서 실수를 했다고 가정합시다. 왜 그 일이 특히 당신을 불안하게 합니까? 왜 그 일이 그렇게 비극적입니까?

에릭 난 웃음거리가 될 테니까요.

번즈 당신이 웃음거리가 되었다고 합시다. 그게 왜 불안하지요?

에릭 그러면 모두가 나를 경멸할 거니까요.

번즈 사람들이 당신을 경멸한다고 가정하면? 그러면 무슨 일이?

에릭 나는 비참한 기분이 들 겁니다.

번즈 왜요? 사람들이 당신을 경멸하면 당신은 왜 비참한 느낌을 가져야 하지요?

에릭 음, 내가 훌륭한 사람이 될 수 없다는 걸 의미하니까요. 더구나 그건 내 경력을 망칠 수 있어요. 난 나쁜 학점을 받을 거고, 아마도 변호사가 될 수 없을 겁니다.

번즈 당신이 변호사가 되지 못했다고 가정합시다. 토론의 목적상 당신이 성적 불량으로 퇴학당했다고 가정합시다. 그것이 당신을 특히 불안하게 하는 이유는 뭘까요?

에릭 내가 평생 원하던 중요한 일에 실패했음을 의미하니까요.

번즈 그리고 당신에게는 무엇을 의미할까요?

에릭 인생은 공허해질 겁니다. 그건 내가 실패자라는 의미겠지요. 그건 내가 무가치함을 뜻할 겁니다.

간단한 이 대화에서 에릭은 인정받지 못하거나 실수 또는 실패하는 것은 끔찍할 거라고 믿고 있음을 보여주었다. 그는 한 사람이 자기를 경멸하면 모두가 그러리라고 확신하는 듯 보였다. 마치 그의 이마에 모두가 볼 수 있도록 불합격품이란 단어가 갑자기 찍히는 것처럼. 그에게는 인정 그리고(또는) 성공에 따라 변하지 않는 자기존중감이 없는 듯 보였다. 그는 다른 사람이 자기를 바라보는 방식이나 자기가 이룩한 성과로 자신을 평가했다. 인정과 성취에 대한 그의 열망이 만족되지 않을 때 에릭은 자신이 보잘 것 없는 사람이라고 느꼈다. 왜냐하면 그에게는 내면으로부터의 진정한 지지(支持), 곧 자기존중이 없었기 때문이다.

당신이 성취와 인정에 대한 에릭의 완벽주의적 충동이 자멸적이며 비현실적이라고 느낀다면, 당신은 옳다. 그러나 에릭에게는 이 충동이 현실적이며 사리에 맞는 것이었다. 당신이 지금 우울증에 걸려 있거나 내내 우울증에 빠져 있었다면, 당신 자신을 경멸하도록 만드는 비논리적 사고 유형을 인정하기가 매우 힘들다는 것을 발견할지 모른다. 사실 당신은 분명 자신이 정말 열등하거나 무가치하다고 확신하고 있다. 그래서 반대되는 어떤 제의도 아마 바보스럽고 부정직하게 들릴 것이다.

불행히도 우울증에 걸려 있을 때 당신의 인격적 무력감에 대한 확신을 당신 혼자만 갖고 있지 않을 수 있다. 대개 당신은 자신이 결함투성이며 좋지 않다는 그릇 수용된 신념에 있어서 너무 설득적이고 끈덕져서 당신 친구들과 가족, 심지어 당신의 치료자까지도 그 사상을 받아들이게 할 수도 있다. 여러 해 동안 정신과 의사들은 우울증 환자들의 부정적 자기평가 체계를 타당성에 대한 음미도 없이 '사들이려는' 경향을 보였다. 이는 지그문트 프로이트 같은 예리한 관찰자의 저서들, 특히 프로이트의 논문 〈슬픔과 울병〉에서 나타나고 있다. 우울증 치료의 정통 정신분석적 접근을 위한 기초를 형성한 이 고전적 연구에서, 프로이트는 환자 스스로가 무가치하고 도덕적으로 비열하다고 말하면 **틀리지 않은 것이 확실하다고** 말한다. 그러므로 치료자가 환자의 말에 동의하지 않는 것은 무의미한 일이었다. 프로이트는 환자가 사실 재미없고, 사랑할 수 없으며, 마음이 좁고, 자기중심적이며, 부정직하다는 점을 치료자가 동의해야 한다고 믿었다. 프로이트에 따르면, 이런 자질들은 한 인간의 진정한 자아를 묘사하는 것이며 병의 과정은 그 진리를 더욱 명백하게 만들어줄 뿐이다.

환자는 우리에게 자신의 자아를 무가치하며, 아무 성취도 할 수 없고, 도덕적으로 비열한 존재로 묘사한다. 그는 자신을 비난 또는 비방하며, 쫓겨나고 벌 받기를 기대한다. … 자기 자아에 대해 이런 고발을 하는 환자를 반박하는 것은 과학적 관점에서나 치료적 관점에서나 똑같이 무익할 것이다. 그는 어떤 면에서 확실히 옳을 것이 틀림없다(저자의 강조). 그리고 그는 자기에게 보이는 존재 방식으로 존재하는 어떤 것을 묘사함이 틀림없다. 실로 우리는 즉각 그의 진술 중 몇몇을 유보 조건 없이 승인해야 한다. 그는 정말 그가 말한 대로 관심이 없어지며 사랑과 성취를 할 수 없다(저자의 강조). … 그는 또한 다른 몇 가지 고발에서는 옳은 것으로 보인다. 그건 다만 그가 울증 환자가 아닌 다른 사람들보다 진리에 대해 더 날카로운 눈을 가진 것뿐이다. 강화된 자기비판에서 그가 자신을 마음이 좁고 이기적이며 부정직하고 독립심이 없는 사람, 그 유일한 목표는 자기본성의 약점들을 감추는 것뿐인 사람으로 묘사할 때, 우리가 아는 한 그는 자기이해에 대단히 다가갔을 수도 있다(저자의 강조). 우리는 한 사람이 이 종류의 진실을 수용할 수 있기 전에 왜 그가 아파야 하는가를 의아해할 뿐이다.

— 지그문트 프로이트, 〈슬픔과 울증〉*

치료자가 당신의 무력감을 취급하는 방식은 치유에 결정적이다. 마치

---

* Freud, S., *Collected Papers*, 1917.(Translated by Joan Riviere, Vol. IV, Chapter 8, 〈Mourning and Melancholia〉, pp. 155~156. London : Hogarth Press Ltd., 1952.)

당신의 무가치감이 우울증에 대한 열쇠이듯. 그 질문은 또한 중요한 철학적 관련성을 지닌다. 즉 인간 본성은 **본래** 결함이 있는가? 우울해진 환자들은 자신들에 대한 최종적 진리와 실제로 맞서고 있는 것인가? 그리고 최종적 분석에서 진정한 자기존중의 원천은 무엇인가? 내 생각에는 이 문제가 당신이 언젠가 직면할 가장 중요한 질문이다.

우선 당신은 자신이 행한 바로 가치를 얻을 수는 없다. 업적은 당신에게 만족을 줄지언정 행복을 줄 수는 없다. 업적에 기초한 자기가치는 '유사존중(pseudo-esteem)'이지 진짜가 아니다! 성공했지만 우울증에 걸린 많은 환자가 이 말에 모두 동의할 것이다. 또한 당신은 자신의 외모, 재능, 명성이나 재산 위에 타당한 자기가치감의 기초를 놓을 수 없다. 매릴린 먼로, 마르크 로스코, 프레디 프린츠를 비롯한 대다수의 유명한 자살 희생자들이 이 냉혹한 진리를 증언한다. 그리고 사랑, 인정, 우정, 또는 가깝고 좋아하는 인간관계를 위한 능력도 당신의 본래적인 가치에 전혀 보탬이 될 수 없다. 우울증 환자 대다수가 사실 무척 사랑을 받았지만 **자기사랑**과 **자기존중**이 없어서 조금도 도움이 되지 못한 것이다. 결국 당신 자신의 자기가치감만이 당신이 어떻게 느끼는지를 결정한다.

'그러면' 당신은 약간 화를 터뜨리며 지금 질문할지 모른다. "어떻게 내가 자기가치감을 얻는가? 무력함을 느끼고 내가 다른 사람들만큼 좋은 사람이 아니라고 확신한다는 것은 사실이다. 나는 이 못된 느낌들을 바꾸기 위해 내가 할 수 있는 일이 있다고 믿지 않는다. 왜냐하면 그게 내가 현재 존재하는 방식이니까."

인지 요법의 기본적 특징 중 하나는 고집스럽게도 당신의 무가치감을 사들이려 하지 않는다는 것이다. 나는 환자를 치료하는 동안 그들로 하여금 자신의 부정적 자기상을 체계적으로 재평가하도록 이끈다. 나는 같은 질문을 자꾸 되풀이해서 묻는다. "내면 어디에선가 자신이 본질적으로 실패자라고 고집할 때 당신은 정말 옳은가요?" 첫 단계는 당신 스스로가 결코 좋지 않다고 주장할 때 자신에 대해 말하는 내용을 자세히 들여다보는 것이다. 당신이 자신의 무가치함을 방어하려고 제시하는 증거는, 늘 그렇지는 않지만 보통 이치에 닿지 않는다.

이 견해는 아론 베크와 데이비드 브래프(David Braff) 박사의 최근 연구에 기초하고 있다. 그 연구는 우울증 환자들에게 실제로 형식적 사고 장애가 있다는 것을 보여준다. 우울증 환자들은 속담들, 예를 들어 "제때 한 바늘은 나중의 아홉 바늘을 던다"는 말의 의미를 해석하는 능력에서 정신분열증 환자들과 우울하지 않은 사람들과 비교되었다. 정신분열증 환자들과 우울증 환자들은 그 속담의 의미를 이끌어내는 데 많은 논리적 어려움을 느꼈다. 그들은 지나치게 구체적이며, 정확한 보편화를 할 수 없었다. 우울증 환자들은 비록 결함의 강도가 정신분열증 그룹보다 덜하고 색다르긴 해도, 정상인에 비해 명백히 비정상적이었다.

실용적인 용어로 말하자면, 이 연구는 우울증 기간 동안 명석한 사고를 위한 능력을 다소 잃는다는 것을 보여준다. 당신은 사물을 적절한 전망 안으로 위치시키는 데 어려움을 겪는다. 부정적 사건들은 중요성을 더해 마침내 당신의 전체 현실을 지배하기에 이른다. 그리하여 당신은 발생하고 있는 것이 왜곡된 것이라고 정말 말할 수가 없다. 그 모든 것이 당신에게는 매우 **현실적**으로 보인다. 당신이 창조하는 지옥의 환상은 매우 **설득력** 있다.

당신이 우울과 비참을 더 많이 느낄수록 당신의 사고는 더더욱 뒤틀린다. 그리고 반대로 당신은 정신적 왜곡 없이는 낮은 자기존중이나 우울을 체험할 수가 없는 것이다!

자신을 경멸할 때 당신은 어떤 유형의 정신적 오류를 가장 일반적으로 범하는가? 3장에서 숙지하기 시작한 왜곡 목록은 좋은 출발점이다. 무가치감을 가질 때 찾아보아야 할 가장 통상적인 정신적 왜곡은 전부 아니면 무사고이다. 인생을 그런 극단적인 범주 안에서 바라본다면 자신의 행위가 위대하든지 형편없든지 둘 중의 하나이며 제3의 가능성은 없다고 믿고 있는 것이다. 마치 한 외판원의 말처럼 말이다. "나의 월 판매 목표는 95퍼센트나 그 이상이라야 마음에 듭니다. 94퍼센트나 그 이하는 완전한 실패나 마찬가지입니다."

자기평가에서 전부 아니면 무사고의 왜곡은 매우 비현실적이고 자멸적일 뿐만 아니라 압도적인 불안과 빈번한 실망을 창조한다. 우울증에 걸린 한 정신과 의사는 우울함을 느끼는 2주 동안 성적 충동의 소멸과 발기 유지의 곤란을 발견했다. 그의 완벽주의적 경향은 자신의 뛰어난 경력뿐만 아니라 성생활까지 지배했던 것이다. 그 결과 그는 결혼 생활 20년 동안 정확히 하루 걸러 예정대로 부인과 성관계를 가졌다. 성욕 감퇴(우울증의 일반적 증상)에도 불구하고 그는 스스로에게 말했다. "나는 예정대로 성관계를 계속해야 한다." 이 같은 생각이 불안을 자아내어 그는 점점 만족스런 발기를 할 수 없게 되었다. 완벽한 성관계 기록이 깨졌으므로 그는 전부 아니면 무사고의 '무' 측면으로 자신을 때리기 시작했다. 그러고는 "나는 더 이상 충분한 배우자가 아니다. 나는 남편으로서 실패자다. 난 남자도 아니다. 난 쓸모없는 무다"라고 결론지었다. 비록 자신이 유능한 정신과 의사였지만(누군가는 훌륭한 치료자라고 할지 모른다) 그는 눈물을 글썽이며 털어놓았다. "번즈 박사님, 당신과 나는 내가 다시는 성관계를 할 수 없다는 것이 부정할 수 없는 사실임을 알지요." 그가 수년간 의학 훈련을 받았는데도 불구하고 실제로는 그런 생각을 자신에게 확신시킬 수 있었다.

무가치감의 극복

지금쯤 당신은 이렇게 말할지 모른다. "좋아, 무가치감의 배후에 어떤 비논리가 잠복해 있다는 것은 알 수 있어. 적어도 몇 사람들에게는. 그러나 그들은 근본적으로 승리자들이고 나와 같지는 않아. 당신은 유명한 의사나 성공한 실업가들을 상대하는 것 같군. 그들은 누구나 자신들의 자기 존중의 결여가 비논리적이었다고 말할 수 있었겠지. 하지만 나는 정말 평범하고 하찮은 사람이야. 다른 사람들은 사실 나보다 더 잘나고 인기 있고 성공했잖아. 그래서 난 이에 대해 뭘 할 수 있을까? 없어, 바로 그래. 나의 무가치감은 매우 타당하지. 그것은 현실에 기초하고 있기 때문에 논리적으로 사고하라는 말을 들어도 전혀 위로가 되지 않아. 내가 나 자신을 속이지 않고는 이 지겨운 느낌들이 사라지게 만들 길이 없다고 생각해. 게다가 당신과 나는 그것이 제대로 안 되리라는 것을 알고 있지." 먼저 나는 당신에게 많은 치료자가 사용하는 인기 있는 접근들을 몇 가지 소개하겠다. 그러나 내가 느끼기에 그 방법들은 당신의 무가치성 문제에 만족스런 해결책을 제시하지는 못할 것이다. 그다음에 사리에 맞고 당신에게 도움이 될 몇 가지 접근들을 소개하겠다.

몇몇 정신 치료자들은 근본적으로 무가치하다는 당신의 확신에 약간의 깊은 진리가 있다는 신념을 채워주면서 치료 기간 동안 이 무능력감에 대해 자유롭게 토의하도록 허락할지 모른다. 그런 느낌들을 가슴에서 끄집어낼 때 어떤 유익이 있다는 것은 의심할 바 없다. 정화적 공개(cathartic release)는 항상 그렇지는 않지만 가끔 일시적인 기분 향상의 결과를 낳기도 한다. 그러나 치료자가 당신의 자기평가의 타당성에 대해 객관적인 피드백을 제공하지 않을 경우 당신은 그가 자신에게 동의한다고 결론내릴 수도 있다. 당신이 옳은지도 모른다! 사실 당신은 자신과 마찬가지로 그 역시 속였을 수도 있다. 그 결과로 당신은 아마 더욱 무력감을 느낄 것이다.

치료 시간의 긴 침묵은 당신을 더욱 산란하고(감각 결핍 실험처럼) 당신의 비판적인 내면의 소리에 몰두하게 만든다. 치료자가 수동적 역할을 맡는 이런 종류의 무지시적 요법은 흔히 환자에게 더 큰 불안과 우울증을 안겨준다. 감정이입적이고 인정 있는 치료자와의 정화적 공개를 이룬 결과로 당신의 기분이 좋아진 때라도, 당신이 당신 자신과 당신의 삶을 평가하는 방식을 결정적으로 변형시키지 않는다면 기분이 호전된 느낌은 짧게 끝나기 쉽다. 당신 스스로가 자신의 자멸적 사고와 행동 유형을 실질적으로 역전시키지 않으면 다시 우울증에 빠지기 쉽다.

정서적인 자유 토의가 그 자체로 무가치감을 극복하기에 불충분한 것처럼, 통찰과 심리학적 해석은 일반적으로 도움이 되지 않는다. 예를 들어 제니퍼는 그녀의 소설 출판 전에 경험한 공포 때문에 치료를 받으러 온 작가였다. 첫 시간에 그녀는 이렇게 말했다. "나는 몇몇 치료자들에게 갔었습니다. 그들은 내 문제가 **완벽주의**이고, 나 자신에게 불가능한 기대와 요구를 하기 때문이라고 말하더군요. 나 또한 강박적이고 완벽주의적이던 어머니에게 이 특성을 필시 물려받았다는 것을 알았지요. 어머니는 믿을 수 없을 만큼 깨끗한 방에서도 잘못된 것을 19개나 찾아내는 분이었습니다. 나는 언제나 그녀를 기쁘게 해드리려고 노력했지만, 아무리 내가 잘해도 성공했다는 느낌을 가져본 적이 거의 없었어요. 치료자는 내게 말하더군요. '모든 사람을 당신 어머니로 보지 말라. 완벽주의를 버려라!' 그러나 내가 이걸 어떻게 하나요? 그러고 싶어요, 원해요. 그런데 그 일을 어떻게 시작해야 하는지 아무도 말해주지 못하더군요."

제니퍼의 호소는 내 업무 중에 거의 매일같이 듣는 소리와 같은 종류다. 당신 문제의 성질이나 기원을 정확하게 가려내는 것이 통찰을 줄지는 모르지만, 당신 행동의 방식을 바꾸는 데는 대개 실패한다. 놀라운 일도 아니다. 당신은 자신의 낮은 자기존중을 창조해낸 나쁜 정신적 습관들을 여러 해에 걸쳐 실행해오고 있다. 문제를 바로잡기 위해서는 체계적이고 지속적인 노력이 요구될 것이다. 말더듬이가 스스로 적절히 발음하지 못한다는 사실을 통찰했다고 해서 말 더듬기를 그만두는가? 코치가 테니스 선수에게 공을 네트에 너무 자주 걸리게 한다고 말한 것만으로 그 선수의 실력이 나아지는가?

    표준적인 정신 치료의 두 가지 주 요소인 정서와 통찰의 자유 토론이 도움이 되지 않는다면, 어떻게 도울 수 있을까? 인지 요법 전문가로서 나는 당신의 무가치감을 다루는 데 세 가지 목표를 갖고 있다. 그것은 바로 당신이 **사고하고**, **느끼고**, **행동하는** 방식의 신속하고 결정적인 변형이다. 이런 결과들은 당신이 하루도 거르지 않고 적용할 수 있는 단순하고 구체적인 방법으로 이루어진 체계적인 훈련 계획에 따라 성취될 것이다. 당신이 이 계획에 따라 어떤 일정한 시간과 노력을 기꺼이 들인다면, 그 노력에 걸맞은 성공을 기대할 수 있다.

    기꺼이 하려는가? 그렇다면 우리는 출발점에 이르렀다. 당신은 향상된 기분과 자기상을 향해 최초의 발걸음을 내딛으려 한다.

    나는 당신의 가치감을 개발하도록 도와줄 수 있는 독특하고 쉽게 응용된 기법들을 많이 개발했다. 다음의 소단원들을 읽어가면서 단순히 눈으로 보는 것만으로는 당신의 자기존중을 적절히 지원할 보증이 되지 못한다는 것을, 적어도 오랫동안 유지해주지 못한다는 것을 명심하라. 당신은 거기에 달려들어 여러 훈련을 실천해야 할 것이다. 사실 나는 당신이 자기상의 향상에 전념하는 데 매일 얼마간의 시간을 할애하기를 권고한다. 그런 식으로 해야만 가장 빠르고 가장 지속적인 인격 성장을 체험할 수 있기 때문이다.

자기존중을 증폭하는 독특한 방법들

1. 내면의 비판에 말대꾸하라!

무가치감은 내면의 자기비판적 대화가 창조해낸 산물이다. "난 좋지 않아", "난 천덕꾸러기야", "난 다른 이들보다 열등해" 등의 표현은 당신의 절망감과 빈약한 자기존중을 만들어내고 부양하는 자기비하적 진술들이다. 이 나쁜 정신적 습관을 극복하기 위해 세 단계가 필요하다.

1) 자기비판적 사고들이 마음에 흐를 때 알아차리도록 훈련하고, 그 사고들을 적어두라.
2) 이 사고들이 왜곡된 이유를 알아내라.
3) 더 현실적인 자기평가 체계를 개발하기 위해 그것들에 말대꾸하기를 실시하라.

이를 성취하기 위한 효과적인 방법의 하나는 '3단기법'이다. 〈표 4-1〉처럼 종이 한 장에 세로로 두 줄을 그어 3단으로 지면을 나눈다. 왼쪽 단을 '자동적 사고(자기비판)', 가운데 단을 '인지 왜곡', 그리고 오른쪽 단을 '합리적 반응(자기방어)'이라고 이름 붙여라. 왼쪽 단에는 무가치감과 비하감을 느낄 때 당신이 만드는 해로운 자기비판들을 기록하라.

예를 들어 중요한 어느 모임에 늦었다는 사실을 갑자기 깨달았다. 당신 마음은 가라앉고 근심으로 오그라든다. 그때 당신 자신에게 물어라. "어떤 생각들이 지금 내 마음에 흐르는가? 나는 나 자신에게 무엇을 말하나? 이것이 왜 나를 기분 나쁘게 하는가?" 그러고나서 이 생각들을 왼쪽 단에 기록하라.

당신은 이렇게 생각할 수도 있다. "난 제대로 일을 해본 적이 없어. 난

표 4-1 '3단기법'은 어떤 식으로든 실수하며 망친 일을 접한 순간 자신에 대해 생각하는 방식을 재구성하게 해준다. 작업 목표는 부정적 사건을 접했을 때 자동적으로 마음에 스쳐가는 비논리적이며 호된 자기비판에 대해 더 객관적인 사고를 대신 써 넣는 것이다.

자동적 사고 (자기비판)	인지 왜곡	합리적 반응 (자기방어)
1. 나는 제대로 일을 해본 적이 없다.	1. 지나친 보편화	1. 말도 안 돼! 나는 많은 일을 제대로 한다.
2. 나는 언제나 늦는군.	2. 지나친 보편화	2. 내가 언제나 늦는 건 아니다. 그 비판은 우습다. 내가 시간을 지키던 때를 모두 생각해 보라. 내가 내 의도보다 흔히 늦는다면, 나는 이 문제에 관여해 시간을 지킬 방법을 개발하겠다.
3. 모두가 나를 경멸할 거야.	3. 독심술 지나친 보편화 전부 아니면 무사고 점쟁이 오류	3. 누군가가 나의 지각에 대해 실망할 수 있겠지만, 그것이 세상의 끝은 아니야. 아마 모임은 정시에 시작하지도 않을 거야.
4. 이건 내가 얼마나 바보인지를 보여주는 것이다.	4. 명명	4. 난 '바보'가 아니야.
5. 난 창피를 당할 거야.	5. 명명 점쟁이 오류	5. 난 '바보'가 아니야. 내가 늦으면 바보스럽게 보일지 모르지만, 그것이 나를 바보로 만들지는 않는다. 누구든지 가끔은 늦는다.

언제나 늦는군." 이런 생각들을 왼쪽 단에 써놓고 번호를 매겨라(〈표 4-1〉 참조). 당신은 또한 이렇게 생각했을 수 있다. "모두가 날 경멸할 거야. 이건 내가 얼마나 바보인가를 보여주는 것이야." 이런 생각들이 당신 마음을 스치자마자 메모해두라. 왜? 그 생각들이 바로 정서적 혼란의 원인이기 때문이다. 그 생각들은 살을 찢는 칼처럼 당신을 조각낸다. 당신이 그것을 이미 **느꼈기** 때문에 나는 당신이 내가 뜻하는 바를 알고 있다고 확신한다.

두 번째 단계는 무엇인가? 당신은 3장을 읽을 때 이미 이것을 위한 준비를 시작했다. 10개의 인지 왜곡 목록을 이용하면서 당신의 부정적 사고 각각에서 사고 오류들을 판정할 수 있는지 보라. 예를 들어 "난 제대로 일을 해본 적이 없어"는 지나친 보편화의 실례다. 이러한 인지 왜곡을 가운데 단에 기록하라. 〈표 4-1〉처럼, 다른 자동적 사고들에서 계속해서 왜곡들을 정확하게 가려내라.

당신은 이제 기분 변형에서 결정적 단계, 즉 오른쪽 단에 더 합리적이고 덜 기분 나쁜 사고를 대신 써 넣기 위한 준비가 되어 있다. 당신은 자신이 객관적으로 타당하다고 믿지 않는 것들을 합리화하거나 말함으로써 스스로를 격려하려고 시도하지 않을 것이다.

그러지 말고 진리를 인정하도록 노력하라. 합리적 반응 단에 기록한 것이 설득력도 없고 현실적이지 않다면, 당신에게 조금도 도움이 되지 않을 것이다. 자기비판에 대한 진정한 항변을 하라. 이 합리적 반응은 당신의 자기비판적 자동 사고에 대해서 비논리적이고 잘못된 것을 다룰 수 있다.

예를 들어 "난 일을 제대로 해본 적이 없어"에 대한 답으로, 당신은 "잊어버려! 난 다른 사람처럼 제대로 하기도 하고 잘못하기도 하지. 내가 약속을 망치긴 했어도 이 사실을 지나치게 부풀리진 말자"라고 쓸 수도 있는 것이다.

당신이 특정한 부정적 사고에 대한 합리적 반응을 생각해낼 수 없다고 가정하자. 그러면 며칠 동안 잊고 있다가 나중에 그것으로 다시 돌아오라. 당신은 흔히 동전의 다른 면을 볼 수 있을 것이다. 당신이 3단기법을 매일 15분씩 1개월 또는 2개월 넘게 실행하면 점점 더 쉬워지는 것을 발견할 것이다. 당신이 적절한 합리적 반응을 생각해낼 수 없다면, 다른 사람들에게 화나게 하는 생각에 어떻게 답하는지 주저 말고 물어보라.

주의 한마디! 자동적 사고 단에 당신의 정서적 반응을 묘사하는 표현은 사용하지 말라. 단지 그 정서를 창조하는 사고들을 기록하라. 예를 들어 차 타이어가 펑크 난 것을 알았다고 하자. 이때 "난 오그라든 느낌이다"라고 쓰지 말라. 왜냐하면 당신은 그것을 합리적 반응으로 논박할 수 없기 때문이다. 당신이 오그라든 느낌을 가진 것은 사실이다. 그 대신 그 타이어를 보는 순간 당신 마음에 자동적으로 스쳐간 생각들을 기록하라. "난 아주 멍청해. 지난달에 새 타이어를 구입했어야 해." "빌어먹을! 이건 바로 내 썩어빠진 행운이로군!" 그러고나서 당신은 "새 타이어를 샀으면 괜찮았을 거야. 그러나 나는 멍청하지 않아. 아무도 미래를 확실하게 예언할 수는 없지"와 같은 합리적 반응을 대신 써 넣을 수 있다. 이 과정은 타이어에 공기를 주입해주진 못하지만, 적어도 그것을 공기 빠진 자아로 바꿔 끼울 필요는 없을 것이다.

자동적 사고 단에서는 당신의 정서를 묘사하지 않는 것이 현명한 반면, 3단기법을 사용하기 전과 사용한 후에 당신의 사고가 얼마만큼 향상되는지 확인하기 위해 어떤 '정서적 회계'를 하는 것은 매우 유용할 수 있다. 당신의 자동적 사고를 정확히 가려내어 대답하기 전에 당신이 얼마나 기분 나쁜지를 0~100퍼센트로 표시한다면 그 '회계'를 쉽게 할 수 있다. 앞선 예에서 당신은 펑크 난 타이어를 본 순간 80퍼센트 정도 좌절감에 분노를 느꼈다고 쓸 수 있다. 3단기법을 마친 뒤에는 얼마만큼의 경감을 체험했는지 기록한다. 예를 들어 40퍼센트 정도. 감소가 있다면 그 방법이 당신에게 효과 있음을 알게 될 것이다.

아론 베크 박사가 개발한 '역기능 사고의 매일 기록표'란 이름의 좀 더 정교한 형식은 기분 나쁜 사고뿐만 아니라 느낌과 그 느낌을 촉발한 부정적 사건까지 기록할 수 있게 되어 있다(〈표 4-2〉).

예를 들어 당신은 보험판매원이고 단골이 될 가망이 있는 사람에게 전화를 걸었는데, 당신이 아무 도발적 행동을 하지 않았는데도 그가 당신에게 모욕을 주면서 전화를 끊었다고 가정하자. 자동적 사고 단이 아니라 상황 단에 실제 사건을 묘사하라. 그리고 해당 난에 당신의 느낌과 그 느낌을 유발한 부정적인 왜곡 사고들을 기록하라. 끝으로 이 사고들에 말대꾸하고 당신의 정서적 회계를 시행하라. 어떤 사람들은 부정적 사건, 사고, 느낌들을 체계적인 방식으로 분석하게 해주는 역기능 사고의 매일 기록표를 선호한다. 물론 당신에게 가장 편리하게 느껴지는 기법을 선택해 사용하라.

당신은 부정적 사고와 합리적 반응을 기록하는 것이 단순하고 비효과적이거나, 심지어 속임수 같다는 마음이 들지 모른다. 어쩌면 "요점이 뭐지요? 그건 효과를 내지 못할 겁니다. 난 정말 희망 없고 무가치해서 그런 효과를 낼 수 없을 겁니다"라고 말하면서, 이 방법을 시도하기를 처음부터 거부하는 환자들과 같은 느낌을 갖고 있을 수 있다.

이 태도는 단지 자기성취적 예언으로만 작용할 수 있을 것이다. 당신이 연장을 집어 사용하고 싶지 않다면 일을 시작할 수 없다. 당신의 자동적 사고와 합리적 반응을 매일 15분씩 2주간 쓰기를 시작하라. 그리고 이것이 당신 기분에 미친 영향을 베크 우울증 목록으로 측정하여 확인하라. 당신은 인격 성장 단계가 시작된 것과 자아상의 건강한 변화를 보고 놀랄 것이다.

표 4-2 역기능 사고의 매일 기록표

상황	정서	자동적 사고	인지 왜곡	합리적 반응	결과
불쾌한 정서를 일으킨 실제 사건을 간단히 묘사하라.	1. 자세히 쓰라(슬픔, 분노… 등). 2. 정서의 정도를 백분율로 표시하라.	정서를 동반한 자동적 사고를 기록하라.	각 자동적 사고에 내재된 왜곡을 찾아내라.	자동적 사고에 대한 합리적 반응을 찾아내라.	기록표 작성을 마치는 현재의 정서를 자세히 쓰고 백분율로 표시하라.
단골이 될 가능성이 있는 사람이 새로운 보험 프로그램에 대해 설명하려고 건 내 전화를 끊어버렸다. 그는 내게 "썩 꺼져버려"라고 말했다.	분노, 99% 슬픔, 50%	1. 나는 결코 보험증권을 판매하지 않겠다. 2. 나는 그 밉살스런 놈을 교살하고 싶다. 3. 내가 잘못된 걸 말했음이 틀림없다.	1. 지나친 보편화 2. 확대, 명명 3. 성급한 결론, 인격화	1. 나는 많은 보험증권을 판매했다. 2. 그는 굉장히 귀찮아 하는 사람처럼 행동했다. 우리 모두 가끔 그렇게 한다. 왜 그것이 나를 속상하게 할까? 3. 나는 나의 새 단골에게 흔히 시도하는 방식과 다른 것을 하지 않았다. 그런데 왜 속태우는가?	분노, 50% 슬픔, 10%

설명: 불쾌한 정서를 체험할 때 그 감정을 유발한 듯 보이는 상황을 기록하라. 그러고나서 그 정서와 연관된 자동적 사고를 적어라. 정서의 정도를 백분율로 표시할 때 1=하나의 흔적 정도, 100=가장 심한 최고점이다.

다음은 젊은 비서인 게일의 체험이다. 그녀의 자기존중감은 너무 낮아서 자신이 친구들에게 비난당하는 끊임없는 위험 속에 있다고 느꼈다. 그녀는 파티를 끝내고 그들의 아파트 청소를 도와달라는 룸메이트의 요청을 너무 민감하게 받아들이고, 거부당하고 무가치하다는 느낌을 가졌다. 그녀는 처음에 기분이 나아진다는 데 너무 비관적이었으므로 나는 그녀가 3단기법을 한번 해보도록 간신히 설득할 수 있었을 뿐이다. 그녀는 마지못해 시도해보기로 결정하고서, 자기존중과 기분이 급속히 변형되는 것을 보고 놀랐다. 그녀는 그날 하루 동안 자기 마음에 흘러간 많은 부정적 사고를 기록한 것이 그녀로 하여금 객관성을 갖도록 도움을 주었다고 보고했다. 게일이 매일 이 작성 훈련을 한 결과, 그녀의 기분이 나아지기 시작했고 대인관계도 비약적으로 향상되었다. 그녀의 작성문에서 발췌한 내용이 〈표 4-3〉에 있다.

  게일의 체험은 흔한 것이 아니다. 매일 합리적 반응으로 자신의 부정적 사고에 답하는 이 간단한 훈련이 인지 요법의 핵심으로, 사고를 바꾸는 가장 중요한 접근법 중 하나다. 당신의 자동적 사고와 합리적 반응을 기록하는 것이 결정적이다. 결코 그 훈련을 머리로 하지 말라. 기록하는 것은 합리적 반응들이 마음에 소용돌이치게 버려둠으로써 얻을 수 있는 것보다 더 많은 객관성을 개발하도록 밀어붙인다. 기록하는 것은 또한 우울하게 만드는 정신적 오류들을 찾아내도록 당신을 돕는다. 3단기법은 인격적 무력함의 문제들에만 국한되지 않고, 왜곡된 사고가 중심 역할을 하는 광범위한 정서적 곤란에 적용될 수 있다. 3단기법은 당신이 보통 주장하는 전적으로 '현실적'이라는 문제, 예컨대 파산이나 이혼 또는 심각한 정신질환 등의 문제로부터 가장 큰 침을 뽑아낼 수 있다. 마지막으로 예방과 인격적 성장의 부문(제4부)에서는 기분 변동의 원인들이 숨어 있는 정신의 부분을 관통하기 위해 약간 변형된 자동적 사고 방법의 적용법을

표 4-3 3단기법을 사용해 게일이 매일 작성한 과제물의 한 발췌문. 왼쪽 단에서 그녀는 룸메이트가 자신에게 아파트 청소를 요청했을 때 자신 마음에 자동적으로 흘러간 부정적 사고를 기록했다. 가운데 단에 그녀는 자신의 왜곡들을 밝혀냈고, 오른쪽 단에는 더 현실적인 해석을 기록했다. 매일 하는 이 작성 훈련이 그녀의 인격 성장을 크게 가속화했고 상당한 정서적 치유 효과를 낳았다.

자동적 사고 (자기비판)	인지 왜곡	합리적 반응 (자기방어)
1. 내가 얼마나 무질서하고 이기적인지 누구든지 안다.	1. 성급한 결론(독심술), 지나친 보편화	1. 나는 때때로 무질서하다. 그리고 가끔 조직적이다. 누구든지 나에 대해 같은 식으로 생각하지는 않는다.
2. 나는 완전히 자기중심적이고 분별없다. 나는 한마디로 나쁜 사람이다.	2. 전부 아니면 무사고	2. 나는 가끔 분별없지만, 때로는 아주 분별력 있을 수 있다. 아마도 나는 가끔 지나치게 자기중심적으로 행동하겠지. 나는 이 점에 영향을 주어 고칠 수 있다. 아마 나는 불완전하긴 하지만 '나쁜 사람'은 아니다!
3. 나의 룸메이트는 아마 나를 싫어하는가보다. 나는 진정한 친구가 없다.	3. 성급한 결론(독심술), 전부 아니면 무사고	3. 나의 우정은 다른 사람의 것과 마찬가지로 진실되다. 가끔 나 게일이란 사람의 반대와 같은 비판도 받지만, 다른 이들은 보통 나를 반대하지 않는다. 그들은 내가 행한 것(말한 것)을 좋아하지 않음을 표시할 뿐 그 후에는 여전히 나를 받아들인다.

배울 것이다. 우선 당신은 우울증에 상처 받도록 만든 마음의 '압점'들을 노출시키고 변형시킬 수 있을 것이다.

2. 정신적 바이오 피드백

손목계수기로 부정적 사고를 감시하는 것이 매우 유용할 수 있는 두 번째 방법이다. 이 손목계수기는 운동구점이나 골프상점에서 살 수 있는데, 손목시계 모양으로 가격도 싸다. 단추를 누르면 문자판의 번호가 바뀐다. 당신 자신에 대한 부정적 사고가 마음에 스칠 때마다 단추를 누르라. 그런 생각들을 늘 경계하라. 하루 일과 끝에 총점을 보고 기록 공책에 적어 놓아라.

처음에는 그 숫자가 증가하는 걸 볼 것이다. 당신이 자신의 비판적 사고를 확인하는 데 능숙해지면서 며칠간은 그 숫자가 계속 증가한다. 곧 당신은 매일 총점이 상승하다 멈춘 뒤 그 상태에서 1주 내지 10일간 유지되다가 다시 내려가기 시작하는 것을 볼 것이다. 이는 유해한 사고들이 감소되고 당신이 낫고 있음을 뜻한다. 이 접근은 보통 3주가 걸린다.

왜 그런 간단한 기법이 좋은 효과를 내는지 확실히 알려지지는 않았지만, 체계적인 자기감시는 흔히 증가된 자기통제를 개발하도록 돕는다. 자신에 대해 열변 토하기를 멈출 줄 알게 되면서 기분이 좋아지기 시작한 것이다.

손목계수기를 사용하기로 마음먹은 경우, 나는 그 기법이 앞서 말한 매일 10~15분씩을 할애해 왜곡된 부정적 사고를 기록하고 답하는 일의 대용물이 되면 안 된다고 강조해두고 싶다. 부정적 사고를 기록하고 답하는 방법은 당신을 괴롭히는 사고들의 비논리적 특성을 백주의 광명에 노출시키는 것이므로 회피될 수 없다. 이 방법을 일단 행하기만 하면 손목계수기로 고통스런 왜곡들을 초기에 제거할 수 있다.

3. 대처하라, 그리고 침울해하지 말라!
- 자기가 '나쁜 어머니'라고 생각한 여성

앞의 소단원을 읽으면서 다음과 같은 이의를 제기할 수도 있다. "다루고 있는 것 모두가 내 생각들이군. 그러나 만일 내 문제가 현실적이라면? 다르게 생각하는 것이 나에게 무슨 유익이 있나? 나는 처리되어야 할 현실적 무력함을 갖고 있다."

낸시는 이런 식으로 느끼던 34세 된 어머니다. 6년 전 그녀는 첫 남편과 이혼하고 최근 재혼했다. 그녀는 시간제로 대학 학위를 마쳐가는 중이었다. 낸시는 보통 활기차고 열정적이며, 가족에게 매우 헌신적인 사람이다. 그러나 그녀는 여러 해 동안 가끔씩 우울증을 겪었다. 그 침울한 기간 동안 그녀는 자신과 타인에게 극도로 비판적인 태도를 보이며 자기 회의와 불안정을 드러냈다. 나는 그런 우울 기간에 그녀를 만났다.

나는 그녀가 내보이는 자기비난의 맹렬함에 놀랐다. 그녀는 아들의 담임교사로부터 아이가 학교에서 상당한 어려움을 겪고 있다는 통지를 받았다. 그녀의 즉각적인 반응은 침울해지고 자신을 비난하는 것이었다. 다음은 우리가 치료 시간에 나눈 대화에서 발췌한 내용이다.

낸시   나는 보비가 무질서하고 수업 준비가 미진한 점으로 보아 내가 그 아이와 함께 숙제를 해줬어야 한다고 보비의 선생님께 말했어요. 그분은 보비가 자기확신이 없고 지시를 잘 따르지 않는다고 했어요. 그래서 그 아이의 성적이 떨어졌지요. 나는 그 전화를 끊고 많은 자기비판적 사고를 하면서 갑자기 난감함을 느꼈어요. 나 자신에게 말하기 시작했지요. 좋은 어머니란 매일 밤 자기 아이들과 무언가를 하며 시간을 보낸다고. 나는 보비의 좋지 못한 행동, 이를테면 거짓말이나 학교에서 저지른 나쁜 행실에 책임이 있어요. 난 어떻게 그 아이를 다뤄야 할지 생각조차 할 수 없어요. 난 정말 나쁜 어머니지요. 난 멍청한 그 아이가 곧 성적 탓으로 퇴학당할 것이며, 그건 모두 내 잘못이라고 생각하기 시작했어요.

나의 첫 번째 전략은 그녀에게 "나는 나쁜 어머니다"라는 진술을 공격하는 법을 가르치는 것이었다. 왜냐하면 위기를 맞아 보비를 인도하려고 애쓰는 그녀에게 도움도 되지 않으면서 마비시키기만 하는 내면의 분노를 만들어내는 이 자기비판이 유해하고 비현실적이라고 느꼈기 때문이다.

번즈   자, "나는 나쁜 어머니다"라는 이 진술에서 무엇이 잘못되어 있습니까?
낸시   음…….
번즈   '나쁜 어머니' 같은 것이 있기나 할까요?
낸시   물론이죠.
번즈   나쁜 어머니에 대한 당신의 정의는 무엇인가요?
낸시   나쁜 어머니란 자기 아이들을 키우는 일을 잘 못하는 사람이지요. 다른 사람들만큼 유능하지 못해서 아이들이 좋은 결과를 얻을 수 없어요. 이건 명백해 보여요.
번즈   그래서 당신은 나쁜 어머니란 어머니로서 돌보는 기술이 부족한 사람이라고 말씀하시는 건가요? 그것이 당신의 정의입니까?
낸시   어떤 어머니들은 어머니로서 돌보는 기술이 없지요.
번즈   그러나 모든 어머니가 어느 정도는 어머니로서 돌보는 기술이 부족하지요.
낸시   그래요?

번즈　세상에 어머니로서 돌보는 기술이 완벽한 어머니는 없어요. 그들 모두 어느 부분에서는 돌보는 기술이 부족하지요. 당신 정의대로라면 모든 어머니가 나쁜 어머니로 보일 겁니다.

낸시　나는 내가 나쁜 어머니라고 느낄 뿐 모두가 그렇다는 것은 아니에요.

번즈　자, 다시 정의를 내려보시지요. 무엇이 나쁜 어머니지요?

낸시　나쁜 어머니는 자기 아이들을 이해하지 않거나 끊임없이 해를 입히는 실수를 하는 사람이에요. 유해한 실수들 말이지요.

번즈　당신의 새로운 정의에 따르면 당신은 나쁜 어머니가 아니군요. 그리고 아무도 끊임없이 해를 입히는 실수를 하지 않으므로 나쁜 어머니란 없어요.

낸시　아무도 없다…?

번즈　당신은 나쁜 어머니란 끊임없이 **해를 입히는** 실수를 한다고 말했지요. 하루 24시간 동안 끊임없이 해를 입히는 실수를 하는 사람은 없습니다. 모든 어머니는 **무엇인가 옳은 일들을 할 능력이** 있지요.

낸시　그런데 신문에서 봐서 아시겠지만, 언제나 벌주고 때려서 아이들을 학대하는 부모들이 있을 수 있어요. 그들의 아이들은 파괴된 채로 끝나지요. 그건 확실히 나쁜 부모예요.

번즈　학대적인 행동을 하는 부모들이 있다는 건 사실입니다. 그렇지만 그들의 행위를 개선할 수 있습니다. 그것은 그들 자신과 그들의 자녀들을 기분 좋게 해주겠지요. 그러므로 그런 부모들이 **끊임없이** 학대하고 해를 입힌다고 말하는 것은 현실적이지 않습니다. 그리고 그것은 그들에게 '나쁜'이란 낙인을 찍음으로써 사태 해결에 도움이 되지 않습니다. 그런 사람들은 공격과 관련된 문제가 있고 훈련이 필요한 것입니다. 당신이 그들의 문제는 '나쁨'이라고 확신시키려 한다면, 그것은 문제를 단지 악화시킬 따름일 겁니다. 그들은 보통 자기들이 타락한 인간이라고 벌써부터 믿고 있는데다가, 아이들 학대는 그 문제의 일부에 불과한 것입니다. 그들을 나쁜 어머니라고 명명하는 것은 정확하지 않을뿐더러 휘발유를 끼얹어서 불을 끄려는 행동과 다를 바 없는 무책임한 짓입니다.

이때 나는 낸시에게 그녀가 자신을 '나쁜 어머니'라고 명명함은 자신을 파멸시킬 뿐임을 보여주려 애썼다. 나는 그녀가 아무리 나쁜 어머니를 정의해도 그 정의는 비현실적임을 그녀에게 보여주고 싶었다. 그녀가 침울해하고 그녀 자신을 무가치하다고 명명하는 그 파괴적 경향을 포기했을 때, 우리는 비로소 그녀의 아들이 학교에서 갖고 있는 문제를 돕기 위한 전략 세우기로 나아갈 수 있었다.

낸시 하지만 나는 아직도 내가 나쁜 어머니란 느낌이 들어요.

번즈 자, 다시 한 번, 당신의 정의가 무엇이지요?

낸시 자기 아이에게 충분하고 적극적인 주의를 기울이지 않는 사람. 난 학교에서 너무 바빠요. 내가 주의를 기울일 때, 하나같이 부정적인 것을 지적하는 주의가 될까봐 두려워요. 아시겠어요? 내가 하고 싶은 말이 그거예요.

번즈 나쁜 어머니란 자기 아이에게 충분한 주의를 기울이지 않는 사람이라고 말씀하셨지요? 왜 충분한 주의를 기울여야 하지요?

낸시 자기 아이가 인생에서 잘할 수 있도록 하기 위해서요.

번즈 모든 것에, 아니면 어떤 것들에 잘하게 말인가요?

낸시 어떤 것들에요. 아무도 모든 것을 잘할 수는 없으니까요.

번즈 보비가 어떤 것을 잘합니까? 그는 어떤 벌충하는 덕목이라도

89

갖고 있나요?

낸시 아, 예. 그 애가 좋아하고 잘하는 것들이 많이 있지요.

번즈 그러면 당신은 당신의 정의에 따라 나쁜 어머니일 수 없어요. 왜냐하면 당신 아들은 많은 것을 잘하니까요.

낸시 그런데 왜 내가 나쁜 어머니처럼 느껴질까요?

번즈 당신이 자신을 나쁜 어머니로 명명하는 것 같아요. 왜냐하면 당신은 아들과 많은 시간을 보내고 싶어하는데다가 스스로 무력하단 느낌을 갖고, 또 보비와의 대화를 개선할 뚜렷한 필요가 있기 때문이지요. 그러나 당신이 스스로 나쁜 어머니라고 결론짓는 것은 이 문제를 해결하는 데 전혀 도움이 되지 않을 것입니다. 제 말이 이치에 닿습니까?

낸시 내가 더 많은 주의를 기울이고 도움을 주었더라면 그 애는 학교에서 더 잘하고 훨씬 더 행복할 수 있을 텐데… 그 애가 잘못하는 건 내 탓 같아요.

번즈 그래서 당신은 그 애의 잘못에 대한 책임을 지려 하는군요?

낸시 그래요, 그건 내 탓이에요. 그래서 나는 나쁜 어머니지요.

번즈 그러면 당신은 또한 그의 성취에 대한 영예도 갖나요? 그의 행복에 대한 것도?

낸시 아니죠. 그 영예는 제가 아니라 그 아이의 몫이지요.

번즈 그게 말이 되나요? 그의 잘못에 대해서만 책임이 있고 그의 장점에 대해서는 공적이 없다니요?

낸시 아니요.

번즈 제가 지적하려는 것을 이해하십니까?

낸시 예.

번즈 나쁜 어머니는 하나의 추상 개념입니다. 이 우주 안에 나쁜 어머니란 없습니다.

낸시 맞아요. 그러나 어머니들은 나쁜 일을 할 수 있어요.

번즈 그들은 사람입니다. 사람은 선하고 악하고 중립적인 가지각색의 일을 합니다. 나쁜 어머니란 바로 하나의 환상입니다. 그런 것은 없습니다. 의자는 하나의 사물이지요. 나쁜 어머니는 하나의 추상 개념입니다. 이해하십니까?

낸시 알겠어요. 그러나 어떤 어머니들은 다른 사람들보다 더 경험이 풍부하고 유능하지요.

번즈 그래요, 양육하는 기술이나 유능함의 정도가 천차만별입니다. 거의 모든 사람은 개선할 소지가 많습니다. 의미 있는 질문은 "나는 좋은 어머니인가, 아니면 나쁜 어머니인가?"가 아니라, 차라리 "내 나름의 기술과 약점은 무엇이며, 내가 나아지기 위해서는 무엇을 할 수 있을까?" 입니다.

낸시 이해하겠어요. 그 접근은 잘 알아듣겠고 기분도 아주 좋아졌어요. 나 자신을 나쁜 어머니로 낙인찍을 때 나는 단지 무능하다는 느낌으로 우울하기만 했어요. 그러면서 생산적인 활동이라곤 하나도 하지 않았지요. 이제 나는 당신의 의도가 뭔지 알겠어요. 내가 나 자신을 비판하는 일을 그만두면 기분이 나아지고 분명 보비에게 도움이 될 수 있다는 거죠.

번즈 맞습니다. 문제를 그런 식으로 직시하는 당신은 대처 전략을 말하고 있는 셈입니다. 예를 들어 당신의 양육 기술은 무엇입니까? 그런 기술을 향상시키기 위해 어떻게 시작할 수 있습니까? 자, 그것이 내가 보비와 관련해서 제기하고 싶은 유형의 일입니다. 당신 자신을 나쁜 어머니로 보는 것은 정서적 에너지를 다 먹어치워 어머니로서 돌보는 기술을 향상시켜야 하는 과업으로부터 당신을 빗나가게 합니다. 그것은 무책임합니다.

낸시   맞아요. 그런 진술로 나 자신을 벌주길 멈출 수 있다면, 나는 아주 잘 지낼 수 있고 보비를 돕는 일을 시작할 수 있어요. 내가 나 자신을 나쁜 어머니로 부르길 멈추는 순간 좋은 느낌이 들기 시작할 거예요.

번즈   그렇습니다. 이제 당신은 "나는 나쁜 어머니다"라고 말하려는 충동이 들 때마다 자신에게 뭐라고 말할 수 있습니까?

낸시   보비에게서 내가 싫어하는 특정한 것을 발견하거나 그의 학교 생활에 문제가 있을지라도 나의 자아 전체를 미워할 필요는 없다고 말할 수 있어요. 나는 그 문제를 파악하려고 노력하고 그 문제를 공격해 그 해결을 위해 노력할 수 있어요.

번즈   맞습니다. 그것이 적극적인 접근입니다. 난 그걸 좋아합니다. 당신은 부정적 진술을 반박하고나서 적극적 진술을 더하십시오. 좋습니다.

그러고나서 우리는 보비의 담임 선생님과 통화한 뒤에 그녀가 썼던 몇 가지 자동적 사고에 답하는 일에 착수했다(〈표 4-4〉). 낸시는 그녀의 자기 비판적 사고들에 대해 논박하기를 배우면서 무척이나 필요하던 정서적 안도를 체험했다. 그다음에 그녀는 보비의 어려움을 돕도록 기획된 몇 가지 독특한 대처 전략을 개발할 수 있었다. 대처 전략의 첫 단계는 진짜 어려움이 무엇인가 알아내기 위해 보비가 처한 곤경에 대해 대화하는 것이었다. 그는 선생님이 말했듯이 어려움을 갖고 있는가? 그가 자기 문제를 어떻게 이해하고 있는가? 그가 긴장감을 느끼며 확신이 부족하다는 것은 사실일까? 최근 그의 숙제는 어려웠는가? 낸시는 이 정보를 얻고 문제의 실상을 규명한 뒤 적절한 해결을 향해 활동할 수 있는 상황이라는 것을

표 4-4 낸시가 보비의 학교 문제에 관해 작성한 과제. 그녀가 자신의 자동적 사고에 포함된 인지 왜곡을 기록할 필요성을 느끼지 않은 점만 빼고는 3단기법과 비슷하다.

자동적 사고(자기비판)	합리적 반응(자기방어)
1. 나는 보비에게 주의를 기울이지 않았다.	1. 난 사실 그와 너무 많은 시간을 보냈다. 나는 과잉 보호적이다.
2. 나는 그 애의 숙제를 같이했어야만 한다. 그렇게 하지 못한 탓에 지금 그 애는 무질서하고 수업 준비가 부족한 상태다.	2. 숙제는 그 애의 책임이지 내 책임이 아니다. 나는 그 애에게 질서를 갖도록 설명할 수 있다. 무엇이 나의 책임 사항인가? a. 숙제를 점검하라. b. 정해진 시간까지 숙제를 하도록 지시하라. c. 어떤 어려움을 갖고 있나 물어보라. d. 포상 제도를 세우라.
3. 좋은 어머니는 매일 밤 자기 아이들과 무언가를 하면서 시간을 보낸다.	3. 사실이 아니다. 나는 내가 할 수 있고 하고 싶을 때 그들과 시간을 보낸다. 그러나 늘 가능하지는 않다. 게다가 아이의 시간표는 아이의 소유물이다.
4. 나는 학교에서 저지른 그 애의 나쁜 행동과 성적 부진에 책임이 있다.	4. 나는 보비를 안내해줄 뿐이다. 나머지는 그 애에게 달려 있다.
5. 내가 그 애를 도와주었더라면 학교에서 곤경에 빠지지 않았을 것이다. 내가 숙제를 감독했더라면 이 문제는 생기지 않았을 것이다.	5. 그렇지 않다. 내가 만사를 감독해도 문제는 생길 것이다.
6. 나는 나쁜 어머니다. 나는 그 애의 문제의 원인이다.	6. 나는 나쁜 어머니가 아니다. 나는 노력한다. 내가 그 아이의 인생의 모든 영역에서 일어나는 일을 통제할 수는 없는 노릇이다. 아마 나는 선생님과 상의해 그 애를 도울 방법을 찾을 수 있을 것이다. 내가 사랑하는 사람에게 문제가 생길 때마다 왜 나 자신을 벌준단 말인가?
7. 다른 모든 어머니는 자기 아이들과 함께 공부한다. 그러나 나는 보비와 함께 협조해나가는 법을 모른다.	7. 지나친 보편화! 사실이 아니다. 그만 침울해하고 대처하기를 시작하라.

깨달았다. 예를 들어 보비가 몇 학과가 특히 어렵다고 말했다면, 그녀는 그 애가 집에서 공부를 더하도록 격려하기 위해 포상 제도를 개발할 수 있다. 그녀는 또한 양육 기술에 관한 몇 가지 책을 읽기로 결심했다. 보비와 그녀의 관계는 좋아졌고, 보비의 성적과 학교에서의 행동은 빠르게 제자리를 찾아갔다.

낸시의 실수는 자기가 나쁜 어머니라는 윤리적 판단을 내리면서 자신을 너무 거창하게 바라본 것이었다. 이러한 형태의 비판은 그녀를 무능력하게 만들었다. 왜냐하면 그 비판이 그녀가 아무도 어찌할 도리가 없는 너무 크고 나쁜 인격적 문제를 갖고 있다는 인상을 만들어냈기 때문이다. 이와 같은 명명하기가 일으킨 정서적 혼란은 그녀가 진짜 문제를 규정짓고 분석하여 적절한 해결책을 적용하지 못하게 막았다. 그녀의 기분이 계속 침울했다면 보비의 나쁜 품행이 계속되었을 테고 그녀는 더욱 무력해졌을 가능성이 높다.

낸시의 교훈을 당신은 어떻게 자신의 상황에 적용할 수 있는가? 당신이 의기소침할 때, 스스로 '바보', '야바위꾼', '멍청한 어리보기' 등의 부정적 낙인으로 당신의 진짜 정체를 규정지으려 하는 순간 자신이 실제로 어떤 존재인지 묻는 것이 유용하다는 것을 알 수 있다. 이 파괴적인 낙인들을 떼어버리기 시작하기만 하면, 당신은 그 이미지들이 임의적이고 의미 없는 것임을 발견할 수 있다. 실제로 그것들은 혼란과 좌절을 일으켜 쟁점을 모호하게 한다. 그것들을 제거하기만 하면 존재하는 진짜 문제들을 규명하고 대처할 수 있다.

요약

우울한 기분을 경험하고 있을 때, 당신은 어쩌면 스스로에게 자신이 선천적으로 무력하거나 '좋지 않다'고만 말하고 있을지 모른다. 당신은 자기가 나쁜 마음속을 갖고 있으며 본질적으로 무가치하다고 확신하게 될 것이다. 그런 생각들을 믿는 정도만큼 절망과 자기증오의 심한 정서적 반응을 경험할 것이다. 참을 수 없을 만큼 불편하고 자기모욕적이어서 차라리 죽는 게 낫다고 여길지도 모른다. 활기를 잃고 마비된 채 인생의 정상적 흐름에 참여하기를 두려워하고 내키지 않아할 수도 있다.

거친 사고에서 비롯된 그 부정적 정서와 행동의 결과로 당신이 취해야 할 첫 단계는, 스스로에게 자기가 무가치하다고 말하기를 멈추는 것이다. 그러나 당신은 이 진술들이 **그릇되고 비현실적임**을 절대적으로 확신할 때에야 비로소 그렇게 할 수 있을 것이다.

이 일이 어떻게 이루어질까? 당신은 먼저 인간이란 끊임없이 변화하는 육체뿐만 아니라 숱하게 급변하는 사고, 느낌, 행동들을 포함한 진행 중인 과정이란 것을 고려해야 한다. 그러므로 당신의 삶이란 발전하는 경험, 계속적인 흐름이다. 당신은 하나의 사물이 아니다. 그것이 바로 어떤 낙인도 제한적이라는 까닭이다. '무가치한' 또는 '열등한'이라는 추상적 낙인들은 아무것도 전달해주지 않으며 아무것도 의미하지 않는다.

그러나 당신은 아직도 자신이 2등급의 인간이라고 확신하고 있을지 모른다. 당신의 증거는 무엇인가? 당신은 "나는 무력한 느낌이다. 고로 틀림없이 나는 무력하다. 그렇지 않다면 내가 왜 그런 참을 수 없는 정서들로 차 있겠는가?" 하고 추리할 것이다. 당신의 오류는 정서적 추리다. 당신의 느낌들이 자신의 가치를 결정짓지 않는다. 단지 당신 나름의 편안함이나 불편함의 정도를 결정지을 뿐. 썩고 비참한 내면의 상태가 당신이 썩고 무가치한 사람이라고 증명하지는 않는다. 단지 당신이 생각하는 당신 존재일 뿐이다. 왜냐하면 당신은 일시적으로 우울한 기분이며, 자신에 대해 비논리적·비합리적으로 생각하고 있는 것이다.

기분 고조와 행복이 당신을 위대하고 특별히 가치 있는 사람으로 증명한다고 말하려는가? 아니면 그것은 단지 당신의 기분이 좋다는 것을 의미하는가?

당신의 느낌이 당신의 가치를 결정하지 않듯이 당신의 생각이나 행동도 마찬가지다. 일부는 적극적·창조적이며 향상적일 수 있지만, 대다수는 중립적이다. 다른 것들은 비합리적·자멸적이고 부적응적일 수 있다. 그것들은 당신이 좋지 않다는 것을 의미하지 않으며, 의미할 수도 없다. 이 우주 안에 무가치한 사람이란 없다. "그러면 내가 어떻게 자기존중감을 개발할 수 있는가?"라고 당신은 물을 것이다. 대답은 이렇다. 당신은 할 필요가 없다! 당신은 자기존중을 창조하고 존중을 받기 위해 특별히 가치 있는 무언가를 할 필요가 없다. 당신이 할 일이라곤 비판적이고 장광설인 그 내면의 소리를 끄는 것이다. 왜냐하면 그 비판적인 내면의 소리는 그릇되기 때문이다! 당신의 내면적 자기학대는 비논리적이고 왜곡된 생각에서 솟아난다. 당신의 무가치감은 진리에 기초한 것이 아니며, 단지 우울병의 핵심에 있는 종기와 같다.

그러므로 기분 나쁠 때는 결정적인 세 단계를 기억하라.

1) 자동적 사고들을 겨냥하고 기록하라. 그 생각들이 당신 머리 안에서 바쁘게 돌아다니지 않게 하라. 그것들을 종이 위에 잡아채라!
2) 10개의 인지 왜곡 목록을 거듭 읽어라. 어떻게 당신이 사물들을 비틀고 턱없이 부풀리는지 정확히 파악하라.
3) 당신으로 하여금 자신을 경멸하게 만드는 것을 반박하는 더 객관적인 사고를 대신 써 넣어라. 이 과정을 통해 기분이 나아지기 시작할 것이다. 당신은 자신의 자기존중을 증폭시킬 것이며 당신의 무가치감(물론 우울증 역시)은 사라질 것이다.

5장
무위주의 :
그것을 이기는 법

앞장에서는 어떻게 생각하는가를 바꿈으로써 기분을 바꿀 수 있다는 것을 배웠다. 기분 고조에 대단히 효과적인 두 번째 접근이 있다. 사람은 생각하는 존재일 뿐만 아니라 행위하는 존재다. 그러므로 행동 방식을 바꿈으로써 느끼는 방식을 실제로 바꿀 수 있다는 것은 놀라운 일이 아니다. 단 한 가지 문제점이 있다. 우울할 때는 많이 활동하고 싶지 않다는 것.

우울증의 가장 파괴적인 측면 중 하나는 의지력을 마비시키는 방식이다. 가장 가벼운 우울증 상태에서도 당신은 몇 가지 허드렛일을 하는 데 꾸물거리기만 할지 모른다. 동기 결여가 심해지면서 사실상 어떤 활동은 힘들게만 보여 아무것도 하지 않으려는 충동에 압도당한다. 당신은 성취한 것이 거의 없어 기분이 더욱 나빠진다. 당신 자신을 정상적인 자극과 기쁨의 원천들로부터 단절시킬뿐더러 생산력의 결여는 자기혐오를 악화시켜 그 이상의 소외와 능력 상실을 일으키고 만다.

당신 자신이 갇혀 있는 정서적 감옥을 깨닫지 못할 경우 이 상황은 수주나 수개월, 아니 수년간 계속될 수도 있다. 당신이 삶을 위해 가졌던 에너지에 대해 긍지가 있었다면, 당신의 무활동성은 더욱 실망을 안겨줄 것이다. 당신의 무위주의는 당신 자신처럼 당신의 행동을 이해할 수 없는 가족과 친구들에게도 영향을 미칠 수 있다. 그들은 당신이 틀림없이 우울해지려 한다거나, 당신이 "떨치고 일어나 출발해야 한다"고 말할지 모른다. 하지만 그런 말들은 오직 당신의 고통과 마비를 악화시킬 뿐이다.

무위주의는 인간 본성의 큰 역설 중 하나를 보여준다. 어떤 사람은 본성상 열심히 삶을 영위하는가 하면, 다른 사람들은 남도 아닌 자신을 해칠 음모에 가담이나 한 것처럼 철저히 자신을 좌절시키면서 늘 꽁무니를 뺀다. 왜 그런지 당신은 의아해본 적이 있는가?

어떤 사람이 격리되어 모든 정상적 활동과 대인관계로부터 단절된 가운데 수개월을 보내는 형벌을 받는다면, 그 결과는 상당한 우울증일 것이다. 어린 원숭이들도 같은 또래의 무리로부터 분리되어 우리 속에만 가둬두면 저능하고 움츠러든 상태에 떨어지고 만다. 왜 자청해서 그와 비슷한 형벌을 자신에게 내리는가? 고통 받고 싶은가? 인지 기법들을 사용하면서 당신은 자신에게 동기를 부여하기 어려운 정확한 이유를 발견할 수 있을 것이다.

나는 내게 의뢰된 우울증 환자들 가운데 대다수가 스스로 돕고자만 하면 실제로 증상이 호전되는 것을 발견했다. 종종 자기도움의 자세로 무엇인가를 하는 한 실제로 무엇을 하고 있는가는 거의 중요하지 않은 듯하다. '희망 없는' 사례로 여겨지던 환자가 오직 종이 위에 표시 하나를 하는 것만으로 크게 도움이 되었던 것을 기억하고 있다. 그 환자는 수년간 직선 하나도 그을 수 없다고 확신하던 화가였다. 그 결과로 그는 그림을 그릴 노력조차 하지 않았다. 그의 치료자가 그에게 실제로 선을 그어보아 자신의 확신을 실험해보라고 권고했을 때, 그 결과는 너무나 직선인 것으로 나왔다. 그는 다시 그림을 그릴 수 있게 되었고, 그 증상도 곧 사라졌다! 그런데도 우울증 환자들은 자신을 돕기 위해 무엇인가 하기를 **고집스레 거부하는** 국면을 겪는다. 이 결정적인 동기부여의 문제가 해결되는 순간 우울함은 하나같이 사라지기 시작한다. 그러므로 당신은 왜 우리 연구의 상당 부분이 이러한 의지 마비의 원인을 규명하는 쪽으로 향해 있는지 이해할 것이다. 우리는 이 지식을 이용해 미루는 버릇을 처리하는 데 도움이 되는 몇 가지 독특한 방법을 개발했다.

내가 최근에 치료한 두 환자에 대해 이야기하겠다. 당신은 그들의 무위주의가 극단적이며, 당신과는 공통점이 거의 없는 '미치광이'라고 오판할 수도 있다. 사실 나는 그들의 문제가 당신의 경우와 마찬가지로 마음가짐에서 야기되었고 믿고 있다. 그러니 그들을 낮게 평가하지 말라!

28세의 여성 환자 A는 그녀의 기분이 다양한 활동에 어떻게 반응하는지 알아보는 실험을 마쳤다. 결과는 그녀가 하다못해 하찮은 일이라도 할 때는 기분이 상당히 괜찮은 것으로 드러났다. 그녀에게 확실히 기분 상승을 안겨준 일의 목록에는 집 청소, 테니스, 출근, 기타 연습, 저녁 장보기 등이 포함되었다. 오직 한 가지가 그녀를 꼭 악화시키는데, 그 활동만이 거의 늘 그녀를 매우 비참하게 만든다. 그 일이 무엇인지 짐작할 수 있겠는가? 무위주의, 곧 아무것도 하지 않는 활동이다. 다시 말해 온종일 침대에 뒹굴며 천장을 노려보고 부정적 사고들을 자초하는 일이다. 그녀가 주말에 무엇을 하는가 추측해보라. 그렇다! 그녀는 토요일 아침에 침대로 기어들어가 내면의 지옥으로 강하하기 시작한다. 당신은 그녀가 정말 고통 받고 싶어한다고 생각하는가?

내과의사인 환자 B는 치료 초기에 명백하고 확정적인 의사 표시를 했다. 그녀는 자신의 회복 속도가 치료 시간이 아닌 때의 자신의 자발성에 달렸음을 알고 있다고 말했다. 그리고 16년 이상 우울증으로 좌초된 신세였으므로 세상 누구보다도 잘 낫고 싶다고 주장했다. 하지만 그녀는 치료에 들어가게 되어 기쁘다고 강조하면서도 내가 그녀를 돕기 위해서 손가락 하나도 들지 못하게 했다. 심지어 그녀는 내가 자기도움 과제를 5분 동안 작성하도록 재촉하면 자살하겠노라고 말했다. 그녀가 자신의 병원

수술실에서 주도면밀하게 계획한 치명적이고 소름 끼치는 자기파괴 방법을 자세히 설명했을 때, 그녀의 병이 죽음에 이를 정도로 심각하다는 사실이 명백해졌다. 왜 그녀는 자신을 돕지 않기로 그렇게도 작정했을까?

나는 당신의 미루는 버릇이 아마도 덜 심각한 수준이며 사소한 일, 이를테면 돈을 지불하거나 치과에 가는 것 등에 관련된 것이라고 생각한다. 또는 당신 경력에 대한 결정적인 보고서를 비교적 솔직하게 작성하는 데 갖는 어려움일 수도 있다. 그러나 당혹케 하는 질문은 매한가지다. 왜 우리는 흔히 자신의 이기주의와는 반대되는 방식으로 행동하는가?

미루는 자멸적인 행동은 당신의 전망에 따라서 재미있게, 좌절스럽게, 헷갈리고 분노하게, 또는 감상적이게 보일 수 있다. 나는 그것이 널리 퍼져 있어서 우리 모두가 거의 매일 마주치는 인간적 특성이라고 본다. 저술가, 철학자, 역사를 통해 인간 본성을 연구한 사람들은 자멸적 행동을 다음과 같이 인기 있는 이론으로 정식화해보려고 애썼다.

1) 당신은 기본적으로 게으르다. 그건 바로 당신의 '본성'이다.
2) 당신은 스스로에게 상처 주고 고통 받고 싶어한다. 당신은 우울하기를 좋아하거나 자기파괴적인 충동, 곧 '죽음의 욕망(death wish)'을 갖고 있다.
3) 당신은 수동적·공격적이며, 아무것도 하지 않음으로써 주위 사람들을 실망시키려 한다.
4) 당신은 자신의 미루는 버릇과 무위주의로 어떤 '장물'을 가지려 하는 것이 분명하다. 예를 들어 당신은 우울할 때 그 모든 주목을 받기를 즐긴다.

이 유명한 설명들은 제각기 다른 심리학적 이론을 대표하며 부정확하다! 첫 번째는 '특성' 모델로서, 무활동이 고정된 인격 특성으로 파악되고 있으며 '게으른 경향'에서 유래된다는 것이다. 당신 자신을 '게으름뱅이'로 명명하는 것은 동기 유발 결여가 돌이킬 수 없으며 성질의 내적 부분이라는 거짓된 인상을 만들어내므로 쓸모없고 자멸적이다. 이런 종류의 사고는 타당한 과학적 이론을 대표하는 것이 아니라 인지 왜곡의 한 예일 뿐이다(명명하기).

두 번째 모델은 미루는 버릇에는 무언가 즐겁고 바람직한 요소가 있으므로 자신에게 상처 주고 고통 받고 싶어한다는 것이다. 이 이론은 너무 우스워서 소개하기를 주저했지만, 상당수의 정신 치료자들에게 지지를 받는 이론이라 여기에 포함시켰다. 당신이 당신이나 다른 사람이 우울해지고 아무 활동도 하지 않기를 좋아한다는 예감이 들면, 우울증은 인간의 고통 중 가장 고통스런 형태임을 상기하라. 내게 말해달라. 그것이 뭐 그리 좋은지? 그 비참함을 실로 즐기는 환자는 한 명도 만나본 적이 없다.

당신이 정말 고통과 괴로움을 즐긴다고 확신하지는 않아도 그런 것 같다는 생각이 들면, 클립을 이용한 테스트를 받아라. 종이를 끼우는 클립의 한쪽 끝을 곧게 펴서 손가락 밑으로 밀어보라. 세게 밀수록 고통이 점점 격심해지는 것을 느낄 것이다. 자, 당신에게 물어보라. 이 짓이 정말 즐길 만한가? 나는 정말 고통 받기 좋아하는가?

세 번째 가설(당신은 '수동적·공격적'이다)은 우울증적 행동이 '내향화된 분노'를 기초로 설명될 수 있다고 믿는 많은 치료자의 생각을 나타내고 있다. 미루는 버릇은 그 갇힌 적의의 한 가지 표현으로 볼 수도 있다. 왜냐하면 무활동은 주위 사람들의 속을 태우기 때문이다. 이 이론의 한 가지 문제는 가장 우울하거나 미루는 버릇이 있는 사람들이 오로지 화만 내는 것이 아니란 점이다. 분노가 때때로 동기 유발 결여의 원인일 수는 있지만, 일반적으로 문제의 중심은 아니다. 비록 가족이 당신의 우울증에 좌절을 느낀다 해도 당신이 그런 식으로 반응하게 할 의도는 분명 아니었을 것이다. 사실 대개 당신은 그들의 기분을 상하게 하는 것을 두려워한다. 당신이 그들의 속을 썩이기 위해 **의도적으로** 아무것도 하지 않는다는 암시는 모욕적이며, 사실이 아니다. 그런 착상은 당신을 더욱 기분 나쁘게 만들 것이다.

마지막으로 당신이 미루는 버릇으로 어떤 '장물'을 가지려 하는 것이 분명하다는 네 번째 이론은 더욱 최근의, 행동과학적으로 정향된 심리학을 반영한다. 당신의 기분과 행위들은 환경이 주는 상과 처벌의 결과로 보인다. 당신이 우울을 느끼고 그에 대해 아무것도 하지 않으면, 당신의 행동은 어떤 식으로든 보상받고 있다는 결론이다.

여기에 한 가닥의 진실이 있다. 즉 우울증 환자는 자주 그를 도와주려는 다른 이들로부터 실제적인 지원과 격려를 받는다는 것이다. 그러나 그는 자신을 향한 모든 관심을 적극성을 박탈시키는 경향 때문에 거의 즐기지 못한다. 우울증에 빠져 있을 때 누군가가 당신을 좋아한다고 말하면, 당신은 아마도 "그는 내가 얼마나 썩은 존재인지 모른다. 나는 이런 칭찬을 받을 자격이 없다"고 생각할 것이다. 우울증과 무기력은 아무 현실적인 보상도 받지 못한다. 이 네 번째 이론 역시 다른 것들처럼 거짓이다.

당신은 동기부여를 마비시킨 진짜 원인을 어떻게 발견할 수 있는가? 기분장애 연구는 우리에게 짧은 시간 안에 개인적 동기부여의 차원에서 이상한 변형을 관찰할 독특한 기회를 제공한다. 정상적으로 창조력과 낙관주의를 표방하던 사람이 우울증 기간에 감상적이거나 지지부진한 부동성으로 쇠약해질 수 있다. 극적인 기분 변동을 추적하면서 우리는 인간 동기부여의 많은 신비를 풀어줄 소중한 실마리들을 모을 수 있다. 당신 자신에게 물어보라. "내가 하지 않은 과제에 대해 생각할 때 어떤 생각들이 즉시 내 마음에 떠오르는가?" 그러고는 종이 한 장에 그 생각들을 기록하라. 당신이 쓴 것은 부적응적 태도, 잘못된 개념 파악과 그릇된 가정들을 많이 반영하고 있을 것이다. 당신은 자신의 동기부여를 방해하는 느낌들, 예컨대 무감각, 분노, 압도당한 느낌들이 당신의 왜곡된 사고가 빚은 결과임을 알게 될 것이다.

〈그림 5-1〉은 전형적인 무기력 주기를 보여준다. 이 환자의 정신 사고는 부정적이다. 그는 "나는 타고난 패배자이고 실패하게 되어 있기 때문에 어떤 일을 해도 효과가 없어"라고 중얼거린다. 우울할 때 매우 확신감 있게 들리는 그런 사고는 당신을 무기력화하고, 무력하고 압도당하고 자기혐오적이고 의지가 없는 듯한 느낌을 갖게 한다. 그러면 당신은 이 부정적 정서들을 자신의 비관적 태도가 유효하다는 증거로 받아들인다. 그리고 당신은 삶에 접근하는 법을 바꾸기 시작한다. 무엇이든 망칠 거라고 확신하므로 아예 시도조차 하지 않는다. 그 대신 침대에 눕는다. 그러고 있기만 하면 사업은 파산에 이르고 경력을 잃어버리게 내버려두는 것이라는 사실을 고통스럽게 인식하면서도 당신은 수동적으로 드러누워 잠에 빠져들기를 바라면서 천장을 노려본다. 나쁜 소식을 듣게 될까봐 전화받기도 거부할 수 있다. 인생은 권태와 우려, 그리고 비참함의 쳇바퀴가 된다. 이 악순환은 당신이 그 격퇴 방법을 알지 못하는 한 무한정 계속될 수 있다.

〈그림 5-1〉에서 보듯이 당신의 생각과 느낌과 행동들은 상호적이다. 다시 말해 당신의 모든 정서와 행위는 생각과 태도의 결과다. 마찬가지로 당신의 느낌과 행동 유형은 대단히 다양한 방식으로 지각에 영향을 미친다. 모든 정서적 변화는 최종적으로 인지에 의해 야기된다는 것, 즉 당신 행동의 변화가 당신 사고방식에 적극적으로 영향을 준다면 당신을 도와 당신 자신에 대해 좋은 기분을 갖게 해주리라는 결론이 이 모델에서 나온다. 그처럼 당신이 동기부여 문제의 핵심인 자멸적 태도를 반박하는 식으

> **그림 5-1** 무기력 주기: 자멸적인 부정적 사고들은 비참한 느낌을 갖게 한다. 고통스런 정서들은 뒤이어 왜곡되고 비관적인 사고들이 실제로 타당하다는 확신을 준다. 마찬가지로 자멸적 사고와 행위들은 순환 형태로 서로를 강화한다. 무위주의의 불쾌한 결과는 문제를 더욱 어렵게 만든다.

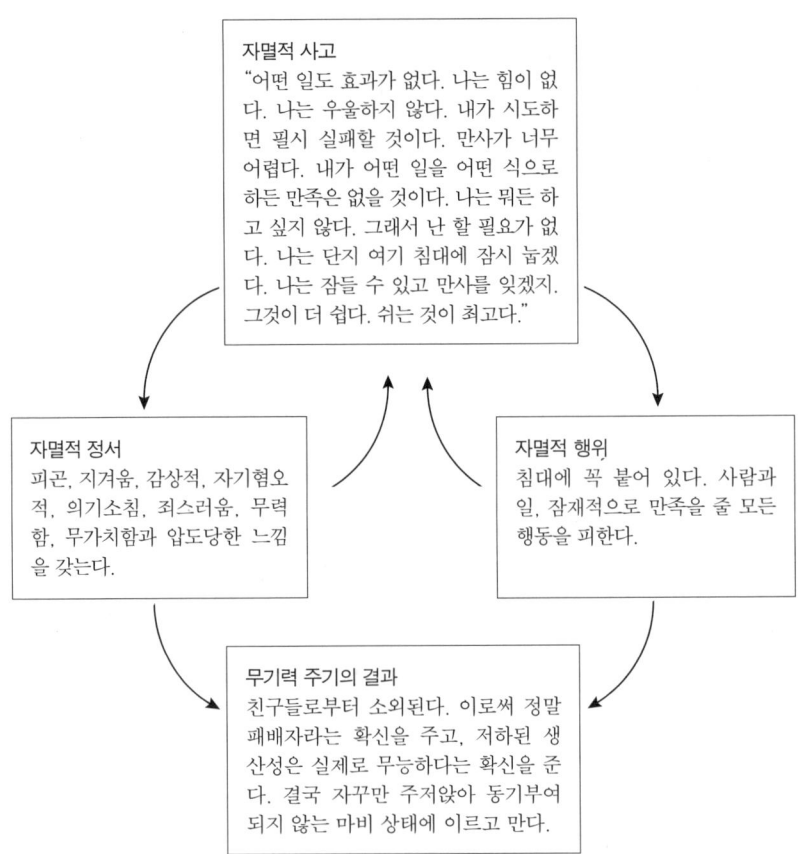

로 행동을 바꾸기만 하면 자멸적 정신 자세를 변경할 수 있다. 마찬가지로 당신이 사고방식을 바꾸기만 하면 일을 하려는 기분이 더 들고 그 기분이 사고 유형에 훨씬 더 강한 적극적 영향을 줄 것이다. 이와 같이 당신은 자신의 무기력 주기를 생산성 주기로 변형시킬 수 있다.

다음은 미루는 버릇이나 무위주의와 가장 흔히 결합된 정신 자세 유형들이다. 당신은 다음 중 하나 또는 그 이상에서 자신을 볼지 모른다.

1. 희망 없음

당신은 우울증에 걸려 있을 때 현재 순간의 고통에 얼어붙은 나머지 기분 좋던 과거를 아예 잊어버리고, 미래에 더 적극적인 느낌을 가질 수 있다는 생각조차 할 수 없을 것이다. 그러므로 어떤 활동도 효과가 없어 보인다. 왜냐하면 당신은 절대적으로 동기부여 결여와 우울감이 끝이 없고 돌이킬 수 없다고 확신하기 때문이다. 이 전망에서 스스로를 돕기 위해 무언가를 해야 한다는 제의는 마치 죽어가는 사람에게 기운 차리라고 말하는 바보스럽고 무딘 소리로 들릴 수 있다.

2. 무력함

당신은 자신의 기분이 운명, 호르몬 순환, 영양 요인, 운수, 당신에 대한 타인의 평가 같은 자기통제 밖의 요인들에 의해 야기되는 것으로 확신하므로 스스로 기분을 좋게 할 방도가 없다는 것이다.

3. 자신을 압도하기

아무것도 하지 않음으로써 당신 자신을 압도하는 몇 가지 방법이 있다. 우선 어떤 과제를 다루기가 불가능해 보일 정도로 부풀릴 수 있다. 또한 각 일거리를 한 번에 한 단계씩 마칠 수 있는 세분화되고 통제하기 쉬운 단위로 나누는 대신, 한 번에 모든 것을 해야 하는 척할 수 있다. 아직 해 보지도 않은 다른 끝없는 일들에 사로잡혀 수중의 과제로부터 당신 자신을 그릇되이 떼어낼지도 모른다. 이런 방법들이 얼마나 비합리적인지 표현하자면, 식탁에 앉을 적마다 평생 동안 먹어야 할 모든 음식에 대해 걱정하는 것과 같다. 잠시 동안 당신 앞에 수천 킬로그램의 고기나 야채와 수천 리터의 음료가 쌓여 있다고 상상해보라! 이제 당신은 매 식사 전마다 자신에게 이렇게 말한다고 가정하자. "이 식사는 마치 양동이 안의 물 한 방울이나 다름없군. 어떻게 내가 저 모든 음식을 먹어치울 수 있을까? 오늘 밤 이 시시한 햄버거 하나 먹어봐야 티도 안 나겠군." 당신은 메스껍고 압도된 느낌이어서 입맛은 사라지고 당신의 위는 혹으로 변해버릴 것이다. 미루는 일들을 생각할 때 당신은 자신도 모르는 사이에 똑같은 일을 하는 것이다.

4. 성급한 결론

당신은 "나는 할 수 없다" 또는 "나는 하기는 하겠지만…"이라고 말하는 습관이 있으므로 만족을 줄 효과적인 행위를 하는 것은 능력 밖의 일이라고 느낀다. 내가 우울증에 걸린 여성에게 사과파이를 구워보라고 제의했을 때, 그녀는 "나는 더 이상 요리할 수 없어요"라고 대답했다. 하지만 그녀가 정작 하고 싶었던 말은 "나는 요리를 즐기지 못할 거라는 느낌이 들고, 그건 매우 힘들어 보입니다"였다. 그녀가 이런 가정들을 파이를 굽는 시도로써 시험했을 때, 놀랍게도 그 일은 만족스럽고 조금도 힘들지 않음을 발견했다.

5. 자기명명

당신이 미룰수록 당신은 더욱 자신을 열등하다고 단죄한다. 이것은 당신의 자기확신을 더욱 갉아먹는다. 당신이 자신을 '미루는 사람' 또는 '게으른 사람'으로 명명할 때 문제는 더 복잡해진다. 당신의 효과적 행위 결여를 '당신의 참 모습'으로 보이게 함으로써 자동적으로 자신으로부터 거의 또는 아예 아무것도 기대하지 않게 만들기 때문이다.

6. 보상을 평가절하하기

우울증에 걸려 있을 때 의미 있는 활동을 전혀 하지 않는 이유는 당신이 어떤 과제든지 몹시 힘든 것이라고 생각하기 때문이기도 하고, 그 보상이 노력에 상응하지 않을 거라는 느낌 때문이기도 하다.

'무쾌감(anhedonia)'은 만족과 쾌감을 체험하는 능력의 상실을 가리키는 전문 용어다. 일반적인 사고 오류('적극성을 박탈'하는 당신의 경향)가 이 문제의 근저에 있을 수 있다. 이 사고 오류가 무엇으로 구성되어 있는지 기억하는가?

한 사업가는 내게 자기가 하루 종일 한 일 중에 어느 것도 만족스럽지 않다고 호소했다. 그는 아침에 고객에게 응답 전화를 하려 했지만 통화중이었고, 수화기를 놓으면서 그는 "시간 낭비였군"이라고 생각했다. 그리고 아침 늦게 중요한 사업 협상을 성공적으로 완결 지었는데, 이번에는 "우리 회사의 누구라도 이만큼 아니면 더 잘 처리할 수 있었을 거야. 그건 쉬운 문제였고, 내 역할은 중요하지 않았어"라고 중얼거렸다. 그의 만족 결여는 언제나 자기 노력을 나쁘게 평가하는 방법을 찾는다는 사실에서 비롯되었다. "그건 고려되지 않아"라는 그의 나쁜 말 습관은 여하한 실현감도 성공적으로 격퇴하고 만다.

7. 완벽주의

자신을 부적절한 목표와 기준으로 패배에 놓이게 한다. 당신은 무슨 일을 하든지 엄청난 성과에 미치지 않으면 만족하지 못할 것이다. 그리하여 당신은 흔히 바로 그것, 즉 **아무것도** 만족하지 못하는 것으로 결국 끝나고 만다.

8. 실패의 두려움

당신을 마비시키는 또 다른 정신 자세는 실패의 두려움이다. 노력을 경주하지만 성공에 이르지 못하면 그 사실이 당신을 짓누르는 개인적 패배가 될 거라고 상상하므로 노력하기조차 거부한다. 몇 가지 사고 오류들이 실패의 두려움에 포함되어 있다. 가장 흔한 것 중 하나는 지나친 보편화다. 당신은 "내가 이 일에 실패하면 어떤 일에든 실패한다는 것을 의미한다"고 판단을 내린다. 물론 있을 수 없는 일이다. 아무도 모든 일에 실패할 수는 없다. 우리 몫에는 성공도 실패도 있는 법이다. 성공이 달콤하고 실패가 흔히 쓴 것이 사실이지만, 어떤 과제의 실패가 치명적인 독이 될 수 없고 나쁜 맛이 영원히 질질 끌지도 않을 것이다.

패배의 두려움의 원인이 되는 두 번째 마음 자세는 자신의 노력을 도외시한 채 오로지 결과 위에서만 성취를 평가하는 것이다. 이러한 마음 자세는 비논리적이며 '과정 지향성'보다 '성과 지향성'을 반영한다. 나 개인의 상황을 예로 설명해보면, 정신 치료자로서 나는 오직 내가 하는 말과 각 환자와 상호 영향을 주는 방법만을 통제할 수 있을 뿐이다. 어느 특별한 환자가 주어진 치료 기간에 나타내는 반응은 통제할 수가 없다. 내가 하는 언급과 내가 상호 영향을 주는 방법은 과정이고, 환자 각 개인의 반응은 성과다. 어느 날 몇 명의 환자들이 그날 치료 중 많은 유익을 얻었다고 보고하겠지만, 다른 몇몇은 별로 유익한 시간이 아니었다고 말할 수 있다. 내 일을 오로지 결과나 성과 위에서만 평가한다면, 나는 환자가 잘할 때마다 들뜬 기분을 느끼겠지만 환자가 부정적으로 반응할 때마다 패배와 결함의 느낌을 가질 것이다. 이러한 느낌들은 내 정서 생활을 롤러코스터로 만들 것이며, 나의 자기존중은 온종일 소모적이고 변덕스런 형태로 상승과 하강을 반복할 것이다. 그러나 내가 할 수 있는 모든 것은 치료 과정에서 입력에 불과하다는 점을 나 스스로 인정한다면, 특정한 치료 시간의 결과에 상관없이 좋은 일관된 일을 나의 자랑으로 삼을 수 있다. 내가 내 일을 성과보다 과정에 토대를 두고 평가하기를 배운 것은 하나의 위대한 개인적 승리였다. 어느 환자가 내게 부정적 보고서를 제출하면 나는 그것으로부터 배우려고 노력한다. 내가 오류를 범했다면 그것을 고치려 애쓴다. 그러므로 나는 창문 밖으로 뛰어내릴 필요가 없다.

9. 성공의 두려움

당신은 자신감이 부족해 성공이란 우연에 기초하고 있다고 믿는다. 그런 당신에게는 성공이 실패보다 더 위험해 보인다. 그러므로 당신은 성공을 지켜나갈 수 없다고 믿으며, 자신의 성취는 다른 이들의 기대를 그릇되게 높일 거라고 느낀다. 게다가 기본적으로 '패배자'에 불과하다는 그 무서운 진실이 드러나게 되면, 실망과 거부와 고통이 한층 쓰라릴 것이라고 상상한다. 당신은 결국 절벽 아래로 떨어질 거라는 확신감이 들어 아예 산을 오르지 않는 편이 더 안전하다고 여기는 사람인 셈이다.

또한 당신은 사람들이 자신에게 훨씬 더 큰 요구를 하리라고 염려한 나머지 성공을 두려워한다. 당신은 그들의 기대를 받아서도 안 되고 받아들일 수도 없다고 확신하므로, 성공은 당신을 위험하고 불가능한 상황으로 몰아넣으리라고 여긴다. 그러므로 당신은 어떤 일에 관련되거나 몸을 던지는 것을 피함으로써 통제를 유지하려 한다.

10. 불찬성이나 비판의 두려움

뭔가 새로운 시도를 하면 어떤 잘못이나 실수가 강한 불찬성과 비판에 부딪힐 거라고 상상한다. 왜냐하면 당신이 염려하는 사람들은 당신이 인간적이고 불완전하면 받아들이지 않을 것이기 때문이다. 거부의 위험은 너무 커서 당신은 자신을 보호하기 위해 가능한 한 낮은 윤곽을 채택한다. 어떤 노력도 하지 않으면 실수해서 망칠 염려가 아예 없으니까!

11. 강압과 분개

동기부여의 숙적은 강압의 느낌이다. 당신은 수행하라는 강한 압력이 안팎에서 가해지는 상황에 놓여 있다고 느낀다. 이러한 느낌은 자신을 도덕적 당위, 곧 '해야 한다'로 동기부여하려고 시도할 때 발생한다. 당신은 다짐한다. "나는 이것, 저것을 해야 한다." 그러면 강제된, 짐을 진, 긴장된, 분노에 찬, 죄스런 느낌이 든다. 당신은 비행소년처럼 폭군적인 보호관찰관의 훈육하에 있다고 느낀다. 모든 과제가 불쾌함으로 덧입혀져 거기에 직면하기가 당신에게는 견딜 수 없는 노릇이다. 당신은 미루기만 하면서 자신을 게으르고 나쁜 부랑자로 단죄하게 되고, 더 나아가 자신의 에너지를 고갈시킨다.

12. 낮은 좌절 허용

당신은 문제를 해결하고 목표에 빠르고 쉽게 도달할 수 있어야 한다고 생각한다. 그리하여 인생이 장애물을 선사할 때 당신은 격앙된 공포와 격노의 상태에 빠져든다. 일들이 잘되어가지 않을 때 어느 시기든 인내롭게 견디기보다 그 '부당함'에 보복하여 완전히 포기해버린다. 나는 이것을 '권리소유 증후군(entitlement syndrome)'이라 부른다. 왜냐하면 당신은 마치 성공, 사랑, 승인, 완전한 건강, 행복 등에 대한 권리를 받은 것처럼 행동하기 때문이다.

당신의 좌절은 머릿속의 이상과 현실을 비교하는 습관에서 비롯된 것이다. 이상과 현실이 맞지 않을 때 당신은 현실을 단죄한다. 현실을 구부리고 비트는 것보다 자신의 기대를 바꾸는 편이 말할 수 없이 쉽다. 그러나 이 일이 당신에게는 일어나지 않는 것이다.

이 좌절은 흔히 '해야 한다' 진술로 야기된다. 조깅할 때 당신은 "내가 달린 거리로 보아 지금쯤 건강이 퍽 좋아야 한다." 정말 그런가? 왜 당신 건강이 그래야 하는가? 당신은 그런 처벌적·명령적 진술들이 더 열심히 노력하고 열성을 다하게 도와줄 거라는 환상을 가질 수 있다. 그러나 그 진술들이 그런 식으로 작용하는 일은 드물다. 좌절은 단지 당신의 무용감만 더함으로써 포기와 아무것도 하지 않으려는 충동만 상승시킨다.

13. 죄의식과 자기비난

스스로 자신이 나쁘거나 다른 이들을 저버렸다는 확신에 얼어붙어 있다면, 자연히 일상생활을 영위할 동기부여를 받지 못한 느낌일 것이다. 최근에 나는 한 고독한 나이 든 여성을 치료했다. 그녀는 시장을 보고 요리를 하고 친구와 사귈 때에 기분이 좋았는데도, 침대 안에서 나날을 보내고 있었다. 왜? 이 상냥한 여성은 5년 전에 자신의 딸이 이혼한 것에 대한 책임을 스스로 떠맡고 있었다. 그녀는 설명했다. "내가 그들을 방문했을 때 앉아서 사위와 이것저것 이야기했어야 하는데. 난 그에게 근황이 어떤지 물어봤어야 했어요. 분명 나는 도울 수 있었을 거예요. 난 그러기를 원했지만 기회를 포착하지 못했어요. 지금 나는 내가 그들을 망쳤다는 느낌이에요." 우리가 그러한 사고 속의 비논리성을 재검토한 뒤 그녀는 즉시 좋아졌고 다시 활동적이 되었다. 그녀는 인간이지 신이 아니므로 미래를 예언하거나 중재하는 방법을 정확히 알도록 기대될 수 없었던 것이다.

이제 당신은 생각할지 모른다. "그래서 어떻단 말인가? 나는 내 무위주의가 다소 비논리적이고 자멸적임을 알고 있다. 나는 나 자신을 당신이 묘사한 몇 가지 정신 자세들 안에서 살펴보았다. 그러나 나는 물 대신 당밀이 가득 찬 수영장을 간신히 헤엄쳐 가려고 애쓰는 기분이다. 나는 나 자신을 전진시킬 수 없다. 당신은 이 모든 중압감이 단지 나의 태도로부터 생긴다고 말할지 모르지만, 그건 1톤의 벽돌들처럼 느껴진다. 그러니 내가 무엇을 할 수 있겠는가?"

왜 어떤 의미 있는 활동이 기분을 밝게 하는 알맞은 기회를 제공하는지 아는가? 당신이 아무것도 하지 않으면 부정적·파괴적 사고들의 홍수에 사로잡히고 말겠지만, 뭔가를 하면 자기모독의 그 내면적 대화로부터 일시적으로 해방될 것이다. 더욱 중요한 것은 당신이 체험한 통제감은 애초 당신을 지체시킨 많은 왜곡된 사고를 논박할 것이라는 점이다.

다음에 소개하는 자기활성화 기법들을 재검토하면서 가장 마음에 드는 두어 가지 방법을 골라 한두 주 동안 작업하라. 여기 나오는 전부를 숙달할 필요는 없다! 한 사람의 구원이 다른 이에게는 저주가 될 수 있으니까. 자신의 독특한 미루는 습관의 상표에 가장 잘 재단된 듯이 보이는 방법들을 사용하라.

일상 활동 시간표

일상 활동 시간표는 간단하지만 효과적이며, 무기력과 무감각에 대항해 조직적으로 싸울 수 있도록 도와줄 것이다. 시간표는 두 부분으로 구성된다. 전망 단에 그날 그날 당신이 성취하고 싶은 것을 시간별로 적어라. 비록 당신이 계획의 일부밖에 실행하지 못한다 해도, 매일 활동의 방법을 창조하는 이 간단한 행동은 엄청나게 유용할 수 있다. 계획은 상세하지 않아도 된다. 각 시각 난에 하고 싶은 일을 '옷', '점심', '이력서 준비' 등의 식으로 간단히 적어라. 이 일에 5분 이상 걸리면 안 된다.

하루를 마감하는 시간에 회상 단을 작성하라. 각 시각 난에 당신이 실제로 한 일을 기록하라. 실제 한 일은 당신 계획과 같을 수도, 다를 수도 있다. 그렇지만 단지 벽을 쳐다본 것이라 해도 써 넣어라. 또한 각 활동에 통제의 'ㅌ', 기쁨의 'ㄱ'으로 기호를 붙여라. 통제 활동들은 어떤 성취를 나타내는 것, 이를테면 양치질, 저녁식사 요리, 출근 운전 등이다. 기쁨 활동은 독서, 식사, 영화 관람 등이다. 각 활동을 ㅌ이나 ㄱ으로 구분한 뒤 기쁨 활동의 기쁨의 양이나 통제 활동의 어려움의 정도를 0부터 5까지의 숫자로 표시하라. 예를 들어 옷 입기처럼 특히 쉬운 일에는 ㅌ-1의 점수를 주고, 다이어트나 구직 같은 더 힘들고 도전적인 일은 ㅌ-5로 표시한다. 기쁨 활동도 같은 방법으로 등급을 표시한다. 어떤 활동이 우울증에 걸리지 않았던 과거에는 유쾌했지만 지금은 그것이 주는 기쁨이 거의 없거나 전혀 없다면 ㄱ-1/2 또는 ㄱ-0으로 표시하라. 저녁식사 요리 같은 활동들은 ㅌ과 ㄱ 어느 것으로도 표시될 수 있다.

 왜 이 간단한 활동 시간표가 유용함직한가? 첫째, 그것은 여러 활동의 가치에 대해 끝없이 사로잡혀 무슨 일을 할지 말지 비생산적으로 토론하는 당신의 경향을 도려낼 것이다. 계획한 활동 중 일부만 성취해도 십중팔구 만족을 얻을 것이며, 우울증에 타격을 가할 것이다.

 하루를 계획할 때 일뿐만 아니라 즐거운 여가 활동도 포함시키는 균형잡힌 프로그램을 개발하라. 당신이 우울한 기분일 때 평소만큼 즐길 수 있을지 의심스럽더라도 즐거운 일에 강조점을 두고 싶을 수 있다. 자신에게 일 따위로 너무 많은 것을 요구함으로써 내적인 조화가 깨어질 수도 있다. 그렇다면 며칠간의 '휴가'를 잡아서 하고 싶은 일들만을 계획하라.

 시간표를 고수하면 당신의 동기부여가 증가하는 것을 발견할 것이다. 일을 시작하면서 효과적으로 기능을 발휘할 수 없을 거라던 자신의 신념을 논박하기 시작할 것이다. 미루는 버릇이 있는 어떤 사람은 "하루의 계획을 세우고 그 결과를 비교함으로써 내가 어떻게 시간을 보내는지 알게 되었습니다. 이것은 내가 인생을 다시 한 번 책임지게 도와주었습니다. 나

표 5-1 일상 활동 시간표

	전 망 하루를 시작하면서 시간별로 활동들을 계획하라.	회 상 하루의 마무리 시간에 실제로 한 일을 기록하고, 통제감의 ㅌ이나 기쁨의 ㄱ으로 등급을 매기라.*
년 월 일		
시간		
8~9		
9~10		
10~11		
11~12		
12~1		
1~2		
2~3		
3~4		
4~5		
5~6		
6~7		
7~8		
8~9		
9~12		

* 통제 활동과 기쁨 활동들은 0에서 5까지 등급을 매긴다. 높은 수일수록 만족감도 크다.

는 원하기만 하면, 나를 관리할 수 있음을 깨달았습니다"라고 보고했다.

이 일상 활동 시간표를 적어도 1주일간 지켜라. 지난 한 주 동안 참여한 활동들을 재검토해보라. 당신은 높은 점수가 시사하듯이 무엇인가 자신에게 큰 통제감과 기쁨의 느낌을 준 것을 보게 될 텐데, 앞으로의 계획을 세울 때 이 정보를 활용해 그런 활동 위주로 계획하라. 반대로 낮은 만족 단계와 관련되어 있는 활동은 피하라.

일상 활동 시간표는 내가 '주말·휴일 우울증'이라 부르는 일반적 증후군에 특히 유용할 수 있다. 이 우울증은 독신이면서 혼자 있을 때 가장 큰 정서적 어려움을 겪는 사람들에게 매우 빈번히 나타나는 유형이다. 당신이 방금 말한 묘사에 들어맞는다면, 분명 이런 시기들이 견딜 수 없다고 주장하면서도 자기 자신을 돌보기 위해 창조적으로 하는 일이란 거의 없을 것이다. 당신은 벽을 노려보고 침울해하거나, 주말 내내 침대에 누워 있다. 그렇지 않으면 오랫동안 지겨운 텔레비전 쇼를 시청하고, 땅콩버터 샌드위치와 인스턴트커피 한 잔으로 빈약한 저녁식사를 한다. 당신의 주말이 지겨운 게 놀랄 일이 아니다! 당신은 우울하고 외로울 뿐만 아니라 오직 고통을 줄 수 있는 방식으로 자신을 대하고 있다. 다른 사람도 그런 가학적인 방법으로 대하려는가?

이 주말 우울증은 일상 활동 시간표를 통해 극복될 수 있다. 금요일 밤에 토요일 시간표를 작성하며 몇 가지 계획을 잡아보라. "무슨 소용인가? 난 내내 혼자인데"라고 말하며 거부할지 모른다. 당신이 혼자라는 사실이 바로 그 시간표를 써야 하는 이유다. 왜 당신은 비참하겠다는 결심을 하는가? 이 예언은 자기성취 예언으로서만 기능을 발휘한다! 그러니 생산적인 접근을 채용해 실험해보라.

계획이 상세해야 쓸모 있는 것은 아니다. 미용실 가기, 장보기, 미술관 관람, 독서, 공원 산책 등으로 시간표를 짤 수 있다. 당신은 간단한 하루 계획과 그 실천이 기분을 향상시키는 데 큰 효과가 있음을 발견할 것이다. 혹시 아는가, 당신이 기꺼이 자신을 보살핀다면 갑자기 다른 사람들이 당신에게 전보다 더욱 관심을 갖고 행동하는 것을 보게 될지!

잠들기 전, 하루를 마무리하며 실제로 각 시간에 한 일을 기록하고 각 활동을 통제감과 기쁨에 의거해 등급을 매기라. 그러고나서 다음날을 위해 새로운 시간표를 짜라. 이 간단한 절차는 자기존중과 자기신뢰를 향한 첫걸음이 될 수 있다.

반지연지(反遲延紙)

〈표 5-2〉에 미루는 버릇을 고치는 데 효과적인 한 양식이 있다. 당신은 특정한 활동을 너무 어렵고 보람도 없을 거라고 스스로 예언하면서 피하고 있을지도 모른다. 반지연지를 이용해 직접 이 부정적 예언들을 실험할 수 있다. 매일 미뤄온 일을 반지연지 표의 맨 왼쪽 활동 단에 써 넣으라. 그 과제가 상당한 시간과 노력을 요구한다면 그 일을 여러 작은 단계들로 나눠 각 단계가 15분 안에 완결될 수 있게 하는 것이 매우 좋다. 이제 다른 단에는 과제의 각 단계가 얼마나 어려울지 당신이 예언하는 정도를 0~100의 백분율 수치로 기록하라. 당신이 상상하기에 그 일이 쉽다면 10~20퍼센트의 낮은 평점을 기록하라. 더 힘든 과제들에는 80~90퍼센트를 쓰라. 다음 단에는 그 과제의 각 단계를 완성하는 것이 얼마나 만족스럽고 보람 있을지 예언하는 정도를 백분율로 기록하라. 이 예언들을 기록한 뒤에는 그 과제의 첫 단계를 완성하라. 그러고나서 각 단계를 완성하는 활동이 실제로 얼마나 힘들다고 판명되었는지, 그리고 그 일을 함으로써 얻은 기쁨의 양이 어느 정도인지 기록하라. 마지막 두 단에 이 정보를 백분율로 기록하라.

〈표 5-2〉는 한 대학교수가 이 양식을 이용해 수개월간 미루던 다른 대학교 교수 직 지원 편지 쓰기를 어떻게 극복했는지 보여준다. 당신이 보듯이, 그는 그 일이 어렵고 보람 없을 거라고 예측했다. 그는 그 비관적인 예언을 수치로 기록한 뒤에 그 일이 정말 생각만큼 지루하고 보람 없을지 알아보기 위해 그 편지의 윤곽을 잡아 초고를 작성하고 싶어졌다. 그는

표 5-2 한 교수는 어떤 편지 쓰기가 힘들고 보람 없을 거라고 상상한 까닭에 수개월 동안 미뤘다. 그는 그 과제를 작은 단계들로 나눈 뒤 각 단계가 얼마나 어렵고 보람 있을지 백분율로써 예언하기로 마음먹었다. 각 단계를 완료한 뒤 그것이 실제로 얼마나 힘들고 보람 있었는지 기록했다. 그는 그의 부정적 기대가 실상은 얼마나 근거 없는 것이었는지 보고 놀랐다.

반지연지
(과제를 시도하기 전에 예상한 난이도와 만족도를 기록하고, 각 단계를 완료한 뒤 실제 난이도와 만족도를 기록하라.)

날짜	활동 (과제를 작은 단계들로 나누라)	예상 난이도 (0~100%)	예상 만족도 (0~100%)	실제 난이도 (0~100%)	실제 만족도 (0~100%)
6. 10.	1. 편지의 윤곽 잡기	90	10	10	60
	2. 초고 쓰기	90	10	10	75
	3. 최종 원고 타자하기	75	10	5	80
	4. 봉투에 주소 쓰고 부치기	50	5	0	95

놀랍게도 그 일이 쉽고 만족스러움을 발견했고, 나아가 편지를 완성하도록 충분히 동기부여가 됨을 느꼈다. 이 자료들을 나머지 두 단에 기록했다. 이 실험을 통해 얻은 정보는 그에게 너무 놀라운 것이어서, 그는 자기 생활의 다른 영역에까지 이 반지연지를 이용했다. 그 결과 그의 생산성과 자기확신은 극적으로 향상되었고, 그의 우울증은 사라졌다.

역기능 사고의 매일 기록표

앞서 4장에서 소개한 이 기록표는 당신이 아무것도 하지 않으려는 충동에 압도당해 있을 때 훌륭히 이용될 수 있다. 어떤 특정한 과제를 생각할 때 당신 마음에 흘러가는 생각들을 적기만 하라. 이것은 즉시 당신의 문제가 무엇인지 보여줄 것이다. 그러고나서 이 생각들이 비현실적임을 보여주는 적절한 합리적 반응을 기록하라. 이것은 당신이 어려운 첫걸음을 내딛을 충분한 힘을 가동시키도록 도와줄 것이다. 한 번만 그렇게 하면 탄력이 붙어 순조롭게 전진할 것이다.

이 접근의 한 예가 〈표 5-3〉에 있다. 아네트는 자기 소유의 부티크를 성공적으로 운영하고 있는 매력적인 젊은 여성이다. 주간 내내 그녀는 가게의 분주함 덕택으로 잘 지내지만, 주말에 정해진 사회적 활동이 없는 경우에는 침대 안으로 숨어드는 경향이 있다. 침대에 들어가는 그녀는 풀이 죽어 있으면서도 침대 밖으로 나가는 것은 자신이 통제할 수 있는 일이 아니라고 우긴다. 어느 일요일 저녁에 자신의 자동적 사고들을 기록한 아네트는 자기 문제가 무엇인지 확연히 알 수 있었다. 그녀는 무언가 할 욕구와 흥미와 에너지가 느껴질 때까지 마냥 기다리고 있었던 것이다. 그녀는 자기가 혼자이므로 무언가를 할 의의가 없다고 생각하면서, 자신의 무활동성 때문에 자신을 못살게 굴고 모욕하고 있었다.

그녀가 자기 생각에 말대꾸했을 때, 구름이 조금 걷히면서 침대에서 일어나 샤워하고 옷을 입을 수 있었다고 보고했다. 그러고나니 기분이 더욱 상쾌해졌다. 그녀는 친구와 저녁식사를 하고 영화를 보러 가기로 약속했다. 그녀가 합리적 반응 단에 예언했듯이, 그녀가 많이 활동할수록 기분은 더욱 좋아졌다.

당신이 이 방법을 쓰기로 마음먹는다면, 자신의 기분을 나쁘게 하는 생각들을 실제로 적어야 한다는 점을 명심하라. 당신이 그 생각들을 머리로 찾아내려 하면 잡기 힘들고 복잡한 사고들이 방해하면서 십중팔구 실패할 것이다. 당신이 말대꾸하려 하면 그 사고들이 사방에서 더 세게 빨리 부딪혀와 당신은 무엇이 자신을 때리는지 알지도 못할 것이다. 그러나 당신이 그 생각들을 기록하는 순간 그것들은 이성의 빛에 노출되고 만다. 이런 식으로 당신은 그 생각들을 반성하고 왜곡들을 정확히 가려내어 유용한 해답들을 떠올릴 수 있다.

표 5-3 역기능 사고의 매일 기록표

날짜	상황	정서	자동적 사고	합리적 반응	결과
7. 15.	나는 일요일 내내 자다가 깨다가 하면서 침대 안에 머문다. 일어나거나 어떤 생산적인 일을 할 의욕도 힘도 없다.	우울함 기진맥진함 죄의식 자기증오 외로움	나는 어떤 것을 할 욕구가 없다.	이게 바로 내가 아무 것도 하지 않는 이유다. 행동에서 동기부여가 생긴다는 것을 기억하라!	상당히 치유되는 것을 느꼈고, 일어나서 샤워라도 하기로 결심했다.
			나는 침대에서 뛰쳐나갈 힘도 없다.	난 침대 밖으로 뛰쳐나갈 수 있다. 나는 신체장애자가 아니다.	
			나는 인간으로서 실패자다.	나는 원할 때 여러 가지 일에서 성공한다. 아무것도 하지 않는 것은 나를 우울하고 지겹게 만든다. 그러나 그것이 내가 '인간으로서 실패자'임을 의미하지는 않는다. 왜냐하면 그런 것은 세상에 있지도 않기 때문이다!	
			나는 아무 현실적 흥미도 없다.	나는 흥미를 갖고 있지만, 아무것도 하지 않을 때는 흥미를 갖지 않는다. 내가 무엇을 시작하면 분명 더욱 흥미를 가질 것이다.	
			나는 내 주위에서 진행되는 일에 상관하지 않으므로 자기중심적이다.	내가 정말 기분이 좋을 때는 다른 일들을 염려한다. 우울할 때 관심을 덜 갖는 것은 자연스럽다.	

날짜	상황	정서	자동적 사고	합리적 반응	결과
			대부분의 사람은 외출해서 즐기고 있다.	그것이 나와 무슨 상관인가? 나는 원하는 것을 자유로이 할 수 있다.	
			나는 어떤 것도 즐기지 않는다.	내 기분이 좋을 때는 만사를 즐긴다. 뭔가 하면 난 반드시 일단 시작한 일을 즐길 것이다. 비록 그 일이 내가 침대 속에 있을 때의 방식과 달라도.	
			나는 정상적인 수준의 힘을 갖지 못할 것이다.	나는 이에 대한 아무 증거도 갖고 있지 않다. 나는 거기에 손을 대어 어떤 결말을 보겠다. 기분 좋을 때 나는 힘이 넘친다. 어떤 일에 관련되면 나는 더욱 힘이 넘친다.	
			난 어느 누구와도 이야기하거나 만나고 싶지 않다.	그러면 하지 말라! 아무도 내게 이야기하라고 강요하지 않는다. 그러니 나 스스로 무엇인가 하도록 결심하라. 최소한 나는 침대 밖으로 나가 여러 가지를 시작할 수 있다.	

기쁨예언지

아네트의 자멸적 태도 중 하나는 혼자일 때 어떤 생산적인 일을 할 의의가 없다는 가정이다. 이 신념 때문에 그녀는 아무것도 하지 않고 비참한 느낌을 가졌으며, 이러한 무위의 행동과 느낌은 혼자 있는 것이 괴롭다는 그녀의 마음가짐을 더욱 강화시킬 뿐이었다.

해결을 위해 〈표 5-4〉의 기쁨예언지를 이용해 무엇을 하든 아무 의의가 없다는 당신의 신념을 실험하라. 두세 주간 동안 개인적 성장이나 만족을 줄 가능성이 높은 활동을 많이 계획하라. 그중 약간은 당신 혼자, 약간은 다른 이들과 함께 해보라. 해당란에 당신이 누구와 함께 각 활동을 했는지 기록하라. 그리고 그 일이 얼마나 만족스러울지 0~100의 백분율로 예언하라. 그러고는 실행해보라. 실제 만족도 단에 각 활동이 실제로 얼마나 즐거운 것으로 판명되었는지 기록하라. 당신은 스스로 행한 일들이 당신 생각보다 훨씬 더 만족스러운 것을 보고 놀랄 것이다.

당신의 비교가 타당하도록 당신 혼자 한 일이 다른 이들과 함께한 일과 같은 것인지 확인하라. 예를 들어 당신이 혼자 텔레비전 식사〔인스턴트식품의 하나—옮긴이 주〕를 먹기로 했다면, 그것을 당신이 친구와 함께 먹은 고급 프랑스 식당의 요리와 비교해서는 안 된다!

〈표 5-4〉는 300킬로미터 떨어진 곳에 사는 자기 여자 친구가 새 남자 친구를 사귀었고 자기를 보고 싶어하지 않는다는 사실을 알게 된 한 청년의 활동을 보여주고 있다. 그는 자기연민으로 침울해하는 대신 삶에 뛰어들었다. 마지막 단에서 그가 혼자 체험한 만족도가 60~90퍼센트인 데 반해, 다른 이들과 함께한 만족도는 30~90퍼센트인 것을 볼 수 있다. 이 사실은 그에게 자기신뢰를 강화시켰다. 왜냐하면 그는 애인을 잃었다는 이유로 비참하게 단죄된 것이 아니며, 즐거워지기 위해 다른 이에게 의존할 필요가 없다는 것을 깨달았기 때문이다.

당신은 미루는 습관에 이르는 자신의 많은 가정을 실험하기 위해 기쁨예언지를 사용할 수 있다. 그런 가정으로 다음이 포함된다.

표 5-4 기쁨예언지

날짜	만족을 위한 행동 (성취나 기쁨의 느낌)	이 일을 누구와 함께했나? (혼자 했으면 자신이라고 적어라.)	예상 만족도 (0~100%) (활동 전에 작성한다.)	실제 만족도 (0~100%) (활동 후에 작성한다.)
8. 2.	독서(1시간)	자신	50%	60%
8. 3.	저녁식사	벤	80%	90%
8. 4.	수잔의 파티	자신	80%	85%
8. 5.	N.Y.C와 헬렌 이모	부모님과 할머니	40%	30%
8. 5.	낸시의 집	낸시와 조엘	75%	65%
8. 6.	낸시 가족과 저녁식사	12사람	60%	80%
8. 6.	루시의 파티	루시와 5사람	70%	70%
8. 7.	조깅	자신	60%	90%
8. 8.	영화 관람	루시	80%	70%
8. 9.	해리의 가족	해리, 잭, 벤과 짐	60%	85%
8. 10.	조깅	자신	70%	80%
8. 10.	필립의 경기	아버지	50%	70%
8. 11.	저녁식사	수잔과 벤	70%	70%
8. 12.	미술 전시관 관람	자신	60%	70%
8. 12.	피보디의 가족	피보리와 프레드	80%	85%
8. 13.	조깅	자신	70%	80%

1) 나는 혼자일 때 아무것도 즐길 수 없다.
2) 내게 중요한 일에 실패했으므로(예컨대 직장을 구하지 못했거나, 예상하던 승진에서 누락되었다) 어떤 일을 한다는 것은 의의가 없다.
3) 나는 부자가 아니고 성공하지 못한데다 유명하지도 않으므로 실제로 매사를 온전히 즐길 수 없다.

4) 나는 관심의 중심이 내가 아니면 매사를 즐길 수 없다.
5) 만사는 내가 완전하게(또는 성공적으로) 해내지 않는 한 특히 만족스럽지는 않을 것이다.
6) 일의 일부분만 이행하면 그다지 성취감을 느끼지 못할 것이다. 난 오늘 그 일을 모두 해치워야 한다.

이런 가정들은 하나같이 실험해보지 않는 한 일단의 자기성취적인 예언을 만들어낼 것이다. 그러나 그 가정들을 기쁨예언지를 이용해 조사한다면 인생이 당신에게 거대한 성취를 제공할 수 있음을 알고 놀랄 것이다. 당신 자신을 도우라!

기쁨예언지에 대해 흔히 하는 질문은 "내가 계획한 많은 활동이 과연 내가 예측한 만큼 불쾌하다는 것을 알게 된다면?"이다. 물론 일어날 수 있는 일이다. 그렇다면 당신의 부정적 사고에 주목하고 역기능 사고의 매일 기록표로 대답해 기록하라. 예를 들어 당신이 어느 식당에 가면 긴장을 느낀다고 치자. 당신은 "이 사람들은 내가 여기 혼자 있으니까 나를 패배자로 여기는 것 같군" 하고 생각할 수 있다.

당신은 이에 어떻게 답하려는가? 당신은 다른 사람의 생각이 자신의 기분에 티끌만큼도 영향을 미치지 못한다는 것을 기억할 것이다. 나는 이 사실을 환자들에게 확인시켜주기 위해 내가 그들에 대한 두 가지 생각을 각각 15초씩 할 거라고 말해주었다. 한 가지 생각은 매우 긍정적이고, 다른 하나는 아주 부정적이고 모욕적일 것이다. 그들은 각각의 내 생각이 어떻게 그들에게 영향을 주는지 말해야 한다. 나는 눈을 감고 생각한다. "여기 있는 잭은 좋은 사람이고 난 그가 좋다." 그리고 생각한다. "잭은 펜실베이니아에서 가장 나쁜 사람이다." 잭은 내가 무슨 생각을 했는지 모르므로 그 생각들은 그에게 아무 영향을 미치지 못했다!

이 간단한 실험이 당신에게 하찮게 보이는가? 그렇지 않다. 왜냐하면 오직 **당신의 생각만**이 당신에게 영향을 줄 수 있기 때문이다. 예를 들어 당신이 식당에서 혼자 있으니까 비참한 느낌을 가진다 해도, 실제로 당신은 사람들이 무슨 생각을 하는지는 모르는 것이다. 비참한 느낌이 들게 하는 것은 당신의 생각, 오로지 당선의 생각이다. 당신만이 세상에서 당신을 가장 효과적으로 박해할 수 있는 유일한 사람이다. 왜 당신은 자신에게 '패배자'라는 낙인을 찍는가? 당신이 식당에서 혼자 있다고? 당신은 다른 사람들에게 그렇게 잔인한가? 자신을 그런 식으로 모욕하기를 멈춰라! 그런 자동적 사고를 합리적 반응으로 말대꾸하라. "혼자 식당에 가는 것이 나를 패배자로 만들지는 않는다. 나도 다른 이들처럼 여기에 있을 권리가 있다. 어떤 이가 그걸 좋아하지 않는다 해도, 그게 무슨 상관이란 말인가? 내가 나 자신을 존중하는 한, 나는 다른 사람의 의견에 관심을 둘 필요가 없다!"

'그러나'를 벗는 법 ─ 그러나 반증

당신이 사용하는 '그러나'는 효과적인 행위에 가장 큰 장애물이 될 수 있다. 무엇인가 생산적인 것을 생각할 때 당신은 자신에게 '그러나'의 형식으로 핑계를 댄다. 예를 들어 "나는 오늘 밖으로 나가 조깅을 할 수 있다. 그러나…."

1) 나는 정말 너무 피곤해서.
2) 나는 다만 너무 게을러서.
3) 나는 썩 내키지 않아서.

여기에 다른 예가 있다. "나는 담배를 끊을 수 있다. 그러나…"

1) 나에게는 그런 종류의 자기수양이 없다.
2) 나는 쇠뿔도 단김에 빼라는 식으로 담배를 끊고 싶지 않다. 그렇다고 서서히 끊는 것도 무척 괴로운 노릇일 거야.
3) 나는 요즘 너무 신경질적이다.

당신이 진정 자신에게 동기부여를 하려면 '그러나'를 벗어던지는 법을 배워야 한다. 한 가지 방법이 〈표 5-5〉의 '그러나 반증법'이다. 때는 일요일이고, 당신은 잔디 깎기를 계획했다고 가정하자. 당신이 이 일을 3주나 미루는 통에 잔디밭은 밀림같이 되어버렸다. 당신은 다짐한다. "난 정말 해야 한다. 그러나 그럴 기분이 나질 않는군." 이것을 그러나 단에 기록하라. 이제 그러나 반증을 써서 반격하라. "일단 시작하면 그 일을 더

표 5-5 그러나 반증법. 지그재그 화살표는 마음속으로 이 쟁점을 토론할 때 사고의 유형을 추적한다.

그러나 단	그러나 반증
나는 정말 잔디를 깎아야 한다. 그러나 나는 그럴 기분이 나질 않는다.	일단 시작하면 나는 그 일을 더 좋아하게 될 것 같다. 마치고나면 기분이 참 좋을 것이다.
그러나 그건 너무 오래, 영원히 걸리는 일이다.	잔디 깎는 기계로 하면 그리 오래 걸리지 않을 것이다. 나는 지금 언제든지 그 일의 일부분을 할 수 있다.
그러나 나는 너무 피곤하다.	그러니 약간만이라도 하고나서 쉬자.
지금은 차라리 쉬거나 텔레비전을 보고 싶다.	나는 그럴 수 있다. 그러나 이 일거리가 내 머릿속에 그대로 남아 기분이 그다지 좋지는 않을 것이다.
그러나 나는 너무 게으를 뿐이어서 오늘 그 일을 할 수 없다.	사실일 리가 없다. 나는 과거 수많은 경우에도 해냈었다.

좋아하게 될 것 같군. 마치고나면 기분이 참 좋을 거야." 당신의 다음 충동은 분명 새로운 반론을 꿈꿀 것이다. "그러나 그건 너무 오래, 영원히 걸리는 일이다." 이제 새로운 반증으로 반격하라. 그리고 당신이 핑계를 대지 않을 때까지 이 과정을 계속하라.

자신을 보증하기를 배워라

당신은 자신이 한 일은 고려되지 않는다고 스스로에게 빈번히 확신시키는가? 이 나쁜 습관을 갖고 있다면 당연히 자신이 하는 일에 가치라곤 없다고 느낄 것이다. 당신이 노벨상 수상자이건 정원사이건 인생은 비어 보일 것이다. 왜냐하면 당신의 심술궂은 태도가 당신의 모든 노력에서 기쁨을 앗아가고, 당신이 시작도 하기 전에 당신을 패배시킬 것이기 때문이다. 당신이 동기부여되지 않았다고 느끼는 것은 조금도 이상한 일이 아니다.

이 파괴적인 경향을 역전시키기에 좋은 첫 단계는 처음에 이런 식으로 생각하게 하는 자기비하적 사고들을 정확히 가려내는 것이다. 이 사고들에 말대꾸하고, 그것을 더욱 객관적이고 자기승인적인 것으로 대치하라. 몇 가지 사례가 〈표 5-6〉에 소개되어 있다. 일단 그 요령을 이해했으면, 당신이 하는 일이 사소해 보이더라도 그 일들에 대해 당신 자신을 승인하기를 의식적으로 온종일 실천하라. 처음에는 유쾌한 정서적 고조를 느끼지 못할 수 있다. 그러나 기계적으로 보일지라도 계속 실천하라. 며칠 지나 당신은 상당한 기분 고조를 경험하기 시작하고, 자신이 하는 일에 더욱 긍지를 느끼게 될 것이다.

"나는 왜 내가 하는 모든 일에 대해 나 자신의 등을 두드려주어야 하나? 내 가족, 친구와 직장 동료들이 나에 대해 더 잘 평가해야지"라고 반문할 수 있다. 여기에 몇 가지 문제가 있다. 우선 사람들이 당신의 노력을

표 5-6

자기비하적 진술	자기승인적 진술
누구든지 접시를 닦을 수 있다.	늘상 하는 일이고 지겹기는 하지만, 나는 이 일로 여분의 평점을 받을 만하다.
접시 닦기는 소용없는 일이다. 또 더러워질 테니까.	그게 바로 목적이다. 우리가 필요로 할 때 그 접시들은 깨끗해야 하니까.
나는 방 청소를 더 잘할 수 있었는데.	이 우주 안에 완벽한 것은 없다. 그래도 방이 전에 비해 훨씬 나아 보인다.
내 연설이 그런 식으로 결과를 맺다니, 운이 좋다.	그건 운이 아니었다. 난 제대로 준비했고, 효과적으로 연설을 했다. 난 썩 잘했다.
난 차에 왁스를 입혔다. 그러나 옆집의 새 차처럼 멋져 보이지 않는군.	내 차가 전보다 더 멋져 보인다. 난 그 차를 운전하며 다니길 즐길 거야.

간과한다 해도 당신이 자신을 소홀히 한다면, 당신은 같은 범죄를 범하고 있는 것이다. 게다가 토라지는 것은 상황 개선에 도움이 되지 않는다.

누군가 당신을 칭찬해도 그가 말한 바를 당신이 믿고 타당성을 부여하기로 결정하지 않는다면, 그 칭찬은 받아들여질 수 없다. 얼마나 많은 진정한 축하의 말들이 당신이 믿지 않은 까닭에 그저 귓전을 스쳐 지나가버리고 말았는가? 당신이 이럴 때 다른 사람들은 당신의 비적극적인 반응에 좌절을 느낀다. 자연히 그들은 당신의 자기비하적 습관과 싸우려는 시도를 포기한다. 결국 당신이 하는 일에 대한 당신의 생각만이 당신의 기분에 영향을 미칠 것이다.

매일 하는 일들을 글로 쓰거나 마음속으로 목록으로 만들어보는 것만으로도 유용할 수 있다. 그러고나서 그것들 각각에 대한 정신적 평점을 비록 적은 점수라도 자신에게 주라. 이 방법은 실천하기를 피한 일 대신한 일에 초점을 맞추도록 도와줄 것이다. 단순하게 들리겠지만 효과적인 방법이다!

틱톡 기법(TIC-TOC Technique)

어떤 특정 과제에 착수하기를 미루고 있다면, 그것에 대해 당신이 생각하고 있는 방식을 주목하라. 이러한 과제 방해적 인지들(Task-Interfering Cognitions, TICs)은 2단기법을 사용해 기록하고 과제 지향적 인지들(Task-Oriented Cognitions, TOCs)로 대치하는 것만으로도 그 영향력이 상당히 약화될 것이다. 많은 사례가 〈표 5-7〉에 소개되어 있다. 틱톡을 기록할 때 당신을 좌절시키는 틱의 왜곡들을 정확히 가려내라. 예를 들면 당신의 가장 나쁜 적수가 전부 아니면 무사고나 적극성 박탈임을 발견할 수 있다. 또는 제멋대로 부정적 예언을 하는 나쁜 버릇을 갖고 있을 수도 있다. 일단 당신을 가장 흔히 방해하는 왜곡의 유형을 파악하면 그것을 고칠 수 있다. 당신의 미루는 버릇과 시간 낭비는 행동과 창조성으로 대치될 것이다.

이 원칙은 사고뿐만 아니라 정신적 심상과 백일몽에도 적용할 수 있다. 과제를 피하는 당신은 아마도 그것에 관해 부정적·패배주의적 양식으로 공상하고 있을 것이다. 이러한 공상은 불필요한 긴장과 염려를 만들어내고 당신의 실행을 훼손함으로써 겁에 질린 당신의 두려움이 실현될 가능성을 높인다.

예를 들어 당신이 어느 동료 그룹에게 연설을 해야 하는데, 마음의 눈에 할 말을 잊거나 청중의 매서운 질문을 받고 쩔쩔매는 자신의 모습이 보여 수주일 동안 초조해하고 걱정할 수 있다. 당신이 연설할 시간까지 당신은 그런 식으로 행동하도록 자신을 효과적으로 프로그램 시켜놓았다. 그리고 당신은 신경질적인 몰골인데다가 결과도 당신이 상상한 만큼

표 5-7 틱톡 기법. 왼쪽 단에 어떤 특정 과제에 대한 당신의 동기부여를 방해하는 생각들을 기록하라. 왜곡들을 정확히 가려내어 오른쪽 단에 적으면서 더 객관적이고 생산적인 활동을 써 넣으라.

TICs(과제 방해적 인지)	TOCs(과제 지향적 인지)
가정주부 : 나는 결코 차고를 깨끗이 치우지 못할 것이다. 잡동사니가 몇 년째 쌓여 있다.	지나친 보편화, 전부 아니면 무사고 조금만 해서 시작해두라. 오늘 전부 할 이유는 없다.
은행원 : 내 일은 그리 중요하지도, 흥미진진하지도 않다.	적극성 박탈 내게는 그 일이 판에 박힌 듯하지만 은행을 이용하는 고객들에게는 매우 중요한 일이다. 내가 우울증에 빠지지 않을 때 그 일은 매우 즐거울 수 있다. 많은 사람이 일상적인 일을 하지만, 그 일이 그들을 중요하지 않은 인간으로 만들지는 않는다. 아마도 나는 여가 시간에 더 흥미로운 일을 할 수 있을 것이다.
학생 : 이 학기 말 리포트는 무의미하다. 주제가 지겹다.	전부 아니면 무사고 일단 일상적인 과제를 수행하라. 그것이 걸작일 필요는 없다. 나는 무언가를 배울 테고, 다 마치면 편안한 느낌이 들 것이다.
비서 : 난 아마 이것을 타자해내지 못할 것이다. 오타도 많이 나오고, 사장은 내게 고함을 지를 것이다.	점쟁이 오류 완벽하게 타자하지 않아도 된다. 나는 오타를 수정하면 된다. 사장이 지나치게 비판적으로 행동하면 나는 그를 진정시킬 수 있다. 난 사장에게 그가 더 옹호적이고 덜 요구적이라면 일을 더 잘할 수 있을 거라고 말할 수 있다.

정치가 : 내가 주지사 경선에 패하면 나는 웃음거리가 될 것이다.	점쟁이 오류, 명명 정치 경쟁에서 패하는 것은 수치스럽지 않다. 내가 상당히 중요한 문제들에 노력을 기울이고 정직한 입장을 취한 점에 대해 많은 사람이 나를 존경한다. 불행하게도 가장 훌륭한 인물도 가끔 패배하는 법이다. 나는 내가 최고가 되지는 못해도 나 자신을 믿을 수 있다.
보험 외판원 : 이 사람에게 다시 전화 거는 일이 소용 있을까? 그가 흥미 없다는 식으로 말했는데 말이다.	독심술 나는 알 도리가 없다. 한번 시도해보라. 적어도 그는 내게 다시 전화 걸라고 말했다. 몇 사람쯤 흥미를 가질 테고, 난 그들을 골라내야 한다. 나는 누가 나를 거절할 때도 생산적인 느낌이다. 나는 나를 거절하는 사람들 가운데 다섯 명에 한 명꼴로 보험증권을 팔 것이다. 그러니 가능한 한 많이 거절당하는 게 유리하다. 더 많은 거절, 더 많은 판매!
수줍은 독신 남자 : 내가 매력적인 한 아가씨에게 전화하면, 그녀는 꼭 수화기를 털썩 내려놓을 것이다. 그러니 무슨 소용이랴? 어떤 아가씨가 나를 좋아한다고 확실히 말할 때까지 난 단지 맴돌며 기다리겠다. 그래야 위험이 따르지 않는다.	점쟁이 오류, 지나친 보편화 그들 모두 나를 팽개칠 수는 없다. 그리고 시도해보는 것이 부끄러운 일은 아니다. 나는 거절로부터 배울 수 있다. 나는 내 자세를 향상시키기 위해 실습을 시작해야 한다. 그러니 크게 뛰어들자! 처음 높은 다이빙을 할 때는 용기가 필요했다. 그러나 나는 해냈고 살아 있다. 나는 이 일 또한 해낼 수 있다!
작가 : 이 장은 더 멋있어야 한다. 그러나 나는 그다지 창조적인 느낌이 없다.	전부 아니면 무사고 적절한 원고만 준비하라. 나중에 더 낫게 할 수 있다.
운동선수 : 나 자신을 훈련시킬 수 없다. 난 자기 통제가 안 된다. 나는 아무리 노력해도 잘할 수 없을 것이다.	적극성 박탈, 전부 아니면 무사고 나는 잘해왔으니까 자기통제를 할 수 있는 게 틀림없다. 단지 조금만 애써 운동하고 지치면 끝내라.

나빠지고 만다!

　당신이 무언가 시도하려고 나선다면 여기 해결책이 하나 있다. 매일 밤 잠들기 전 10분 동안 당신이 적극적으로 연설하는 공상을 하라. 확신에 찬 모습으로 등장해서 힘 있게 자료를 제시하며 청중의 모든 질문을 온화하고 능숙히 처리하는 모습을 상상하라. 당신은 이 간단한 연습이 자신이 하는 일에 대한 느낌을 향상시키는 효과를 발휘할 수 있다는 사실에 놀랄 것이다. 매사가 언제나 당신이 상상한 대로 진행되리라는 보장이 없는 것은 분명하다. 그러나 당신의 기대와 기분이 실제로 발생하는 일에 깊은 영향을 준다는 점에는 의심의 여지가 없다.

작은 발로 작은 걸음

　간단하고 명백한 자기활성화 방법에는 주어진 과제를 작은 부분으로 나누기를 배우는 것이 있다. 이 방법은 해야 할 모든 일에서 꾸물거려 당신 자신을 압도하는 경향과 싸울 것이다.

　당신이 직업상 많은 모임에 참석하는데 불안, 우울증, 공상으로 집중하기가 어렵다고 가정하자. 당신은 "나는 요구되는 만큼 이해하지 못한다. 젠장, 지겹다. 나는 정말이지 지금 사랑을 하거나 낚시를 가고 싶다"고 생각하므로 효과적으로 집중할 수 없다.

　여기에 그 지겨움을 이겨내고, 산만함을 없애며, 집중력을 높일 수 있는 방법이 있다. 그 과제를 아주 작은 부분들로 나누는 것이다. 예를 들어 오직 3분 동안 주의 깊게 듣고 1분 동안 강렬히 공상하며 쉬라. 이 정신적 휴가를 마치면 다시 3분 동안 주의 깊게 듣는데, 이 짧은 시간에는 산만하게 하는 다른 생각들을 즐기지 말라. 그리고 다시 1분 동안 자신에게 공상의 휴식을 주라.

　이 기법은 효과적 수준의 전면적 집중을 유지시켜줄 것이다. 짧은 시간

별로 산만한 생각들이 자신에게 머물게 허락하는 것은 그 생각들이 당신에게 미치는 영향력을 약화시킬 것이다. 얼마 뒤 그 생각들은 우스워 보일 것이다.

한 과제를 통제 가능한 부분들로 나누기에 아주 유용한 방법은 시간제한이다. 어떤 특정 과제에 얼마나 많은 시간을 쏟을지 스스로 결정하라. 그리고 할당된 시간이 끝나면 멈추고, 끝마쳤든지 아니든지 간에 더 재미있는 일을 하라. 이 말은 아주 간단하게 들리겠지만 기적을 일으킬 수 있다. 예를 들어 저명한 어느 정치 인사의 부인은 남편의 성공적이고 매력에 찬 인생 때문에 수년간 남편에 대한 분노를 품고 살았다. 그녀는 자기 인생이 자녀 양육과 집안 청소의 숨 막히는 짐으로 이루어져 있다고 느꼈다. 그녀는 강박적이었으므로 집안 허드렛일을 마치기에 시간이 충분하다고 결코 느끼지 않았다. 인생은 쳇바퀴였다. 그녀는 우울증에 짓눌려서 10년이 넘도록 유명한 정신 치료자들에게서 치료를 받았지만 허사였다. 그녀가 헛되이 개인적 행복에 이르는 도피적인 열쇠를 찾았기 때문이다.

그녀는 나의 동료(아론 베크 박사)로부터 두 번 상담을 받은 뒤 우울증에서 벗어나는 급격한 기분 변동을 체험했다(그의 치료 마술은 나를 놀라게 하지 않은 적이 없다). 기적처럼 보이는 이 일을 그는 어떻게 해냈는가? 쉽다. 그는 그녀의 우울증이 그녀가 스스로를 믿지 않으므로 자신에게 의미 있는 목표를 추구하지 않았다는 사실에 부분적으로 기인한다고 말했다. 그녀는 위험의 감수를 인정하고 직면하는 대신, 자기 남편이 지도해주지 않는다고 비난하고 하지 않은 모든 집안일을 불평했던 것이다.

첫 단계는 그녀가 느끼기에 하루마다 집안일에 얼마만큼의 시간을 쓰고 싶어하는지를 결정하는 것이었다. 그녀는 집이 설사 완벽하지 않아도 자신에게 흥미를 주는 활동을 하는 데 하루의 나머지 시간을 할애해야 하므로 꼭 그만큼만 집안일에 쓰기로 했다. 그녀는 그 일에 한 시간이 적절하다고 결정하고는 자신의 경력을 발전시키기 위해 대학원 프로그램에 등록했다. 이것은 그녀에게 해방감을 주었다. 마술처럼, 우울증은 그녀가 남편에게 품었던 분노와 더불어 사라졌다.

나는 우울증이 아주 쉽게 제거될 수 있다는 생각을 당신에게 심어주려는 것이 아니다. 방금 소개한 사례의 환자 역시 분명 여러 차례 우울증 재발과 싸워야 할 것이다. 그녀는 때때로 너무 많은 일을 하려 하거나 다른 이를 비난하고 압도당한 듯한 느낌의 함정에 일시적으로 휘말릴 수 있다. 그러면 그녀는 같은 해결책을 다시 적용해야 할 것이다. 중요한 것은 그녀가 자신에게 효과적인 방법을 발견했다는 사실이다.

같은 접근이 당신에게 효과적일 수 있다. 당신은 편하게 씹을 수 있는 것보다 더 큰 덩어리를 뜯으려는가? 적당한 시간제한 두기를 결행하라! 적절한 때가 되면 미처 마치지 못한 과제로부터도 물러날 줄 아는 용기를 가져라. 당신은 생산성과 기분에서 상당한 상승을 체험하고 놀랄 것이다. 그리고 당신의 미루는 버릇은 과거지사가 될 것이다.

강압 없는 동기부여

미루는 버릇은 자기 동기부여를 위한 부적절한 체계에서 비롯될 수도 있다. 당신은 너무 많은 '해야 한다'로 자신을 채찍질함으로써 자신의 시도를 부주의하게도 훼손한 나머지 활동할 어떤 욕구마저도 고갈시키는 지경에 이른다. 당신은 활동하려는 자신을 죽이는 방식으로 자신을 이기고 있다. 엘리스 박사는 이러한 정신적 함정을 '당위 혼란'이라고 표현한다.

당신의 어휘에서 그 강압적인 말들을 제거하여 자신에게 일을 하라고 말하는 방식을 재형성하라. 아침에 자신을 일어나도록 재촉하는 다른 방법은 이렇게 말하는 것일 수 있다. "처음에는 힘들어도 침대에서 나가는 것이 내 기분을 더 좋게 할 거야. 내가 강요받는 것은 아니지만 해내서 결국 기뻐할 거야. 내가 휴식과 느긋함으로 정말 유익함을 얻는다면 나가는 것이 좋고 그걸 즐거워할 거야!" 당신이 '해야 한다'를 '하고 싶다'로 바꾸면 자신을 존경감으로 대하게 되고, 선택의 자유와 인격적 존엄의 느낌을 만들어낼 것이다. 당신은 보상 체계가 채찍보다도 더욱 효과적이며 더 오래 지속됨을 발견할 것이다. 당신 자신에게 물어보라. "나는 무엇을 하고 싶은가? 어떤 행동 방식이 나에게 가장 이익이 될까?" 당신은 이런 식으로 매사를 바라보는 것이 동기부여를 향상시킨다는 사실을 깨닫게 될 것이다.

아직도 침대에 누워 침울해하려는 욕구를 가지고 침대에서 일어나는 것이 실제로 당신이 원하는 일인지 의심스럽다면, 침대에 누워 있음으로써 얻는 이익과 불이익의 목록을 만들어보라. 예를 들어 제시간에 일을 마치지 못한 어느 회계사는 매일 아침에 일어나는 일이 힘들다는 것을 발견했다. 그의 고객들은 완성되지 않은 일에 대해 불평하기 시작했고, 이 당혹스러운 대면을 피하려고 그는 수주 동안 전화도 받지 않고 침대에 누워 있었다. 그는 많은 고객에게 해고를 당했고, 그의 사업은 기울기 시작했다.

그의 잘못은 자신에게 이렇게 말하는 데 있다. "나는 일하러 가야 한다는 것을 알고 있지만 가고 싶지 않다. 그리고 나는 그럴 필요가 없다! 그러니 난 가지 않겠다!" 본질적으로 '해야 한다'란 단어가, 침대에서 그가 나가야 할 이유는 오로지 일단의 성난 고압적인 고객들을 만족시키기 위해서일 뿐이라는 환상을 만들었다. 이것을 불쾌하게 느낀 그는 **저항했다**. 그가 침대에 머무름의 이익과 불이익의 목록을 만들었을 때, 그가 자신에게 하는 행동의 불합리성이 명백해졌다(《표 5-8》). 이 목록을 준비한 뒤

표 5-8

침대에 머무는 것이 주는 이익	침대에 머무는 것이 주는 불이익
1. 편하다.	1. 편한 듯 보이지만, 잠시 뒤에는 매우 지겹고 고통스러워진다. 아무것도 하지 않으면서 누워서 계속 침울해하고 나 자신을 비판하는 일은 실제로 편하지 않다.
2. 나는 뭔가를 하거나 내 문제에 직면할 필요가 없을 것이다.	2. 내가 침대에서 나가도 뭔가를 하도록 강요받지는 않겠지만 기분은 좋을 거다. 내 문제들을 피하면 그것들은 사라지지 않고 악화될 뿐이다. 게다가 나는 그것을 해결하려고 애쓰는 만족을 갖지 못할 테고, 일들에 직면하는 짧은 시간의 불편함이 침대에서 머물며 겪는 끝없는 고통보다는 분명 덜 우울할 것이다.
3. 나는 잘 수도 있고 도망칠 수도 있다.	3. 나는 영원히 잘 수는 없다. 하루에 대략 16시간가량 잤으니 실제로 잠은 더 필요치 않다. 침대에서 앉은 뱅이처럼 뒹굴며 내 팔과 다리가 썩기를 기다리기보다 일어나서 팔과 다리를 움직여준다면 나는 필시 피곤을 덜 느낄 것이다.

그는 침대에서 나가는 것이 자신에게 이익임을 깨달았다. 무활동의 시기에 많은 고객을 잃었음에도 불구하고 실제로 일에 더 열중하게 되면서 그의 기분은 급속히 향상되었다.

무장해제 기법

가족이나 친구가 당신을 재촉하고 부추기는 습관에 빠져 있다면 당신의 마비감은 강화될 것이다. 그들의 귀찮은 '해야 한다' 진술은 이미 당신 정신에 울리고 있는 모욕적인 생각들을 강화한다. 왜 그들의 강압적인 접근이 실패하게 되어 있는가? 모든 작용에 대해 동등한 반작용이 있다는 것이 물리의 기본 법칙이다. 당신이 실제로 누군가에 의해 가슴이 떠밀리거나 쥐고 흔들려는 누군가에게 떠밀린 느낌이 들 때마다 당신은 평형 상태와 균형을 유지하기 위해 자연히 움츠러들고 저항할 것이다. 당신은 강요된 행동을 거부함으로써 자기통제를 발휘하고 품위를 지키려 할 것이다. 당신이 때때로 자신을 손상시키는 결과에 이르고 만다는 것은 역설이 아닐 수 없다.

누군가가 당신에게 실제로 유리할 어떤 일을 하라고 밉살스럽게 주장할 때는 매우 혼란스러울 수 있다. 이때 당신이 그의 말을 거부하면 그저 말한 사람을 괴롭히기 위해 당신 자신을 패배시키는 결과를 낳으므로 당신은 '승리할 수 없는' 상황으로 내몰린다. 반대로 그가 하라는 대로 하면 당신은 시켜졌다는 느낌을 갖는다. 그 강압적 요구들에 굴복했으므로 그자가 당신을 통제했다고 느끼며, 이 감정은 당신에게서 자기존경을 앗아간다. 아무도 강제되길 좋아하지 않는다. 예를 들어 여러 해 동안 우울증으로 고생한 10대 후반의 메리는 부모에게 이끌려 우리에게 왔다. 그녀는 진짜 '동면하는 사람'으로서, 한 번에 수개월씩 자기 방에 틀어박혀 텔레비전 드라마를 보며 지낼 수도 있었다. 이러한 증상은 부분적으로 자신은 '특이하게' 보이며 사람들 앞에 나서면 그들이 자기를 노려볼 것이라는 불합리한 확신과 더불어 횡포한 어머니에 의해 강압당하고 있다는 느낌에 기인한 것이었다. 메리는 활동을 하면 기분이 나아지리라는 것을 인정하면서도, 그렇게 하면 자신에게 엉덩이를 들고 무언가를 하라고 늘 잔소리하는 어머니에게 굴복하는 셈이라고 말했다. 어머니가 더 심하게 재촉할수록 메리는 더 고집스럽게 저항했다.

강요당한다고 느낄 때 뭔가 한다는 것이 극도로 힘들 수 있다는 것은 인간 본성의 불행한 사실이다. 다행스럽게도 잔소리하며 장광설을 늘어놓고 당신의 삶을 이끌려는 사람들을 다루는 법을 배우기는 매우 쉽다.

당신이 메리가 되어 심사숙고 끝에 여러 일을 하면 한결 나아지리라 생각하고 결심을 했다고 가정하자. 당신이 막 이 결심을 했을 때 어머니가 침실에 들어와 선언한다. "더 이상 누워 있지 마! 네 인생은 악화일로야. 움직여! 네 또래 여자 애들이 하는 식으로 일에 몰두하라고!" 그 순간 당신은 이미 그렇게 하기로 작정했음에도 불구하고 거기에 대해 어이없는 혐오감을 느끼고 만다.

무장해제 기법은 당신의 그런 문제를 해결해줄 확실한 방법이다(이 기법의 언어 연습은 다음 장에 나온다). 무장해제 기법의 본질은 당신 어머니한테 동의하는 것이다. 그러나 그녀가 당신에게 할 바를 말해서가 아니라, 당신 자신의 결정에 기초해 동의하고 있음을 그녀에게 상기시켜주는 식으로 하는 것이다. 그리하여 당신은 이런 식으로 말한다. "네, 엄마, 나는 방금 내 상황을 깊이 생각하고 일하며 움직이는 것이 내게 유리할 거라고 판단했어요. 내 결정이니까 난 그렇게 할 거예요." 이제 당신은 일을 시작할 수 있고 시켜졌다는 느낌을 갖지 않는다. 또는 당신 말에 가시를 달고 싶으면 "네, 엄마, 난 엄마가 내게 말씀하시고 있다는 사실에도 불구하고 사실 침대에서 나가려고 결심했답니다!"라고 언제나 말할 수 있다.

성공을 그려보라

강력한 자기 동기부여의 한 가지 방법은 당신이 자신의 동원 가능한 능력보다 더 많은 자기훈련을 필요로 하는 탓에 그간 피해왔던 생산적 활동이 주는 유익의 목록을 만드는 것이다. 그런 목록은 그 일을 함으로써 생기는 적극적 결과를 바라보도록 당신을 훈련시킬 것이다. 인간이라면 누구나 자기가 원하는 것을 추구한다. 더구나 효과적인 활동으로 당신 자신을 채찍질하는 것은 크고 싱싱한 당근만큼도 도저히 효력 없기 일쑤다.

예를 들어 당신이 금연하길 원한다고 가정하자. 당신은 암이나 흡연으로 인한 다른 질병들을 자신에게 상기시킬 것이다. 이 공포 전술은 당신을 신경질적으로 만들어 즉시 담배에 손을 대게 만든다. 전혀 효과 없다. 여기에 **효력** 있는 세 단계 방법이 있다.

첫 번째 단계는 당신이 비흡연자가 될 때 생길 적극적 결과들을 모두 목록으로 만드는 것이다. 생각나는 대로 많이 적어보면 다음과 같다.

1) 건강이 좋아질 것이다.
2) 나 자신을 존경할 것이다.
3) 나는 더 큰 자기수양을 가질 것이다. 새로운 자기확신으로 그간 미뤄온 많은 일을 할 수 있을 것이다.
4) 나는 힘차게 뛰고 춤출 수 있으며, 그러고도 몸 상태는 좋을 것이다. 나는 원기가 왕성하다 못해 철철 넘칠 것이다.
5) 나의 폐와 심장은 강해지고, 혈압은 내려갈 것이다.
6) 내 숨은 깨끗해질 것이다.
7) 여분의 돈도 생길 것이다.
8) 더 오래 살 것이다.
9) 내 주위의 공기가 깨끗해질 것이다.
10) 사람들에게 내가 비흡연자가 되었다고 말할 수 있을 것이다.

일단 목록을 준비하면 당신은 두 번째 단계를 위한 준비가 끝났다. 매일 밤 당신은 자기 전에 자신이 좋아하는 장소에 있다고 상상하라. 상쾌한 가을날 숲속을 산책한다든지, 온몸에 따뜻이 내리쬐는 햇빛을 받으며 수정처럼 푸른 대양 근처의 조용한 해변에 누워 있다든지, 어떤 상상을 하든지 되도록 상세히 즐겁게 세부 사항을 그려보고 몸의 긴장을 느긋하게 풀어라. 모든 근육이 나긋나긋해지고 풀어지는 걸 보라. 당신이 얼마나 평화로움을 느끼는지 보라. 이제 당신은 세 번째 단계를 위한 준비가 되어 있다.

당신이 아주 그 장면 안에 있고, 비흡연자가 되었다고 상상하라. 당신의 이익 목록을 살펴보고 다음과 같은 식으로 하나씩 되풀이하라. "이제 내 건강은 좋아졌고 난 그게 좋다. 난 해변을 따라 달릴 수 있으며, 그걸 원한다. 내 주위의 공기는 깨끗하며 상쾌하다. 그리고 난 나 자신에 대해 기분이 좋다. 난 나 자신을 존경한다. 이제 나는 더 큰 자기수양을 갖게 되었으며 내가 원하면 다른 도전도 해볼 수 있다. 난 여분의 돈이 있다."

적극적 제시의 힘을 빌린 습관 관리의 이 방법은 놀랍게도 적용이 잘 된다. 당신은 그 방법이 쉽게 할 수 있으며 노력할 만한 가치가 있다는 사실을 알게 될 것이다. 또한 이 방법은 몸무게 줄이기, 잔디 깎기, 아침에 제시간에 일어나기, 조깅 일과 지키기 등의 당신이 고치고 싶은 다른 습관을 향상시키기 위해 사용할 수도 있다.

중요한 것을 세어라

스티비라는 세 살배기 남자 아이가 어린이용 수영장 근처에서 뛰어들기가 두려워 서 있었다. 그 아이의 어머니는 물속에 앉아 그를 마주 보며 뛰어들라고 재촉했다. 힘의 대결이 30분이나 계속되었다. 마침내 그는 뛰어들었다. 물의 느낌은 좋았다. 그 일은 그리 어렵지 않았고, 실제로 두려워할 것은 없었다. 그러나 아이 어머니의 노력은 맞불을 놓은 셈이었다. 스티비의 정신에 새겨진 불행한 메시지는 "내가 어떤 위험한 일을 할 수 있기 전에는 **재촉당해야 한다**. 나는 다른 아이들처럼 뛰어드는 용기가 없어"였다. 그의 부모도 같은 생각을 가졌다. 그들은 "아이를 내버려두었 다가는 결코 물에 뛰어들지 않을 거야. 끊임없이 재촉받지 않으면 스스로 아무것도 하지 않겠어. 아이 키우기가 힘든 투쟁이겠는걸."

스티비가 자라면서 그 드라마는 자꾸 반복되었다. 그는 학교에 가도록, 야구팀에 들도록, 파티에 가도록… 등등 **설득되고 재촉당해야** 했다. 그가 스스로 어떤 활동을 시작하는 법은 거의 없었다. 21세가 되어 내게 보내진 그는 만성우울증에 걸려 있었고, 부모의 집에서 자기 인생을 목적 없이 살아가고 있었다. 그는 아직까지도 자기에게 무엇을 어떻게 해야 할지 말해줄 사람을 얼쩡대며 기다리고 있었다. 이제 그의 부모는 그에게 동기부여하는 일에 진저리를 내고 있었다.

치료 시간을 마칠 때마다 그는 우리가 토의한 어떤 자기도움 과제를 철저히 따르라는 나의 열성적인 지시를 받고 방을 나서곤 했다. 예를 들어 어느 주에는 그가 자신의 고립을 깨뜨리기 위해 작은 첫 번째 단계로 모르는 세 사람에게 미소 짓거나 "안녕하세요?"라고 인사하기로 결정했다. 그러나 다음 주에 그는 고개를 숙이고 겁먹은 모습으로 내 방에 들어와 사람들에게 인사하는 일을 '잊었다'고 말했다. 또 다른 주에 그의 과제는 어떻게 미혼 남성이 고독을 극복하는지에 관해 내가 독신자 잡지에 쓴 세 쪽짜리 글을 읽는 것이었다. 스티비는 다음 주에 와서 그 글을 읽어보기도 전에 사본을 잃어버렸다고 말했다. 그가 내 방을 나설 때는 자신을 도우려는 큰 격동의 열의를 느끼지만, 승강기에 오를 때쯤이면 마음속에서 그 주의 과제가 단순하긴 해도 너무 **어려워서** 할 수 없을 것을 '알게' 된다는 것이다.

스티비의 문제는 무엇인가? 그 해답은 수영장 사건 당일로 거슬러 올라간다. 그는 아직도 마음속에 강하게 새겨진 생각, 즉 "나는 정말 스스로는 아무것도 할 수 없어. 난 재촉받아야만 하는 녀석이야"라는 생각을 갖고 있는 것이다. 이 신념에 도전하는 일이 그에게는 생기지 않으므로 자기성취 예언으로 계속 작용했고, 그가 '정말 그런' 사람이란 신념을 지원하는 데 15년 이상을 지체하고 있었다.

해결책은 무엇인가? 먼저 스티비는 자기 문제의 열쇠인 두 가지 정신적 오류, 즉 정신적 필터와 명명을 알아차려야 했다. 그의 정신은 자신이 미뤄온 여러 일들에 대한 생각으로 지배되었으며, 그는 다른 사람에게 재촉당하지 않고도 해냈던 수백 가지 일들을 묵살하고 있었다.

"그것들 모두 잘했고 좋아요." 우리가 오랫동안 토론한 후 스티비는 말했다. "당신은 제 문제를 해명한 것 같습니다. 나도 옳다고 생각합니다. 그러나 내가 어떻게 상황을 바꿀 수 있겠어요?"

해결책은 그의 예측보다 더 간단한 것으로 밝혀졌다. 나는 그가 다른 사람의 자극이나 격려 없이 자기 스스로 한 일들을 셀 수 있도록 손목계수기를 착용하라고 제의했다(4장에서 소개한 대로). 하루를 마치면서 그는 그 총계를 기록하고 매일 기록표를 작성했다.

수주가 지나서 그는 매일 총계가 상승하는 것을 알아챘다. 계수기를 누를 때마다 그는 자기가 자기 삶을 통제하고 있음을 상기했다. 이런 식으로 그는 자기가 행한 바를 알아차리도록 자신을 훈련시켰다. 스티비는 증가된 자기확신을 느끼고, 자신을 더 유능한 인간으로 바라보기 시작했다.

이 방법이 간단하게 들리는가? 그렇지! 당신에게 효과적일까? 아마도 당신은 그렇지 않을 거라고 여길 것이다. 그러나 한번 시험해보지 않겠는가? 당신이 부정적인 반응을 가지며 손목계수기가 자신에게 효과 없을 거라고 확신하면, 실험으로 그 비관적인 예언을 평가해보지 않겠는가? 중요한 것을 세기를 배워라. 당신은 그 결과에 놀랄 것이다!

'할 수 없어요'를 시험하라

성공적인 자기활성화의 중요한 열쇠는 당신이 자신의 실행과 능력에 대해 내리는 자멸적 예언들에 대해 과학적인 태도 취하기를 배우는 것을 포함한다. 당신의 비관적인 생각들을 시험해본다면 진실이 무엇인지 발견할 수 있다.

당신이 우울증에 빠져 있고 미루는 버릇이 있을 때 보통의 자멸적 사고 유형은 생산적인 일을 하려고 생각할 때마다 자신에게 말하는 '할 수 없어요'이다. 필시 이것은 당신의 무위주의로 비난을 받을까봐 두려워하는 데서 기인할 것이다. 당신은 자기가 너무 무력하고 무능력해서 한 가지 일도 할 수 없다는 환상을 만들어냄으로써 체면을 살리려 한다. 이런 식으로 당신의 무기력을 방어함으로써 생기는 문제는 스스로에게 말하고 있는 바를 정말로 믿기 시작한다는 것이다! "나는 할 수 없어요"라고 자꾸 말하면 그 말은 최면적 진술이 되고, 잠시 후에는 자기가 아무것도 할 수 없는 진짜 마비된 불구자라고 순진하게도 믿게 된다. 전형적인 '할 수 없어요' 사고는 "나는 요리할 수 없어요", "나는 집중할 수 없어요", "나는 읽을 수 없어요", "나는 침대에서 나갈 수 없어요", "나는 내 아파트를 청소할 수 없어요" 등을 포함한다.

그런 생각들은 당신을 패배시킬 뿐만 아니라 당신이 사랑하는 사람들과의 관계를 까다롭게 만들 것이다. 왜냐하면 그들은 당신의 모든 '할 수 없어요' 진술을 지켜운 넋두리로 볼 것이기 때문이다. 그들은 당신이 어떤 일도 하기가 정말 불가능하게 보인다거나 그런 것 같다고 여기지 않을 것이다. 그들은 당신에게 잔소리를 하고, 당신과 무익한 힘의 대결을 벌일 것이다.

매우 성공적인 인지 기법은 실제 실험으로 부정적 예언들을 검사하는 것을 포함한다. 예를 들어 당신은 자신에게 "나는 너무 속상해서 아무것도 읽을 수 없을 만큼 집중이 안 된다"고 늘 말해왔다고 가정하자. 이 가정을 검사하는 방법으로 오늘 신문을 가져다가 한 문장을 읽고, 그 문장을 큰 소리로 요약할 수 있는지 보라. 그러면 당신은 "그러나 나는 한 단락을 읽고 이해할 수 없을 거야"라고 예언할 것이다. 다시 이것도 검사해 보라. 한 단락을 읽고 요약하라. 많은 중증의 만성우울증이 이 강력한 방법으로 고쳐졌다.

'질 수 없어요' 체계

당신은 실패의 위험을 무릅쓰고 싶지 않아서 '할 수 없어요'의 검사를 주저할 수 있다. 당신이 어떤 위험도 무릅쓰지 않으면 적어도 기본적으로 당분간 관여하지 않기로 결정한 훌륭한 사람이라는 비밀스런 신념을 유지할 수 있다. 당신의 무관심과 행동의 결여 뒤에는 강력한 무력감과 실패의 두려움이 잠복해 있다.

'질 수 없어요' 체계는 당신이 이 두려움과 싸우도록 도와줄 것이다. 당신이 위험에 처하고 실제로 실패한다면 자신이 관련될 만한 부정적 결과들의 목록을 만들어라. 그러고나서 당신의 두려움이 내포한 왜곡들을 폭로하라. 그리고 실망을 경험할지라도 어떻게 생산적으로 대처할 수 있는지 보여라.

당신이 피해온 모험은 금전적 또는 인격적 위험이나 학문적 위험일 수도 있다. 실패할지라도 어떤 유익을 얻을 수 있다는 것을 기억하라. 요컨대 당신이 걷기를 어떻게 배웠는가와 같다. 당신은 어느 날 요람에서 펄쩍 뛰어나와 방을 가로질러 우아하게 왈츠를 추지는 않았다. 비틀거리고 엎어지기도 했으나 일어나 다시 시도하곤 했다. 몇 살에 당신은 갑자기 모든 것을 알고 더 실수하지 않도록 기대되어야 하는가? 실패한 자신을 사랑하고 존경할 수 있다면 모험과 새로운 경험의 세계가 당신 앞에 열릴

표 5-9 '질 수 없어요' 체계. 한 주부는 시간제 직장을 신청하는 것의 두려움을 극복하기 위해서 이 기법을 사용했다.

일자리 신청을 거절당해서 생기는 부정적 결과	적극적 사고와 대처 전략
1. 내가 일자리를 갖지 못한다는 뜻이다.	1. 지나친 보편화. 말도 안 된다. 나는 다른 일자리를 신청하고 무슨 일이 일어나는지 보기 위해 내 발로 직접 다니며 조사해볼 수 있다.
2. 남편이 나를 얕잡아볼 것이다.	2. 점쟁이 오류. 그에게 물어보라. 아마도 그는 공감할 것이다.
3. 그가 공감하지 않는다면 어찌 될 것인가? 그는 이 일이 내가 부엌에 머물러야 하고 다른 일을 하는 데 필요한 능력을 갖지 못했음을 보여주는 증거라고 말할 것이다.	3. 나는 최선을 다하고 있으며 그의 거부하는 태도는 도움이 되지 않는다고 그에게 지적해두라. 나는 실망했지만 시도해본 나 자신을 신뢰한다고 그에게 말하라.
4. 하지만 우리는 거의 무일푼이다. 우리는 돈이 필요하다.	4. 우리는 지금껏 버텨왔고 끼니를 거른 적은 없다.
5. 내가 일자리를 갖지 않으면 내 아이들에게 좀 나은 교복을 새로 사줄 수 없을 것이다. 그들은 초라해 보일 것이다.	5. 나중에 다른 옷을 구할 수도 있다. 잠시 동안 우리는 갖고 있는 것으로 협조해나가는 법을 배워야 할 것이다. 행복은 옷이 아니라 우리의 자기존경에서 온다.
6. 많은 친구가 일자리를 갖고 있다. 그들은 내가 사회생활에서 가장 작은 것조차 해내지 못한다고 생각할 것이다.	6. 그들 모두 고용되어 있지는 않다. 직장 여성인 친구라 해도 자기가 직장을 찾지 못한 때를 필시 기억하고 있을 것이다. 그들이 나를 경멸한다고 시사할 만한 일은 지금껏 한 번도 없었다.

것이며, 두려움은 사라질 것이다. 작성한 '질 수 없어요' 체계의 한 예가 〈표 5-9〉에 있다.

수레를 말 앞에 놓지 말라!

단언하건대 당신은 아직 동기부여가 어디서 유래하는지 확실히 알지는 못할 것이다. 어느 것이 먼저라고 생각하는가? 동기부여, 아니면 활동?

당신이 동기부여라고 말하면 훌륭하고 논리적인 선택을 한 것이다. 불행히도 당신은 틀렸다! 동기부여가 먼저가 아니라 **활동**이 먼저다! 당신은 펌프에 마중물을 부어야 한다. 그러면 동기부여가 되기 시작하면서 물은 저절로 흘러나올 것이다.

미루는 버릇이 있는 사람들은 흔히 동기부여와 활동을 혼동한다. 어리석게도 당신은 뭔가 할 기분을 느낄 때까지 기다린다. 그 일을 할 기분이 나지 않으므로 자동적으로 당신은 그것을 미룬다.

당신의 오류는 동기부여가 먼저고 그다음에 활성화와 성공으로 나아간다는 신념이다. 그러나 그 반대가 보통이다. 즉 활동이 먼저 오고, 동기부여가 나중이다.

이 장을 예로 들어보자. 이 장의 초고는 사족투성이요 서툴고 생기가 없었다. 너무 길고 지겨워서 진짜 미루는 버릇이 있는 사람이라면 읽어낼 용기조차 갖지 못했을 것이다. 나에게 수정 작업은 콘크리트 신발을 신고 수영하려 애쓰는 것처럼 보였다. 수정 작업을 시작하기로 정한 날이 되자 나는 나 자신을 재촉하여 시작해야만 했다. 나의 동기부여는 약 1퍼센트이고 그 과제를 피하고 싶은 충동은 99퍼센트였다. 얼마나 끔찍한 일감인가!

일에 몰두한 후 나는 매우 동기부여되었으며, 그 일은 이제 아주 쉬워 보인다. 글쓰기는 결국 재미있어진 것이다. 그건 다음과 같이 작용한다.

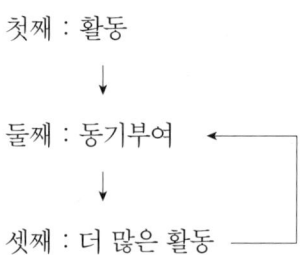

당신이 미루는 버릇이 있는 사람이라면 필시 이것을 알아차리지 못할 것이다. 그래서 당신은 침대 속에서 뒹굴면서 일격을 가할 영감을 기다린다. 누가 당신에게 무얼 하라고 제의하면 "나는 그럴 기분이 아니에요"라고 애처로운 소리를 한다. 자, 누가 당신이 그럴 기분일 거라고 말하는가? 기분이 들 때까지 기다린다면 영영 기다려야 할지도 모른다!

다음에 나오는 〈표 5-10〉은 당신이 다양한 활성화 기법들을 살펴보고 자신에게 가장 유용한 방법을 선택하도록 도와줄 것이다.

표 5-10 자기활성화 기법의 개관

증상	자기활성화 기법	방법의 목적
1. 해체당한 느낌이다. 할 일이 없다. 주말은 외롭고 지겹다.	1. 일상 활동 시간표	1. 일을 시간별로 계획해 통제감과 기쁨의 양을 기록하라. 실질적으로 어떤 활동이라도 침대에 누워 있는 것보다 더 기분 좋게 해주고 무력감을 도려낼 것이다.
2. 과제가 힘들고 보람 없을 것 같아 미룬다.	2. 반지연지	2. 부정적 예언을 검사지에 적어라.
3. 아무것도 하지 않으려는 충동에 압도된 느낌이다.	3. 역기능 사고의 매일 기록표	3. 자신을 마비시키는 비논리적 사고를 폭로하라. 동기부여는 활동 뒤에 따르는 것이지 그 반대가 아님을 배울 것이다.
4. 혼자일 때 어떤 것을 할 의의가 없다고 느낀다.	4. 기쁨예언지	4. 인격적 성장이나 만족을 줄 가능성을 지닌 활동을 계획하라. 그리고 그 일이 얼마나 보람 있을지 예언하라. 혼자일 때와 다른 이와 함께 있을 때 경험한 실제 만족을 비교하라.
5. 자신에게 일을 피하는 핑계를 준다.	5. 그러나 반증	5. '그러나'를 현실적인 반증으로 대처하여 그 '그러나'를 벗어버려야 한다.
6. 자기가 하는 일에 가치 있는 것이라고는 없다고 생각한다.	6. 자신을 보증하기를 배워라	6. 자기비하적 사고를 기록하고 그것에 말대꾸하라. '전부 아니면 무사고' 같은 왜곡된 사고 유형을 찾아라. 그날 그날 이룩한 일의 목록을 만들어라.
7. 과제를 자멸적인 방식으로 생각한다.	7. 틱톡 기법	7. 과제 방해적 인지를 과제 지향적 인지로 대처하라.

8. 해야 할 모든 것의 크기에 압도된 느낌이다.	8. 작은 발로 작은 걸음	8. 과제를 부분으로 나누고 한 번에 한 단계씩 하라.
9. 죄의식, 압박당하는 느낌, 강제당한 느낌, 의무감을 갖는다.	9. 강압 없는 동기 부여	9. a. 자신에게 지시할 때 '해야 한다'를 빼라. b. 어떤 활동의 이익과 불이익을 목록으로 만들라. 그러면 무엇을 해야 하는가 보다 무엇을 원하는가의 관계에서 생각할 수 있다.
10. 다른 사람이 늘어놓는 잔소리와 장광설에 압박당하고 화난 느낌이 들어 어떤 일도 하기를 거부한다.	10. 무장해제 기법	10. 단정적으로 그들에게 동의해라. 그리고 그들에게 당신 스스로 자신의 생각을 수행할 능력이 있음을 상기시켜라.
11. 흡연 같은 습관을 바꾸는 데 어려움을 겪는다.	11. 성공을 그려보라	11. 그 습관을 바꾸었을 때 얻게 될 적극적 유익들을 목록으로 만들고, 아주 느긋해진 상태에서 그려보라.
12. 자신을 '미루는 사람'으로 보기 때문에 자신의 주도로 어떤 것도 할 수가 없다고 느낀다.	12. 중요한 것을 세어라	12. 손목계수기를 이용해 그 날 그 날 자신의 주도로 한 일을 세어라. 이것은 무력감에 계속 주저앉아 있는 나쁜 습관을 극복하도록 돕는다.
13. '나는 할 수 없어요'라고 말하기 때문에 무력감과 무능력감을 갖고 있다.	13. '할 수 없어요'를 시험하라	13. 자신의 부정적 예언을 논박하는 실험을 하라.
14. 실패할까 두려워서 아무것도 감행하지 않는다.	14. '질 수 없어요' 체계	14. 실패의 부정적 결과를 기록하고 미리 대처 전략을 개발하라.

6장
언어 유도 :
비난 세례를 받을 때 말대꾸하기를 배우라

당신은 자신의 무가치감이 내면에서 진행되는 자기비판에서 비롯된다는 것을 배우고 있다. 자기비판은 끊임없이 자신에게 거칠고 비현실적인 방식으로 장광설을 늘어놓고, 학대하고, 화나게 하는 내면의 대화 형태를 취한다. 당신 내면의 비판은 주로 다른 사람의 예리한 소견에 의해 촉발된다. 비판을 다루는 효과적인 기술을 배우지 않은 당신은 그저 그것을 두려워하기만 하지만 비교적 쉬운 일이다. 그러므로 나는 욕설과 비난을 자기존경의 손상 없이, 그리고 비방어적으로 다루는 기술에 정통하는 것이 중요하다고 강조하고 싶다.

많은 우울증이 외부적 비판에 의해 작동된다. 필경 욕먹는 전문 직업인인 치료자도 비판에는 불리하게 반응할 수 있다. 정신과 레지던트인 아트는 지도 주임에게 유용한 목적의 부정적 평가를 들었다. 한 환자가 치료 시간 중 아트의 몇 가지 언급이 지나쳤다고 호소했던 것이다. 이 말을 전해들은 아트는 "오, 하느님! 진실은 다르다. 환자들도 내가 얼마나 무가치하고 무딘 사람인지 알 것이다. 그들은 필시 나를 레지던트 과정에서 쫓아내고 그 신분에서 제명시킬 것이다"라는 생각이 들면서 당황과 우울증으로 반응했다.

왜 누구는 비판에 그토록 상처를 받는 반면, 다른 누구는 모욕적인 공격 앞에서도 평정을 잃지 않을 수 있을까? 이 장에서는 당신의 섬세한 취약성을 극복하고 제거하기 위한 독특하고 구체적인 단계들을 보게 될 것이다. 이 장을 읽는 동안 비판에 대한 자신의 두려움을 극복하는 것은 적정량의 실천을 요구한다는 점을 명심하라. 그러나 이 기술을 개발하고 숙달하는 것은 그리 어렵지 않으며, 자기존경에 대한 적극적인 충격은 놀라울 정도일 것이다.

나는 비판을 받을 때 내면으로부터 파괴해 들어오는 덫에서 빠져나오는 방법을 보여주기 전에, 특정한 사람들이 비판을 더 기분 나쁘게 느끼는 이유를 설명하고자 한다. 먼저 당신은 자신을 기분 나쁘게 하는 것은 다른 사람이나 그들이 하는 비판적 견해가 아니란 점을 깨달아야 한다. 반복해 말하지만, 다른 사람의 비판적 견해가 조금이라도 당신을 속상하게 한 적은 한 번도 없었다. 그 견해가 얼마나 악하고 부정하고 잔인하든지 간에 당신을 어지럽히거나 아주 작은 불쾌함이라도 일으킬 만한 힘은 없다.

위 단락을 읽고 당신은 내가 신경쇠약이거나 잘못 생각하고 있지 않으면 매우 비현실적이라는, 또는 이 모든 것의 어떤 혼합이라는 인상을 받을지도 모른다. 그러나 나는 단언하건대 결코 그렇지 않으며, 다음과 같이 주장한다. 이 세상에서 당신을 주저앉히는 힘을 가진 유일한 인물은 다른 사람이 아니라 바로 당신이다!

그것들이 어떻게 이뤄지는지 보라. 다른 사람이 당신을 비판할 때 어떤 부정적 사고들이 자동적으로 당신의 머리 안에서 촉발된다. 당신의 정서적 반응은 다른 사람이 한 말이 아니라 이 사고들에 의해서 생겨날 것이다. 당신을 속상하게 한 사고들은 반드시 3장에 묘사된 정신적 오류들, 이를테면 지나친 보편화, 전부 아니면 무사고, 정신적 필터, 명명 등을 포함할 것이다.

예를 들어 아트의 생각들을 보자. 그의 당혹감은 자신의 파국적 해석, 즉 "이 비판은 내가 얼마나 무가치한지를 보여준다"는 사고의 결과였다. 우선 아트는 그 환자의 비판이 타당하고 합리적이라고 임의로 결론지을 때 성급한 결론을 내린 것이다. 사실일 수도 있고 아닐 수도 있다. 더구나 그는 환자에게 한 말이 무엇이든지 간에 외교술이 부족한 그 말의 중요성을 터무니없이 과장하고(확대), 자기 행동의 어떤 오류를 고치기 위해 아무것도 할 수 없다고 가정한다(점쟁이 오류). 그는 비현실적이게도 자기가 그 전문직에서 거부되고 파멸당할 거라고 예언한다. 왜냐하면 한 명의 그 환자에게 저지른 잘못이 무엇이든지 간에 그가 끝없이 반복할 테니 말이다(지나친 보편화). 그는 배타적으로 자신이 저지른 오류에 초점을 맞춰 (정신적 필터) 다른 치료에서 거둔 많은 성공을 간과했다(적극성을 박탈하거나 간과하기). 그는 실수한 행동과 자신을 일체시켜 스스로를 '무가치하고 무딘 인간'이라고 결론지었다(명명).

비판에 대한 두려움 극복의 제1단계는 자신의 정신적 과정에 관계된 것으로, 당신이 비판받을 때 갖게 되는 부정적 사고들을 확인하는 법을 배우라. 앞의 두 장에서 본 2단기법을 사용해 그 사고들을 기록하는 일이 대단히 유용할 것이다. 이것은 당신으로 하여금 자신의 사고들을 분석하게 해주고, 자신의 생각이 어디에서 비논리적이며 그른지 깨닫게 해줄 것이다. 마지막으로 더 합리적이고 덜 화나게 하는 합리적 반응들을 써 넣어라.

2단기법을 이용해 아트가 작성한 과제의 발췌문이 있다(⟨표 6-1⟩). 더 합리적인 방식으로 상황을 숙고하는 법을 배우게 된 그는 파국화하는 데 정신적·정서적 노력을 낭비하는 것을 멈추고, 창조적·목표 지향적 문제 해결에 자신의 에너지를 돌릴 수 있었다. 아트는 자신의 언급이 공격적이거나 상처 주는 말인지 세밀히 평가한 후, 향후 비슷한 잘못을 최소

표 6-1 아트가 2단기법을 이용해 작성한 서면 연습의 발췌문. 까다로운 환자를 대한 방법에 대해 지도 주임에게 비판적인 평가를 들은 그는 처음에 당혹감을 경험했지만, 부정적 사고를 기록한 후 그것이 매우 비현실적임을 깨달았다. 그 결과 그는 큰 안도감을 느꼈다.

자동적 사고(자기비판)	합리적 반응(자기방어)
1. 오, 하느님! 진실은 다르다. 환자들도 내가 얼마나 무가치하고 무딘 사람인지 알 수 있다.	1. 단지 한 명의 환자가 불평했다고 내가 '무가치하고 무딘 사람'인 것은 아니다. 사실 내 환자들 대부분은 나를 좋아한다. 한 번의 실수가 나의 '참된 본질'을 드러내지는 않는다. 누구든지 실수할 수 있다.
2. 그들은 필시 나를 레지던트 과정에서 쫓아낼 것이다.	2. 이 말은 어리석고 몇 가지 그릇된 가정 위에 놓여 있다. 첫째, 내가 한 모든 것이 나쁜 일들이다. 둘째, 나는 성장할 능력이 없다. 두 가지 가정 모두 터무니없으므로 내 위치가 위협받는다는 것은 결코 있을 수 없는 일이다. 나는 여러 차례 지도 주임에게 칭찬을 받았다.

화하기 위해 환자에 대한 자신의 임상 태도를 수정하는 조처를 취할 수 있었다. 결국 그는 그 상황에서 교훈을 얻었으며, 그의 임상 기술은 한층 성숙되고 향상되었다. 이 일은 그의 자기확신을 배가했을 뿐만 아니라 불완전함의 두려움을 극복하도록 도와주었다.

간단히 말해 사람들이 당신을 비판할 때 그들의 견해는 옳거나 그를 것이다. 만일 그 견해가 그르다면, 당신이 기분 나쁠 것은 전혀 없다. 이것을 1분 동안 숙고해보라! 많은 환자가 사실 눈물과 분노와 화로 뒤범벅이 되어 내게 왔다. 사랑하는 사람이 그들에게 분별없고 부정확한 비판적 견해를 표현했기 때문이다. 하지만 그런 반응은 불필요한 것이다. 왜 당신은 누군가가 그릇되게 자신을 비판하는 실수를 하면 기분 나빠져야 하는가? 그것은 당신이 아니라 다른 사람의 오류다. 왜 당신이 화내는가? 당신은 다른 사람이 완전할 거라고 기대했는가? 반면에 그 비판이 옳다 해도, 여전히 당신은 압도당한 느낌을 가질 이유가 없다. 당신은 완전하도록 기대될 수 없다. 단지 당신의 오류를 인정하고 그것을 고칠 수 있는 조처를 취하라. 간단하게 들리지만(사실 간단하다!) 이 통찰을 정서적 현실로 변형시키는 데는 상당한 노력이 요구된다.

물론 당신이 가치 있고 행복하기 위해 다른 사람의 사랑과 승인을 필요로 한다고 느끼기 때문에 비판을 두려워할 것이다. 이 관점의 문제는 당신이 모든 에너지를 다른 사람들을 즐겁게 해주는 데 바쳐야 하며 창조적이고 생산적인 삶을 위해서 남겨놓을 몫이 많지 않으리란 점이다. 역설적이게도 많은 사람은 자신만만한 당신 친구보다 당신을 덜 재미있고 덜 바람직한 사람으로 볼 것이다.

여태까지 내가 당신에게 한 말은 앞장에서 소개한 인지 기법의 개관이다. 문제의 요점은 **당신의 생각만이 당신을 속상하게 할 수 있으며**, 더 합리적으로 **생각하기를 배우면 덜 기분 나쁜 느낌을 가지리란** 것이다. 지금 당장 비판을 받을 때 보통 당신 머리를 관통하는 부정적 사고들을 기록하라. 그러고나서 왜곡들을 확인하고 더 객관적이고 합리적인 반응으로 대치하라. 이 방법은 당신이 덜 기분 나쁘고 덜 위협당하는 느낌을 갖도록 도와줄 것이다.

이제 나는 당신에게 실용적 적절성이 뛰어난 몇 가지 언어 기법을 가르쳐주고자 한다. 누군가가 당신을 공격할 때 당신은 무엇을 말할 수 있는가? 이 어려운 상황을 어떻게 당신의 통제감과 자기확신감을 드높일 방식으로 다룰 수 있는가?

1단계 – 감정이입

누군가가 당신을 비판 또는 공격할 때 그의 동기는 당신을 돕거나 상처 입힐 수 있다. 비판자의 언급은 옳거나 그르거나, 아니면 그 중간 어디쯤일 것이다. 그러나 처음부터 이 주제에 초점을 두는 것은 현명하지 않다. 그 대신 그 사람의 의도를 정확하게 알아내도록 고안된 일련의 독특한 질문들을 그에게 던져라. 그 질문을 하면서 당신은 판단을 내리거나 방어적이 되지 않도록 노력하라. 끊임없이 더욱더 명확한 정보를 얻기 위해 질문하라. 그 비판자의 눈을 통해 세상을 바라보려고 시도하라. 그 사람이 애매한 모욕적인 낙인을 붙이며 당신을 공격할 때 그의 의도를 명확히 하도록, 그리고 그가 싫어하는 것이 당신의 어떤 점인지 정확히 지적하도록 요청하라. 이 최초의 책략은 그 자체로 비판자와 친해지는 효과가 클 수 있고, 공격-방어의 상호 작용을 하나의 협동적 상호 존경으로 변형시키도록 도울 것이다.

나는 때때로 치료 시간에 이 독특한 기술의 시범을 보이기 위해 환자와 함께 가상의 상황을 설정하고 역할수행을 한다. 지금부터 소개하는 역할수행법은 유익한 기술로서, 개발할 필요가 있다. 다음의 대화에서 당신은 화난 비판자라고 상상하라. 당신이 생각해낼 수 있는 가장 거칠고 기분 나쁘게 할 것을 말하라. 당신이 말한 것은 진실이거나 거짓일 것이며, 부분적으로 둘 다일 수도 있다. 나는 당신의 모든 공격을 감정이입 기법으로 대응하겠다.

당신 (화가 난 비판자의 역할을 하면서) 번즈 박사, 당신은 쓸모없는 똥이오.

번즈 나의 어떤 점이 똥 같지요?

당신 말하고 행동하는 모든 것이. 당신은 무디고, 자기중심적이고,

무능하오.

번즈   하나씩 이야기해봅시다. 확실히 말해주십시오. 내가 당신을 기분 나쁘게 할 많은 것을 행하고 말한 것은 명백하군요. 무디게 들릴 어떤 말을 내가 했나요? 내가 뭘로 자기중심적이라는 인상을 주었지요? 무능하게 보일 어떤 것을 내가 **했습니까**?

당신   내가 약속을 바꾸려고 전화할 때마다 당신 목소리는 굉장히 바쁜 듯이 어수선하고 성급했소. 그러면서 내게는 조금도 신경 써주지 않았소.

번즈   맞아요. 내가 통화 중에 당신에게 어수선하고 무성의했음을 시인합니다. 그 밖에 내가 당신을 화나게 한 것이 있습니까?

당신   당신은 언제나 치료 시간이 끝나갈 무렵이면 나를 서두르게 하는 것 같소. 마치 돈을 벌어들이는 거대한 생산라인인 것처럼 말이오.

번즈   그렇군요. 당신은 내가 치료 시간 동안에도 너무 어수선했다고 느끼는군요. 내가 당신보다 당신의 돈에 더 관심 있다는 인상을 주었을 수 있습니다. 그 밖에 다른 것은요? 내가 당신 기분을 잡치게 하거나 상하게 한 다른 것을 생각해낼 수 있습니까?

내가 하는 것은 단순하다. 특정한 질문들을 던져 당신이 나를 완전히 거부할 가능성을 최소화한다. 당신(그리고 나)은 우리가 다룰 수 있는 몇 가지 특정한 구체적 문제들을 의식하게 된다. 더 나아가 나는 **당신이 바라보는 식으로** 상황을 이해하기 위해 당신의 말을 **경청하여** 당신에게 최대의 기회를 제공한다. 이는 분노와 적의를 제거하고 비난과 논쟁의 자리에 문제해결 지향성을 끌어들이는 것이다. 첫 번째 규칙을 기억하라. 그 비난이 완전히 그르다고 느낄지라도 특정 질문들을 통해 감정이입을 하고 대응하라. 비판자가 의도하는 것을 정확히 알아내라. 그 사람이 몹시 성나 있다면 당신에게 낙인을 찍거나, 심지어 더러운 말까지도 퍼부을 것이다. 그럼에도 불구하고 더 알기 위하여 질문하라. 이 말들은 무엇을 의미하는가? 왜 그 사람은 당신을 '쓸모없는 똥'이라고 부르는가? 어떻게 당신이 그 사람을 성나게 했는가? 당신이 한 것은 무엇인가? 언제 그것을 했는가? 얼마나 자주 했는가? 그 밖에 그 사람이 당신에 대해 좋아하지 않는 것은 무엇인가? 당신의 행위가 그 사람에게 뜻한 바를 밝혀내라. 세상을 비판자의 눈을 통해 보려고 노력하라. 이 접근은 흔히 포효하는 사자를 진정시키고, 더 민감한 토론을 위한 기초를 놓는다.

2단계 - 비판자를 무장해제 시키기

누군가가 총을 쏠 때 당신은 세 가지 선택을 할 수 있다. 우선 당신은 버티며 되받아 쏠 수 있다. 이 방법은 보통 전쟁과 상호 파괴로 이끈다. 그리고 당신은 퇴각하거나 총알을 피하려고 애쓸 수 있는데, 이는 흔히 굴욕과 자기존경의 상실이란 결과를 낳는다. 마지막으로 당신은 그대로 있으면서 당신의 적수를 기술적으로 무장해제 시킬 수 있다. 나는 이 세 번째 해결 방법이 여태까지 가장 만족스럽다는 것을 발견했다. 당신이 다른 사람의 허를 찌르면 당신은 결국 승리자가 되고, 당신의 적수 또한 빈번히 승리자처럼 느낄 것이다.

어떻게 그럴 수 있는가? 간단하다. 당신의 비판자가 옳든지 그르든지 처음에는 그 사람에게 동의할 길을 찾아라. 내가 가장 쉬운 상황부터 보여주겠다. 비판자가 원래 옳다고 가정하자. 앞의 예에서 화가 난 당신이 몇 차례 내가 어수선하고 무심하게 전화를 받았다고 비난할 때, 나는 이렇게 말할 수 있다. "당신은 정말 옳아요. 당신이 전화했을 때 나는 어수선했지요. 그리고 내 목소리는 필시 비인격적이었지요. 다른 사람들도 여러 번 내게 이 점을 지적했습니다. 나는 내가 당신의 기분을 상하게 할 의도가 없었다는 것을 강조하고 싶습니다. 치료 시간 중 얼마간은 우리가 성급**했다는 것**도 옳은 말씀입니다. 기억하실지 모르지만 치료 시간은 시간 계획이 적절히 조절되도록 우리가 미리 결정하는 만큼 당신이 원하는 길이로 조정할 수 있습니다. 아마도 당신은 15분이나 30분 더 긴 치료 시간을 계획하고 싶어하는 것 같군요. 그러면 그 편이 더 편안한지 보십시오."

이제 당신을 공격하고 있는 사람이 당신이 느끼기에 공정치 못하고 타당하지 않은 비판을 한다고 가정하자. 그 비판의 대상이 고치기에 비현실적인 것들이라면 어떻게 하겠는가? 그 비판이 엉터리 말이라고 당신이 확신할 때 그 사람에게 어떻게 동의할 수 있는가? 쉽다. 당신이 원칙적으로 그 비판에 동의하거나 그 진술에서 몇 가닥의 진리를 발견하고 동의할 수 있고, 그렇지 않으면 그 사람이 화내는 것은 그가 상황을 어떻게 보느냐에 기초하고 있으므로 이해할 만하다고 인정할 수 있다. 나는 이것을 역할수행을 계속함으로써 보여줄 수 있다. 당신은 나를 공격한다. 그러나 이번에 당신은 원래 그릇된 것들을 말한다. 나는 게임의 규칙에 따라 첫째, 당신이 무슨 말을 하든지 동의할 몇 가지 길을 찾아야 하고, 둘째, 빈정거림과 방어적 태도를 피해야 하며, 셋째, 언제나 진실을 말해야 한다. 당신의 진술들은 기괴하고 무정할 수 있으며, 나는 이 규칙을 지키겠다고 보증한다. 한번 해보자!

당신(화가 난 비판자의 역할을 하면서)　　번즈 박사, 당신은 똥이오.

번즈　　나도 때때로 그렇게 느낍니다. 나는 가끔 일을 잡칩니다.

당신　　이 인지 요법은 빌어먹을 쓸데없는 것이오!

번즈　　개선의 여지가 확실히 많습니다.

당신   그리고 당신은 멍청해요.

번즈   나보다 더 똑똑한 사람들은 많습니다. 나도 세상에서 가장 현명한 사람은 아니라고 확신합니다.

당신   당신은 환자들에 대해 진정한 느낌을 갖고 있지 않소. 치료에 대한 당신의 접근은 속임수요.

번즈   나는 언제나 내가 원하는 만큼 따뜻하고 개방적이지 않습니다. 내 방법들 중 몇 가지는 처음에 속임수처럼 보입니다.

당신   당신은 진짜 치료자가 아니며, 이 책은 단지 쓰레기일 뿐이오. 당신은 신뢰받을 만하지 못하고, 내 사례를 다룰 만큼 유능하지도 않소.

번즈   내가 당신에게 무능하게 보여서 대단히 죄송합니다. 아주 속상하셨겠습니다. 당신은 나를 신뢰하는 것이 어렵다고 보는 것 같군요. 그리고 당신은 우리가 함께 효과적으로 일할 수 있을지 진심으로 의심하고 있습니다. 당신이 절대로 옳습니다. 우리는 상호 존경과 협력감 없이는 성공적으로 함께 일할 수 없습니다.

이쯤에 이르면 (아니면 더 일찍) 화가 난 비판자는 보통 기운이 빠질 것이다. 왜냐하면 내가 반격하지 않고 대신 나의 적수와 동의할 길을 찾으면서, 그 사람은 금세 탄약이 떨어지고 성공적으로 무장해제 되기 때문이다. 비판자는 조용해지면서 대화를 나누기에 더 좋은 분위기에 놓이게 될 것이다.

나는 이러한 처음 두 단계를 시범으로 보여준 뒤에 보통 환자에게 그 방법에 정통할 기회를 주기 위해 역할을 바꾸자고 제의한다. 그렇게 해보자. 내가 당신을 비난하고 공격하면, 당신은 감정이입을 실행하고 당신 자신의 대답들을 만든다. 그러고나서 그 대답들이 얼마나 정확하거나 영터리인지 알아내라. 다음 대화를 더 유익한 연습이 되도록 '당신'의 답변을 가리고 당신 자신의 답을 만들어내라. 그리고 내가 쓴 답변과 얼마나 가까운지 보라. 감정이입법을 이용해 답변하고 무장해제 기법을 이용해 나에게 동의할 타당한 방법을 찾는다는 것을 기억하라.

번즈(화가 난 비판자의 역할을 하면서) 당신은 나으려고 여기 온 것이 아닙니다. 당신은 단지 동정을 구할 따름입니다.

당신(공격받는 이의 역할을 하면서) 무엇이 내가 단지 동정을 구할 따름이란 인상을 당신에게 주었나요?

번즈 당신은 치료 시간 이외에도 자신을 도우려고 하질 않아요. 당신이 원하는 것이라고는 여기 와서 불평하는 것뿐입니다.

당신 내가 당신이 제시한 과제를 작성하지 않은 것은 사실입니다. 당신은 내가 치료 시간 중에 불평해서는 안 된다고 느낍니까?

번즈 당신이 원하는 것은 무엇이나 할 수 있어요. 단지 당신은 조금도 개의치 않는다는 것을 인정하십시오.

당신 당신은 내가 낫기를 원하지 않는다고 생각한다는 뜻입니까? 아니면 다른?

번즈 형편없군. 당신은 그저 한 더미의 쓰레기로군!

당신 나도 여러 해 동안 그렇게 느껴왔소! 당신은 내가 다르게 느끼기 위해 할 수 있는 것에 대해 무슨 좋은 생각이 없나요?

번즈 항복이오. 당신이 이겼소.

당신 맞아요. 내가 이겼어요.

나는 친구와 함께 이 단계를 실행해보라고 강력히 권고한다. 역할수행 체제는 당신을 도와 실제 상황이 발생했을 때 필요한 기술을 숙달하도록 해줄 것이다. 함께 효과적으로 역할수행을 할 수 있는 편한 사람이 없을 경우 차선책은 당신이 읽어온 내용과 비슷하게 당신과 적대적인 비판자 사이의 가상 대화를 써보는 것이다. 각 장광설 뒤에 감정이입과 무장해제 기법을 이용해 당신이 어떻게 대답할지 기록하라. 처음에는 어려워 보일지 모르나, 아주 쉽게 이해할 거라고 생각한다. 일단 당신이 요지만 잡으면 실제로 아주 쉬운 일이다.

당신은 부당하게 비난당할 때 자신을 **방어하려는** 깊고도 거의 저항할 수 없는 경향이 자신에게 있음을 알아차렸을 것이다. 이것이 주요한 실수다! 당신이 이 경향에 굴복하면 당신의 적수가 가하는 공격의 강도가 심해지는 것을 발견할 것이다! 자신을 방어할 때마다 역설적이게도 당신은 그 사람의 병기고에 총알을 더해주는 셈이다. 예를 들어 당신이 다시 비판자이고 이번에는 내가 당신의 엉터리 비판에 나 자신을 방어할 것이다. 당신은 얼마나 빨리 우리의 상호 작용이 그야말로 전면전으로 확대되는지 볼 것이다.

    당신(다시 비판자의 역할로)   번즈 박사, 당신은 환자들에 대해 염려하지 않아요.
    번즈(방어적 자세로 반응하며)   그건 사실이 아니고 부당합니다. 당신은 자신이 무슨 말을 하는지 모르는군요! 내 환자들은 내가 하는 힘든 일을 존경합니다.
    당신   자, 여기에 그렇지 않은 한 사람이 있소! 잘 있으시오!(당신은 나를 해고하기로 결정한다. 나의 방어성은 전면적 손실에 이른다.)

반대로 내가 감정이입을 하고 반응하면서 당신의 적의를 무장해제 시킨다면, 십중팔구 당신은 내가 당신 말에 **경청**하며 당신을 **존경**하고 있다고 느낄 것이다. 그 결과 당신은 전의를 상실하고 조용해진다. 이는 3단계 '평화와 휴전'을 위한 길을 포장한다.

이 기법들을 적용하기로 결정했음에도 불구하고 당신이 비난받는 실제 상황에 부닥칠 경우, 처음에는 당신 정서와 오래된 당신의 행동 유형에 사로잡히는 것을 발견할 것이다. 당신은 샐쭉하여 다투고 거세게 자신을 방어하는 등의 자신을 발견할 것이다. 이것은 이해할 만하다. 당신은 하룻밤 새에 그것을 배우도록 기대되지 않으며, 모든 전투에서 이길 필요도 없다. 그러나 제시된 방침에 따라서 어떻게 그 상황을 상이하게 다루었는지 재검토할 수 있도록, 이후로도 당신과 함께 어려운 상황에 대해 역할수행을 해줄 친구를 찾는 것은 굉장히 유용할 수 있다.

3단계 - 피드백과 협상

일단 감정이입 방법을 이용해 비판자의 말을 경청하고 그에게 동의할 길을 찾아내어 그를 무장해제 시키고나면, 당신은 자신의 입장과 정서를 재치 있고 단호하게 설명하고 현실적인 차이점들을 협상하는 위치에 있게 될 것이다.

비판자가 그저 단순히 그르다고 가정하자. 어떻게 당신은 이것을 비파괴적인 방법으로 표현할 수 있는가? 단순하다. 당신은 자신이 틀릴 수도 있다는 인정과 함께 견해를 말할 수 있다. 갈등을 인격이나 자존심보다는 오히려 사실에 근거한 것으로 만들어라. 비판자에게 파괴적 낙인을 찍는 일은 피하라. 기억하라, 그의 실수는 그를 멍청하고 무가치하거나 열등하게 만들지 않는다.

예를 들어 최근에 한 환자가 주장하기를, 자기가 이미 지불한 치료 시간에 대한 청구서를 내가 다시 보냈다는 것이다. 그녀는 "당신의 회계를 똑바로 하시지요!" 하며 나를 공격했다. 나는 그녀가 실수한 것을 알고

"내 기록이 정말 틀릴지도 모릅니다. 내가 기억하기로 그날 당신은 수표책을 잊었던 것 같습니다만, 이 점에 대해 내가 혼동했을 수도 있습니다. 나는 당신이나 내가 때때로 실수를 하기도 한다는 가능성을 당신이 인정해주기를 바랍니다. 그래야 우리는 서로 더욱 긴장을 풀 수 있습니다. 당신에게 취소된 수표가 있는지 찾아보지 않으시겠습니까? 그 방법으로 우리는 사실을 확인하고 적절한 조처를 내릴 수 있습니다"라고 대답했다.

이 경우에 나의 비대립적 반응은 그녀로 하여금 체면을 세우게 해주었고, 그녀의 자기존경이 위협당할 대결을 피하게 했다. 비록 그녀가 실수한 것이 드러났을 때도, 그녀는 실수들을 한다고 인정한 내 말 때문에 나중에 안도를 표했다. 나의 반응은 그녀가 나를 완벽주의자로 보고 자신에게 완벽하게 행동하라고 요구할까봐 두려워할 때 나에 대해 편안히 느끼도록 도와주었던 것이다.

때때로 당신과 비판자는 사실에서가 아니라 취향의 문제에서 차이가 있을 것이다. 당신의 관점을 외교술을 갖춰 다시 한 번 제시한다면 당신은 승자가 될 것이다. 예를 들어 나는 내가 어떤 옷을 입든지 좋아하는 환자가 있는가 하면, 부정적인 반응을 보이는 사람들이 있음을 발견했다. 나는 정장과 타이, 또는 캐주얼 복장과 타이를 해도 아주 편안하다. 한 환자가 나의 복장이 너무 공식적이며 내가 '당국'의 일부분인 것처럼 보인다는 이유로 나를 비판한다고 가정하자. 그가 나에 대해 좋아하지 않는 다른 것들에 대한 더 많은 상세한 정보를 이끌어낸 뒤 나는 이렇게 말할 것이다. "나는 정장이 약간 공식적이라는 점에서 당신에게 확실히 동의합니다. 내가 더 평상복답게 입었다면 당신에게 나는 더욱 편안했을 겁니다. 내가 옷을 다양하게 입어본 결과 좋은 정장이나 캐주얼 복장을 나와 함께 일하는 사람들 대부분이 가장 마음에 들어한다는 것을 발견했는데, 그 점을 당신이 이해하시리라 믿습니다. 그래서 나는 이렇게 옷 입는 방식을 굳히기로 결정했습니다. 나의 복장이 우리가 함께 지속해온 작업을 방해하지 않도록 당신이 이해해주기를 바랍니다."

당신이 비판자와 협상할 때는 많은 선택을 할 수 있다. 비판자가 계속해서 같은 논점의 장광설을 펴면, 당신은 자신의 단정적인 반응을 그가 지쳐 떨어질 때까지 정중하지만 강하게 반복할 수 있다. 예를 들어 나의 비판자가 내게 정장 차림을 그만두라고 고집한다면, 나는 매번 계속 말할 것이다. "나는 당신의 요지를 완전히 이해하며, 거기에 일리가 있습니다. 그러나 나는 이번에는 더 공식적인 복장을 하기로 결정했습니다."

가끔은 해결책이 중간에 있다. 이런 경우에는 협상과 타협이 바람직하다. 당신은 원하는 것의 일부분으로 만족해야 할 것이다. 그러나 당신이 의식적으로 먼저 **감정이입**과 **무장해제 기법**을 적용하면 분명 원하는 것의 더 많은 부분을 얻을 수 있다. 많은 경우에 바로 당신이 틀리고 비판자가 옳을 것이다. 그런 상황에서 당신이 단호히 비판자에게 **동의하고** 그 사실을 알려준 데 대해 감사하며 자신이 야기했을지 모를 상처에 대해 사과한다면, 당신에 대한 비판자의 존경은 폭넓게 확대될 것이다. 이 말은 낡은 상식처럼(사실 그렇다) 들릴지 모르지만 놀랍게도 효과적일 수 있다.

이제 당신은 "나는 누군가가 비판할 때 나 자신을 방어할 권리가 있지 않은가? 왜 나는 언제나 다른 사람에게 감정이입을 해야 하는가? 결국 그가 얼간이고 내가 아닐 수도 있다. 화를 내고 터뜨리는 것이 인간적이지 않은가? 왜 나는 언제나 만사를 **매끄럽게** 펴기만 해야 하는가?"라고 말할지도 모른다.

물론 상당히 일리 있는 말이다. 당신은 비판으로부터 자신을 방어하고 원하는 때에 골라잡은 사람에게 화를 낼 권리가 있다. 그리고 생각이 그른 쪽은 흔히 당신이 아니라 비판자라고 지적할 때도 당신이 옳다. 또한 "슬픈 것보다 화내는 것이 낫다"는 구호 뒤에는 일리 이상의 것이 있다.

결국 당신이 누군가를 '조금도 쓸모없는 자'라고 결론 내리려 한다면, 이 왕이면 다른 사람이 형편없다고 하는 게 어떨까? 더구나 다른 이에게 화 내는 것은 때때로 기분이 더 나아지는 일이기도 하다.

이 점에서 당신 말에 동의하는 정신 치료자도 많을 것이다. 프로이트는 우울증이 '내부로 향해진 분노'라고 느꼈다. 달리 말해 그는 우울증 환자 가 분노를 환자 자신에게 돌린다고 믿었던 것이다. 이 견해를 따라서 많 은 치료자는 환자들에게 자신의 분노와 접촉하고 다른 이들에게 더 자주 그 분노를 표현하라고 종용했다. 그들은 이 장에서 제시된 몇 가지 방법 이 결국 억압적인 포기에 이를 거라고 말할지도 모른다.

이것은 그릇된 논쟁이다. 결정적인 점은 당신이 느낌을 표현하느냐 않 느냐가 아니라, 표현하는 방식이다. 당신의 메시지가 "당신이 나를 비난 하고 당신은 조금도 쓸모없는 녀석이므로 나는 화가 난다"라면, 당신은 그 사람과의 관계를 망칠 것이다. 당신이 부정적인 피드백으로 방어적이 고 복수심에 불타는 방식을 채용해 자신을 방어하면, 미래의 생산적 상호 작용이라는 전망이 감소될 것이다. 이처럼 당신의 성난 폭발은 일시적으 로 기분 좋을지 모르나 결국 자신의 교각을 태워버림으로써 스스로를 패배 시킨다. 당신은 미성숙하고 불필요하게도 상황을 극단화시켜 비판자가 전하려는 것을 알아들을 기회를 제거했다. 설상가상으로 당신은 우울한 반대 운동을 경험하고 화를 터뜨린 데 대해 자신을 과도하게 탓할 것이다.

반야유자 기법

여기 소개한 기법의 특별한 적용은 특히 강의나 교육에 관련된 사람들 에게 유용할 것이다. 나는 최근의 우울증 연구에 관여된 대학교나 전문가 단체를 대상으로 강의를 시작하면서 '반야유자 기법'을 개발했다. 비록 대부분의 청중이 내 강의를 잘 받아들인다 해도 보통 한두 명의 야유자를 발견할 수 있었다. 야유자의 견해는 대체로 다음 세 가지 특성을 보인다. 첫째, 그 견해는 강하게 비판적이지만 부정확하고 내가 제시한 자료와 관계없는 것이다. 둘째, 그 야유는 흔히 공동체에 잘 수용되지 못하거나 지역 동년배 사이에서 존경받지 못하는 사람에게서 나온다. 셋째, 그 견해는 장광설이거나 매도하는 방식으로 표현된다.

그러므로 나는 비공격적인 방법으로 그런 사람을 조용히 시키는 반야유자 기법을 개발해야 했다. 그래야 나머지 청중이 질문할 기회를 골고루 가질 수 있었다. 나는 다음 방법이 아주 효과적임을 발견했다. 우선 나는 즉시 그 견해에 대해 그 사람에게 감사한 다음, 제기된 요점이 정말 중요하다고 인정한다. 그리고 제기된 논점에 대해 더 많은 지식이 필요하다고 강조한 뒤, 그 주제에 관해 의미 있는 연구와 조사를 수행하도록 그 비판자를 격려한다. 마지막으로 나는 그에게 나중에 나와 더 이야기를 나누자고 초대한다.

비록 어떤 언어 기법도 특정 결과를 내도록 보장되어 있지 않지만, 나는 이 명랑한 접근을 통해 만족스런 결과를 얻는 데 실패한 적이 거의 없다. 사실 야유하는 사람들은 흔히 강의 뒤 칭찬을 하려고, 그리고 나의 친절한 논평에 대해 감사하려고 내게 접근했다. 때때로 그 야유자는 내 강의를 가장 잘 인용하는 사람이나 좋아하는 사람으로 바뀌고 만다!

요약

비난에 대처하는 다양한 인지적·언어적 원칙들이 다음 〈그림 6-1〉에 요약되어 있다. 일반 규칙으로서 누군가에게 모욕을 당할 때 당신은 즉시 세 가지 통로, 즉 슬픈 길이나 화난 길이나 기쁜 길 중 하나를 따라 내려갈 것이다. 어느 길을 따라가든 그 선택은 전체적 경험이 된다. 즉 당신의 사고와 느낌과 행동, 심지어 몸이 기능하는 방식까지도 포함할 것이다.

그림 6-1 비판에 반응하는 세 가지 길. 상황에 대해 어떻게 생각하느냐에 따라 당신은 슬픔이나 분노 또는 기쁨을 느낀다. 정신적 자세에 따라 당신의 행동과 그 결과 또한 크게 영향을 받을 것이다.

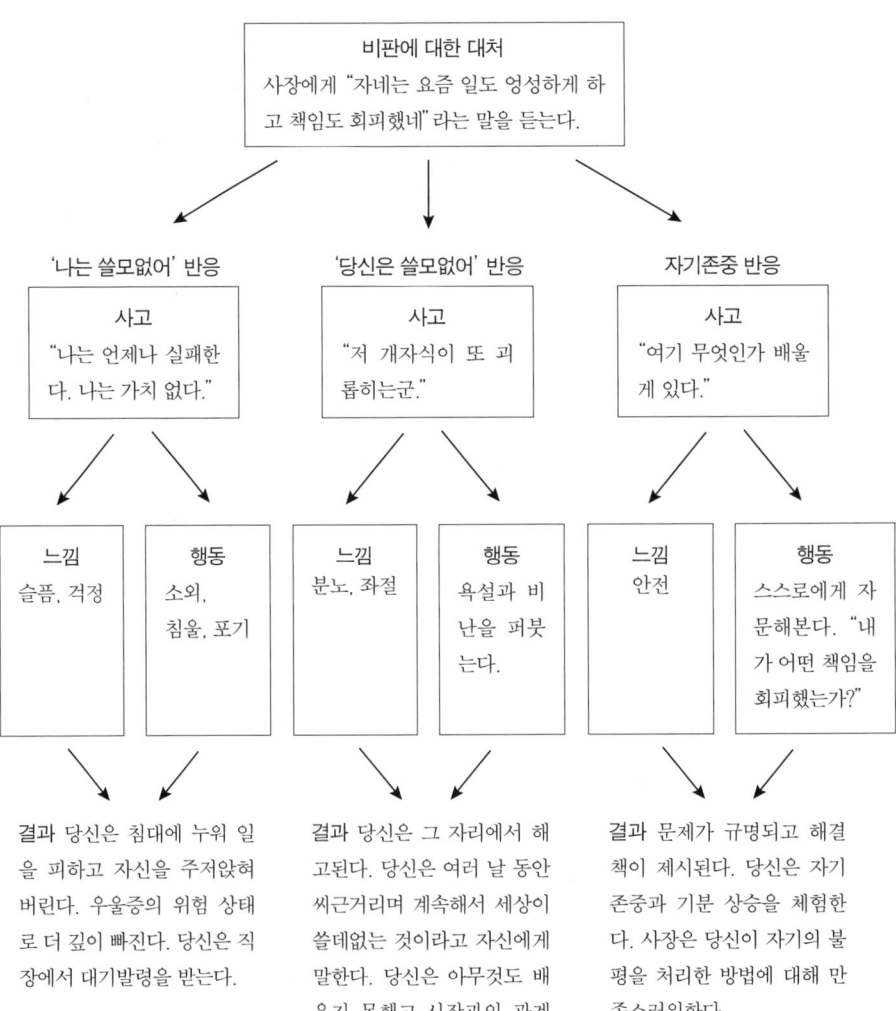

우울증 경향을 지닌 사람들 대부분은 슬픈 길을 택한다. 슬픈 길을 선택한 당신은 비판자가 옳다고 **자동적으로** 결론 내린다. 아무 체계적 조사도 없이 자기가 틀렸고 잘못했다고 **성급히 결론짓는다**. 그리고 일련의 사고 오류들로써 그 비판의 중요성을 확대한다. 당신은 지나치게 보편화해 자신의 생애 전체가 단지 일련의 오류뿐이라고 그릇되게 결론짓는다. 아니면 스스로를 '완벽한 실패자'라고 **명명한다**. 당신은 흠이 없어야 한다는 완벽주의적 기대 때문에 당신의 (추정된) 오류가 자신의 무가치함을 나타낸다고 확신할 것이다. 이 정신적 오류의 결과로 당신은 우울증과 자기존중의 상실을 체험할 것이다. 당신의 언어적 반응은 무력하고 수동적이며, 회피와 움츠림의 특징을 보일 것이다.

한편 당신은 화난 길을 택할 수도 있다. 당신은 비판자를 괴물이라고 확신시키려 애씀으로써 불완전함의 공포로부터 자신을 **방어할** 것이다. 당신은 고집스레 어떤 잘못도 인정하지 않으려 한다. 그 일은 당신의 완벽주의적 기준에서 볼 때 자신이 무가치한 벌레라고 인정하는 것이나 마찬가지기 때문이다. 그래서 당신은 훌륭한 공격이 최상의 방어라는 가정 위에서 비난을 퍼붓는다. 심장 박동이 급해지고 전투를 준비하는 순간 호르몬은 혈관으로 흘러 들어간다. 모든 근육은 긴장되고 턱은 악물린다. 독선적인 분노에 빠져 비판자를 야단칠 때는 일시적으로 들뜬 기분을 느낄 수 있다. 당신은 그가 얼마나 쓰레기인지 보여준다! 하지만 불행히도 그는 동의하지 않으며, 그 관계를 망쳐놓음으로써 결국 당신의 폭발은 자멸적인 것이 되고 만다.

세 번째 선택은 당신이 자기존중을 가지고 있거나, 적어도 그런 것처럼 행동하기를 요구한다. 이것은 당신이 가치 있는 사람이며 완전할 필요가 없다는 전제에 기초하고 있다. 비판을 받을 때 당신의 최초 반응은 **연구적**이다. 그 비판은 일말의 진리를 내포하는가? 반대받을 만한 어떤 것을 당신이 했는가? 당신은 사실 실패만 했는가?

당신은 일련의 무판단적 질문을 함으로써 문제를 규정하고 해결책을 제시할 입장에 선다. 타협책이 제시된다면 협상을 할 수 있다. 당신이 명백히 그르다면 그 비판을 인정할 수 있다. 비판자가 잘못했다면 당신이 재치 있는 태도로 지적할 수 있다. 그러나 당신의 행위가 옳든 그르든 간에 당신은 자기가 인간으로서 바르다는 것을 안다. 왜냐하면 당신은 애초부터 자기존중이 문제 되고 있는 것이 아님을 궁극적으로 알고 있기 때문이다.

7장
화난 느낌?
당신의 IQ는 얼마인가?

당신의 IQ는 얼마인가? 나는 당신의 머리가 얼마나 좋은지에 대해 관심이 없다. 왜냐하면 지능은 행복을 위한 능력과 거의 관계가 없기 때문이다. 내가 관심 있는 것은 당신의 자극과민성 지수(Irritability Quotient)다. 이것은 일상생활에서 빠지고 머무르는 분노와 괴로움의 양을 말한다. 당신이 IQ가 특히 높다면 불리해진다. 높은 IQ는 소질을 둔화시키고 자신의 삶을 기쁨 없는 난투에 빠뜨리는 분개의 느낌을 자아냄으로써 좌절과 실망에 과민반응하게 만들기 때문이다.

여기에 당신의 IQ를 측정하는 방법이 있다. 다음에 나오는 잠재적으로 화나게 하는 25가지 상황을 읽어라. 각 사건 뒤에 나오는 공백에 당신을 분노케 하거나 자극하는 정도를 측정하여 적되, 그 기준으로 다음의 간단한 평가 척도를 이용하라.

0 — 거의 아니면 전혀 화를 느끼지 않는다.
1 — 조금 성이 난다.
2 — 어느 정도 화가 난다.
3 — 꽤 성이 난다.
4 — 대단히 성이 난다.

이 예처럼 각 질문 뒤에 당신의 답을 작성하라.

당신은 친구를 마중하러 공항으로 차를 몰고 가는 중인데, 긴 화물열차를 만나 그 기차가 지나갈 때까지 기다려야만 한다. __2__

이 질문에 답한 사람은 자신의 반응을 2로 표시했다. 어느 정도 속상한 느낌이 들었지만 기차가 지나가자마자 그 느낌이 곧 사라졌기 때문이다. 다음에 나오는 각각의 자극 상황에 보통 어떻게 반응하는지 표현하면서, 비록 잠재적으로 중요한 여러 세부 사항이 생략되어 있긴 해도(언제, 누구와 함께 그 상황을 맞았는지 등), 최상의 총체적 평가를 내려라.

노바코 분노 척도*

1. 방금 구입한 기계의 포장을 풀어 플러그를 꽂았는데 작동하지 않는다. ____
2. 무례하게 군 수리공에게 바가지를 쓴다. ____
3. 다른 이들의 행동은 주목되지 않는 상황에서 자신만 유독 정정 지적을 당한다. ____
4. 차를 진흙이나 눈에 빠뜨렸다. ____
5. 사람들에게 이야기해도 그들이 대답하지 않는다. ____

---

* 원래 80개 항목으로 구성된 이 척도는 캘리포니아 대학교에서 사회생태학 프로그램을 담당하고 있는 레이몬드 노바코(Raymond W. Novaco) 박사가 개발한 것으로서, 나는 그의 양해를 얻어 그 일부분을 여기에 옮겨놓았다.

6. 어떤 이들은 그렇지도 않으면서 대단한 사람인 양한다. _____
7. 자율식당에서 식탁으로 컵 네 개를 운반하려고 애쓰다가 누군가와 부딪혀 커피를 쏟았다. _____
8. 옷을 걸어놓았는데 누군가 그것을 쳐서 마루에 떨어뜨렸다. _____
9. 어느 가게에 들어선 순간부터 점원에게 구박당한다. _____
10. 누군가와 함께 어떤 곳에 가기로 약속했지만 그 사람이 마지막 순간에 바람을 맞혔다. _____
11. 놀림과 조롱을 당했다. _____
12. 교통신호등 앞에서 차의 시동이 꺼진 판에 뒤차에서 경적을 계속 울려댄다. _____
13. 주차장에서 회전을 제대로 못하고 차에서 내리자, 누군가가 "어디에서 운전 배웠어?" 하며 소리친다. _____
14. 어떤 이가 실수하고서는 그것을 당신 탓으로 돌린다. _____
15. 집중하려 애쓰고 있는데 근처에 있는 사람이 발을 토닥거린다. _____
16. 중요한 책이나 연장을 어떤 이에게 빌려주었는데 돌려받지 못한다. _____
17. 바빴다. 그런데 함께 사는 사람이 같이 하기로 약속한 중요한 일을 어떻게 잊었느냐며 불평하기 시작한다. _____
18. 당신은 자신의 느낌을 표현할 기회를 주지 않는 동료 또는 상대와 중요한 일을 토론하려고 애쓴다. _____
19. 별로 아는 바도 없으면서 어떤 화제에 대해 논쟁하기를 고집하는 누군가와 토론하고 있다. _____
20. 누군가가 당신과 다른 사람의 논쟁에 끼어든다. _____
21. 급히 가야 할 곳이 있는데, 앞차는 시속 60킬로미터 도로에서 40킬

로미터 속도로 달리는데다 앞지르기도 할 수 없는 상황이다. _____
22. 껌 덩어리를 밟았다. _____
23. 적은 무리의 사람들을 지나치다가 그들에게 조롱당한다. _____
24. 급히 어디를 가려다가 뾰족한 물건에 좋은 운동바지 한 벌이 찢어진다. _____
25. 하나 남은 동전으로 전화를 걸려 했지만 다이얼을 다 돌리기도 전에 연결이 끊어지고 동전도 삼켜버렸다. _____

이제 분노 목록을 다 작성한 당신은 IQ, 곧 자극과민성 지수를 계산할 위치에 있다. 빠뜨린 항목이 없는지 살펴보라. 25가지 사건 각각의 점수를 더하라. 가능한 가장 낮은 총점은 0점인데, 당신이 각 항목에 0점을 주었다는 뜻이다. 이는 당신이 거짓말쟁이거나 구루[힌두교를 비롯한 여러 종교에서 일컫는 스승으로, 신성한 교육자를 가리킴 — 옮긴이 주]란 사실을 시사한다! 가장 높은 점수는 100점일 것이다. 25가지 항목 각각에 4점을 기록했을 때 나오는 이 점수는 당신이 분노의 끓는점 너머에 있음을 의미한다.

이제 당신은 다음 척도에 따라서 자신의 총점을 해석할 수 있다.

0~45 : 당신이 일반적으로 체험하는 분노와 괴로움의 양은 놀라울 정도로 적다. 아주 적은 사람들만이 낮은 점수를 얻을 것이다. 당신은 그 소수의 선택된 이들 중 하나다!
46~55 : 당신은 보통 사람들보다 상당히 더 평화스럽다.
56~75 : 당신은 삶의 괴로움에 보통 양의 분노로 반응한다.
76~85 : 당신은 흔히 성난 방법으로 인생의 많은 괴로움에 반응한다. 당신은 보통 사람보다 상당히 더 흥분하기 쉽다.
86~100 : 당신은 정말 분노 챔피언이며 쉽게 사라지지 않는 빈번하고

강한 분노의 반응으로 괴롭힘을 당하고 있다. 당신은 분명 최초의 모욕이 지나간 뒤에도 오래도록 부정적 느낌을 품을 것이다. 당신은 주변 사람들에게 폭탄이나 성미 급한 사람이란 평판을 들을 것이다. 당신은 빈번한 긴장성 두통과 혈압 상승을 체험할 것이다. 당신의 분노는 쉽게 통제를 벗어나 때때로 당신을 곤경에 처하게 하는 감정에 끌린 적대적 폭발로 이끌 것이다. 성인 인구 가운데 적은 수만이 당신만큼 강하게 반응한다.

이제 자신이 얼마나 많은 분노를 갖고 있는지 확인했으니, 어떻게 해야 할지 알아보자. 전통적으로 정신 분석가들(그리고 일반 대중)은 분노를 다루는 두 개의 기본 방법을 규정했다. 하나는 '내부'로 향한 분노고, 다른 하나는 '외부'로 향한 분노다. 전자의 해결책은 '병적인 것'이라고 느껴지는데, 당신은 자신의 공격을 내면화하고 스펀지처럼 분개를 흡수한다. 최종적으로 그것은 당신을 좀먹고 죄의식과 우울증으로 이끈다. 프로이트 같은 초기 정신 분석가들은 내면화된 분노가 우울증의 원인이라고 느꼈다. 그러나 불행히도 이 개념을 뒷받침할 확실한 증거는 없다.

두 번째 해결책은 '건강한 것'이라고 일컬어지는데, 당신은 자신의 분노를 표현하고 느낌을 토의하면서 기분이 나아질 거라고 추측하는 것이다. 이 간단한 접근의 문제는 그렇게 썩 잘되지 않는다는 것이다. 자신의 모든 분노를 화제 삼으며 돌아다닌다면 당신은 금방 미친 사람으로 보일 것이다. 동시에 당신은 화를 내지 않고 사회 안에서 사람들과 교제하는 법을 배우지 않은 것이다.

인지적 해결책은 이 두 가지 방법을 초월한다. 당신이 선택할 수 있는 세 번째 해결책은 분노를 만들어내기를 중지하는 것이다. 분노 자체가 존재하지 않게 되면 그것을 흡수하거나 터뜨림 사이에서 선택할 필요가 없다.

　이 장에서 나는 당신이 다양한 상황에서 분노를 체험하는 것의 이해득실을 평가하도록 도와줄 지침을 제공한다. 그리하여 당신은 언제 분노가 자신에게 최선의 이익이 되거나 되지 않는지 결정할 수 있다. 당신이 선택하면 자신의 느낌에 대한 통제를 개발할 수 있다! 당신은 점차 쓸모없는 이유로 당신 사람을 괴까다롭게 하는 과도한 자극과민성과 좌절에 감염되지 않게 될 것이다.

바로 누가 당신을 화나게 하는가?

　"사람들!
　빌어먹을!
　나는 그들에게 신물이 난다!
　나는 사람들로부터 떨어져 지내는 휴가가 필요하다."
　새벽 2시에 이 생각을 기록한 여성은 잠들 수 없었다. 그녀와 같은 아파트에 사는 개들과 시끄러운 이웃들은 어쩜 그다지도 사려가 부족할 수 있나? 내 생각에 당신은 그녀와 마찬가지로 자신을 화나게 하는 것은 다른 사람들의 어리석고 자기중심적인 행동이라고 확신할 것이다.

　외부 사건이 당신을 화나게 한다고 믿는 것은 자연스러운 일이다. 당신이 누군가에게 화가 나면 자동적으로 자신의 모든 나쁜 느낌의 원인을 그에게 뒤집어씌운다. 당신은 "당신이 나를 성가시게 해요? 당신이 내 신경을 건드려요!"라고 말한다. 이런 식으로 생각할 때 당신은 정말 자신을 바보로 만드는 것이다. 왜냐하면 다른 사람들은 실제로 당신을 성나게 할 수 없기 때문이다. 그렇다. 당신은 내 말을 제대로 들은 것이다. 극성스런

10대들이 영화관에서 줄을 서 기다리는 당신 앞에 몰려든다. 골동품점에서 가짜 예술가가 당신에게 위조된 고대동전을 판다. '친구'라는 사람이 유리한 사업 거래에서 당신 몫을 빼앗는다. 당신 남자 친구는 신속함이 당신에게 얼마나 중요한지 알면서도 언제나 데이트 약속에 늦게야 얼굴을 내민다. 다른 이들이 당신에게 얼마나 난폭하거나 정당하지 않게 나타나든지 간에 그들은 결코 당신을 속상하게 하지 않으며, 그렇게 하지 않았고, 그렇게 하지 않을 것이다. 쓸쓸한 진리는, 당신이 체험하는 모욕의 가장 작은 것까지 만들어낸 사람은 바로 당신이란 것이다.

이 말이 어떤 이단이나 어리석은 소리로 들리는가? 내가 명백한 것을 반론하고 있다고 생각한다면 당신은 정떨어져서 이 책을 던지거나 태워버리고 싶은 느낌이 들 것이다. 만일 그렇다면 나는 이 책을 계속 읽도록 감히 권고한다. 왜냐하면…….

분노는 다른 정서들과 마찬가지로 자신의 인지에 의해 창조된다. 당신의 사고와 당신의 분노 사이의 관계가 〈그림 7-1〉에 나타나 있다. 보다시피 어떤 사건 때문에 화를 느끼기 전에 당신은 무슨 일이 일어나는지 먼저 알아차려야 하고, 그것을 당신 나름으로 해석해야 한다. 당신의 느낌은 그 사건 자체로부터가 아니라 그 사건에 당신이 부여한 의미의 결과다.

예를 들어 지친 하루를 보낸 당신이 두 살 된 아기를 재우려고 아기 침대에 눕혔다고 가정하자. 당신은 아이의 침실 문을 닫고 휴식하며 텔레비전을 보려고 앉는다. 20분이 지나 아이가 갑자기 방문을 열고 킥킥 웃으며 걸어 나온다. 당신은 이 일에 스스로 부여한 의미에 따라 다양한 방식으로 반응할 수 있다. 당신이 흥분한다면 분명 "빌어먹을! 언제나 속을 썩이는군. 왜 침대에 누워 아이처럼 행동하지 않는가? 나를 잠시도 쉬게 내버려두지 않는군!"이라고 말할 것이다. 반면에 당신은 자기 방에서 갑자기 튀어나오는 아이를 보고 기뻐할 수도 있다. 왜냐하면 "멋지군! 아이

그림 7-1 정서적 반응은 부정적 사건이 아니라 그 사건에 대한 자신의 지각과 사고에 의해 창조된다.

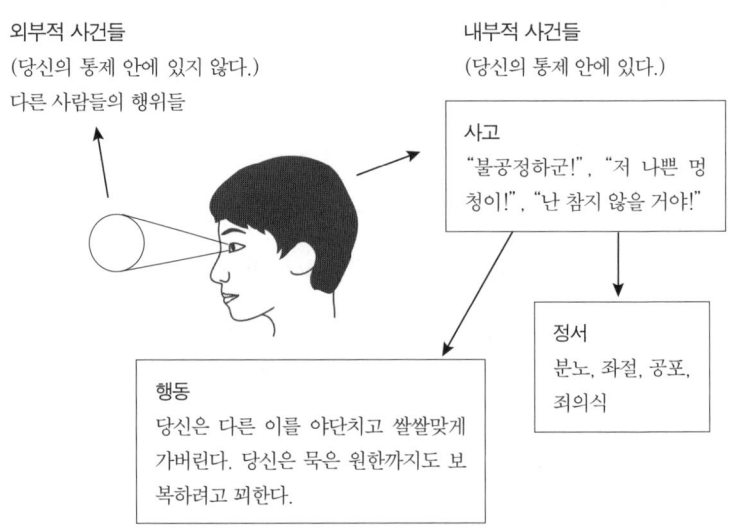

가 방금 처음으로 아기 침대에서 자기 힘으로 기어 나왔군. 아이는 성장하면서 조금씩 독립해가고 있어"라고 생각하기 때문이다. 두 경우에서 사건은 똑같은 것이다. 당신의 정서적 반응은 자신이 그 상황에 대해서 생각하는 방식에 의해 온전히 결정된다.

당신은 지금 이런 생각을 하고 있을지도 모른다. "아기의 예는 응용할 수 없는 것이다. 내가 화날 때는 정당한 도발이 있다. 이 세상에는 **진짜** 불의와 잔인함이 많다. 내가 매일 참아줘야 할 모든 쓰레기 같은 인간에 대해 바싹 긴장하지 않고 생각할 타당한 방법이 없다. 당신은 전두엽절제술로 나를 느낌 없는 얼간이로 만들고 싶은가? 사양한다!"

실로 많은 부정적 사건이 매일 계속**된**다는 당신의 지적은 확실히 옳다. 그러나 그것들에 대한 당신의 느낌은 여전히 당신이 그것들에 부여한 해석에 의해 창조된 것이다. 분노는 양날의 칼일 수 있으므로 이 해석들을 주의 깊게 보라. 충동적인 폭발의 결과는 흔히 당신을 결국 패배시킨다. 당신이 정말 부당한 취급을 당하고 있다 해도, 거기에 분노를 느끼는 것은 자신에게 득이 되지 않을 것이다. 격분한 느낌으로 당신이 자신에게 가하는 고통과 괴로움은 본래의 모욕이 준 충격을 초과하는 것일 수 있다. 식당을 운영하는 한 여성의 말이 이 사실을 보여준다. "맞아요, 난 격노할 권리가 있지요. 언젠가 난 요리사들이 내가 특별히 상기시켰는데도 햄을 다시 주문하는 걸 잊었음을 알았습니다. 그래서 난 폭발했고 정떨어져서 부엌 바닥에 뜨거운 수프 솥을 집어던졌습니다. 2분 뒤 나는 세상에서 가장 바보처럼 행동했음을 깨달았습니다. 그러나 나는 그것을 인정하고 싶지 않습니다. 그래서 그다음 48시간 동안 나는 20명의 종업원들 앞에서 어리석게 행동할 권리를 갖고 있다고 나 자신에게 확신시키기 위해 온갖 힘을 쏟아야 했습니다. 그것은 가치 없는 일이었어요!"

많은 경우에 당신의 분노는 미묘한 인지 왜곡에 의해 창조된다. 우울증과 마찬가지로 당신의 많은 지각은 뒤틀리고 편향되거나 그릇된 것이다. 이런 왜곡된 사고들을 더 현실적이고 기능적인 다른 것들로 대치하기를 배우면서 당신은 괴로움을 덜 느끼게 되고, 더 강한 자기통제를 갖게 될 것이다.

당신이 화날 때 어떤 종류의 왜곡들이 가장 흔히 발생하는가? 가장 악랄한 범인 중 하나는 **명명하기**다. 당신은 자신이 화를 내는 상대를 '바보', '부랑자', '똥'이라고 묘사한다. 당신은 그를 완전히 부정적인 방식으로 본다. 지나친 보편화의 이 극단적 형태를 '총체화(globalizing)'나 '괴물화(monsterizing)'라고 부를 수 있다. 누군가가 실제로 당신의 신의를 저버렸다면 그가 한 짓에 분개하는 것은 절대적으로 옳다. 그 반대로 당신이 누군가를 낙인찍을 때 당신은 그가 나쁜 본성을 갖고 있다는 인상을 만들어낸다. 당신은 자신의 분노를 그의 인간성을 향해 돌리고 있는 것이다.

이런 식으로 사람들을 낮게 평가할 때 당신은 자기가 싫어하는 사람들의 모든 점을 마음속에 쌓아두면서(정신적 필터) 그들의 좋은 점들은 아예 무시하거나 고려하지 않는다(적극성 박탈). 이것이 바로 당신이 자기 분노의 그릇된 표적을 세우는 방식이다. 현실적으로 모든 인간은 적극적, 부정적, 그리고 중립적 속성들의 복합체다.

명명은 당신으로 하여금 온당치 않게 분개하게 하고 도덕적으로 우울감을 느끼게 만드는 왜곡된 사고 과정이다. 그것은 당신의 자기상을 다음과 같은 식으로 형성하므로 파괴적이다. 즉 당신의 명명하기는 불가피하게 다른 사람을 비난할 필요성으로 변할 것이다. 당신의 보복 욕구는 분쟁을 강화하고, 당신이 화를 내는 상대에게도 비슷한 태도와 느낌을 야기한다. 명명은 불가피하게 자기성취적 예언으로 작용한다. 당신은 다른 사람을 극단화시켜 상호 전쟁을 야기하는 것이다.

그 전투는 정말 무엇에 관한 것인가? 흔히 당신 스스로는 자기존중의 방어에 관련되어 있다. 다른 사람이 모욕이나 비판으로, 당신을 사랑하지 않거나 좋아하지 않음으로, 또는 당신 생각에 동의하지 않음으로 당신을 위협한다. 결과적으로 당신은 죽음을 각오하고 명예를 위한 결투에 임했다고 지각한다. 이와 관련된 문제는 당신이 아무리 우기더라도 그 상대방이 완전히 쓸모없는 똥이 아니란 것이다! 더구나 일시적으로 기분이 나아진다 할지라도 다른 누군가를 깎아내림으로써 당신 자신의 존중을 강화할 수는 없다. 최종적으로 이미 4장에서 말했듯이, 오직 당신 자신의 부정적이고 왜곡된 사고들만이 당신의 자기존중을 앗아갈 수 있는 것이다. 이 세상에 당신의 자기존중을 위협할 힘을 가진 **사람이 오직 하나 있으니 바로 당신이다.** 당신의 가치감은 스스로 자신을 끌어내릴 때만 저하될 수 있다. 진정한 해결 방법은 당신 내면의 모호한 장광설을 끝내는 것이다.

분노를 작동시키는 사고들의 두 번째 특징적 왜곡은 **독심술**이다. 당신은 상대방이 왜 그렇게 행동했는지 **당신** 구미에 맞게 설명해주는 동기들을 발명해낸다. 이 가설들은 흔히 그릇된 것이다. 왜냐하면 그것들은 그 상대방을 동기부여한 실제적 사고나 지각들을 나타내고 있지 않기 때문이다. 자신의 분개 때문에 당신은 스스로에게 말하고 있는 바를 점검하지 못한다.

당신이 다른 사람의 부당한 행동에 부여하는 일반적 설명은 "그는 저속한 경향을 갖고 있어", "그녀는 불의해", "그는 그런 사람이야", "그녀는 멍청해", "그들은 나쁜 녀석들이야" 등등이다. 이 같은 설명들의 문제는 실제로 어떤 타당한 설명을 제공하지 않는 그저 추가된 낙인들이란 점이다. 사실 그것들은 아주 그르치기 쉽다.

한 예로, 조앤은 남편이 일요일에 자신과 함께 음악회에 가기보다 텔레비전으로 축구를 보고 싶다고 말했을 때 화가 났다. 그녀는 발끈했다. 왜냐하면 그녀는 자신에게 "그는 나를 사랑하지 않아! 그는 언제나 마음대로 해야 해! 그건 불공평해!"라고 말했기 때문이다.

조앤의 해석은 타당하지 않다는 데 문제가 있다. 조앤의 남편은 그녀를 사랑하고, 언제나 마음대로 하지는 않는다. 그리고 그는 고의적으로 '불공평한' 것이 아니다. 이번 일요일에 댈러스 카우보이 팀과 피츠버그의 스틸러스 팀이 격돌하게 되어 있다. 그는 정말 그 경기를 보고 싶어한다! 그는 옷을 차려입고 음악회에 가고 싶을 수 없는 것이다.

조앤이 남편의 동기를 그토록 비논리적인 모양으로 생각할 때 그녀는 한 가지 때문에 두 가지 문제를 만든다. 그녀는 음악회에 그와 동행하지 못할 뿐만 아니라 사랑받고 있지 않다는 스스로 만들어낸 환상을 참아내야 하는 것이다.

분노로 이끄는 세 번째 유형의 왜곡은 **확대**다. 부정적 사건의 중요성을 과장하면 정서적 반응의 강도와 기간은 터무니없이 확대된다. 예를 들어 당신이 중요한 약속을 하고서 제시간에 오지 않는 버스를 기다리고 있다면 "나는 버스를 탈 수 없어!"라고 말할 수 있다. 그것은 가벼운 과장인가? 당신이 그것을 타고 있으므로 당신은 탈 수 있는데 왜 자신에게 그럴 수 없다고 말하는가? 버스를 기다리는 불편은 고약하지만 이런 식으로 불편한 심기와 자기연민을 추가로 만들 필요는 없다. 당신은 정말 그렇게 시근거리고 싶은가?

부적절한 해야 한다와 하면 안 된다 진술은 분노를 먹여 살리는 왜곡의 네 번째 형태다. 누군가의 행위가 당신에게 거슬릴 때 당신은 그들이 저지른 그 일을 '하지 않았어야 한다' 또는 그들이 하지 않은 중요한 일을 '했어야만 한다'고 말한다. 예컨대 당신이 어느 호텔에 예약을 했는데, 호텔 측에서 예약 기록을 잃어버렸을 뿐만 아니라 이제는 빈 방도 없다고 가정하자. 당신은 격노하며 퍼붓는다. "이건 있어서는 안 될 일이야. 저 멍청한 직원들 같으니!"

실제적인 손실이 당신의 분노를 일으키는가? 아니다. 그 손실은 단지 낭패나 실망 또는 불편감만 일으킬 뿐이다. 분노를 느끼기 전에 당신은 이 상황에 원하는 바를 가질 권리가 있다는 해석을 한 것이 틀림없다. 결과적으로 당신은 예약에 대한 그들의 실수를 하나의 불의로 본다. 이 지각은 당신을 성난 느낌으로 이끈다.

거기에 무슨 잘못이 있는가? 직원들은 실수하지 말았어야 한다고 말한다면, 당신은 자신에게 불필요한 좌절을 만들어내고 있는 것이다. 당신의 예약 기록이 분실된 것은 안된 일이다. 그러나 누군가 고의로 부당하게 당신을 대하려고 의도했다거나 그 직원들이 특별히 명청하다는 것은 가능성이 매우 희박한 일이다. 그러나 그들은 실수를 저질렀다. 당신이 다른 이들에게 완벽을 고집할 때 당신은 그저 자신을 비참하게 만들고 더 움직일 수 없게 될 것이다. 여기에 장애가 있다. 당신의 분노는 분명 마술처럼 빈 방을 나타나게 하지 못할 것이며, 다른 호텔로 가는 불편은 몇 시간이나 며칠씩 잃어버린 예약을 골똘히 생각함으로써 스스로에게 부과하는 비참함보다 훨씬 견디기 쉬울 것이다.

비합리적인 해야 한다 진술들은 당신이 언제나 즉각적인 만족을 누릴 권리를 소유한다는 가정 위에 있다. 그래서 원하는 것을 갖지 못하는 경우에 당신은 공포와 분노에 빠진다. 왜냐하면 당신이 X를 갖지 못하면 죽거나 비극적이게도 영원히 기쁨을 박탈당할 거라는 마음가짐 때문이다(X는 사랑, 집착, 지위, 존경, 신속, 완벽, 멋짐 등일 수 있다). 스스로 원하는 바가 언제나 만족되어야 한다는 이 고집이 자멸적 분노의 기초가 되는 경우가 많다. 분노하기 쉬운 사람들은 흔히 그들의 욕구를 "내가 어떤 이에게 잘 해주면 그들은 감사해야 한다"라는 윤리적 용어로 표현한다.

사람들에게는 자유의지가 있으므로 대부분 당신의 구미에 맞지 않는 방식으로 생각하고 행동한다. 그들이 당신의 욕구나 소원과 딱 맞아떨어져야 한다는 당신의 모든 주장마저도 이 결과를 막지 못할 것이다. 흔히 그 반대가 더 진실에 가깝다. 성난 명령으로 사람들을 강제하고 조작하려는 당신의 시도는 아주 흔히 그들을 멀리하고 양극화시켜, 그들로 하여금 당신을 즐겁게 해주고 싶어하게 만들 가능성을 더욱 희박하게 한다. 다른 사람들도 당신만큼 통제나 지배당하는 것을 좋아하지 않기 때문이다. 당신의 분노는 문제 해결을 위한 창조적 가능성을 제한하기만 할 것이다.

불공평이나 불의의 지각이 분노 전부는 아니라 해도 그 대부분의 최종적 원인이다. 사실 우리는 분노가 불공평하게 대우받고 있다는 당신 신념에 일대일로 상응하는 정서라고 규정할 수 있다.

이제 우리는 당신이 쓴 약이나 계몽적인 계시로 볼 수 있는 하나의 진리에 도달한다. 공정과 정의만큼 보편적으로 수용된 개념도 없다. 아인슈타인이 시공의 상대성을 보여주었듯이 부정할 수 없는 공정의 상대성이 있다. 아인슈타인은 전 우주를 통해 표준의 '절대적 시간'은 없다고 가정했다. 그리고 그것은 실험적으로 타당해졌다. 시간은 '빠르게' 그리고 '느리게' 나타날 수도 있고, 관찰자의 좌표계에 따라 상대적이다. 마찬가지로 '절대 공정'도 존재하지 않는다. '공정'은 관찰자에게 상대적이다. 한 사람에게 공정한 것이 다른 이에게 아주 불공정할 수도 있다. 한 문화 안에서 수용된 사회규범과 도덕 구조조차도 다른 문화권에서는 상당히 다를 수 있다. 이번은 그런 경우가 아니라고 반대하면서 당신 자신의 인격적 도덕 구조는 보편적이라고 주장할 수 있지만, 그게 바로 그렇지 않은 것이다!

증거를 들어보자. 사자가 양 한 마리를 먹어치운다면 불공정한 것인가? 양의 관점에서는 불공정하다. 양은 아무 도발도 하지 않았지만 맹렬히, 그리고 고의적으로 살해된다. 하지만 사자의 관점에서 그것은 공정하다. 굶주린 사자에게 양은 권리로 주어진 일용할 양식인 것이다. 누가 '옳은가'? 이 질문에 궁극적이거나 보편적인 답은 없다. 왜냐하면 그 문제를 해결해주려고 떠다니는 '절대 공정'이란 존재하지 않기 때문이다. 사실 공정은 단지 지각적인 해석, 하나의 추상, 주관적으로 만들어낸 개념일 뿐이다. 당신이 햄버거를 먹을 때는 어떤가? '불공정'한가? 당신으로서는 아니지만, 암소의 입장에서 확실히 불공정하다(또는 했다)! 누가 옳은가? 궁극적인 '참된' 답변은 없다!

'절대 공정'이 존재하지 않는다는 사실에도 불구하고 개인적 규범과 사회적 도덕 규칙들은 중요하고 유용하다. 나는 무정부 상태를 추천하는 것이 아니다. 나는 공정에 관한 도덕적 진술과 판단들이 객관적 사실이 아니라 약속이라고 말하고 있을 뿐이다. 십계명 같은 사회도덕적 체계들은 본질적으로 우리가 따르기로 결정한 규범체다. 그런 체계들을 위한 하나의 기초는 각 구성원의 계몽된 자기이해다. 당신이 다른 사람의 느낌과 이해관계를 고려하는 방법으로 행위하지 않으면 별로 행복스럽지 못하게 생애를 마칠 공산이 크다. 왜냐하면 당신이 그들의 이익을 취하는 것을 볼 때 그들은 조만간 보복할 것이기 때문이다.

'공정'을 정의 내리는 체계는 얼마나 많은 사람이 그것을 수용하느냐에 따라 대체로 달라진다. 어느 행동 규칙이 한 사람에게 고유한 것일 때 다른 사람들은 그것을 상도에서 벗어난 것으로 본다. 한 예로 나의 환자를 들 수 있다. 그녀는 '사물을 바로잡고' 과도한 죄의식과 불안감을 피하기 위해 하루에 50번 넘게 의식(儀式)적으로 손을 씻는다. 한 규범이 거의 보편적으로 수용될 때 그것은 일반 도덕규범의 일부가 되고, 법체계의 일부가 될 것이다. 살인 금지가 한 예다. 그럼에도 불구하고 아무 일반적 수용도 그런 체계들을 모든 상황의 모든 이에게 '절대적'이거나 '궁극적으로 타당하게' 만들 수 없다.

많은 일상의 분노는 우리가 개인적 욕망을 일반 도덕규범과 혼동할 때 생긴다. 당신이 누군가에게 화가 나고 그들이 '불공정하게' 행동한다고 주장할 때 대부분 그들이 당신과는 다른 기준이나 좌표계에 따라 '공정'하게 행동하고 있다는 것이 진짜 문제다. 그들이 '공정하지 않다'는 당신의 가정은 사물을 바라보는 당신의 관점이 보편적으로 수용된다는 뜻인데, 그러려면 모든 사람이 같아져야 할 것이다. 그러나 우리는 그렇지 않다. 우리 모두는 다르게 생각한다. 그 사실을 간과하고 다른 이가 '불공정하다'고 불평하면 당신은 불필요하게도 상호 작용을 극단화시키고 있는 것이다. 왜냐하면 다른 이가 모욕감과 방어적인 느낌을 갖게 될 것이기 때문이다. 그러면 당신과 상대방은 누가 '옳은지'에 관해서 무익하게도 다툴 것이다. 그 논쟁 전체는 '절대 공정'의 환상 위에 기초하고 있기 때문이다.

당신의 공정은 상대적이므로 당신의 분노는 태생적으로 논리적 오류를 품고 있다. 비록 다른 이가 **불공정하게** 행동하고 있다고 확신해도, 그는 단지 당신의 가치 체계에 관련해서만 불공정하게 행동하고 있음을 깨달아야 한다. 그러나 그는 **당신의** 가치 체계가 아니라 **자신의** 가치 체계에서 비롯된 행위를 하고 있는 것이다. 흔히 그의 부당한 행위는 자신에게 매우 공헌적이고 합리적으로 보일 것이다. 그러므로 그의 관점에서(이는 그가 자신의 행위를 위해 세울 수 있는 유일한 기초다) 그가 한 것은 '공정'하다. 당신은 사람들이 공정하게 행위하기를 **바라는가**? 그러면 당신은 그가 하고 있는 것을 싫어할지라도 그대로 행위하기를 원해야 한다. 왜냐하면 그는 자신의 체계 안에서 공정하게 행위하고 있기 때문이다! 당신은 그가 태도를 바꾸도록 확신시키고 결국 그의 기준을 수정하도록 작업할 수 있으며, 그동안 당신은 그의 행동의 결과로 고통 받지 않도록 확실히 조처할 수 있다. 그러나 "그가 불공정하게 행동하고 있다"라고 다짐할 때 당신은 스스로를 속이고 신기루를 쫓고 있는 것이다!

이것은 이른바 상대적이라는 이유로 모든 분노가 부적절하고 '공정'과 '도덕'의 개념들이 아무 소용 없다는 뜻인가? 몇몇 대중 저술가들은 그런 인상을 준다. 웨인 다이어 박사는 다음과 같이 말한다.

우리는 인생에서 정의를 추구하도록 조건 지어져 있다. 이것이 나타나지 않을 때 우리는 분노나 불안 또는 좌절을 느끼는 경향이 있다. 실제로 그것은 젊음의 샘 따위의 신화를 찾는 것만큼만 생산적일 수 있다. 정의는 존재하지 않는다. 전에도 없었고 앞으로도 없을 것이다. 세상은 그런 식으로 단순히 조합되어 있지 않다. 울새는 벌레를 잡아먹는다. 벌레에게 그건 불공정하다. … 세상에 정의란 없다는 것을 깨닫기 위해서는 자연을 쳐다보기만 하면 된다. 폭풍, 홍수, 해일, 가뭄은 모두 불공정하다.*

이 입장은 반대 극단을 대표하며, 전부 아니면 무사고의 한 예다. 그것은 마치 아인슈타인이 절대시간이란 존재하지 않음을 발견했으니 당신의 손목시계와 벽시계를 던져버리라는 식이다. 시간과 공정의 개념은 그것들이 절대적 의미에서 존재하지 않는다 해도 사회적으로 유용한 것이다.

공정의 개념은 환상이라는 이 논쟁에 덧붙여, 다이어 박사는 분노가 소용없다고 제시하는 듯하다.

당신은 분노를 삶의 일부로 수용하지만 그것이 실용적 목적에 전혀 맞지 않음을 깨닫고 있는가? … 당신은 그것을 가질 필요가 없다. 더욱이 그것은 행복하고 성취하는 인간이 되려는 목적에 조금도 기여하지 못한다. … 분노가 갖는 뜻밖의 결과는 그것이 결코 다른 이들을 변화시키지도 못한다는 점이다.**

다시 한 번 그의 논쟁은 인지 왜곡에 기초한 것으로 보인다. 분노가 어떤 목적에도 전혀 맞지 않다 함은 전부 아니면 무사고이며, 조금도 기여하지 않는다 함은 지나친 보편화다. 실제로 분노는 어떤 상황에서 적합하고 생산적일 수 있다. 그러므로 진정한 질문은 "내가 분노를 느껴야 하는가, 아니면 느끼지 말아야 하는가?"가 아니라, 오히려 "나는 어디에 한계를 정할 것인가?"이다.

다음 두 가지 지침은 언제 당신의 분노가 생산적이고 언제 그렇지 않은지를 결정하도록 도와줄 것이다. 이 두 기준은 당신이 지금 배우고 있는 것을 종합하고 분노에 대한 의미 있는 개인적 철학을 발전시키는 데 도움이 될 것이다.

---

* Dr. Wayne W. Dyer, *Your Erroneous Zones*(New York : Avon Books, 1977), p. 173.
** 같은 책, pp. 218~220.

1) 나의 분노는 의식적·의도적으로, 그리고 불필요하게 유해한 방식으로 행동한 사람에게 향해 있는가?
2) 나의 분노는 유용한가? 그것은 나로 하여금 원하는 목표를 성취하도록 돕는가, 아니면 그저 나를 패배시킬 뿐인가?

예를 들어보자. 당신이 농구를 한다. 그런데 다른 팀의 한 친구가 당신을 화나게 하고, 당신 경기를 망치려고 고의적으로 당신 배를 팔꿈치로 찌른다. 당신은 분노를 생산적으로 돌려서 더 열심히 경기에 임해 이길 수 있다. 그렇다면 당신의 분노는 **적합하다**.* 경기가 끝나면 당신은 더 이상 분노를 원하지 않을 것이다. 이제 그것은 **부적합하다**.**

세 살배기 당신 아들이 부주의하게도 거리로 뛰어들고 생명을 위태롭게 한다. 이때 아이는 고의적으로 해를 끼치고 있지 않다. 그럼에도 불구하고 당신이 자신의 의사를 성난 방식으로 표현하는 것이 적합할 수 있다. 당신 목소리의 정서적 자극은 조용하고도 완전히 객관적인 방식으로 아이와 관계했다면 그 아이가 느끼지 못했을 사태의 경보와 중요성의 메시지를 전한다. 이러한 두 가지 예에서 당신은 화내기로 선택했고, 그 정서의 크기와 표현은 당신 통제에 달려 있었다. 당신 분노의 **적합하고 적극적인** 효과는 충동적이며, 통제되지 않고, 공격으로 이끄는 적의와는 구별된다.

당신이 신문에서 읽은 어떤 몰상식한 폭력 행위에 대해 분노하게 되었다고 가정하자. 여기에서 그 행위는 명백히 유해하고 비도덕적인 것 같다. 그럼에도 불구하고 당신이 그것에 대해 뭔가를 하려고 계획한 것이 없다면(보통 그렇지만) 당신의 분노는 적합한 것이 아닐 수 있다. 그러나

---

* 적합함은 유용하고 자기강화적이란 뜻이다.
** 부적합함은 쓸모없고 자멸적이란 의미다.

대조적으로 그 희생자를 돕고 어떤 식으로 범죄와 싸우는 사회운동을 시작하기로 선택한다면, 당신의 화는 다시 적합할 것이다.

이 두 가지 기준을 명심하면서 나는 최선의 이익이 되지 않는 상황에서 자신의 분노를 감소시키는 데 사용할 수 있는 일련의 방법들을 제시하겠다.

욕구를 발전시켜라

분노는 가장 수정하기 힘든 정서일 수 있다. 왜냐하면 당신은 분노의 순간 성난 불도그같이 될 것이며 다른 이의 다리를 물어뜯기를 중지하도록 자신을 설득하기란 극도로 힘들 수 있기 때문이다. 당신은 그런 느낌들을 정말 제거하고 싶지는 않을 것이다. 왜냐하면 당신은 복수욕에 불탈 것이기 때문이다. 결국 분노는 불공정하다는 당신의 지각에 의해 야기된 것으로 **도덕적 정서**이며, 당신은 그 올바른 느낌을 석방시키길 매우 주저할 것이다. 당신은 자신의 분노를 **종교적 열정**으로 방어하고 합리화하려는 거의 불가항력적인 충동을 가질 것이다. 이것을 극복하려면 엄청난 의지력의 행위가 요구된다. 그러니 왜 귀찮게 할 것인가?

첫 번째 단계로 2단기법을 사용해 화난 느낌과 보복적 방식의 행동에 따른 이익과 불이익을 목록으로 만들어라. 분노의 단기적·장기적 결과들을 모두 고려하라. 그러고는 목록을 재검토하고 비용과 편익, 어느 것이 더 큰지 자신에게 물어보라. 이 과정은 당신의 분개가 정말 당신에게 이익이 되는지 결정하도록 도울 것이다. 대부분은 궁극적으로 자기에게 가장 좋은 것을 원하므로 이 방법은 더 평화롭고 생산적인 태도를 위한 길을 포장할 수 있다.

그것이 어떻게 이루어지는지 보여주겠다. 수는 31세 된 여성으로, 첫 번째 결혼에서 얻은 두 딸이 있다. 그녀의 남편인 존은 열심히 일하는 노동자이며, 첫 번째 결혼에서 얻은 10대 딸이 한 명 있다. 존의 시간은 매우 제한되어 있으므로 수는 종종 박탈감과 분노를 느꼈다. 그녀는 남편이 결혼에서 정당한 거래를 그녀에게 주고 있지 않다고 말했다. 왜냐하면 그는 그녀에게 충분한 시간과 주의를 기울이지 않았기 때문이다. 〈표 7-1〉에서 보듯이, 그녀는 자기가 성냄으로써 얻을 수 있는 이익과 불이익을 목록으로 작성했다.

그녀는 또한 자신의 분노를 제거함으로써 얻게 될 적극적 결과들의 목록도 만들었다. 1) 사람들은 나를 더 좋아할 것이다. 그들은 나와 가까이 있고 싶을 것이다. 2) 나의 성격은 더욱 안정될 것이다. 3) 나는 나의 정서를 더 잘 통제하게 될 것이다. 4) 나는 더욱 느긋해질 것이다. 5) 나는 나 자신에게 더욱 편안해질 것이다. 6) 나는 적극적, 비판단적, 실용적인 사람으로 보일 것이다. 7) 나는 원하는 것을 가져야만 하는 아이이기보다 어른으로서 흔히 행동할 것이다. 8) 나는 더욱 효과적으로 사람들에게 영향을 줄 것이며, 발끈하거나 명령하기보다 단언적이고 조용한 합리적 협상을 통해 내가 원하는 바를 더 많이 얻을 것이다. 9) 내 아이들, 남편과 부모님은 나를 더욱 존경할 것이다. 이 평가의 결과 수는 자신의 분노의 비용이 실제로 그 편익을 능가함을 확신했다고 말했다.

분노에 대처하는 첫 단계로서 이와 같은 유형의 분석을 실행하는 것은 아주 중요하다. 분노의 이익과 불이익 목록을 만든 뒤 당신 스스로 그 검사를 해보라. 나를 도발한 그 속상한 상황이 급히 바뀌지 않는다면 나는 화를 내는 대신 거기에 대처하려 했을까 하고 자신에게 물어보라. '그렇다'라고 답할 수 있다면, 당신은 변하도록 동기부여되고 있음이 명백하다. 당신은 필시 더 큰 내면의 평화와 자기존중을 성취할 것이며, 인생에서 자신의 유효성을 증가시킬 것이다. 이 선택은 당신에게 달려 있다.

표 7-1 분노의 비용과 편익 분석

분노의 이익	분노의 불이익
1. 기분이 좋다.	1. 나는 존과 나의 관계를 한층 더 악화시킬 것이다.
2. 존은 그에 대한 나의 비난을 이해할 것이다.	2. 그는 나를 거부하고 싶을 것이다.
3. 나는 원한다면 발끈 화를 낼 권리가 있다.	3. 나는 화를 낸 후에 죄책감과 비하감을 느낀다.
4. 그는 내가 신흙털개가 아니란 것을 알아야 한다.	4. 그는 필시 내게 보복하고, 되받아 화를 낼 것이다. 왜냐하면 그는 이용당하고 싶지 않기 때문이다.
5. 나는 그에게 이용당하는 것을 참지 않음을 보여주겠다.	5. 내 분노는 우리 두 사람이 분노를 야기한 문제 수정에 착수하기를 방해한다. 해결을 방해하고 그 문제를 다루지 못하게 우리를 곁길로 빠지게 한다.
6. 비록 내가 원하는 것을 갖지 못한다 해도 나는 적어도 보복하는 만족은 가질 수 있다. 나는 내가 그랬듯이 그가 허우적거리고 아픔을 느끼게 할 수 있다. 그러면 그는 나아져야 할 것이다.	6. 일순간 기분이 좋으면 일순간 나쁘다. 나의 괴로움은 존과 내 주위 사람들로 하여금 무엇을 기대할지 모르게 한다. 나는 기분파, 변덕쟁이, 망나니, 덜 성숙된 사람으로 낙인찍힌다. 그들은 나를 유치한 아이로 여긴다.
	7. 나는 아이들에게 신경질을 낼 것이다. 그들은 성장하면서 나의 격분에 화를 내고, 나를 도와주기보다는 멀리할 사람으로 볼 것이다.
	8. 존은 내 바가지와 불평을 충분히 듣고나면 나를 떠날 것이다.
	9. 내가 만든 불쾌한 느낌이 나를 비참한 기분이게 한다. 인생은 괴까다롭고 쓴 체험이 되고, 나는 내가 그토록 높이 평가해 온 창조성과 기쁨을 놓친다.

그 뜨거운 생각들을 식혀라

일단 냉정해지기로 결심한 당신을 도울 수 있는 소중한 방법은 화가 났을 때 마음에 스치는 여러 가지 '뜨거운 생각'들을 기록하는 것이다. 그리고 2단기법을 이용해 덜 기분 나쁘고 더욱 객관적인 '차가운 생각'들로 대치하라. 이 은밀한 대화를 아무런 삭제 없이 기록하라. 당신은 온갖 종류의 다양한 언어들과 복수심에 불타는 환상들을 볼 텐데, 그것들을 모두 기록하라. 그런 다음 더욱 객관적이고 덜 선동적인 '차가운 생각'들로 대치하라. 이 방법은 당신이 덜 자극되고 덜 압도당하도록 도와줄 것이다.

수는 존의 딸인 샌디가 독단적으로 행동하며 존을 꼼짝 못하게 할 때 느꼈던 좌절에 대처하기 위해 이 기법을 사용했다. 수는 남편에게 샌디를 더 단호히 대하고 덜 얼러주라고 계속 말했지만, 그는 그런 제의에 보통 부정적으로 반응했다. 그는 그녀가 샌디를 내보내기 위해 잔소리와 요구를 한다고 느꼈다. 이것은 그로 하여금 수와 함께 시간을 보내고 싶지 않게 했으며, 이로써 악순환이 조장되었다.

수는 질투 나고 죄의식을 느끼게 한 '뜨거운 생각'들을 적었다(〈표 7-2〉). 그녀가 '차가운 생각'들로 대치하자 기분이 좋아졌고, 존을 통제하려는 그녀의 충동에 교정 수단으로 작용했다. 비록 존이 샌디로 하여금 자신을 조작하도록 내버려둔다는 점에서 그가 그르다고 여전히 느꼈어도 수는 그에게 '틀릴' 권리가 있다고 결정했다. 그 결과 수는 성화를 덜 부리게 되었고, 그는 압박감을 덜 느끼기 시작했다. 그들의 관계는 호전되었고 상호간의 자유와 존경의 분위기 안에서 무르익어갔다. 그녀의 '뜨거운 생각'들에 단순히 반박하는 것이 수와 존의 두 번째 결혼 생활을 성공적으로 이끈 유일한 요인은 아니었지만 필수적이고 거대한 첫 단계가 되었다. 그것 없이는 그들 둘 다 교착 상태에 빠진 채 다시 쉽게 끝장나고 말았을 수 있다!

표 7-2 수는 샌디의 이기적인 조작에 부드러운 방법으로 대하는 남편을 보면서 가졌던 '뜨거운 생각'들을 기록했다. 그것을 덜 기분 나쁘게 하는 '차가운 생각'으로 대치했을 때, 그녀의 질투와 분개는 감소했다.

뜨거운 생각	차가운 생각
1. 그가 내 말을 듣지 않으려 하다니!	1. 그럴 수 있다. 그는 내 식으로 모든 것을 하도록 강요당하지 않는다. 그는 내 말에 귀 기울이지만 내가 너무 독촉하므로 요즘 방어적이다.
2. 샌디가 거짓말한다. 그녀는 공부한다고 하지만 그렇지 않다. 그러면서 그녀는 존의 도움을 기대한다.	2. 거짓말하고, 게으르고, 수업 시간에 사람을 이용하는 것이 그녀의 천성이다. 그녀는 공부를 싫어한다. 그것이 그녀의 문제다.
3. 존에게는 자유 시간이 별로 많지 않다. 그나마 자기 딸을 돕는 데 사용하고나면 나는 혼자여야 하고 혼자서 내 아이들을 돌보아야 한다.	3. 그게 어떻단 말인가. 나는 혼자 있기를 좋아한다. 나는 혼자서 내 아이들을 돌볼 수 있다. 나는 무력하지 않다. 난 할 수 있다. 아마도 내가 늘 화내지 않는다면 그는 더욱 나와 함께 있고 싶어할 것이다.
4. 샌디는 내 시간을 뺏어간다.	4. 그건 사실이다. 그러나 나는 어른이다. 나는 상당 시간 혼자 있는 걸 참을 수 있다. 그가 내 아이들과 함께 공부하지 않는다 해도 나는 그다지 속상하지 않을 것이다.
5. 존은 얼간이다. 샌디는 사람을 이용한다.	5. 그는 어른이다. 그가 그녀를 돕고자 원하면 할 수 있다. 상관하지 말라. 그것은 내가 상관할 바가 아니다.
6. 나는 참을 수 없다!	6. 나는 할 수 있다. 그건 일시적일 뿐이다. 나는 더 나쁜 것도 견뎌냈다.
7. 나는 어린애다. 나는 죄의식을 느낄 만하다.	7. 나는 때로 미성숙할 권리가 있다. 나는 완벽하지 않고, 그럴 필요도 없다. 죄의식을 느낄 필요는 없다. 그것은 도움이 되지 않는다.

당신은 분노에 대처하기 위해서 '역기능 사고의 매일 기록표'라는 더욱 상세한 도표를 이용할 수도 있다. 도발적인 상황을 묘사하고 기록표 작성 이전과 이후에 당신이 얼마나 분노를 느끼는지 평가한다. 〈표 7-3〉은 한 젊은 여성이 고용주가 될 수도 있는 사람으로부터 전화상으로 야무지게 대우받으면서 느낀 좌절에 어떻게 대처했는지 보여준다. 그녀는 '뜨거운 생각'들을 정확히 찾아내어 반박함으로써 정서적 폭발에 이르는 것을 미연에 방지했다. 이로써 보통 그녀를 하루 종일 괴롭혔을 안달복달을 예방했다. 그녀는 이렇게 말했다. "기록표를 쓰기 전에는 나의 적이 전화 저편에 있는 남자라고 생각했다. 그러나 나는 그 사람보다도 10배는 더 나쁘게 나 자신을 대하고 있음을 알게 되었다. 이러한 사실을 깨닫고나니 더 차가운 생각들로 대치하기가 비교적 쉬워졌고, 기분이 즉시 무척 좋아져서 나 스스로도 놀랐다!"

상상 기법

당신이 화가 나 있을 때 마음에 스쳐가는 그 부정적인 '뜨거운 생각'들은 당신이 마음에 영사하는 비밀스런 영화(보통 성인영화급)의 대본이다. 당신은 은막 위의 그 그림들을 본 적이 있는가? 그 이미지, 공상, 복수와 폭력의 환상들은 실로 대단히 다채로울 수 있다!

당신이 그것들을 찾지 않는다면 이 정신적 그림들을 의식하지 않을 것이다. 설명하겠다. 내가 당신에게 당장 갈색 양동이 안에 있는 빨간 사과 하나를 눈으로 그려보라고 요청한다고 가정하자. 당신은 눈을 뜨거나 감거나 이 일을 할 수 있다. 그것이다! 이제 알겠는가? 그것이 바로 내가 말하려는 요점이다. 우리 대부분은 이 시각심상을 온종일 갖는다. 그것들은 정상 의식의 일부이며, 우리 사고들의 회화적 삽화다. 예를 들어 기억들은 때때로 우리에게 정신적 그림으로서 일어난다. 이제 몇 개의 생생한

표 7-3 역기능 사고의 매일 기록표

도발적 상황	정서	뜨거운 생각	차가운 생각	결과
신문에서 시간제 의사비서 광고를 보고 전화를 걸었다. 광고를 낸 사람은 '약간의 경험'이 필요하다고 말했다. 무엇보다 그는 무슨 종류의 회사인지 말해주지도 않으려 했고, 자기 생각에 내가 충분한 경험을 갖고 있지 않다면서 나를 거절해버렸다.	분노 증오 좌절 98%	1. 멍청이! 도대체 자기가 뭔데! 나는 충분하고도 남을 경험을 갖고 있어.	1. 내가 왜 이렇게 흥분하고 있는가? 나는 어쨌든 그의 목소리가 싫었다. 그는 내게 경험을 설명하도록 허락하지 않았다. 나는 내가 좋은 사람이란 걸 안다. 그러니 내가 그 직장에 못 간 것은 내 잘못이 아니다. 그건 그의 잘못이다. 게다가 내가 그런 사람을 위해 일하길 원할까.	분노 증오 좌절 15%
		2. 그 신문에 게재된 가장 좋은 광고였는데 놓치고 말았다.	2. 나는 터무니없이 과장하고 있다. 내가 얻을 수 있는 다른 직장은 많다.	
		3. 부모님은 나를 죽일 거다.	3. 물론 그들은 그러지 않을 것이다. 적어도 나는 시도하고 있다.	
		4. 나는 울 것이다.	4. 자, 그것은 이상하지 않은가? 왜 다른 이가 나를 울게 해야 하는가? 이것은 울 가치가 없는 일이다. 나는 내 가치를 안다. 그것이 중요하다.	

과거 사건, 이를테면 고등학교 졸업, 첫 입맞춤(아직 기억하는가?), 긴 소풍 등을 생각해내라. 당신은 지금 그것을 보는가?

이들 이미지는 당신에게 강하게 영향을 줄 수 있으며, 그 영향은 마치 선정적인 꿈이나 악몽처럼 적극적 또는 부정적으로 자극적일 수 있다. 적극적인 심상은 기분 좋게 하는 효과가 클 수 있다. 예를 들어 어느 유원지로 가는 길에 롤러코스터를 타고 처음으로 하강하던 때가 생각나면서, 그때처럼 뱃속의 어떤 짜릿함이 당신의 정서적 자극의 수준에서 강력한 역할을 수행한다. 인생에서 당신을 기쁘게 해준, 그리고 화나게 한 사람을 지금 당장 눈앞에 그려보라. 어떤 이미지가 생각나는가? 당신은 그들의 코를 한 대 때리든지 그들을 끓는 기름통에 처넣는 짓을 상상하는가?

　이 공상들은 실제로 그 최초의 모욕이 발생하고 오랜 시간이 지난 후에도 당신의 분노를 생생히 보존한다. 당신의 분노감은 그 속상한 사건이 지나간 지 한참 뒤에도 여러 시간, 여러 날, 여러 달, 심지어 여러 해 동안 당신을 갉아먹을 것이다. 당신의 환상은 그 고통이 살아 있게 돕기도 한다. 그 일을 환상으로 그려볼 때마다 당신은 자신의 조직에 새로운 한 다스의 자극을 준다. 당신은 독성 있는 새김질감을 씹는 암소와도 같다.

　그러면 누가 이 화를 만들고 있는가? 그는 바로 마음속에 이 이미지들을 그리기로 선택한 당신이다! 당신이 아는 것이라고는 당신이 화를 내는 사람이 팀북투[아프리카 서부 말리공화국의 한 도시 — 옮긴이 주]에 살고 있다는 것이다. 아니면 그는 더 이상 생존하지 않을 수도 있으니 피의자가 될 수 없다! 당신이 지금 그 영화의 감독과 제작자다. 설상가상으로 당신은 유일한 관중이다. 누가 관람하고 모든 흥분을 경험해야 하는가? 당신이다! 바로 당신이 계속 이를 갈고, 등근육을 긴장시키고, 혈관으로 아드레날린 호르몬을 쏟아 부을 사람인 것이다. 당신이 혈압을 올릴 바로 그 사람인 것이다. 한마디로 말해 **당신이 스스로를 상처 주고 있다.** 당신은 이 일을 계속하고 싶은가?

　그렇지 않다면 당신은 자기 마음에 영사하고 있는 그 분노 생성적 이미지들을 감소시킬 무언가를 하길 원할 것이다. 한 가지 유용한 기법은 그 이미지들을 창조적인 방식으로 변형시켜 덜 기분 나쁜 것으로 바꾸는 것이다. 유머는 당신이 사용할 수 있는 강력한 도구의 하나다. 예를 들어 당신이 성내는 사람의 목을 비트는 걸 상상하는 대신에 그가 사람들로 붐비는 백화점에서 기저귀를 차고 걷고 있는 모습을 그려보라. 모든 세부 사항을 눈앞에 그려보라. 배불뚝이, 기저귀 핀, 털이 난 다리. 이제 당신 화에 무슨 일이 생기는가? 커다란 미소가 당신 얼굴에 번지고 있지 않은가?

두 번째 방법은 생각 정지다. 당신 마음에 매일 스쳐가는 이미지들을 보면서 자신에게 그 환등기를 끌 권리가 있음을 상기하라. 다른 것을 생각하라. 누군가를 찾아가 대화하라. 좋은 책을 읽어라. 빵을 구워라. 조깅을 하라. 당신이 분노 심상을 자극으로 보상하지 않을 때 그것들은 흔히 점점 덜 재발한다. 그것들에 주저앉아 있는 대신에 당신을 흥분시키는 다가오는 일을 생각하거나 선정적인 환상으로 바꾸라. 속상하게 하는 기억이 지속적인 경우에는 팔굽혀펴기, 빠른 조깅, 수영 같은 힘든 신체 운동을 하라. 신체 운동은 잠재적으로 유해한 자극을 매우 유익한 방법으로 재조정하는 부가적인 유익함을 갖고 있다.

규칙 고쳐 쓰기

당신은 인격적 관계에 대한 비현실적인 규칙을 가짐으로써 불필요하게도 자신을 좌절시키고 속상하게 할 수 있다. 왜냐하면 그 규칙은 당신에게 언제나 실망을 안겨주기 때문이다. 수가 느낀 분노의 열쇠는 자신에게 존의 사랑을 받을 권리가 있다는 신념이었다. 그녀의 규칙은 "내가 착하고 성실한 아내라면 나는 **사랑받을 자격이 있다**"였다.

순진하게 들리는 이 가정의 결과로 수는 결혼 생활에서 부단한 위기감을 경험했다. 왜냐하면 존이 그녀에게 사랑과 관심이라는 적절한 도움을 주고 있지 않았기 때문이다. 수는 그것이 자기의 무력함을 확인하는 것이라고 느꼈다. 그리하여 그녀는 자기존중의 상실에 대항해 자신을 지키기 위한 부단한 전투에서 관심과 존경을 요구하곤 했다. 그와의 친밀감은 빙벽 끝으로 서서히 미끄러져가는 참이었다. 그녀가 절망적으로 존을 붙잡는 것은 놀라운 일이 아니다. 그리고 그의 무관심을 경험한 그녀가 가끔 감정이 폭발한 것도 놀랄 일이 아니다. 그는 그녀의 인생이 위태로웠다는 것을 깨닫지 않았는가?

그녀의 '사랑' 규칙은 강한 불쾌감을 만들어낸데다 결국 잘 작동하지도 않았다. 얼마간 수의 조작은 실제로 그녀가 열망한 관심을 약간 얻어내긴 했다. 결국 그녀는 존을 자신의 정서적 폭발로 위협할 수 있었고, 차가운 움츠림으로 그를 벌줄 수 있었으며, 그의 죄의식을 자극해 조작할 수 있었다.

그러나 수가 치른 대가는 그녀가 받은 사랑이 자유로이, 그리고 자발적으로 주어진 것이 아니란(그럴 수도 없다) 점이다. 존은 지친, 덫에 걸린, 통제당한 느낌이었을 것이다. 그에게 쌓인 분노는 해방을 강요할 것이다. 그가 그녀의 요구에 져주어야 한다는 그녀의 신념을 수용하기를 그만둘 때, 자유를 향한 그의 욕구는 그를 압도할 것이며 그는 폭발할 것이다. 사랑으로 간주된 것의 파괴적 효과가 나를 놀래지 않은 적은 없다!

당신이 갖는 관계의 특징이 이러한 순환적 긴장과 독재라면 그 규칙을 고쳐 쓰는 것이 좋겠다. 당신이 더 현실적인 태도를 받아들인다면 좌절을 끝장낼 수 있다. 그것이 세상을 바꾸려 애쓰는 것보다 훨씬 쉽다. 수는 다음과 같은 식으로 그녀의 '사랑' 규칙을 개정하기로 결정했다. "내가 존에게 적극적인 태도로 행동한다면 그는 거의 늘 사랑의 방식으로 응답할 것이다. 나는 그가 그렇지 않을 때도 나 자신을 여전히 존경하고, 효과적으로 기능을 발휘할 수 있다." 그녀가 기대의 공식을 이렇게 세운 것은 현실에 더 적합했으므로 그녀의 기분과 자기존중은 남편에 의해 좌우되지 않았다.

당신을 대인 관계의 곤경에 빠뜨리는 규칙이 흔히 악의적으로 나타나지는 않을 것이다. 반대로 그 규칙들은 자주 고도로 도덕적이며 인간적으로 보인다. 나는 최근에 마가렛이라는 여성을 치료했다. 그녀는 "결혼이란 50 대 50이어야 한다. 각 배우자는 상대에게 동등하게 해야 한다"는 관념을 갖고 있었다. 그녀는 이 규칙을 모든 인간관계에 적용했다. "내가 누구에게 잘해주면 그들은 보답해야 한다." 무엇이 잘못되었는가? 그것은 확실히 '합리적'이고 '공정'하게 들린다. 그것은 황금률[기독교의 기본적 윤리관으로, 남에게 대접을 받고자 하는 대로 남을 대접하라는 가르침―옮긴이 주]의 한 부산물이다. 그것의 잘못된 점이 여기 있다. 사람이란 다르기 때문에 결혼을 포함한 모든 인간관계가 자발적으로 좀처럼 '상호적'이지 않다는 것이 부정할 수 없는 사실이다. 상호성은 일시적이고 본래 불안정한 이상이며 끊임없는 노력을 통해서 접근될 수 있을 뿐이다. 노력에는 상호 상식, 의사소통, 타협과 성장이 포함된다. 그것은 협상과 힘든 노력을 요구한다.

마가렛의 문제는 이 점을 깨닫지 못했다는 것이다. 그녀는 상호성이 가정된 실재로서 존재하는 동화의 세계 안에서 살고 있었다. 그녀는 남편과 다른 이들을 위해 언제나 좋은 일들을 하며 돌아다녔다. 그러고는 그들의 상호성을 기다렸다. 불행히도 이 일방적 계약은 산산조각 났다. 보통 다른 사람들은 그녀가 보답하기를 기대한다고 의식하지 않았기 때문이다.

예를 들어 지방 자선기관은 수개월 뒤에 채용할 유급 보조책임자에 대한 모집 광고 냈다. 마가렛은 이 직분에 매우 관심이 있어 신청서를 제출했다. 그러고나서 그녀는 그 기관을 위한 자원봉사에 상당한 시간을 투자했다. 그녀는 다른 고용인들이 자기를 좋아하고 존경함으로써, 그리고 책임자는 그녀에게 그 직장을 줌으로써 '보답'할 거라고 추측했다. 그러나 실제로는 다른 고용인들이 그녀에게 따뜻이 반응하지 않았다. 필시 그들은 '다정함'과 덕스러움으로 자기들을 조작하려는 그녀의 의도를 느끼고 분개했을 것이다. 책임자가 그 직분에 다른 후보자를 선택했을 때 그녀는 욱하여 비참한 환멸을 느꼈다. 왜냐하면 그녀의 '상호성' 규칙이 침해되었기 때문이다!

그 규칙은 그녀에게 너무 많은 곤경과 실망을 야기했다. 그래서 그녀는 그것을 고쳐 쓰고, 상호성을 주어져 있는 것이 아니라 자기의 이익을 추구함으로써 이룰 수 있는 목표로 바라보기로 선택했다. 동시에 그녀는 다른 이들이 그녀의 마음을 읽고 그녀가 원하는 대로 반응해야 한다는 요구를 포기했다. 역설적으로 그녀가 덜 기대하는 것을 배우면서 그녀는 더 많이 얻었다!

당신에게 실망과 좌절을 야기하는 '해야 한다' 또는 '해서는 안 된다' 규칙이 있다면 그것을 더 현실적인 용어로 고쳐 쓰라. 당신이 이것을 하도록 도와줄 많은 사례가 〈표 7-4〉에 있다. 당신은 한 단어의 대치, 즉 '해야 한다' 대신에 '…한다면 좋겠습니다만'이 유용한 첫 단계임을 볼 수 있을 것이다.

광기에 가까운 이상한 일이 생겨도 놀라지 말라

수와 존의 관계에서 분노가 식자 그들은 더 가까워지고 사랑하게 되었다. 그러나 존의 딸인 샌디는 그의 향상된 친밀성에 훨씬 더 큰 조작으로 반응했다. 샌디는 거짓말을 하기 시작했고 돈을 빌려가서 돌려주지도 않았다. 그녀는 수의 침실에 몰래 들어가서 서랍들을 샅샅이 뒤지며 개인 물품들을 훔치거나 부엌을 엉망으로 해놓는 일 등을 저질렀다. 이 모든 행위는 수를 매우 화나게 했다. 수는 "샌디는 그렇게 비열할 수가 없어. 그녀는 미쳤군! 이건 불공정해!"라고 생각했다. 수의 좌절감은 두 가지 필연적 요인의 산물이었다.

표 7-4 '해야 한다 규칙'의 개정

자멸적 해야 한다 규칙	개정판
1. 내가 어떤 이에게 잘해주면, 그들은 감사해야 한다.	1. 사람들이 언제나 감사하면 좋겠지만, 현실적이지 않다. 그들은 흔히 감사하겠지만 때때로는 그렇지 않을 수 있다.
2. 낯선 사람은 내게 예의바르게 해야 한다.	2. 대부분의 낯선 사람은 내가 시비조로 행동하지 않는다면 예의바르게 대할 것이다. 가끔 음흉한 사람들은 밉살스럽게 행동할 것이다. 왜 이것이 나를 속상하게 할까? 인생은 너무 짧아서 부정적인 세부 사항에 집중하면서 시간을 낭비할 수 없다.
3. 내가 무엇에 열심히 일한다면 나는 그것을 획득해야 한다.	3. 이것은 괴상하다. 내가 모든 일에서 언제나 성공할 거라는 보증은 없다. 나는 완벽하지 않으며 그럴 필요도 없다.
4. 누군가가 나를 불공정하게 대한다면, 나는 화를 내야 한다. 왜냐하면 나는 화를 낼 권리가 있으며, 그것이 나를 더 인간답게 하기 때문이다.	4. 모든 인간은 불공정하게 대우받든지 아니든지 간에 화낼 권리를 갖고 있다. 진정한 문제는 '내가 화를 내는 것이 내게 이익이 되는가? 나는 화를 내고 싶어하는가? 그 비용과 편익은 무엇인가?'이다.
5. 사람들은 내가 그들을 대하려 하지 않는 방식으로 나를 대해서는 안 된다.	5. 시시한 소리. 모두가 내 규칙대로 살지는 않는다. 왜 그들이 그럴 거라고 기대하는가? 사람들은 흔히 내가 그들을 대하는 만큼 나를 잘 대한다. 그러나 언제나 그런 것은 아니다.

1) 샌디의 밉살스런 행동
2) 샌디가 더 성숙한 방식으로 행위해야 한다는 수의 기대

샌디가 변화하지 않을 거라는 증거 때문에 수는 단지 한 가지 선택밖에 갖고 있지 않다. 그녀는 샌디가 어른스럽고 귀부인 같은 모양으로 행동해야 한다는 비현실적인 기대를 버릴 수 있다! 그녀는 다음과 같은 기록을 쓰기로 결정했다.

〈 왜 샌디는 밉살스럽게 행동해야 하는가? 〉

조작하려는 것은 샌디의 특성이다. 왜냐하면 그녀는 자기가 사랑과 주목을 받을 권리가 있다고 믿기 때문이다. 그녀는 사랑과 관심을 얻는 것이 생사의 문제라고 믿는다. 그녀는 생존하기 위해서 자기가 관심의 중심이 될 필요가 있다고 생각한다. 그러므로 그녀는 어떤 사랑의 결핍도 불공정한 것으로, 그리고 자기존중감에 대한 큰 위협으로 볼 것이다.

주의를 끌기 위해서 조작해야 한다고 느끼는 그녀는 조작적인 방식으로 행동해야 한다. 그러므로 나는 그녀가 변화하기 전까지는 이 방식으로 계속 행위할 거라고 기대하고 예측할 수 있다. 또한 그녀가 가까운 장래에 바뀔 가능성이 희박하므로 나는 그녀가 당분간 이런 방식으로 행동하리라고 예측할 수 있다. 따라서 그녀가 행위해야 하는 방식으로 행위할 것이므로 나는 좌절을 느끼거나 놀랄 이유가 없는 것이다.

더구나 나는 샌디를 포함한 모든 사람이 스스로 공정하다고 믿는 방식으로 행동하기를 원한다. 샌디는 자기가 더 많은 주의를 끌 권리가 있다고 느낀다. 그녀의 밉살스런 행동은 그녀의 권리 소유감에 기초하고 있다. 나는 그녀의 행동이 그녀의 관점에서는 공정하다는 점을 이해할 수 있다.

마지막으로 나는 내 기분이 그녀의 통제가 아닌 나의 통제 아래 있기를

원한다. 나는 그녀의 '공정한, 밉살스러운' 행동에 나 자신을 기분 나쁘게 하고 화나게 만들고 싶은가? 아니다! 그러므로 나는 내가 그녀에게 반응하는 방식을 변화시킬 수 있다.

1) 나는 그녀의 도둑질을 그녀의 입장에서는 '해야' 하는 것이기에 고맙게 여길 수도 있다!
2) 그녀의 조작들은 유치한 것이기에 나는 웃을 수 있다.
3) 특정한 목표를 성취하려고 분노를 이용하는 것이 내 결정이 아니라면 나는 화내지 않기로 선택할 수 있다.
4) 내가 샌디의 조작들 때문에 자기존중의 상실을 느낀다면, 나는 그 아이에게 나에 대한 그런 힘을 주기를 원하는가 하고 자문할 수 있다.

이와 같은 메모의 바람직한 효과는 무엇인가? 샌디의 도발적 행위는 분명 고의적으로 악한 것이다. 샌디는 자기가 느끼는 분개와 무력한 좌절 때문에 의식적으로 수를 과녁으로 삼는다. 수가 속상해하면 그녀는 역설적으로 샌디에게 원하는 바를 주는 셈이다! 수는 자신의 기대를 바꾸면서 좌절을 크게 줄일 수 있다.

계몽된 조작

당신은 기대를 바꾸고 분노를 포기하면 남에게 당하기만 하는 사람이 될 거라고 두려워할지도 모른다. 당신은 다른 사람에게 이용당할 거라고 짐작할 것이다. 이런 염려는 필시 당신의 무력감뿐만 아니라 당신이 원하는 바를 추구하는 더 계몽된 방법을 훈련받지 않았다는 사실을 반영한다. 당신은 사람들에게 명령을 내리지 않으면 반드시 빈손으로 끝장날 거라고 믿고 있다.

그러면 대안은 무엇인가? 남편의 행동이 아내에 의해 조건 형성된다는 점에 대해 눈부시고 창조적인 임상 연구를 수행한 마크 골드슈타인(Mark K. Goldstein) 박사의 자료를 출발점으로 삼고 검토해보자. 골드슈타인은 남편에게 무시받고 화난 아내들에 대한 연구에서, 그녀들이 남편에게 원하는 것을 얻고자 자주 사용하는 자멸적 방법들을 발견했다. 그는 자문한다. 우리는 실험실에서 박테리아와 식물과 쥐들을 포함한 모든 살아 있는 유기체에 영향을 미치는 가장 효과적인 과학적 방법들에 관해 무엇을 배웠는가? 우리는 이 원칙들을 아무 데나, 때때로 거친 남편들에게 적용할 수 있을까?

이 질문들에 대한 답은 간단하다. 바람직하지 못한 행동을 **벌주는** 대신에 바람직한 행동을 **포상**하라. 벌은 반감과 분개를 야기하고, 소외와 회피를 낳는다. 그가 치료한 대부분의 결핍되고 버림받은 아내들은 그릇되게도 그녀들이 원하는 것을 얻으려고 남편을 벌주고자 노력하고 있었다. 바람직한 행동에 많은 주의를 기울이는 포상 유형으로 그 아내들을 전환시키자 극적인 선회가 확실히 관찰되었다.

골드슈타인 박사가 치료한 부인들은 특이하지 않다. 그녀들은 대부분의 우리가 직면하는 정상적 결혼 생활의 갈등에 빠져 있었다. 이 여성들은 배우자에게 오랜 시간에 걸쳐 무분별하게 또는 몇몇 경우에 바람직하지 않은 행동에 우선적으로 반응하여 주의를 기울여왔다. 그녀들이 남편에게 원하지만 받아내지 못한 종류의 반응을 이끌어내기 위해서는 주요한 전환이 일어나야 했다. 그녀들은 남편과의 상호 작용을 신중히, 그리고 과학적으로 기록하면서 남편들의 반응을 통제할 수 있었다.

여기에 그 기법이 골드슈타인 박사의 한 환자에게 어떻게 작용했는지 보여주는 사례가 있다. 여러 해 동안 불화를 겪은 X부인은 남편을 잃었다고 보고했다. 남편은 그녀를 버리고 여자 친구의 집으로 이사를 갔다. 그의 부인 X와의 일차적 상호 작용은 무관심이었고, 다른 경우에는 말다툼이었다. 겉으로 그는 그녀에 대해 그다지 염려하지 않는 듯이 보였다. 그럼에도 불구하고 그는 종종 전화를 걸어 자신이 그녀에게 상당한 관심을 갖고 있음을 시사하곤 했다. 그녀는 이 관심을 개발시키거나, 아니면 지속적인 부적당한 반응으로 무시해버리거나 선택을 해야 했다.

부인 X는 자신의 목표를 규정했다. 그녀는 자기가 남편을 정말 되돌아오게 할 수 있는지 시험해보기로 한 것이다. 그 첫 번째 이정표는 그녀가 효과적으로 그와의 접촉 빈도를 증가시킬 수 있는가였다. 그녀는 남편이 자신의 집으로 찾아오고 전화한 횟수와 시간을 주의 깊게 측정한 정보를 냉장고 문에 붙여놓은 그래프 종이 위에 기록했다. 그리고 자신의 행동(자극)과 그의 접촉의 빈도(반응) 사이의 결정적 관계를 주의 깊게 평가했다.

그녀는 그와의 직접 접촉을 시도하는 대신 그의 전화에 적극적이고 애정 있게 반응했다. 그녀의 전략은 간단했다. 그에게서 자신이 싫어하는 모든 점에 주목하고 반응하기보다 자신이 좋아하는 점들을 체계적으로 강화하기 시작한 것이다. 그녀가 사용한 포상은 칭찬, 음식, 성, 감동 등 그가 좋아하는 모든 것이었다.

그녀의 계획은 그의 뜸한 전화에 쾌활하고 적극적이며 우대하는 태도로 반응함으로써 시작되었다. 그녀는 그에게 치켜세우는 말과 격려를 했다. 그녀는 어떠한 비판, 논쟁, 요구나 적의를 피했고 무장해제 기법을 이용해 그가 말한 모든 것에 **동의하는** 방법을 찾아냈다. 처음에 그녀는 대화가 논쟁으로 파행되거나 그를 지겹게 할 가능성을 확실히 막기 위해 모든 통화를 5분에서 10분 사이에 끝냈다. 이 방법은 그녀의 피드백이 그를 즐겁게 하리란 점과, 이에 대한 그의 반응이 억압되거나 제거되지 않는다는 점을 보증했다.

이 방법을 몇 번 시행한 뒤 그녀는 남편이 더욱 자주 전화를 걸기 시작한 것을 알아챘다. 왜냐하면 그 전화는 그에게 적극적이고 포상적인 체험이었기 때문이다. 그녀는 마치 과학자가 실험쥐의 행위를 관찰하고 기록하듯이 그래프 종이 위에 증가된 전화 횟수를 표시했다. 그의 전화가 잦아지자 그녀는 용기가 솟아남을 느끼기 시작했고, 그녀의 상당한 초조와 분개는 차차로 사라져버렸다.

어느 날 그가 집에 나타났다. 그녀는 자신의 계획에 따라 선언했다. "당신이 들러줘서 나는 참 좋아요. 왜냐하면 난 방금 당신을 위해 냉동고에 특선 수입제 쿠바 시가 신제품을 갖다놓았거든요. 그건 당신이 정말 좋아하는 값비싼 타입이지요." 그녀는 실제로 한 상자를 준비해놓고 기다리는 중이었다. 그녀는 이 말을 그가 왜, 언제 오든 그의 방문 때마다 되풀이 할 수 있었다. 그녀는 그의 방문 빈도가 현저히 증가한 것을 알아챘다.

비슷한 방법으로 그녀는 강제보다 포상을 통해 그의 행동 '다듬기'를 계속했다. 그녀는 남편이 여자 친구를 떠나기로 결정하고 그녀와 함께 하려고 다시 돌아와도 되는지 물었을 때 자기가 얼마나 성공했는지 깨달았다.

내가 그 방법이 사람들과 관계를 맺고 영향을 주는 유일한 길이라고 이야기하고 있는가? 아니다. 그건 불합리하다. 그건 단지 유쾌한 향료일 뿐 연회 전체도, 더욱이 핵심 요리도 아니다. 그러나 흔히 간과되면서 어떤 식도락가도 거절할 수 없는 진미인 것이다. 그것이 잘 작용하리란 **보증**은 없다. 어떤 상황은 역전될 수 없을 것이며, 당신이 언제나 원하는 바를 얻을 수 있는 것은 아니다.

여하튼 쾌활한 포상 체계를 **시도**하라. 당신은 그 비밀 전략의 뚜렷한 효과에 기쁘게 경탄할 것이다. 그것은 당신 주위에 있기를 원하는 사람들에게 동기를 부여해줄 뿐만 아니라 당신의 기분을 향상시켜줄 것이다. 왜냐하면 당신은 다른 이들의 부정적인 점에 주저앉는 대신에 그들이 행하는 적극적인 것에 주목하고 초점을 맞출 수 있게 되기 때문이다.

'해야 한다' 감소

분노를 작동시키는 많은 생각이 도덕적인 '해야 한다' 진술을 포함하므로 이 당위진술 제거 방법에 정통하는 것이 당신에게 큰 도움이 될 것이다. 한 가지 방법은 당신이 믿기에 다른 사람이 행동한 그 식으로 '해서는 안 되는' 이유들을 모두 2단기법을 사용해 목록으로 만드는 것이다. 그러고는 〈표 7-5〉처럼 그 이유들이 비현실적이고 실제로 사리에 맞지 않는 까닭을 당신이 깨달을 때까지 그것들에 도전하라.

한 예로 목수가 당신 새 집에 와서 부엌 찬장을 엉성히 손보았다고 가정하자. 문짝들은 똑바로 달리지도 않고 잘 닫히지도 않는다. 당신은 이런 상황이 '불공정'하다고 느껴서 성이 난다. 요컨대 당신은 시중 임금보다 약간 비싸게 지불했으므로 좋은 기술자로부터 훌륭한 솜씨를 제공받을 권리가 있다고 느낀다. 당신은 "그 게으른 녀석은 자기 일에 긍지를 가져야지. 세상이 어떻게 되려는지?"라고 말하며 화를 낸다. 당신은 그렇게 해야 하는 이유들과 그 항변을 목록으로 적는다.

당신의 당위진술을 제거하려는 이유는 간단하다. 당신이 원한다는 이유만으로 원하는 바를 얻도록 권리가 주어져 있다는 것은 진실이 아니기 때문이다. 당신은 협상해야 할 것이다. 그 목수를 불러 호소하고, 일이 수정되도록 주장하라. 그러나 지나치게 흥분하고 애태워서 두통거리를 배가시키지 말라. 그 목수는 필시 당신 마음을 상하게 하려고 하지 않았으며, 당신의 분노는 단지 그 목수를 극단화시켜 방어적이 되게 할 뿐이다. 요컨대 인간사를 통틀어 모든 목수(그리고 정신과 의사, 비서, 저술가와 치과 의사 등)의 절반이 평균 이하였다. 그것을 믿는가? '평균'이란 중간점이

표 7-5

그가 일솜씨를 보였어야 하는 이유	항변
1. 내가 비싸게 지불했으므로.	1. 더 나은 솜씨를 보였든 말든 그는 같은 임금을 받는다.
2. 일을 잘하는 것이 오직 마음에 맞는 것이니까.	2. 그는 필시 적합하게 일을 했다고 느꼈다. 그리고 그가 한 판벽널 일은 썩 훌륭하다.
3. 그는 자기가 제대로 하고 있는지 확인해야 하기 때문이다.	3. 그가 왜 그래야 하는지?
4. 내가 목수라면 그럴 테니까.	4. 그는 내가 아니다. 그는 내 기준에 맞추려는 것이 아니다.
5. 그는 자기의 제작물을 더 돌보아야 하니까.	5. 그가 더 돌보아야 할 이유는 없다. 어떤 목수들은 자기 일에 더 신경 쓰지만 다른 목수들에게 그것은 하나의 직업일 뿐이다.
6. 그러니 왜 형편없이 일하는 사람을 내가 써야 하는가?	6. 일해준 사람 모두가 형편없지는 않았다. 나는 100퍼센트 일류급의 사람들을 구한다고 기대할 수 없다. 그것은 단지 비현실적인 생각이다.

므로 옳은 정의다! 이 특정한 목수의 평균 자질을 '불공정'하다거나 그가 현재 상태보다 '달라야 한다'고 화내고 불평하는 것은 우스운 짓이다.

협상 전략

이 시점에서 당신은 성낼 것이다. 왜냐하면 다음과 같이 생각하기 때문이다. "흥, 난장판이로군! 번즈 박사는 내가 그 게으르고 무능한 목수들이 좋지도 않은 솜씨로 일한다고 믿음으로써 행복할 수 있다고 말하는 것 같군. 결국 그것이 그들의 본성이라고 그 잘난 의사가 주장하는군! 데데

한 소리 같으니라구! 나는 내 인간적 권리를 빼앗기거나 사람들이 나를 괴롭히게 내버려두지 않겠어. 또한 내가 돈을 지불하는 이 보잘것없는 엉터리 일을 그냥 두지 않겠어."

진정하라! 그 목수가 당신을 속이도록 내버려두라는 사람은 하나도 없다. 당신이 효과적인 방법으로 영향력을 행사하고 싶다면, 화내어 얼굴을 찡그리고 내면의 혼란을 일으키는 대신에 보통 조용하고 강한 단정적인 접근이 훨씬 성공적일 것이다. 윤리적인 '해야 한다 식'은 반대로 그저 당신을 성나게 하고 상대를 극단화함으로써 그에게 방어와 반격하고 싶은 느낌을 야기할 것이다. 기억하라, 다툼은 친밀의 한 형태다. 당신은 목수와 정말 그렇게 친해지고 싶은가? 그 대신 당신이 원하는 바를 얻고 싶지 않은가?

당신이 화내는 데 에너지 소비하기를 그치면 원하는 바를 갖는 데 노력을 집중할 수 있다. 다음 원칙들은 그런 상황에서 효과적으로 작용할 수 있다.

1) 그를 책망하는 대신 그가 잘한 일을 **칭찬하라**. 아첨이 빤하게 진실하지 않을지라도 거기에 누구든 거의 저항할 수 없다는 것이 인간 본성의 부정할 수 없는 사실이다. 그러나 당신이 그 사람이나 그의 일에서 **무언가** 좋은 점을 발견할 수 있다면 정직하게 칭찬할 수 있다. 그러고는 찬장문의 문제를 기술적으로 언급하고, 되돌아가 그 문을 바르게 달아주도록 그에게 조용히 설명할 수 있다.
2) 그가 이의를 달면 그의 진술이 얼마나 불합리하든지 상관 말고 동의할 길을 찾음으로써 그를 **무장해제** 시켜라. 이것은 그를 침묵시키고 그의 허를 찌를 것이다. 그런 다음 즉시…
3) 당신의 관점을 조용하고 단호하게 **명백히** 하라.

위의 세 단계를 여러 조합으로 섞어서 목수가 마침내 굴복하거나 받아들일 만한 타협에 이를 때까지 자꾸 되풀이하라. 최후통첩과 겁주는 위협은 오로지 최후 수단으로만 사용하라. 그리고 이런 일을 할 때 구체적으로 무슨 말을 할지 준비되어 있으며 그 행동을 완결 지을 수 있는지 확인하라. 일반 원칙으로서 그의 일에 대한 당신의 불만족을 표현할 때 외교술을 이용하라. 모욕적인 방법을 이용하거나, 그가 나쁘고 악하다든지 질이 나쁘다든지 하는 식으로 암시하거나 낙인을 찍지 말라.

당신이 그에게 자신의 부정적 느낌을 말하려고 결심한다면 확대나 선동적인 언어 없이 객관적으로 하라. 예를 들어 "내가 느끼기에 당신이 훌륭한 전문가답게 일할 능력을 갖고 있음에도 불구하고 잘되지 않아서 매우 유감스럽소"라는 말은 "당신 어머니……! 당신은… 모욕이야"보다 훨씬 더 바람직하다.

당신 나는 몇 가지 결과물로 기쁘답니다. 그리고 나는 일이 전체적으로 흡족했다고 다른 이들에게 말할 수 있기를 기대합니다. 판벽널은 특히 잘되었습니다(칭찬). 그런데 나는 부엌 찬장에 조금 관심이 있습니다만.

목수 문제가 있습니까?

당신 문들이 똑바로 달리지 않고 손잡이 대다수가 비뚤어져 있습니다.

목수 그래요. 그것은 그 종류의 찬장에서는 최선을 다한 결과입니다. 대량생산된 그 제품들은 최고급품이 아니라서 그렇습니다.

당신 맞습니다. 그 제품들은 더 비싼 유형보다 더 잘 만들어지지 않았습니다(무장해제 기법). 그렇지만 이대로 둘 수는 없는 노릇입니다. 당신이 그것들을 남에게 보여도 괜찮게 어떤 조처를 해준다면 고맙겠습니다(명료화).

목수   당신은 그 생산자나 제작자에게 말해야 할 것입니다. 내가 그것에 대해 해줄 것은 없습니다.

당신   나는 당신의 고충을 이해합니다(무장해제 기법). 그러나 이 찬장들을 우리가 만족하도록 완성시키는 것이 당신 책임입니다. 그것들은 결코 받아들일 만하지 않습니다. 겉만 그럴듯해 보이지 잘 닫히지도 않습니다. 그 일이 하나의 번거로움이란 것은 압니다. 그러나 일이 완결되었다고 볼 수 없다는 것과, 당신이 그것을 고쳐놓기 전까지 비용이 지불되지 않을 것이라는 게 나의 입장입니다(최후통첩). 나는 당신의 다른 솜씨로 미루어보아 시간이 걸리더라도 그것들을 바르게 보이도록 해놓을 수 있는 기술이 있다고 여깁니다(칭찬). 그런 식으로 우리가 당신의 일에 완전히 만족하게 되면 당신에게 좋은 추천을 해줄 수도 있습니다.

누군가와 다툴 때 이 협상 기법을 시도하라. 당신은 자신이 발끈 화를 낼 때보다 그들이 더 효과적으로 일하는 모습을 발견할 것이며, 당신이 원하는 것을 마침내 더 많이 갖게 되므로 기분도 훨씬 좋아질 것이다.

정확한 감정이입

감정이입은 최종적인 분노 해독제다. 그것은 이 책에 쓰인 가장 높은 형태의 마술이고, 그 극적인 효과는 현실에서 강하게 확립되어 있다. 아무런 마술 거울도 필요하지 않다.

그 단어를 정의해보자. 감정이입으로 내가 뜻하고자 하는 것은, 다른 사람과 같은 방식으로 느끼는 능력이 아니다. 그런 능력은 공감이다. 공감은 높이 칭찬받지만 내가 보기에는 다소 과대평가되어 있다. 감정이입으로 내가 뜻하고자 하는 것은 부드럽고 이해하는 태도로 행동하는 것도 아니다. 그런 행동은 지지(支持)다. 지지 또한 높이 평가되는 것이지만 과대평가되어 있다.

그러면 감정이입이란 무엇인가? 감정이입은 상대방의 정확한 사고와 동기를 그들이 "맞아, 그게 딱 내 마음이다!"라고 말할 만큼 확실히 이해하는 능력이다. 이 특별한 지식을 가질 때 당신은 다른 사람의 행동이 자기 마음에 들지 않더라도 왜 그들이 그 행동을 하는지 이해하고 화를 내지 않을 것이다.

기억하라. 당신의 화를 만드는 것은 실제로 **당신** 생각이지 다른 사람의 행동이 아니다. 놀라운 사실은 왜 다른 이들이 그런 식으로 행동하는지 당신이 알아차리는 순간 이 인식은 당신의 분노를 작동시키는 사고를 반박하는 경향이 있다는 것이다.

당신은 질문할 것이다. 감정이입으로 분노를 제거하기가 그렇게 쉽다면 왜 사람들은 매일 서로에게 그다지도 화를 내는가? 그 대답은 감정이입이 획득하기 어렵다는 점이다. 인간으로서 우리는 자신의 지각에 사로잡혀 있어서 다른 사람들의 행동에 스스로가 부여하는 의미에 자동적으로 반응한다. 다른 이의 두개골 안으로 들어가는 것은 힘든 노력을 요한다. 대부분은 이것을 어떻게 하는지조차 모를 정도다. 당신은 어떤가? 다음 몇 쪽 안에서 당신은 그 방법을 배울 것이다.

예를 들어보자. 최근에 한 사업가는 자신의 빈번한 분통 터뜨리기와 욕하는 행동이 걱정되어 내게 도움을 청해왔다. 그는 자기가 원하는 바를 가족이나 고용인들이 하지 않았을 때 그들에게 대들었다. 그는 흔히 사람들을 겁주는 데 성공했고, 그들을 지배하고 경멸하기를 즐겼다. 그러나 그의 충동적인 폭발이 궁극적으로는 가학적인 성미 급한 사람이라는 평판을 만든 탓에 자기에게 문제를 야기하고 만 것을 그는 알아차렸다.

그는 한 종업원이 자신의 포도주 잔을 채우기를 잊었던 어느 연회에 대해 이야기했다. 그는 "이 종업원이 나를 하찮게 여기는군. 도대체 아무렇게나 구는 이 친구는 누구지? 목을 비틀어버리고 싶군"이라고 생각한 탓에 분노의 격정을 느꼈다.

나는 그의 성난 생각들이 얼마나 비논리적이고 비현실적인지 보여주려고 감정이입 방법을 사용했다. 나는 우리가 역할수행을 하자고 제의했다. 그는 종업원 역할을 하고 나는 친구 역할을 하기로 했다. 그는 나의 질문에 가능한 한 진실하게 대답해야 했다. 다음 대화가 전개되었다.

번즈(종업원의 친구 역할을 하며) 나는 네가 저기 있는 신사의 포도주 잔을 채우지 않은 것을 보았어.

환자(종업원 역할을 하며) 아, 내가 그의 잔을 채우지 않은 것을 알아.

번즈 너는 왜 그의 잔을 채우지 않았지? 네 생각에 그가 하찮은 사람 같아?

환자 (잠시 후에) 아니, 그렇지 않아. 난 실제로 그에 대해 아는 것이 없는걸.

번즈 그러나 너는 그가 하찮은 사람이라고 결론짓고, 그래서 그에게 어떤 포도주도 주지 않은 것 아니었어?

환자 (웃으며) 아니야, 내가 그에게 포도주를 주지 않은 이유는 그게 아니야.

번즈 그러면 왜 너는 그에게 포도주를 주지 않았지?

환자 (생각한 후) 그건 내가 오늘 밤 데이트에 대해 공상하고 있었기 때문이야. 더구나 나는 식탁 너머에 있는 저 예쁜 소녀의 깊이 팬 옷에 마음이 흐트러져서 그의 포도주 잔이 빈 것을 미처 못 봤을 뿐이야.

이 역할수행은 환자를 종업원의 입장에 서게 하여 자신의 해석이 얼마나 비현실적인지 볼 수 있게 함으로써 그에게 큰 위안을 주었다. 그의 인지 왜곡은 성급한 결론짓기(독심술)였다. 그는 자동적으로 그 종업원이 **불공정하다고** 결론짓고 자기긍지를 유지하기 위해 보복해야 한다고 느꼈다. 일단 그가 상당한 감정이입을 획득하자 자신의 의분이 종업원의 행동이 아니라 온전히, 그리고 오로지 자신의 왜곡된 생각에서 야기되었음을 알 수 있었다. 화난 경향이 있는 사람이 처음에 이것을 받아들이기는 아주 어렵다. 왜냐하면 그들은 다른 사람을 탓하고 보복하려는 거의 저항할 수 없는 충동을 갖기 때문이다. 당신은 어떤가? 당신의 성난 생각들 중 많은 부분이 타당하지 않다는 생각이 용납되지 않고 받아들일 수 없게 보이는가?

감정이입 기법은 다른 사람의 행동이 더욱 명백하고 고의적으로 유해할 때 훨씬 유용할 수 있다. 28세의 멜리사라는 여성은 남편 하워드와 별거하는 동안 상담을 받으러 왔다. 5년 전 멜리사는 하워드가 그의 건물에서 일하는 매력적인 비서 앤과 관계를 맺고 있음을 알아냈다. 이 소식은 멜리사에게 큰 충격이었다. 설상가상으로 하워드는 앤과 명백히 헤어지지 못하고 주저하면서 그 관계를 6개월이나 더 끌었다. 이 시기에 멜리사가 느낀 굴욕과 분노가 주된 요인이 되어 그녀는 마침내 남편을 떠나기로 결심했다. 그녀의 생각은 다음과 같은 노선이었다. 1) 그는 그렇게 행동할 권리가 없다. 2) 그는 이기적이다. 3) 그는 불공정하다. 4) 그는 나쁘고 타락한 사람이다. 5) 나는 실패한 것이 틀림없다.

치료 시간에 나는 멜리사에게 하워드의 역할을 하도록 요청하고, 그가 앤과 관계를 맺고 그렇게 행동한 이유를 그녀가 정확히 설명할 수 있을지 반대 심문을 했다. 그녀는 역할수행이 전개되면서 갑자기 하워드의 마음을 새롭게 이해하게 되었고, 그 순간 그에 대한 화가 완전히 사라졌다고 보고했다. 그 치료가 끝난 뒤 그녀는 수년간 품어온 분노의 극적인 소멸을 이렇게 묘사해주었다.

하워드와 앤의 관계가 추측상 끝난 후에도 그는 계속 그녀를 만나야 한다고 주장했고, 여전히 그녀에게 깊이 매여 있었다. 나는 고통스러웠다. 그 사실은 하워드가 나를 정말 존중하지 않으며, 나보다 자신을 더 중요하게 여긴다는 느낌을 주었다. 그가 정말 나를 사랑한다면 내게 이러지 않을 거라는 느낌이었다. 앤을 계속 만나는 것이 얼마나 내게 비참한 느낌을 주는지 알면서 그가 어떻게 그럴 수 있을까? 나는 정말 하워드에게 화가 났고 의기소침해졌다. 그러나 감정이입 접근을 시도해 하워드의 역할을 할 때 나는 비로소 '전체의 모습'을 보았다. 난 갑자기 사물을 달리 보게 되었다. 내가 하워드라고 상상했을 때 그가 어떤 마음이었는지 볼 수 있었다. 그의 입장에서 나는 정부 앤뿐만 아니라 아내 멜리사를 사랑하는 문제를 보았다. 나는 하워드가 자신의 사고와 느낌으로부터 생겨난 '어쩔 수 없어요' 체계에 정말 빠져 있음을 알게 되었다. 그는 나를 사랑하지만 지독하게 앤에게 마음이 끌리고 있었다. 그가 하지 않으려는 만큼 그녀를 만나는 일을 멈출 수 없었다. 그는 죄의식을 많이 느끼면서도 자신을 제어할 수 없었다. 그는 앤을 떠나도, 또한 나 멜리사를 떠나도 실패할 거라고 느꼈다. 그는 어떤 형태의 실패와도 타협하고 싶지도 않고 타협할 수도 없었다. 그의 결심을 느리게 만든 것은 내 쪽의 어떤 무력함보다는 그의 우유부단함이었다.

그 체험은 내게 뜻밖의 새로운 사실이었다. 나는 처음으로 사태를 제대로 보았다. 나는 하워드가 고의적으로 나에게 상처를 주려 하지 않았고, 그가 하는 행동 이외의 것을 할 능력을 갖지 못했음을 알았다. 나는 그의 처지를 보고 이해할 수 있어서 기분이 나아졌다.

하워드와 다음 기회에 이야기 나눌 때 나는 그에게 말해주었다. 우리 모두 이것에 대해 기분이 한층 나아졌다. 나는 감정이입 기법의 체험에서 정말 좋은 느낌을 받았다. 흥미진진했다. 내가 전에 알던 것보다 더 현실적이었다.

멜리사가 느낀 분노의 핵심은 자기존중을 상실할까봐 두려워하는 것이었다. 비록 하워드가 실제로 아주 부정적인 태도로 행동했을지라도, 그녀에게 비애와 분노를 야기한 것은 그녀 자신이 그 체험에 부여한 의미였다. 그녀는 '착한 아내'로서 '좋은 결혼'의 권리를 부여받았다고 가정했다. 이것이 그녀를 정서적 곤란으로 이끈 논리다.

전제 내가 좋고 적격한 아내라면 남편은 나를 사랑하고 내게 성실해야 할 의무가 있다.
관찰 내 남편은 사랑과 성실한 태도로 행동하고 있지 않다.
결론 내가 좋고 적격한 아내가 아니거나, 하워드가 나쁘고 부도덕한 사람이다. 왜냐하면 그가 내 규칙을 깨뜨리기 때문이다.

이처럼 멜리사의 분노는 자신의 생애를 구하기 위한 유약한 시도였다. 왜냐하면 그녀의 가정 체계 안에서 분노는 자기존중의 상실로 고통 받는 것의 유일한 대안이었기 때문이다. 이런 그녀의 해결책에는 문제점이 있었다. 1) 그녀는 그가 '좋지 않다'고 정말 확신하고 있지 않았다. 2) 그녀는 그를 사랑했으므로 정말 그를 포기해버리고 싶지 않았다. 3) 그녀의 만성적인 심술궂은 분노는 기분 나쁘고 **보기도** 좋지 않았으므로 그를 더욱 멀어지게 만들었다.

그녀가 좋은 아내인 한 남편이 자신을 사랑할 거라는 전제는 그녀가 결코 의문에 부쳐본 적이 없는 하나의 동화였다. 감정이입 기법은 그녀의 전제에 본래부터 있던 그 **웅장함**을 포기하게 해줌으로써 그녀의 생각을 매우 유익한 방법으로 변형시켰다. 남편의 부정은 그의 왜곡된 인지에 의해 야기된 것이지 그녀의 무력함과 관련이 없었다. 마찬가지로 그가 빠져 있는 궁지에 대해 책임이 있는 사람은 그녀가 아니라 그였다!

이 갑작스런 통찰이 그녀를 번갯불처럼 때렸다. 그녀가 남편의 눈을 통해서 세상을 본 순간, 그녀의 분노는 사라졌다. 그녀가 자신을 남편과 주변 사람의 행동에 대해 책임 있는 사람으로 더 이상 보지 않는다는 의미에서 그녀는 훨씬 더 작은 사람이 되었다. 그러나 동시에 그녀는 자기존중의 갑작스런 상승을 체험했다.

다음 치료 시간에 나는 그녀의 통찰을 엄격히 검사하기로 결심했다. 나는 원래 그녀를 속상하게 한 부정적인 생각으로 그녀가 그것들에 효과적으로 대응할 수 있는지 보려고 그녀와 대결했다.

번즈   하워드는 앤을 만나는 일을 더 일찍 그만둘 수도 있었습니다. 그는 당신을 바보 취급 했어요.

멜리사   아니에요. 그는 사로잡혀 있어서 그만둘 수 없었지요. 그는 엄청난 강박관념을 느꼈고, 앤에게 마음이 끌리고 있었어요.

번즈   그래도 그는 그녀를 떠나고 관계를 끊었어야 **했습니다**. 그리하여 그는 당신을 고문하기를 멈출 수 있었을 겁니다. 그것이 그가 할 수 있는 유일한 **남부끄럽지 않은** 일이었을 거예요!

멜리사   그는 나 또한 버릴 수 없었어요. 왜냐하면 그는 나를 사랑하고, 나와 우리 아이들에게 헌신적이었으니까요.

번즈   그러나 당신을 그렇게 오래 괴롭게 한 것은 불공정했습니다.

멜리사   그가 불공정하려고 한 것은 아니었어요. 일이 그렇게 되긴 했지만.

번즈　일이 그렇게 된 거라구요! 대낙천가의 헛소리! 사실은 그가 애초에 그런 상황에 빠져들지 않았어야 했습니다.

멜리사　그러나 그게 그 사람의 마음이었어요. 앤은 쾌락의 표본이었고, 그는 그 시기에 권태와 더불어 인생에 압도당함을 느꼈어요. 결국 어느 날 그녀의 새롱거림을 더 이상 저항할 수 없었고, 그가 약해진 순간 한 걸음 내딛어 그 관계가 급속도로 진전된 거예요.

번즈　좋아요. 당신은 부족한 사람입니다. 왜냐하면 그가 당신에게 성실하지 않았기 때문이지요. 그것이 당신을 열등하게 만들었습니다.

멜리사　그 문제는 부족한 사람이란 것과 아무 상관이 없어요. 내가 가치 있기 위해 언제나 원하는 바를 가질 필요는 없어요.

번즈　그러나 당신이 적격한 아내라면 그는 결코 다른 곳에서 쾌락을 찾지 않았을 겁니다. 당신은 탐탁지 않고 사랑스럽지도 않아요. 당신은 2등급이고, 그것이 당신 남편이 바람피운 이유입니다.

멜리사　그가 결국에는 앤이 아니라 나를 택한 것이 사실이에요. 그러나 그것이 앤보다 나를 더 멋지게 하지는 않아요. 그렇지요? 마찬가지로 그가 자기 문제를 도피하기로 선택했다는 사실이 내가 사랑스럽지 않다거나 탐탁지 않다는 것을 의미하는 것도 아니에요.

나는 그녀를 골나게 하려는 나의 끈질긴 시도에도 불구하고 그녀가 조금도 흔들리지 않는 것을 볼 수 있었다. 이러한 결과는 그녀가 생애의 고통스런 시기를 초월했음을 입증했다. 그녀는 분노를 기쁨과 자기존중으로 교환했다. 감정이입은 그녀를 적의와 자기회의와 절망으로부터 해방시킨 열쇠였다.

그 모두를 종합하라 : 인지 총연습

당신이 성날 때 너무 빨리 반응한 나머지 자리에 앉아 상황을 평가하고 이 장에서 배운 여러 기법을 적용할 수 없다고 느낄 수 있다. 이것이 분노의 특징 중 하나다. 고정적이고 만성적인 우울증과 달리 분노는 폭발적이고 상황의 흐름 속에 간간이 나타나는 것이다. 자신이 속상해 있다고 알아차릴 즈음 당신은 이미 통제 불능을 느낄 것이다.

'인지 총연습'은 이 문제를 해결하고 이제껏 배운 도구들을 종합해 사용하기 위한 효과적인 방법이다. 이 기법은 실제로 그 상황을 경험하지 않고도 미리 분노의 극복법을 익히도록 당신을 도울 것이다. 그러면 실제 상황이 벌어질 때 그것을 다룰 준비가 되어 있는 것이다.

아주 흔히 당신을 촉발시키는 상황들을 +1(가장 덜 화남)부터 +10(가장 격노함)까지 등급을 매겨 〈표 7-6〉처럼 '분노 계층'을 만들어 시작하라. 분노는 부적합하고 바람직하지 않기 때문에 당신이 더욱 효과적으로 다루고 싶은 것들이어야 한다.

당신을 가장 덜 화나게 하는 계층 목록의 첫 항목부터 시작하라. 그리고 당신이 그 상황 안에 있다고 가능한 한 생생하게 공상하라. 그러고는 당신의 '뜨거운 생각들'을 말로 만들어 적어라. 〈표 7-6〉에 나온 예에서 당신은 "그 빌어먹을… 종업원들은 자기가 무슨 일을 하는지 몰라! 어째서 그 게으른 녀석은 엉덩이를 들고 움직이지 않지? 그들은 도대체 자기네가 뭐라고 생각하는 거야? 그들이 메뉴와 물 한 잔을 주기 전에 나보고 굶어 죽으란 말인가?"라고 속으로 말하므로 화가 치미는 것을 느낀다.

그다음에 격노하여 지배인을 야단치고 식당 문을 탕 닫는 것을 공상하라. 이제 당신이 얼마나 화를 느끼는지 0~100퍼센트로 기록하라.

그런 다음 같은 정신적 시나리오를 거치되, 더욱 적당한 '차가운 생각들'로 대치하고 당신이 느긋하고 침착함을 느낀다고 공상하라. 즉 당신이

표 7-6 분노 계층

+1—나는 식당에서 15분 동안 앉아 있지만 웨이터는 오지 않는다.

+2—나는 응답 전화를 해주지 않는 친구에게 전화를 건다.

+3—고객이 마지막 순간에 아무 설명도 없이 약속을 취소한다.

+4—고객이 내게 알리지도 않고 약속 시간에 나타나지 않는다.

+5—누군가가 비열하게 나를 비난한다.

+6—극장에서 줄 서 있는 내 앞에 한 무리의 밉살스런 청소년들이 밀어닥친다.

+7—신문에서 강간 따위의 폭력에 대해 읽는다.

+8—내가 배달한 물건에 대해 단골손님이 지불을 거절하고 시내를 그냥 통과하는 바람에 수금도 못했다.

+9—동네 깡패들이 여러 달 동안 한밤중에 내 우편함을 때려부쉈다. 내가 그들을 잡거나 그만두게 할 방도가 없다.

+10—나는 10대 무리로 추측되는 누군가가 밤중에 동물원에 침입해 작은 새들과 동물들을 돌로 쳐 죽이고 불구로 만들었다는 텔레비전 보도를 본다.

그 상황을 기술적이고 단정적이며 효과적으로 다룬다고 상상하라. 예를 들어 당신은 중얼거린다. "종업원들은 나를 못 본 것 같군. 아마도 너무 바빠서 내가 메뉴를 아직 받지 않은 것을 간과했나보군. 화낸다 해도 아무런 의의가 없지."

그러나 지배인에게 가서 다음 원칙에 따라 상황을 단언적으로 설명하라. 우선 당신이 기다렸음을 재치 있게 지적하라. 그리고 그들이 바빴기 때문이라고 그가 설명하면 그에게 **동의함**으로 그를 무장해제 시켜라. 그런 다음 그를 칭찬하라. 마지막으로 더 나은 서비스에 대한 당신의 요청을 단호하면서도 호의 어린 표현으로 되풀이하라. 마침내 그가 종업원을 보내 사과와 더불어 당신에게 최고급의 VIP 서비스를 제공함을 상상하

라. 당신은 기분 좋게 식사를 즐긴다.

이제 당신이 이 시나리오를 숙달해 이런 태도로 상황을 효과적이고 조용하게 다루기를 상상할 수 있을 때까지 실습해보라. 이 인지 총연습은 당신 자신을 프로그램 시켜서 실제 상황이 다시 닥쳐올 때 더 단언적이고 느긋한 방법으로 반응하도록 해줄 것이다.

당신은 이 과정에서 한 가지 반론을 가질 수 있다. 즉 식당의 직원들이 실제 호의적으로 반응하고 당신이 원하는 바를 줄지 아무런 보증이 없기 때문에 식당에서 적극적인 결과를 상상하는 것은 비현실적이라고 느낄지도 모른다. 이 반론에 대한 답변은 간단하다. 그들이 도발적으로 반응한다는 보증 또한 없다. 그러나 당신이 부정적인 반응을 기대한다면, 당신의 분노는 자기성취적 예언으로 작동할 거대한 능력이 있으므로 그런 반응을 받을 가능성을 강화시키는 것이다. 반대로 당신이 적극적인 결과를 기대하고 공상하며 즐거운 접근을 적용한다면, 그렇게 될 가능성은 훨씬 더 커질 것이다.

물론 당신은 인지 총연습을 통해 비슷한 방식으로 부정적인 결과 또한 준비할 수 있다. 당신이 종업원에게 다가가지만 그가 건방지고 잘난 체하며 당신에게 형편없는 서비스를 제공한다고 상상하라. 이제 당신의 뜨거운 생각들을 기록하고는 차가운 생각들로 대치하며, 전에 했듯이 새로운 대처 전략을 발전시켜라.

이와 같은 식으로 여러 도발적 상황에서 더 평화롭고 효과적으로 생각하고 느끼고 행동하기를 배울 때까지 당신의 계층 목록을 자기 방식으로 계속 작업해갈 수 있다. 이 상황들에 대한 당신의 접근은 유연해야 하며, 상이한 대처 기법들이 목록에 실린 이 상이한 도발 유형에 요구될 것이다. 감정이입은 한 상황에서 답이 될 수 있고, 또 다른 상황의 열쇠가 될 수 있다. 그리고 당신의 기대를 바꾸는 것은 제3의 상황에 가장 유익한 접근일 수 있다.

분노 감소 프로그램에서 당신의 진전을 전부 아니면 무사고 방식으로 평가하지 않는 것이 중요하다. 왜냐하면 정서적 성장은, 특히 분노 문제의 경우에 시간이 걸리기 때문이다. 당신이 보통 특정 도발에 99퍼센트 분노로 반응하고 다음에 70퍼센트 화난 것을 발견하면, 성공적인 첫 시도로 간주할 수 있다. 그러면 인지 총연습을 이용해 계속 작업하고 50퍼센트, 그다음에는 30퍼센트로 감소시킬 수 있는지 보라. 결국 당신은 그것을 아주 없애거나 적어도 받아들일 만한 최소한으로 떨어뜨릴 수 있다.

궁지에 몰려 있을 때 친구와 동료의 지혜는 당신이 사용 가능한 잠재적 금광일 수 있음을 기억하라. 당신의 맹점인 부분을 그들은 명료히 볼지 모른다. 당신에게 좌절감과 무력함과 격분을 느끼게 하는 특정 상황에서 그들이 어떻게 생각하고 행동하는지 물어보라. 그들은 자신에게 무엇을 말하는지? 현실적으로 어떤 행동을 하는지? 당신이 물어보려고 한다면 놀랍도록 많은 사실을 금세 알게 될 것이다.

분노에 대해 알아야 할 10가지

1. 이 세상의 사건이 당신을 화나게 하지 않는다. 당신의 '뜨거운 생각'이 당신 화를 만든다. 정말 부정적인 사건이 일어날 때라도 정서적 반응을 결정짓는 것은 당신이 사건에 부여한 의미다.

    분노에 대해 자신에게 책임이 있다는 개념은 궁극적으로 당신에게 이익이 된다. 왜냐하면 그 개념이 당신의 통제를 유도하고 당신이 어떻게 느끼고 싶은지에 대한 자유로운 선택을 할 기회를 제공하기 때문이다. 그 개념이 없다면 자신의 정서를 통제할 길이 없다. 당신의 정서는 불가피하게도 대부분 당신의 통제 밖에 있는 세상의 외부 사건들과 밀접한 관계를 맺기 때문이다.

2. 대개 당신의 분노는 당신에게 도움이 되지 않을 것이다. 그것은 당신을 움직이지 못하게 함으로써 당신은 전혀 생산적이지 않은 자신의 적의 안에서 얼어붙을 것이다. 당신이 창조적 해결을 위한 활동적인 연구에 강조점을 둔다면 기분이 나아질 것이다. 그 어려움을 고치기 위해 또는 미래에 같은 식으로 화나게 될 기회를 최소한 줄이기 위해 당신이 할 수 있는 것은 무엇인가? 이 태도는 효과적으로 상황에 대처할 수 없다고 느낄 때 당신을 침식하는 무력함과 좌절을 어느 정도까지 제거할 것이다.

그 도발이 온전히 당신의 통제 밖에 있어 아무런 해결이 불가능할 때 당신은 분개로 자신을 비참하게 만들 뿐이다. 그러면 그것을 없애지 않으려는가? 분노와 기쁨을 동시에 느끼기란 아예 불가능하지는 않다 치더라도 어려운 게 사실이다. 당신의 성난 느낌이 특히 소중하고 중요하다고 생각한다면 생애에서 가장 행복했던 순간들 중 하나를 곰곰이 생각해보라. 그리고 자문해보라. 나는 평화와 환희로 가득 차 있던 그 시기의 짧은 순간이라도 좌절과 초조의 느낌과 교환하고 싶어하는가?

3. 분노를 작동시키는 사고들은 흔히 왜곡들을 포함할 것이다. 이 왜곡들을 고치는 것은 당신의 분노를 감소시킬 것이다.

4. 궁극적으로 분노는 누군가가 불공정하게 행동한다든지 무슨 사건이 불공정하다는 당신의 가정에 의해 야기된다. 그 분노의 강도는 지각된 악의의 가혹성과 그 행위가 의도적으로 보였는지에 비례하여 증가될 것이다.

5. 당신이 다른 사람의 눈을 통해 세상을 보는 법을 배우면 그들의 관

점에서 그들의 행동들이 불공정하지 않다는 것을 깨닫고 흔히 놀랄 것이다. 이 사례들의 불공정은 오직 당신 마음속에 있는 환상임이 드러난다! 진리와 정의와 공정에 대한 당신의 개념이 모든 사람과 공유한 것이라는 비현실적인 개념을 기꺼이 포기한다면 당신의 분개와 좌절이 많이 사라질 것이다.

6. 다른 사람들은 보통 그들이 당신의 벌을 받을 만하다고 느끼지 않는다. 그러므로 당신의 보복은 그들과 당신의 상호 작용에서 여하한 적극적 목표를 성취하도록 당신을 도울 가능성이 없다. 당신의 분노는 흔히 더 많은 악화와 양극화를 야기하며, 자기성취적 예언으로서 작용할 것이다. 심지어 당신이 일시적으로 원하는 것을 갖는다 해도, 그런 적대적인 조작에서 획득한 단기적 소득은 당신이 강제하고 있는 사람들에게 받을 장기적 분개와 보복에 의해 흔히 상쇄될 것이다. 아무도 통제되거나 강제되기를 좋아하지 않는다. 이것이 적극적인 보상 체계가 더 효과를 내는 까닭이다.

7. 당신의 많은 분노는 사람들이 당신을 비난하고 반대할 때, 또는 당신이 원하는 대로 그들이 행동하지 않을 때 자기존중의 상실을 막으려는 방어를 포함한다. 그런 화는 언제나 부적절하다. 왜냐하면 당신 자신의 부정적이고 왜곡된 사고만이 당신으로 하여금 자기존중을 상실하게 할 수 있기 때문이다. 당신이 자기의 무가치감에 대해 다른 사람을 비난할 때 당신은 언제나 자신을 속이는 것이다.

8. 좌절은 충족되지 않은 기대에서 비롯된다. 당신을 실망시킨 사건은 '현실'의 일부였으므로, 그것은 '현실적'이다. 그처럼 당신의 좌절은 언제나 당신의 비현실적인 기대로부터 생긴다. 당신은 현실에 영향을 주어 자신의 기대와 조화되도록 만들 기회를 갖고 있지만, 언제나 실용적인 것은 아니다. 특히 이 기대들이 인간 본성에 관한 다

른 모든 사람의 개념과 상응하지 않는 이상(理想)일 때 그러하다. 가장 간단한 해결법은 당신의 기대를 고치는 길일 것이다. 좌절로 이끄는 몇 가지 비현실적인 기대에는 다음과 같은 것이 있다.

가. 내가 뭔가(사랑, 행복, 승진 등) 원하면 나는 그것을 받을 만하다.

나. 내가 열심히 일한다면 나는 성공해야 한다.

다. 다른 사람들은 나의 기준에 들어맞고 '공정'에 대한 나의 개념을 믿도록 노력해야 한다.

라. 나는 어떤 문제든 빠르고 쉽게 해결할 수 있어야 한다.

마. 내가 좋은 아내라면 내 남편은 나를 반드시 사랑해야 한다.

바. 사람들은 내가 하는 식으로 생각하고 행동해야 한다.

사. 내가 누군가에게 잘하면 그들은 보답해야 한다.

9. 당신이 화낼 권리를 가지고 있다고 우기는 것은 유치한 샐쭉거림에 불과하다. 당신은 물론 그런 권리를 갖고 있다! 분노는 이 나라에서 합법적으로 허락된다. 결정적인 문제는, 화를 느끼는 것이 당신에게 이익이 되는가 하는 것이다. 당신이나 세계가 당신의 분노로부터 정말 유익함을 얻을 것인가?

10. 당신이 인간이기 위해 당신의 화는 거의 필요치 않다. 그것이 없으면 느낌 없는 로봇이 될 거라는 말은 사실이 아니다. 사실 당신이 그 까다로운 자극 과민성에서 벗어날 때 더 큰 열정, 기쁨, 평화와 생산력을 느낄 것이다. 당신은 해방과 계몽을 경험할 것이다.

8장
죄의식을 이기는 길

우울증에 관한 어떤 책이라도 죄의식에 관한 장이 없으면 완전하지 않을 것이다. 죄의식의 기능은 무엇인가? 저술가, 영적 지도자, 심리학자와 철학자들이 이 문제를 붙들고 끊임없이 고심해왔다. 죄의식의 기초는 무엇인가? 그것은 '원죄'의 개념에서 발전된 것인가? 아니면 프로이트가 가정한 오이디푸스적 근친상간의 환상과 더불어 다른 금기에서 온 것인가? 그것은 인간 경험의 현실적이고 유용한 요소인가? 아니면 최근의 몇몇 인기 있는 심리학자들이 제시하듯이, 그것이 없었더라면 인류가 더 나았을 '쓸모없는 정서'인가?

미적분학의 수학이 개발되었을 때 과학자들은 기존의 방법으로는 다루기가 매우 어려웠던 운동과 가속의 복잡한 문제를 미적분학으로 해결할 수 있음을 즉시 발견했다. 비슷하게도 인지 이론은 어떤 고통스런 철학적·심리학적 질문들을 훨씬 쉽게 해결하게 해주는 일종의 '정서적 미적분학'을 우리에게 제공해주었다.

우리가 인지적 접근으로부터 무엇을 배울 수 있는지 보라. 죄의식은 당신이 다음과 같은 생각을 가질 때 경험하는 정서다.

1) 나는 해서는 안 될 어떤 것을 했다(또는 나는 해야 할 일을 하지 않았

다). 나의 행동은 나의 도덕적 기준에 어긋나며, 공정에 관한 나의 개념을 어겼다.
2) 이 '나쁜 행동'은 내가 나쁜 사람임을(또는 악한 경향이나 타락한 성격이나 부패한 마음속을 가지고 있음을) 보여준다.

이 자아의 '나쁨' 개념이 죄의식의 중심이 된다. 그 개념이 없으면 당신의 유해한 행동은 양심의 가책이란 건강한 느낌에 이르긴 해도 죄의식까지 나아가지는 않는다. 양심의 가책은 당신이 계획적으로, 그리고 불필요하게도 자신의 개인적 윤리 기준을 어기는 유해한 방식으로 당신 자신이나 다른 사람에게 행동했다는 왜곡되지 않은 자각에서 유래한다. 양심의 가책은 당신의 허물이 당신이 본래부터 나쁘거나 악하거나 비도덕적이라는 뜻이 아니므로 죄의식과는 다르다. 요컨대 양심의 가책이나 후회는 행동을 겨냥하는 반면, 죄의식은 '자아'를 표적으로 삼고 있는 것이다.

죄의식에 덧붙여서 우울증이나 수치 또는 불안을 느낀다면 당신은 아마도 다음 가정들 중 하나를 행하고 있는 것이다.

1) 나의 '나쁜 행동' 때문에 나는 열등하거나 무가치하다(이 해석은 우울증에 이른다).
2) 다른 사람들이 내가 한 짓을 알아내면 나를 경멸할 것이다(이 인지는 수치에 이른다).
3) 나는 보복이나 처벌당할 위험에 처해 있다(이 생각은 불안을 야기한다).

그런 생각에서 나온 느낌들이 유용한지 파괴적인지 평가하는 가장 간단한 길은, 그 느낌들이 3장에서 소개한 10개의 인지 왜곡 중 어느 하나라도 포함하는지 측정하는 것이다. 이 사고 오류들이 존재하는 정도만큼 당신의 죄의식, 불안, 우울증, 수치는 확실히 타당하지도 않고 현실적일 수도 없다. 당신은 자신의 많은 부정적 느낌이 실제로 그런 사고 오류들에 기초하고 있음을 발견하게 될 것이다.

　당신이 죄의식을 느낄 때 잠재된 첫 번째 왜곡은 스스로 어떤 나쁜 짓을 했다는 가정이다. 이것은 현실적으로 진실일 수도 아닐 수도 있다. 당신이 자신 안에서 단죄한 그 행동이 현실에서 그렇게 끔찍하고 비도덕적이거나 그릇된 것인가? 아니면 당신이 사태를 터무니없이 **확대시키는** 것인가? 최근에 한 매력적인 의료 기술자가 내게 봉함된 편지 한 통을 가져왔다. 거기에는 그녀가 자신에 대해 쓴 종이가 들어 있는데 그 내용이 너무 무서워서 크게 읽을 수 없다는 것이었다. 그녀는 떨면서 그 편지를 내게 건네주었고, 그 내용을 크게 읽거나 자신을 비웃지 말아달라고 다짐시켰다. 그 안의 메시지는 "나는 코를 후벼 그걸 먹는다!"였다. 그녀가 쓴 내용의 하찮음에 대조되는 그녀에 얼굴에 드리운 염려와 공포가 내게 너무 우스운 생각을 불어넣는 바람에 나는 그만 모든 직업적 자제심을 잃고 폭소하고 말았다. 다행히 그녀 역시 크게 소리 내 웃으며 안도감을 표했다.

　내가 당신은 **결코** 나쁘게 행동하지 말라고 주장하는가? 아니다. 그런 태도는 극단적이고 비현실적일 것이다. 나는 단지 당신이 실수하여 잡치고 있다는 지각이 비현실적으로 확대되어 있는 정도만큼 당신의 고뇌와 자기박해는 부적절하고 불필요하다고 주장하는 것이다.

　죄의식에 이르는 주요한 두 번째 왜곡은 당신이 자기가 한 일 때문에 스스로를 '나쁜 사람'이라고 **명명할** 때다. 이것은 현실적으로 중세에 사람들을 마녀사냥으로 이끈 미신적이고 파괴적인 사고의 종류다! 당신은 나쁜, 화가 난, 유해한 행동을 했을 수 있다. 그러나 당신의 에너지가 창조적 문제 해결의 전략 대신에 반추와 자기박해에 정향되어 있으므로 당신 자신을 '나쁜' 또는 '타락한' 사람으로 낙인찍는 것은 반생산적이다.

일반적으로 죄의식을 도발하는 세 번째 왜곡은 인격화다. 당신은 부적절하게도 자신이 야기하지 않은 사건의 책임을 떠맡는다. 당신이 남자 친구에게 건설적인 비판을 해주자 그가 방어적이고 상처 입은 방식으로 반응한다고 치자. 당신은 그의 정서적 당황에 자책하고, 자신의 논평이 부적절했다고 임의로 결론지을지 모른다. 사실 당신의 논평이 아니라 그의 부정적 사고가 그를 속상하게 한 것이다. 더구나 그의 사고들은 분명 왜곡되어 있을 것이다. 그는 당신의 비판이 자기가 좋은 사람이 아님을 의미하며, 당신이 자기를 존경하지 않는다고 생각할 것이다. 자, 당신이 그 비논리적인 사고를 그의 머리에 집어넣었는가? 명백히 아니다. 그가 그런 것이다. 그러니 당신은 그의 반응에 대한 책임을 떠맡을 필요가 없다.

인지 요법에서는 단지 당신의 사고만이 당신의 느낌을 만들어낸다고 단언하므로, 당신은 무슨 일을 하든 어느 누구에게도 상처 줄 수 없으며 당신은 무엇이나 할 면허를 갖고 있다는 허무주의적 신념에 도달할지 모른다. 요컨대 당신은 가족의 부양을 그만두고, 아내를 속이고, 동료를 재정적으로 쥐어짤 것인가? 그들이 화를 낸다면 그것은 그들의 생각이니까 말이다. 내 말이 옳은가?

틀리다! 여기서 우리는 다시 인지 왜곡 개념의 중요성에 이르게 된다. 한 사람의 정서적 혼란이 그의 왜곡된 사고에 의해 야기되는 정도까지 그는 자기 고통에 책임이 있다고 당신은 말할 수 있다. 당신이 그 개인의 고통에 대해 자기를 탓한다면 그것은 인격화 오류다. 반대로 한 사람의 고통이 타당하고 왜곡되지 않은 생각에 의해 야기된다면 그 고통은 현실적이며 사실상 외적 원인을 갖고 있다. 예를 들어 당신이 내 배를 걷어차면 나는 "내가 차였구나! 아프다!"라는 생각이 들 것이다. 이때 그 고통의 책임은 당신에게 있다. 당신이 내게 고통을 준다는 당신의 지각은 어떤 식으로도 왜곡되어 있지 않다. 당신 양심의 가책과 나의 불편은 현실적으로 타당하다.

　부적절한 '해야 한다' 진술은 당신 죄의식으로의 '마지막 일반 통로'이다. 비합리적인 이런 당위진술은 당신이 완벽하거나 전지하거나 전능하도록 기대됨을 의미한다. 불가능한 기대와 완고함을 만들어 당신을 패배시키는 삶의 규칙이 이런 완벽주의적 당위진술에 포함된다. 이 규칙 중 하나가 "나는 언제나 행복해야 한다"일 것이다. 이 규칙의 결과는 당신이 기분 나쁠 때마다 실패자처럼 느끼리라는 것이다. 어느 인간도 영구적 행복의 목표를 달성한다는 것은 명백히 비현실적이라는 점에서 그 규칙은 자멸적이고 무책임하다.

　당신이 전지하다는 전제 위에 기초한 당위진술은 당신이 우주 안의 모든 지식을 갖고 있으며 절대적으로 확실하게 미래를 예언할 수 있다고 가정한다. 예를 들어 "나는 이번 주말에 해변에 가지 말았어야 했다. 나는 독감에 걸리지 않았는가. 얼마나 바보스러운지! 나는 너무 아파서 1주일은 누워 있어야 할 것이다"라고 생각한다. 이런 식으로 자기 자신을 꾸짖는 것은 비현실적이다. 왜냐하면 당신은 해변에 가서 그렇게 병이 날지 확실히 모른 것이다. 당신이 알았더라면 달리 행동했을 것이다. 인간으로서 당신은 결정을 내리고, 당신의 육감은 그른 것으로 판명되었을 뿐이다.

　당신이 전능하다는 전제 위에 기초한 당위진술은 당신이 하느님처럼 전능하며 모든 목표를 성취하기 위해 당신 자신과 다른 사람을 통제할 능력을 갖고 있다고 가정한다. 당신은 테니스 서브를 놓치고 움츠리며 "나는 그 서브를 놓치지 말았어야 해!"라고 부르짖는다. 왜 그러지 말았어야 하는가? 당신의 테니스 실력이 그토록 훌륭해서 서브 하나도 놓칠 수 없단 말인가?

　이들 세 가지 범주의 당위진술은 분별 있는 도덕 기준을 의미하지 않기 때문에 부적절한 죄의식을 만든다는 것이 명백하다. 왜곡과 더불어 몇 가지 다른 기준도 양심의 가책이나 후회의 건강한 느낌으로부터 비정상적인 죄의식을 구별하는 데 유용할 수 있다. 이들 중에는 부정적 정서의 강도와 기간 및 결과가 포함된다. 재니스란 이름의 52세 된 초등학교 교사의 무능력화하는 죄의식을 평가하기 위해 이들 기준을 사용해보자. 재니스는 여러 해 동안 심한 우울증에 시달렸다. 그녀의 문제는 15세 때 저지른 두 번의 들치기에 계속 짓눌려 있다는 점이다. 비록 그때 이후로는 빈틈없이 정직한 생활을 했지만 그 두 사건의 기억을 떨칠 수는 없었다. 죄의식 도발적인 사고들은 계속 그녀를 괴롭혔다. "나는 도둑이다. 나는 거짓말쟁이다. 나는 착하지 않다. 나는 사기꾼이다." 죄의식의 고통이 너무 큰 나머지 매일 밤 그녀는 자는 동안 죽게 해달라고 하느님께 기도했다. 매일 아침 여전히 살아서 깨어날 때 그녀는 심하게 실망하며 "나는 하느님조차 원하지 않을 만큼 나쁜 사람이로군"이라고 생각했다. 좌절 가운데 그녀는 마침내 남편의 권총을 장전한 다음 자기 심장을 겨누고 방아쇠를 당겼다. 총은 불발로 발사되지 않았다. 그녀가 총의 공이치기를 제대로 당기지 않았던 것이다. 그녀는 궁극적인 패배를 느꼈다. 그녀는 자신을 죽일 수조차 없었던 것이다! 그녀는 총을 놓고 절망하며 울었다.

　재니스의 죄의식은 그 명백한 왜곡 때문만이 아니라 그녀가 느끼고 스스로에게 언급한 강도, 기간, 결과 때문에도 부적절하다. 그녀가 느낀 것은 실제적인 들치기에 대한 건강한 양심의 가책이나 후회라고 볼 수 없다. 그 느낌은 자기존중의 무책임한 강등으로서, 그녀에게 지금 여기서의 삶을 가려버리고 실제적 허물과도 터무니없이 거리가 멀다. 그녀의 죄의식은 궁극적으로 어처구니없는 사태를 낳았다. 자기가 나쁜 사람이란 그녀의 신념은 가장 파괴적이고 무의미한 행동, 곧 자살을 시도하게 만들었던 것이다.

죄의식 순환

당신의 죄의식이 건강하지 않고 왜곡에 기초하고 있다 할지라도, 일단 죄의식을 느끼기 시작하면 그 죄의식을 타당하게 보이도록 만드는 환상에 빠질 수 있다. 그런 환상들은 강력하고 설득력 있을 수 있다. 당신은 추리한다.

1) 나는 죄의식과 단죄를 받을 만하다고 느낀다. 이것은 내가 나쁜 사람이었음을 의미한다.
2) 나는 나쁘므로 고통 받을 만하다.

이처럼 죄의식은 당신에게 자신의 나쁨을 확신시키고, 더 많은 죄의식으로 이끈다. 이 인지적-정서적 연결은 당신의 생각과 느낌을 서로 꼭 맞물리게 한다. 당신은 결국 내가 '죄의식 순환'이라 부르는 순환 체계에 붙들리고 만다.

정서적 추리는 이 순환을 부추긴다. 당신은 죄의식을 느끼므로 자신이 어떤 식으로든 어긋났으며 고통 받아야 한다고 자동적으로 가정한다. 당신은 "나는 나쁘다고 느끼므로 나는 나쁨이 틀림없다"고 추리한다. 당신의 자기혐오가 필연적으로 당신이 나쁜 어떤 짓을 했다고 증명하는 것이 아니므로 이러한 추리는 불합리하다. 죄의식은 그저 당신이 나쁘게 행동했다고 스스로 믿고 있다는 사실을 반영할 뿐이다. 이것은 사실일 수도 있지만 대개는 그렇지 않다. 예를 들어 부모가 피곤함과 속상함을 느끼고 아이들의 행동을 잘못 해석할 때 아이들은 흔히 부적절하게 벌을 받는다. 이 상황에서 그 불쌍한 아이의 죄의식이 아이가 나쁜 짓을 했다고 증명하지 않음은 명백하다.

자기처벌적 행동 유형은 죄의식 순환을 강화한다. 당신의 죄의식을 도발하는 사고들은 자신의 나쁨에 대한 신념을 강화하는 비생산적인 행동에 이른다. 예를 들어 죄의식 경향이 있는 신경학자가 전문의 자격 시험을 준비하려고 애쓰고 있었다. 그녀는 시험 공부를 하는 데 어려움을 겪었고, 공부하지 않은 데 대해 죄의식을 느꼈다. 그리하여 그녀는 매일 밤 텔레비전을 보며 시간을 낭비했다. 그러는 동안에도 그녀의 마음속에는 다음의 생각들이 스쳐간다. "나는 텔레비전을 보아서는 안 된다. 나는 자격 시험 공부를 해야 한다. 나는 게으르다. 나는 의사가 될 자격이 없다. 나는 너무 자기중심적이다. 나는 벌 받아야 한다." 이 생각들은 그녀로 하여금 강하게 죄의식을 느끼게 했다. 그때 그녀는 "이 죄의식은 내가 얼마나 게으르고 좋지 못한 사람인가를 증명한다"고 추리했다. 이처럼 그녀의 자기처벌적 사고와 죄의식의 느낌은 서로를 강화했다.

죄의식 경향이 있는 다른 사람들과 마찬가지로, 그녀는 자신을 충분히 벌주면 자기가 결국 움직이게 될 거라는 생각을 했다. 그러나 불행히도 진실은 정반대편에 있었다. 그녀의 죄의식은 에너지를 단지 소진시켜 그녀가 게으르고 부적절하다는 신념을 강화시켰다. 그녀의 자기혐오로부터 유래한 유일한 행동이라고는 아이스크림과 땅콩버터로 돼지 같은 생활을 하기 위해 냉장고로 가는 한밤의 강박적인 여행뿐이었다.

그녀가 자신을 빠뜨린 악순환이 〈그림 8-1〉에 나타나 있다. 그녀의 부정적 사고와 느낌 및 행동이 자기가 '나쁘고' 통제 불가능하다는 자멸적이고 잔인한 환상의 형성에 제각기 한 몫씩 했다.

죄의식의 무책임성

당신이 실제로 어떤 부적절하거나 유해한 일을 했다면 자신이 고통을 받아야 한다는 결론이 나오는가? 당신이 이 질문에 대해 긍정적으로 느

> **그림 8-1** 한 신경학자는 자기비판적 사고가 자신에게 너무 죄의식을 느끼게 한 나머지 자격 시험을 준비하는 데 어려움을 겪었다. 그녀의 미루는 버릇은 자기가 나쁘고 처벌받아 마땅하다는 확신을 강화했다. 더 나아가 이 확신은 문제를 해결하려는 그녀의 동기부여를 갉아먹었다.

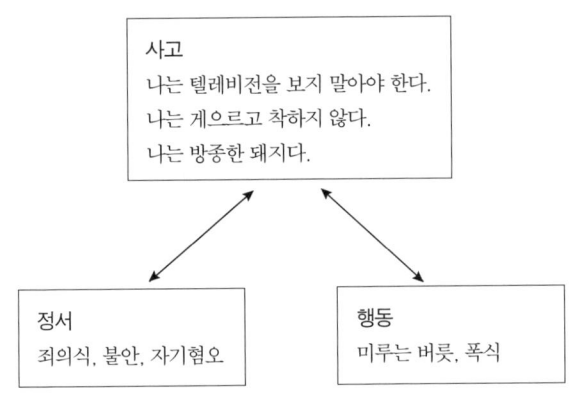

끼다면 "얼마나 오래 고통 받아야 하나?"라고 자문해보라. "하루? 1년? 남은 일생 내내?" 당신은 어떤 판결을 자신에게 부과하기로 선택할 것인가? 당신의 형량을 마쳤을 때 당신은 고통을 받고 자신을 비참하게 하기를 기꺼이 멈추겠는가? 이것은 시간제한적이므로 당신 자신을 벌주는 하나의 최소한 책임 있는 방법이 될 것이다. 그러나 처음에 죄의식으로 당신 자신을 학대하는 목적이 무엇인가? 당신이 실수를 저지르고 유해한 방식으로 행동했다면 죄의식이 그 실책을 어떤 마술적인 방법으로 바꾸어놓지 못한다. 또한 당신이 앞으로 같은 실수를 할 기회를 줄이기 위하여 학습하는 과정을 가속시키지도 않는다. 당신이 죄의식을 느끼고 자신을 이런 식으로 낮춰봄으로써 다른 사람들은 당신을 더 이상 사랑하거나 존경하지 않을 것이다. 당신의 죄의식은 생산적인 삶으로 나아가지 않을 것이다. 그러니 목적이 무엇인가?

사람들은 "그러나 죄의식을 느끼지 않으면 어떻게 도덕적으로 행동하고 충동을 통제할 수 있는가?" 하고 묻는다. 이것은 삶에 대한 보호관찰관 식 접근이다. 명백히 당신은 자신을 아주 외고집이고 통제 불가능하다고 보고 있으므로 난폭해지지 않도록 자신을 끊임없이 책벌해야 하는 것이다. 확실히 당신의 행동이 다른 사람에게 쓸데없이 유해한 영향을 준다면, 고통스런 양심의 작은 가책이라도 정서적 각성 없이 과오를 메마르게 인정하는 것보다는 좀 더 효과적으로 당신의 자각을 더해줄 것이다. 그러나 자신을 나쁜 사람으로 보는 것은 누구에게도 결코 도움이 되지 않는 것이 확실하다. 흔히 당신이 나쁘다는 신념은 '나쁜' 행동의 원인이 된다.

변화의 학습은 당신이 1) 실수가 발생했음을 인정하고 2) 그 문제 해결을 위한 전략을 개발할 때 아주 쉽사리 생겨난다. 자기사랑과 긴장의 이완은 변화의 학습을 촉진하는 반면, 죄의식은 흔히 방해한다.

예를 들어 가끔 환자들은 내가 자기들을 나쁘게 애먹이는 날카로운 언급을 한다고 나를 비판하다. 이 비판은 보통 나의 느낌에 상처를 줄 뿐이지만, 거기에 한 가닥의 진리가 있으면 내 죄의식을 불러일으킨다. 내가 죄의식을 느끼고 나 자신을 '나쁘다'고 낙인찍는 만큼 나는 방어적으로 반응하는 경향이 있다. '나쁜 사람'이라는 느낌은 매우 싫은 것이므로 나는 내 잘못을 부인하거나 합리화하든지, 아니면 반격하려는 충동을 가진다. 이것은 그 잘못을 인정하거나 고치는 것보다 나를 더욱 힘들게 한다. 그 반대로 내가 나 자신에게 장광설을 늘어놓거나 자기존경의 상실을 체험하지 않는다면 나의 잘못을 인정하기는 쉽다. 그리고 나는 쉽게 문제를 고치고, 그것으로부터 배울 수도 있다. 죄의식을 덜 가질수록 더 효과적으로 할 수 있다.

이처럼 당신이 실수하여 잡쳐버릴 때 요구되는 것은 인정과 학습과 변화의 과정이다. 죄의식이 이들 중 무엇과 함께 당신에게 도움을 주는가?

나는 그렇다고 생각하지 않는다. 죄의식은 당신의 잘못에 대한 인정을 촉진하기보다는 당신으로 하여금 은폐 수술에 종사하게 한다. 당신은 어떤 비판에도 귀를 막고 싶어한다. 당신은 그 느낌이 아주 끔찍하다는 까닭으로 당신이 잘못이란 것을 참을 수 없다. 죄의식은 반생산적이라는 이유가 여기에 있다.

당신은 "죄의식을 느끼지 않으면 무언가 잘못을 저질렀음을 어떻게 알 수 있는가? 죄의식이 없다면 나는 통제되지 않고 파괴적인 이기심의 맹목적 날뛰기에 푹 빠지지 않을까?"라고 항변할 수 있다.

가능한 이야기다. 그러나 정직하게 말해서 나는 정말 그럴지 의심스럽다. 당신은 자신의 죄의식을 도덕적 행동을 위해서라면 더욱 계몽된 토대, 곧 감정이입으로 대치할 수 있다. 감정이입은 당신 행동의 좋은 결과와 나쁜 결과를 눈앞에 그려보는 능력이다. 감정이입은 당신이 자신과 다른 사람에게 하는 행동의 영향을 개념화하고, 당신 자신을 원래 나쁜 사람으로 낙인찍지 않으면서 슬픔과 후회를 적절하고 순수하게 느끼는 자기향상적 태도로 당신의 행동을 인도하는 데 필요한 정신적·정서적 분위기를 제공한다.

이 기준들을 이용해 당신은 자신의 느낌이 정상적이고 건강한 양심의 가책의 느낌인지, 아니면 자멸적이고 왜곡된 죄의식인지 쉽게 확정할 수 있다. 자문해보라.

1) 하지 말았어야 할 '나쁜' 또는 '불공정한' 또는 쓸데없이 유해한 어떤 일을 나는 의식적·계획적으로 했는가? 아니면 나는 불합리하게도 나 자신을 완벽하거나 전지하거나 전능하다고 기대하고 있는가?
2) 나는 이 행동 때문에 나 자신을 **나쁜** 또는 **타락한** 사람으로 명명하고 있는가? 나의 생각은 확대나 지나친 보편화 등의 다른 인지 왜곡들

을 포함하는가?
3) 나는 현실적인 후회나 양심의 가책을 느끼고 있는가? 그것들은 내 행동의 부정적 영향에 대한 감정이입적 자각에서 나온 것인가? 나의 고통스런 정서적 반응의 강도와 기간이 내가 실제로 저지른 행동에 적절한가?
4) 나는 내 잘못으로부터 배우고 변화를 위한 전략을 개발하고 있는가? 아니면 침울해하고 비생산적으로 반추하거나, 심지어 파괴적인 태도로 나 자신을 벌주고 있는가?

이제 당신 자신에게 부적절한 죄의식들을 제거하고 자기존경을 극대화해줄 몇 가지 방법들을 재검토해보자.

1. 역기능 사고의 매일 기록표

앞에서 당신은 낮은 자기존중과 무력감을 극복하기 위해 역기능 사고의 매일 기록표를 소개받았다. 이 방법은 죄의식을 포함한 여러 악성 정서들에 좋은 효과를 낸다. '상황'이라고 이름 붙인 단에 당신을 죄의식으로 이끈 사건을 기록하라. 당신은 "나는 동료에게 호되게 말했다" 또는 "나는 10달러를 주기는커녕 동창회의 모금 호소문을 휴지통에 던져넣었다"라고 쓸 수 있다. 그리고 당신 머릿속의 그 독재자 같은 확성기에 파장을 맞추고 죄의식을 만들어내는 고발들을 확인하라. 마지막으로 왜곡들을 알아내고 더 객관적인 사고들을 적어라. 이 과정은 반드시 고통의 경감을 가져온다.

한 사례가 〈표 8-1〉에 있다. 셸리는 연기 경력을 쌓기 위해 뉴욕으로 이사하기로 결정한 잔뜩 긴장한 여성이었다. 그녀와 그녀의 어머니는 아파트를 구하기 위해 길고 피곤한 하루를 보낸 뒤 필라델피아로 돌아가는 기

표 8-1

상황	정서	죄의식을 도발하는 생각	인지 왜곡	합리적 반응	결과
어머니는 매우 지쳤고, 열차에 대한 이해가 부족한 우리는 편의시설이 없는 기차를 탔다.	극도의 죄의식, 좌절, 화, 자기연민	1. 아, 엄마는 나와 함께 오늘 뉴욕을 다 돌아다녔다. 그런데 내가 제대로 설명하지 않은 탓에 지금 엄마는 물 한 잔 얻어 마실 수 없는 기차를 탔다. 나는 '아무 음식 없음'이 스낵을 의미하지 않는다고 설명했어야 한다.	1. 인격화, 정신적 필터, 해야 한다 진술	1. 나는 엄마 때문에 기분이 좋지 않다. 그러나 기차 여행은 단지 한 시간 반이다. 나는 모든 것을 설명한 줄 알았다. 우리 모두 때때로 실수한다고 생각한다.	상당한 안도감
		2. 지금 내 기분은 끔찍하다. 나는 너무 이기적이다.	2. 정서적 추리	2. 나는 엄마보다 더 속상하다. 이미 엎질러진 물이다. 쏟아진 우유를 놓고 울지 말라.	
		3. 왜 나는 언제나 모든 일을 망치는가?	3. 지나친 보편화, 인격화	3. 나는 모든 일을 망치진 않는다. 엄마가 잘못 이해한 것은 내 잘못이 아니다.	
		4. 엄마는 내게 너무 잘해주는데, 나는 기생충이다.	4. 명명, 전부 아니면 무사고	4. 한 사건이 기생충을 만들지는 않는다.	

차를 탔다. 그러나 그들은 실수로 음식 서비스나 안락한 특등차가 없는 열차를 타버린 것을 발견했다. 셸리의 어머니는 칵테일 서비스가 없는 것을 불평하기 시작했고, 셸리에게는 죄의식과 자기비판의 느낌이 밀어닥쳤다. 그녀는 자신의 죄의식을 도발한 사고를 기록하고 말대꾸하면서 상당한 안도감을 느꼈다. 그녀는 죄의식을 극복함으로써 그런 좌절적 상황에서 평소 빠지던 발끈하는 성질을 피했다.

2. 해야 한다 제거 기법

여기에 당신이 사이좋게 지내온 그 모든 불합리한 '해야 한다' 진술을 감소시킬 몇 가지 방법이 있다. 첫 번째는 당신 자신에게 "내가 해야 한다고 누가 말하는가? 내가 해야 한다고 어디에 씌어 있는가?"라고 묻는 것이다. 이 질문의 목적은 당신이 불필요하게도 자신에 대해 비판적임을 자각하게 만드는 것이다. 당신은 궁극적으로 자신의 규칙을 만들므로 일단 어떤 규칙이 자신에게 유용하지 않다고 결정하면 그것을 개정하거나 제거할 수 있다. 당신은 언제나 배우자를 행복하게 해줄 수 있어야 한다고 자신에게 말한다고 가정하자. 이 규칙이 현실적이지도 유용하지도 않음을 체험을 통해 알 수 있다면 당신은 더 타당한 규칙으로 고쳐 쓸 수 있다. 이를테면 "나는 가끔 내 배우자를 행복하게 해줄 수는 있어도 언제나 그럴 수는 없다는 것이 확실하다. 궁극적으로 행복은 내 배우자에게 달려 있다. 그리고 내 배우자가 완벽하지 않듯이 나도 완벽하지 않다. 그러므로 나는 언제나 감사를 받으리라고 기대하지 않을 것이다"라고 말할 수 있다.

어느 특정 규칙의 유용성을 결정할 때 "나 자신을 위해 그 규칙을 가짐으로써 얻는 것과 잃는 것은 무엇인가? 언제나 내 배우자를 행복하게 해줄 수 있어야 한다고 믿는 것이 내게 얼마나 도움이 될 것인가? 그리고 이러한 믿음의 대가는 무엇일까?"라고 자문하는 것이 도움이 될 수 있다. 당신은 〈표 8-2〉의 2단기법을 사용해 그 이익과 불이익을 평가할 수 있다.

당위진술을 제거하는 간단하고도 효과적인 다른 방법은 2단기법을 이용해 '해야 한다'를 다른 말로 대치하는 것이다. "…한다면 좋을 텐데" 또는 "…할 수 있으면 좋겠다고 생각한다" 같은 어구는 좋은 성과를 내며, 흔히 더 현실적이고 덜 기분 나쁘게 들린다. 예를 들어 "나는 아내를 행복하게 해줄 수 있어야 한다"고 말하는 대신에 "나는 내 아내를 행복하게 해줄 수 있으면 좋겠는데. 그녀가 무엇 때문에 속상한지 물어서 내가 도

표 8-2 "나는 언제나 아내를 행복하게 해줄 수 있어야 한다"고 믿는 것의 이익과 불이익.

이익	불이익
1. 그녀가 행복해할 때 나는 해야 할 바를 하고 있다고 느낄 것이다.	1. 그녀가 행복해하지 않을 때 나는 죄의식을 느끼고 나 자신을 탓할 것이다.
2. 나는 좋은 남편이 되려고 아주 열심히 일할 것이다.	2. 그녀는 내 죄의식으로 나를 조작할 수 있다. 그녀가 생각한 대로 하고 싶어하는 어느 때라도 그녀는 졸렬하게 행동할 수 있다. 그러면 나는 너무 기분 나빠서 물러서야 할 것이다.
	3. 그녀가 꽤 오랫동안 행복해하지 못하므로 나는 쉽게 실패자처럼 느낄 것이다. 그녀의 불행은 흔히 나와는 아무 관련이 없으므로 이 느낌은 에너지 낭비일 것이다.
	4. 나는 그녀가 내 기분에 대해 그토록 큰 영향력을 행사하도록 방치한 점에 대해 결국 분개하게 될 것이다.

울 수 있는 길이 있는지 알아봐야겠다"라고 할 수 있다. 아니면 "나는 아이스크림을 먹어버리지 말았어야 했다" 대신에 "내가 아이스크림을 먹지 않았더라면 더 좋았을 텐데. 그러나 내가 한 행동이 이 세상 끝장날 일은 아니다"라고 말할 수 있다.

또 다른 반(反) 해야 한다 방법에는 당신 자신에게 당위진술이 현실과 맞지 않음을 보여주는 것이 있다. 예를 들어 "나는 X를 하지 말았어야 했다"고 당신이 말할 때, 1) 당신이 '말았어야 했다'가 사실이고 2) 이렇게 말하는 것이 당신에게 도움이 될 거라고 놀랍게도 가정한다. 지금 우리가 논하는 '현실 방법'은 놀랍게도 진실은 보통 정반대라고 밝혀준다. 다시 말해 1) 사실에 관해서 당신은 행한 바를 했어야 했다. 2) 당신이 하지 말았어야 했다고 말하는 것은 자신에게 상처를 준다.

쉽사리 믿기지 않는가? 설명해보겠다. 당신은 식이요법을 하려고 애쓰던 참인데 아이스크림을 조금 먹었다고 가정하자. 그러면 당신은 "나는 이 아이스크림을 먹지 말았어야 했다"는 생각을 가진다. 우리 대화 중에 나는 당신이 그 아이스크림을 먹지 말았어야 했다가 정말 **진실**이라고 우기길 바란다. 그리고 나는 당신 논증을 반박하려 애쓰겠다. 다음은 실제 대화를 따라 만든 내용으로, 내가 그랬듯이 당신도 즐거움과 도움을 발견하길 바란다.

번즈 당신이 식이요법 중인데 아이스크림을 먹었다지요? 나는 당신이 그 아이스크림을 **먹었어야** 했다고 생각합니다.

당신 아니, 이런. 있을 수 없는 일이로군요. 나는 식이요법 중이므로 먹지 말았어야 했소. 알다시피 나는 체중을 줄이려고 노력 중입니다.

번즈 그래도 나는 당신이 그 아이스크림을 **먹었어야** 했다고 생각합니다.

당신 번즈 박사, 당신은 우둔한가요? 나는 체중을 줄이려고 노력 중이니 그러지 말았어야 했어요. 그게 내가 당신에게 말하려는 거요. 내가 아이스크림을 먹으면 어떻게 체중을 줄일 수 있겠소?

번즈 그러나 실제로 당신은 그것을 먹었습니다.

당신 예, 그게 문제지요. 나는 그 짓을 하지 말았어야 하는데. 이제 이해합니까?

번즈 그리고 당신은 "일들이 현실과 달랐어야 했다"고 주장하고 있습니다. 그러나 현실은 현실입니다. 그리고 현실은 보통 상당한 이유가 있어서 존재하는 것입니다. 당신은 당신이 한 바를 왜 했다고 생각합니까? 당신이 아이스크림을 먹은 이유는 무엇입니까?

당신 우선 속상하고 신경질적이었으며, 나는 기본적으로 돼지니까요.

번즈 좋아요. 당신은 속상하고 신경질적이었습니다. 당신은 속상하고 신경질적일 때 먹는 유형입니까?

당신 맞아요. 나는 여하한 자기통제가 없어요.

번즈 그래서 당신이 신경질적이던 지난주에 습관적으로 하던 바를 행할 거라고 기대하는 것이 자연스럽지 않습니까?

당신 그래요.

번즈 그러니 당신은 그걸 행하는 아주 오래 계속된 습관을 가지고 있으므로 그걸 **했어야 했던** 거라고 결론짓는 것이 사리에 맞지 않을까요?

당신 내가 느끼기에 마치 당신은 내가 아이스크림을 계속 먹어 끝내는 살찐 돼지처럼 **죽어야 한다**고 말하는 것 같군요.

번즈 나와 대화하는 사람 대부분은 당신만큼 까다롭지 않습니다! 여하튼 나는 당신에게 돼지처럼 행동하라고 말하는 것이 아닙니다. 또 당신이 속상할 때 먹어대는 나쁜 습관을 계속하라고 권고하고 있지도 않습니다. 내가 말하는 바는 당신이 한 문제의 대가로 두 문제를 자신에게 부과하고 있다는 점입니다. 한 문제란 당신이 사실상 식이요법을 어겼다는 것이고, 두 문제는 당신이 그것을 했다고 자신에게 가혹하게 군다는 것입니다. 그 두 번째 두통은 당신에게 쓸모없는 것인데도 말입니다.

당신 당신은 내가 신경질적일 때 먹어대는 습관이 있으니까 그 습관을 바꿀 어떤 방법을 배우기 전까지는 계속 그럴 거라고 말하는 것이로군요.

번즈 내가 하고 싶던 말을 당신이 더 잘 표현해주었습니다.

당신 그래서 나는 오직 그 습관을 바꾸지 않았으므로 그 아이스크림을 먹었어야 했다는 거지요? 그 습관이 계속되는 한 나는 신경질적일 때마다 과식을 계속할 것이고 해야 한단 말이지요? 무슨 말인지 알겠어요. 기분이 좋고 나아졌어요. 한 가지만 빼고는. 내가 어떻게 그만두는 것을 배울 수 있나요? 어떻게 내가 내 행동을 더욱 생산적인 방법으로 수정하는 좋은 전략을 개발할 수 있나요?

번즈 당신은 자신을 채찍이나 당근으로 동기부여할 수 있습니다. 스스로에게 "나는 이것을 해야 한다" 또는 "나는 저것을 하지 말아야 한다"고 하루 종일 말할 때 당신은 인생에 대한 해야 한다 식의 접근 때문에 수렁에 빠질 것입니다. 그리고 당신은 이미 자신이 무엇으로 끝나게 될지 알고 있습니다. 정서적 변비. 그 대신 당신이 만사를 움직이고 싶다면 처벌보다는 보상으로 자신을 동기부여하도록 노력하라고 권고합니다. 이 방법이 더 효과적으로 작용하는 걸 보게 될 것입니다.

내 경우에는 '도트와 도넛' 식이요법을 했다. 메이슨 도트(껌 사탕)와

윤이 나는 도넛은 내가 즐기는 두 가지 단 음식이다. 나는 식욕을 통제하기 가장 어려운 때가 공부하거나 텔레비전을 보는 저녁 시간임을 발견했다. 나는 아이스크림을 먹으려는 충동을 느끼곤 했다. 그래서 나는 나 자신에게 내가 이 충동을 통제하면 아침에 크고 신선하며 윤나는 도넛 하나와 저녁에 메이슨 도트 한 상자를 상으로 주리라고 말했다. 그러고는 그것들이 얼마나 맛있는지 집중했다. 이 생각이 내가 아이스크림을 잊도록 도와주었다. 덧붙이자면 나는 또한 내가 실수해서 아이스크림을 먹어도, 다시 식이요법을 시도한다면 그에 대한 포상으로 또는 빠져나온 데 대한 동정으로 도트와 도넛을 받을 수 있다는 규칙을 갖고 있었다. 어느 식이든 내게 도움이 되어 나는 체중을 23킬로그램이나 줄였다.

나는 또한 다음 3단논법을 만들었다.

1) 사람들은 식이요법 중 때때로 실수한다.
2) 나는 사람이다.
3) 그러므로 나는 때때로 실수해야 한다.

이 논법은 내게 큰 도움이 되었고, 주말의 연회에 가서 과식을 해도 기분이 좋았다. 나는 보통 주말에 느는 것보다 더 많은 체중을 주중에 줄였다. 그래서 전반적으로 체중은 줄고 나는 즐거운 시간을 보냈다. 식이요법에서 실수할 때마다 나는 스스로 그 과실을 비판하거나 죄의식을 느끼도록 허락하지 않았다. 나는 그것을 '무엇이든 - 먹으면서 - 언제든지 - 죄의식 없이 - 즐기는 - 식이요법'으로 생각하기 시작했고, 너무 재미있어서 마침내 목표한 체중에 이르게 되었을 때 가벼운 실망감을 느낀 정도였다. 당시에는 식이요법이 너무 즐거워서 5킬로그램이나 더 감량했다. 나는 적당한 **태도**와 **느낌**이 해결의 열쇠라고 믿는다. 그것으로 당신은 산

(山), 살로 된 산도 옮길 수 있다.

과식, 지나친 흡연, 과음 같은 나쁜 습관을 고치려고 할 때 당신을 주로 제지하는 것은 통제할 수 없다는 자신의 신념이다. 이러한 통제 결여의 원인은 해야 한다 진술들이다. 그것들이 당신을 패배시킨다. 예를 들어 당신이 아이스크림 먹기를 피하려고 애쓴다고 가정하자. 당신은 텔레비전을 보며 "아, 나는 정말 공부해야 하고 아이스크림을 먹지 말아야 하는데…"라고 말한다. 이제 자문해보라. "내가 나 자신에게 이렇게 이야기할 때 나는 어떤 느낌인가?" 내 생각에 당신은 그 답을 알고 있다. 당신은 죄의식과 신경질을 느낄 것이다. 그러면 당신은 어떻게 하는가? 가서 먹는다! 그것이 요점이다. 당신이 먹는 이유는 자신에게 하지 말아야 한다고 말하기 때문이다. 그러면 당신은 자신의 죄의식과 불안감을 더 많은 음식 더미 아래에 묻으려고 노력한다.

또 하나의 간단한 해야 한다 제거 기법은 손목계수기다. 일단 해야 한다가 당신에게 도움이 되지 않는 것을 확신하게 되면 그것들을 셀 수 있다. 해야 한다 진술을 할 때마다 계수기를 누른다. 그런 다음에는 매일 총계에 기초한 보상 체계를 확실히 세워라. 더 많은 당위진술을 이런 식으로 발견해내면 더 큰 상을 받는다. 몇 주가 지나면 해야 한다 진술의 일일 총계가 하강하기 시작하며, 죄의식을 덜 느끼게 됨을 알아차리게 될 것이다.

또 다른 해야 한다 제거 기법은 당신이 자신을 정말 믿지 않는다는 사실을 겨냥하는 것이다. 이 모든 당위진술이 없으면 당신은 거칠어져서 파괴나 살인, 심지어 아이스크림 먹어치우기의 발작적 광폭성에 이를 거라고 생각할 수도 있다. 이것을 평가하는 한 가지 방법은 당신 자신에게 생애에서 특별히 행복하고 상당히 성취되고 생산적이며 통제된 느낌을 가진 때가 있었는지 묻는 것이다. 계속 읽어가지만 말고 잠시 숙고하라. 그리고 이 시기의 정신적 그림을 가지고 있다고 확신하라. 이제 자문하라.

"내 인생의 그 시기 동안 나는 많은 해야 한다 진술로 나 자신을 채찍질 했는가?" 내 생각에 당신 답은 '아니오'일 것이다. 그러면 당신은 이 모든 거칠고 끔찍한 일들을 했던가? 내게 말하라. 내 생각에 당신은 '해야 한다'에서 자유롭고 통제할 수 있었음을 깨달을 것이다. 이것은 당신이 이 모든 해야 한다 없이도 생산적이고 행복한 생활을 할 수 있다는 증거다.

당신은 이 가설을 앞으로 몇 주 안에 하나의 실험으로 조사할 수 있다. 여러 가지 기법을 이용해 당신의 해야 한다 진술을 줄이도록 노력하라. 그리고 당신의 기분과 자기통제에 무엇이 생기는지 보라. 내 생각에 당신은 만족할 것이다.

당신이 의지할 수 있는 또 다른 방법은 강박적 불법 침입자 기법이다. 하루에 세 차례 2분씩 당신의 모든 해야 한다 진술과 박해를 크게 이야기하도록 시간표를 짜라. 이를테면 "나는 문 닫기 전에 시장에 갔어야 했다"와 "나는 컨트리클럽에서 코를 후비지 말았어야 했다"와 "나는 그런 타락한 부랑자다" 등이다. 당신이 생각해낼 수 있는 가장 고약한 자기비판을 그저 빨리 열거하라. 그것을 기록하거나 녹음하는 것은 특히 유용할 것이다. 그리고 그것을 크게 읽거나 녹음된 테이프로 들어보라. 이 방법은 당신으로 하여금 그 진술들이 얼마나 우스운지 깨닫도록 도와줄 것이다. 당신의 해야 한다를 이 계획된 시간에 제한시키도록 노력하라. 그러면 다른 시간에 그것 때문에 시달리지 않을 것이다.

해야 한다 진술과 싸우는 또 다른 기법은 당신 지식의 한계와 연락하는 것이다. 나는 성장하면서 "네 한계를 받아들이기를 배워라. 그러면 넌 행복한 사람이 될 수 있다"는 말을 들었다. 그러나 그 말이 무슨 뜻인지, 어떻게 실천하는지 일부러 설명해준 사람은 아무도 없었다. 더구나 그것은 마치 "네가 실제로는 얼마나 2등급 폐인인지 알아라"라는 듯 언제나 약간 격하의 말처럼 들렸다.

실제에서 그것은 그만큼 나쁜 것이 아니다. 당신이 흔히 과거를 회상하며 자기 실수에 대해 침울해한다고 가정하자. 예를 들어 신문의 경제 면을 검토하면서 중얼거린다. "나는 저 주식을 사지 말았어야 했어. 2포인트 떨어졌군." 이 덫에서 벗어나는 한 방법으로 당신 자신에게 물어보라. "자, 내가 주식을 살 때 값이 떨어질 줄 알았는가?" 나는 당신이 '아니다'라고 말하지 않겠나 생각한다. 이제 물어보라. "떨어질 줄 알았다면 내가 그것을 샀을까?" 다시 당신은 '아니다'라고 답할 것이다. 그러니 당신이 진정 하고 있는 말은 그때 이 사실을 알았더라면 달리 행동했을 거라는 점이다. 그러려면 당신은 절대적 확실성으로 미래를 예언할 수 있어야 할 것이다. 다시 당신의 답은 '아니다'가 틀림없다. 당신은 둘 중 하나를 선택할 수 있다. 즉 당신은 자신을 제한된 지식을 가진 완벽하지 않은 인간으로 받아들이기로 결심하고 자신이 때때로 실수한다는 것을 깨닫거나, 아니면 그 점 때문에 당신 자신을 미워하는 것이다.

해야 한다와 싸우는 또 다른 효과적인 길은 "왜 내가 그래야 하는가?"라고 묻는 것이다. 그러고나서 당신은 그 잘못된 논리를 폭로하기 위해 자신이 제안한 증거에 도전할 수 있다. 이런 식으로 당신은 자신의 당위진술이 불합리했음을 밝힐 수 있다. 예를 들어 당신이 누군가를 고용해 일을 시킨다. 그 일은 잔디 깎기나 페인트칠일 수도 있다. 청구서를 받았는데, 그 액수가 당신의 짐작보다 더 많아 보인다. 그러나 당신은 그의 그럴싸한 말에 설득되고 설복당해 청구액을 치르고 만다. 당신은 손해 본 기분이다. 당신은 더 강하게 행동하지 않은 것에 대해 자책하기 시작한다. 역할수행을 하자. 그리고 당신은 지나치게 값을 치른 바보스런 호인이라고 하자.

당신   어제 나는 그 녀석에게 청구한 액수가 너무 많다고 말했어야 했는데…….

번즈   그에게 더 낮은 견적을 제출하라고 말했어야 했단 말이지요?

당신   그래요. 나는 더 단언적이었어야 했어요.

번즈   왜 그랬어야 하지요? 거리낌 없이 자신을 위해 말하는 것이 당신에게 도움이 되었을 거라는 점은 나도 동의합니다. 당신이 미래에 그와 같은 상황에서 더 잘하기 위하여 당신의 단언적 기술을 개발하는 데 노력할 수 있습니다. 그러나 요점은 왜 당신이 어제 더 효과적이었어야 했다는 겁니까?

당신   그건, 나는 언제나 사람들이 나를 이용하도록 내버려두었기 때문입니다.

번즈   좋습니다. 당신 추리의 노선을 생각해봅시다. "나는 언제나 사람들이 나를 이용하도록 내버려두기 때문에 나는 어제 더 단언적이었어야 했다." 자, 이것에 대한 합리적 반응은 무엇입니까? 당신 진술에 조금 비논리적으로 보이는 것이 있습니까? 당신 추리에 의심스런 것이 있습니까?

당신   음… 생각 좀 해보고요. 그래요, 우선 내가 언제나 사람들이 나를 이용하도록 내버려둔다는 것은 정확히 진실이 아니에요. 그것은 지나친 보편화일 겁니다. 나는 때때로 내 멋대로 하지요. 사실 가끔 나는 아주 요구적일 수 있어요. 더구나 내가 언제나 이용당하고 있는 것이 사실이라면 나는 내가 늘 하던 대로 정확히 행동했어야 했다는 결론이 나오는군요. 그건 내 습관이니까요. 내가 사람들을 대하는 몇 가지 새로운 방법을 숙달하기 전까지는 아마도 이 문제를 계속 가지고 있을 것 같군요.

번즈   훌륭합니다. 아주 잘 표현했습니다. 내가 당위진술에 대해 한 말을 당신이 골똘히 생각한 것을 알겠습니다! 나의 모든 독자가 당신만큼 재치 있고 주의 깊기를 바랍니다! 당신 생각에 당신이 달리 행동했어야 했다는 다른 이유들이 있습니까?

당신   음, 글쎄요. 이건 어때요? 내가 신세진 것보다 더 많이 지불하지 않아도 되었으므로 나는 더 단언적이었어야 했다?

번즈   좋아요. 이제 거기에 대한 합리적 반응은 무엇이지요? 그 논증에 비논리적인 것은 무엇입니까?

당신   아이 참, 나는 인간이므로 언제나 올바른 일을 하지는 못합니다.

번즈   정확합니다. 사실 다음 3단논법이 당신에게 도움이 될 겁니다. 첫째 전제, 모든 인간은 때때로 너무 많이 지불하는 것 같은 실수를 한다. 여기까지 동의합니까?

당신   네.

번즈   그리고 당신은 무엇이지요?

당신   인간.

번즈   그러면 무슨 결론이 나옵니까?

당신   나는 실수를 해야 한다.

번즈   맞습니다.

그것은 틀림없이 당신에게 충분한 해야 한다 진술 제거 기법이다. 아이쿠! 내가 그걸 해냈구나! 한마디하자면, 당신이 그 방법들의 유용성을 발견하면 좋겠다. 나는 당신이 이 정신적 포학 행위를 감소시킴으로써 자신을 호되게 꾸짖지 않으면서 기분이 나아질 거라고 생각한다. 당신은 죄의식을 느끼는 대신에 필요한 변화를 만들고 자기통제와 생산성을 향상시키는 데 에너지를 쏟을 수 있다.

3. 당신 주장을 고집하기를 배워라

당신의 죄의식 경향 때문에 당할 수 있는 불이익 가운데 하나는, 다른 이들이 당신을 조작하기 위해 이 죄의식을 이용해왔고 이용할 거라는 점이다. 당신이 모두를 즐겁게 할 의무가 있다고 느끼면, 당신 가족과 친구들은 당신에게 이익이 안 되는 많은 일을 하도록 당신을 효과적으로 강제할 수 있을 것이다. 사소한 예를 들자면, 당신은 다른 이들의 기분을 상하게 하지 않으려고 얼마나 많은 사회적 초청들을 받아들여왔는가? 이 경우에 당신이 '아니오'라고 정말 말하고 싶을 때 '예'라고 대답해서 지불하는 대가는 그리 크지 않다. 당신은 하루 저녁을 낭비하는 것으로만 끝난다. 그리고 거기에는 결정적 사실이 있다. 당신은 죄의식 느낌을 피할 수 있고, 자신이 특히 좋은 사람이라고 상상할 수 있다. 더구나 당신이 그 초대를 정중히 거절하면 실망한 주관자가 "그러나 우리는 당신을 기다리고 있습니다. 당신은 그 늙은 무리를 실망시키겠다는 말씀인가요? 제발요, 와주십시오"라고 말할 것이다. 그러면 당신은 뭐라고 대답하겠는가? 당신 기분은 어떨 것인가?

당신의 결정이 지나친 죄의식의 지배를 받게 되어 마침내 당신이 덫에 걸리고 비참해질 때 다른 이들을 즐겁게 하려는 당신의 강박관념은 더욱 비극적이게 된다. 흔히 다른 사람으로 하여금 죄의식에 있는 당신을 조작하도록 내버려둔 결과는 당신뿐만 아니라 다른 이에게도 파괴적인 상태로 끝난다는 점이 얄궂은 일이다. 비록 죄의식에서 비롯된 당신의 행동은 흔히 자신의 이상주의에 기초하고 있지만, 그런 양보가 내는 효과는 정반대의 것으로 드러난다.

예를 들어 마가렛은 행복한 결혼을 한 27세 된 여성이다. 그녀의 뚱보 오빠는 노름꾼이며, 그녀를 여러 방법으로 이용하는 경향이 있었다. 그는 돈이 떨어지면 그녀에게 돈을 빌려 가지만 번번이 갚지 않았다. 그는 시내에 있을 때(한번에 수개월씩 여러 차례) 그녀의 가족과 함께 매일 밤 식사하고 술 마시고 필요할 때마다 그녀의 새 차를 이용하는 것이 자신의 권리라고 생각했다. 그녀는 그의 요구에 응하는 것을 마음속으로 이렇게 다짐하며 합리화했다. "내가 그에게 부탁하거나 그의 도움을 필요로 할 때면 그도 나를 위해 똑같이 해줄 거야. 결국 사랑하는 남매는 서로 거들어주어야 하잖아. 게다가 내가 '아니오'라고 말하면 그는 격분하고 나는 그를 잃어버릴지 몰라. 그러면 나는 뭔가 잘못한 느낌일 거야."

동시에 그녀는 계속적인 양보의 부정적 결과를 볼 수 있었다. 1) 그녀는 그의 의존적·자멸적 생활양식과 노름 중독을 지원하고 있었다. 2) 그녀는 덫에 걸리고 이용당한 느낌이었다. 3) 관계의 기초는 사랑이 아니라 갈취였다(그녀는 그의 독재자 같은 기질과 그녀 자신의 죄의식 느낌을 피하려고 그의 요구에 계속 '예'라고 말하고 있었다).

나는 마가렛이 '아니오'를 말하고 자기주장을 재치 있으면서도 단호한 태도로 펼칠 수 있도록 그녀와 함께 역할수행을 했다. 나는 마가렛의 역할을 했고, 그녀는 오빠가 되었다.

오빠(마가렛이 연기한다)　너 오늘 밤에 차 쓸 거니?

마가렛(내가 연기한다)　지금은 계획 없어요.

오빠　내가 나중에 빌려 쓰려는데, 괜찮지?

마가렛　그러지 않으면 좋겠어요.

오빠　왜 안 돼? 너는 안 쓸 거잖아. 차는 마냥 서 있을 텐데 말이야.

마가렛　오빠는 내가 빌려주어야 할 의무가 있다고 느끼는 거예요?

오빠　아이 참, 나한테 차가 있고 네가 필요로 한다면 나도 너한테 똑같이 해주었을 거야.

마가렛　그렇게 느끼다니 고마워요. 하지만 비록 지금은 내가 차를 쓸 계획이 없지만 나중에라도 어디 갈 경우를 대비해서 차를 두었으면 하는데요.

오빠   그러나 너는 쓸 계획이 없잖니! 우리는 서로 도와가도록 자라왔잖아.

마가렛   그래요, 그랬지요. 오빠 생각에 그것이 내가 언제나 '예'를 말해야 함을 의미하는 건가요? 우린 서로를 위해 많은 걸 하고 있어요. 오빠는 내 차를 많이 사용했고, 지금부터라도 오빠가 자신의 교통수단을 준비하기 시작한다면 편안한 느낌일 거예요.

오빠   나는 단지 한 시간만 사용할 계획이고 네가 필요로 한다면 도로 갖다놓을 거야. 중요한 일이고 겨우 1킬로미터밖에 안 되는 거리야. 네 차에 무리가 가게 하지 않을 거야, 안심해.

마가렛   그것이 꽤 중요한 일처럼 들리는군요. 아마도 다른 교통수단을 마련해야겠지요. 그 거리를 걸어가면 안 되나요?

오빠   오, 좋아! 네가 그런 식으로 느낀다면 이제 내게 아무것도 부탁하지 마!

마가렛   오빠가 원하는 것을 내가 하지 않는다고 아주 화난 것 같군요. 내가 언제나 '예'라고 말해야 한다고 느끼나요?

오빠   이 잘난 동생과 그 철학! 집어치워! 나는 더 이상 그 데데한 이야기를 듣고 싶지 않아! (사나워지기 시작한다.)

마가렛   그것에 대해 더 이상 이야기하지 말아요. 아마 며칠 지나면 오빠는 다시 말하고 싶어지겠죠. 내 생각에 우리는 많은 것을 토의할 필요가 있어요.

이 대화를 마친 뒤에 우리는 마가렛이 더 단언적이 되는 연습을 할 수 있게 역할을 바꾸었다. 그녀의 오빠 역을 맡은 나는 가능한 한 고통스런 시간을 주었고, 그녀는 나를 다루는 법을 배웠다. 이 연습은 그녀의 용기를 북돋았다. 그녀는 오빠의 조작에 맞설 때 몇 가지 원칙들을 명심하면 도움이 된다는 걸 느꼈다. 1) 그녀는 그의 모든 요구에 '예'라고 말하지 않는 것이 자신의 권리임을 상기할 수 있다. 2) 그녀는 그의 허를 찌르기 위해 그의 논증에서(무장해제 기법) 한 가닥의 진리를 발견할 수 있다. 그러나 그녀는 사랑이 언제나 양보하는 것을 의미하지 않는다는 그녀의 입장으로 되돌아올 수 있다. 3) 그녀는 가능한 한 재치 있게 강하고 단호하며 타협하지 않는 입장을 택해야 한다. 4) 그녀는 그의 역할을 제 발로 설 수 없는 약하고 무력한 꼬마 소년으로 받아들여서는 안 된다. 5) 그녀는 그의 분노에 스스로 화냄으로 반응해서는 안 된다. 왜냐하면 그가 잔인하고 이기적인 마녀에 의해 부당하게 박탈당하고 있는 희생자라는 그의 신념을 강화시키기 때문이다. 6) 그녀는 그가 일시적으로 후퇴하고 대화를 피하며 그녀의 관점을 고려하지 않는다고 거절하는 것으로 위협할 가능성을 감수해야 했다. 그가 그렇게 했을 때 그녀는 그가 사나워지게 두었고, 그가 대화할 기분이 되었을 때 나중에 함께 토의하고 싶은 몇 가지 일들이 있음을 그에게 알려줄 수 있었다.

마가렛 그와 대결했을 때 그녀는 생각만큼 그가 다루기 힘든 상대가 결코 아님을 알았다. 그는 실제로 나아진 듯이 보였고, 그녀가 관계에 어떤 제한을 두었을 때 더욱 어른답게 행동하기 시작했다.

당신이 이 기법을 사용하기로 선택한다면 자기 의견을 굽히지 않을 결의가 되어 있어야 할 것이다. 왜냐하면 상대는 당신이 그들의 부탁을 들어주지 않음으로써 자신들에게 치명적인 상처를 준다고 속이려 들기 때문이다. 그러나 당신은 자신의 이익을 따르지 않음으로써 결국 그들에게 가하게 되는 상처가 보통 훨씬 더 크다는 점을 기억하라.

미리 연습하는 것은 성공의 열쇠다. 친구는 보통 기꺼이 당신과 역할수행을 해주고 몇 가지 유익한 피드백을 제공할 것이다. 그런 마땅한 사람이 없거나 부탁하기가 부끄러우면, 앞에서 소개한 형태의 가상적 대화를 적어보라. 그 방법은 두뇌의 해당 회로를 잘 가동시킴으로써 실제로 그런 상황이 닥쳤을 때 외교적이면서도 강하게 '아니오'라고 말하는 데 필요한 용기와 기술을 갖게 해줄 것이다.

4. 푸념꾼 대항 기법

이것은 이 책에 실린 가장 놀랍고도 기분 좋게 효과적인 방법 중 하나로, 누군가(대개 사랑하는 사람)가 넋두리나 불평과 잔소리로 당신을 좌절시키거나 죄의식과 무력감을 느끼게 만들 때 주문(呪文)처럼 잘 작용한다. 전형적 유형은 다음과 같다. 푸념꾼은 어떤 일이나 사람에 대해 당신에게 호소한다. 당신은 돕고자 하는 진지한 욕구를 느껴 제안을 하지만, 그는 즉시 당신의 제안을 억누르고 다시 불평한다. 당신은 긴장과 무력감을 느껴 더 열심히 애쓰면서 다른 제안을 하지만, 똑같은 반응을 얻는다. 당신이 그 대화에서 떠나려 하면 그 사람은 자기가 버림받고 있다고 넌지시 비춘다. 그리하여 당신은 죄의식에 빠진다.

시바는 대학원을 마쳤을 때 어머니와 함께 살았다. 그녀는 어머니를 사랑했지만 어머니 자신의 이혼과 재정난에 대한 장광설을 너무 참을 수 없어서 치료를 청해왔다. 나는 첫 치료 시간에 푸념꾼 대항 방법에 대해 다음과 같이 가르쳐주었다. 어머니가 무슨 말을 하든지 시바는 동의할 길을 찾아야 한다(무장해제 기법). 그리고 충고를 주는 대신 정말 칭찬하는 말을 해야 한다. 시바는 평소 자신의 접근법과 근본적으로 다른 이 접근에 대해 처음에는 놀랍고 기이하게 여겼다. 다음 대화에서 시범을 보이기 위해 내가 시바 역할을 하는 동안 나는 그녀에게 어머니 역할을 하도록 청했다.

시바(그녀 어머니 역할을 하며)   이혼 수속 동안 네 아버지가 사업출자분을 팔았는데, 내가 그 사실을 맨 나중에 알게 되었다는 것을 알고 있니?

번즈(시바의 역할을 하며)   정말 그래요. 이혼 수속에서야 알게 되셨지요. 그럴 수 없는 일인데 말이에요.

시바   나는 우리가 돈을 벌기 위해 뭘 해야 할지 모르겠다. 어떻게 네 동생의 대학 공부를 시키겠니?

번즈   그건 문제로군요. 우리는 돈이 없어요.

시바   그런 식으로 일을 해치우는 것은 꼭 네 아버지답지 뭐. 그의 머리는 제대로 되어 있지 않아.

번즈   그는 결코 가계 사정에 썩 밝지 못했어요. 어머니는 그 점에서 훨씬 나으셨죠.

시바   그는 기생충이야! 여기서 우리는 가난에 직면하고 있어. 내가 아프면 어떻게 하겠니? 우리는 구빈원에서 끝장을 볼 거야!

번즈   맞아요! 구빈원에서 산다는 것이 결코 재미있는 일은 아니지요. 난 어머니와 완전히 동감이에요.

시바는 어머니의 역할을 하던 중에 내가 자신에게 계속 동의해주어서 불평하는 것이 '재미없음'을 발견했다고 보고했다. 그녀가 그 기법을 숙달할 수 있도록 우리는 역할을 바꾸어 실시했다.

사실 그 단조로운 상호 작용을 지속시키는 것은 푸념꾼을 **도우려는** 당신의 충동이다. 역설적으로 당신이 그들의 비관적 푸념에 동의할 때 그들은 금방 힘이 빠지고 만다. 어쩌면 다음 설명이 그런대로 여기에 대한 해명이 될 것이다. 사람들은 푸념과 불평을 할 때 보통 화나고 압도당하고 불완전한 느낌이다. 당신이 그들을 **도우려** 할 때 그 도움은 그들이 만사를 적절히 처리하지 않고 있다는 뜻이므로 그들에게는 비판처럼 들린다. 반대로 당신이 그들에게 동의하고 칭찬을 더할 때 그들은 찬성받은 느낌이 들면서 보통 이완되고 조용해진다.

5. 무어리 불평가 방법

이 방법의 유용한 수정안이 스털링 무어리(Stirling Moorey)라는 우수한 영국인 의학도에 의해 제안되었다. 그는 필라델피아에서 우리 그룹과 함께 공부했고, 1979년에 나와 함께 여름 치료 학기에 참가했다. 그는 만성적 중증 우울증에 빠진 해리에트란 이름의 52세 된 조각가를 치료했다. 해리에트는 부드러운 심성의 소유자였다. 그녀의 문제는 친구들이 가끔 자신에게 잡담과 개인적인 문제들로 진저리나게 이야기를 걸곤 한다는 것이었다. 그녀는 자기의 지나친 감정이입 능력 때문에 이 문제가 자신의 기분을 나쁘게 함을 알았다. 그녀는 친구를 돕는 방법을 알지 못했으므로 '무어리 불평가 방법'을 배울 때까지는 덫에 걸리고 분개한 느낌이었다. 스털링은 그녀에게 친구가 말하는 바에 동의하고, 그 호소에서 적극적인 뭔가를 찾아 불평가를 미혹케 하며, 그에 대해 언급하도록 지시했을 뿐이다. 여기에 몇 가지 예가 있다.

1) **불평가** 오, 내 딸에 대해 내가 도대체 무엇을 할 수 있단 말인가? 그녀는 연기 나는 항아리(흡연가)가 되었으니…….
   반응 요즘에는 항아리가 많죠. 당신 딸이 아직도 그 멋진 예술 작업을 합니까? 그녀가 최근에 무슨 중요한 상을 탔다고 들었는데요.
2) **불평가** 우리 사장은 월급을 올려주지 않아요. 내가 승진한 것은 거의 1년 전 일이지요. 나는 여기 20년 동안 있었으니 더 나은 대우를 받아야 한다고 생각해요.

반응 확실히 당신은 여기서 고참이지요. 공헌도 많이 했고요. 당신이 20년 전에 일을 처음 시작했을 때 사정이 어땠는지 말해주겠어요?

3) **불평가** 제 남편은 집에서 결코 충분히 시간을 보내지 않는 것 같아요. 매일 밤 그는 그 지긋지긋한 볼링 시합을 나간답니다.

반응 당신도 요즘 볼링 좀 하지 않았나요? 내가 듣기에 당신이 꽤 높은 점수를 기록했다더군요!

해리에트는 무어리 불평가 방법을 금세 숙달했고, 그녀의 기분과 사고방식의 극적인 변화를 보고했다. 그 방법이 그녀에게 매우 현실적이고 압도적이던 문제를 다루는 간단하고 효과적인 해결책을 제공했기 때문이다. 그녀가 다음 치료 시간에 나타났을 때 10년이 넘게 그녀의 활동을 불능하게 만든 우울증은 많이 호전되어 거의 사라져 있었다. 그녀는 활기 넘치고 기뻐했으며, 스털링에게 당연한 칭찬을 퍼부었다. 당신이 당신의 어머니, 시어머니, 친구와 비슷한 문제를 갖고 있다면 스털링의 방법을 시도하라. 해리에트처럼 곧 웃게 될 것이다!

6. 전망을 개발하기

당신을 죄의식 느낌으로 이끄는 가장 흔한 왜곡 중 하나는 인격화, 즉 자신이 다른 사람의 느낌과 행동 또는 자연발생적인 사건들에 대해 궁극적으로 책임이 있다는 오도된 개념이다. 당신이 운영하는 클럽의 퇴임회장을 기리려고 계획한 대규모의 소풍날 예기치 않게 비가 내릴 때 느끼는 당신의 죄의식이 좋은 예가 될 것이다. 이 경우 당신은 날씨를 통제할 수 없는 것이 명백하므로 그다지 큰 노력 없이도 그런 불합리한 반응을 확실히 떨쳐버릴 수 있을 것이다.

누군가가 상당한 고통과 불안을 겪으면서 그것들이 당신과의 인격적 상호 작용에서 비롯되었다고 주장할 때 생기는 죄의식은 훨씬 더 극복하기 어려워진다. 그런 경우에 당신이 현실적으로 책임을 질 수 있는 정도를 명료화하는 것이 유용할 수 있다. 어디서 당신의 책임이 끝나고 다른 이의 책임이 시작되는가? 이것을 전문 용어로 '비귀속(disattribution)'이라고 한다. 그러나 당신은 '만사를 전망 안에 주입하기'라고 부를 수 있다.

비귀속이 어떻게 작용하는지 설명하겠다. 제드는 가벼운 우울증에 걸린 대학생이다. 그의 쌍둥이 형 테드는 심한 우울증에 빠져 학교를 중퇴하고 부모님과 함께 은둔자처럼 살기 시작했다. 제드는 자기 형의 우울증에 대해 죄의식을 느꼈다. 왜? 제드는 늘 형보다 더 사교적이고 열심히 공부했다고 고백했다. 결과적으로 유년기부터 그는 언제나 테드보다 성적도 좋고 친구도 많았다. 자기가 누리는 사회적·문화적 성공이 형 테드에게 열등감과 무시당한 느낌을 갖게 했다고 제드는 추리했다. 그 결과 제드는 자기가 테드의 우울증을 일으킨 원인이라고 결론지었다.

그런 다음 제드는 이 추리 노선을 논리적 극단으로 몰고 갔다. 그는 스스로 우울감을 느낌으로써 역(逆)(또는 부당한) 심리학의 몇 가지 유형을 통해 테드가 우울증과 열등감을 없앨 수 있게끔 도울 수 있다고 가정했다. 휴일에 귀가했을 때 제드는 평소의 사회적 활동을 피하고, 그의 학문적 성공을 최소화했으며, 그가 얼마나 우울증을 느끼는가 강조했다. 제드는 테드에게 자기 역시 주저앉아버렸다는 요란스럽고 확실한 메시지를 전했다고 확신했다.

제드는 자신의 계획을 너무 심하게 세운 나머지 내가 그에게 가르치려는 기분 통제 기법의 적용을 매우 주저하고 있었다. 사실 그는 처음에 저항적이었다. 왜냐하면 그는 회복에 대해 죄의식을 가졌고, 자신의 회복이 테드에게 무서운 충격을 줄까봐 두려워했기 때문이다.

대부분의 인격화 오류들처럼 자기가 형의 우울증에 책임이 있다는 제드의 고통스런 환상은 설득력 있게 들리는 반쪽 진리를 내포하고 있다. 결국 그의 형은 필시 유년기 이후로 열등감과 무력감을 느꼈고, 제드의 성공과 행복에 어떤 질투하는 분노를 품고 있었다. 그러나 결정적인 문제는 이것이다. 제드가 형의 우울증을 야기했다는 결론이 나오는가? 그리고 제드가 자신을 비참하게 만듦으로써 그 상황을 효과적으로 역전시킬 수 있는가?

제드가 더 객관적인 방식으로 그의 역할을 평가하도록 돕기 위해 나는 그에게 3단기법을 이용하도록 제의했다(《표 8-3》). 그 실행의 결과로 그는 자신의 죄의식 사고들이 자멸적이고 비논리적임을 볼 수 있었다. 제드는 테드의 우울증과 열등감이 궁극적으로 테드 자신의 왜곡된 생각 때문이지 자신의 행복이나 성공에 의해 야기된 것이 아니라고 추리했다. 제드가 자신을 비참하게 만듦으로써 고쳐보려는 것은 휘발유로 불을 끄려는 것처럼 비논리적이었다. 제드가 이 점을 파악하자, 죄의식과 우울증은 급속히 호전되어 그는 즉시 정상으로 되돌아갔다.

표 8-3

자동적 사고	인지 왜곡	합리적 반응
1. 유년기 이후의 우리 관계로 보아 나는 테드가 우울증에 걸리게 된 원인의 일부다.	1. 성급한 결론(독심술), 인격화	1. 나 자신은 테드가 우울해진 원인이 아니다. 그의 우울증을 야기 한 것은 그의 비논리적인 사고와 태도다. 내가 질 수 있는 유일한 책임은 테드가 부정적이고 왜곡된 태도로 해석하는 환경의 일부란 것이다.
2. 그가 집에서 아무것도 하지 않으면서 혼자 있는 동안 내가 학교에서 즐거운 시간을 보냈노라고 이야기하는 것은 그를 기분 나쁘게 할 거라고 느꼈다.	2. 성급한 결론(점쟁이 오류)	2. 내가 기분 좋고 즐거운 시간을 가진다는 것을 테드가 알면 그것은 그를 격려하고 희망을 줄지도 모른다. 내가 테드처럼 비참하게 행동한다면 필시 그를 우울하게 할 것이다. 왜냐하면 그것은 그의 희망을 앗아가기 때문이다.
3. 테드가 아무것도 하지 않으면서 마냥 앉아 있다면 그 상황을 바꾸는 것은 내 책임이다.	3. 인격화	3. 나는 그가 일을 하도록 격려할 수 있지만 강요할 수는 없다. 궁극적으로 그것은 그의 책임이다.
4. 내가 나 자신을 위해 아무것도 하지 않음으로써 그를 위해 무언가를 할 것이다. 실제로 내가 우울증에 빠지면 그에게 도움이 될 것이다.	4. 성급한 결론(독심술)	4. 나의 행동은 그의 행동과는 완전히 독립된 것이다. 나의 우울증이 그에게 도움이 되리라고 생각하는 것은 이치에 맞지 않는다. 그는 내가 처지는 것을 원하지 않는다는 말까지 했다. 나의 향상은 실제로 그를 격려할 것이다. 나는 내가 행복할 수 있다는 것을 그에게 보여줌으로써 어쩌면 그에게 좋은 롤 모델이 될 수 있다. 내가 내 인생을 망침으로써 그의 무력감을 제거할 수는 없는 노릇이다.

| 제3부 |

'현실적' 우울증

9장

슬픔은 우울증이 아니다

"번즈 박사, 당신은 왜곡된 사고가 우울증의 유일한 원인이라고 주장하는 듯하오. 그러나 내 문제가 현실의 것이라면 어떻게 되지요?" 이것은 인지 요법에 대한 강의와 워크숍 중에 내가 만나는 가장 흔한 질문들 중의 하나다. 많은 환자가 치료 시작 때 이 질문을 제기하며, 그들이 확신하기에 '현실적 우울증'을 야기하는 '현실적' 문제들을 다양하게 열거한다. 가장 흔한 문제들은 다음과 같다.

파산 또는 가난
노년(어떤 사람들은 유년기, 소년기, 청년기, 장년기와 중년을 불가피한 위기의 단계로 보기도 한다.)
영구적인 신체적 불구
불치병
사랑하는 이의 비극적 죽음

당신은 이 목록에 다른 사항을 얼마든지 추가할 수 있을 것이다. 그러나 위에 열거한 어떤 문제도 '현실적 우울증'에 이를 수 없다. 사실 그런 것이 없다! 여기서 진정한 문제는 바람직한 부정적 느낌과 바람직하지 않은 부정적 느낌 사이에 선을 어떻게 긋는가 하는 것이다. '건강한 슬픔'과 우울증의 차이점은 무엇인가?

차이는 간단하다. 슬픔은 상실이나 실망을 포함한 부정적 사건을 왜곡되지 않은 방식으로 묘사하는 현실적 지각에 의해 만들어진 정상적 정서인 반면, 우울증은 언제나 어떻게든 왜곡되어 있는 사고에서 비롯된 병이다. 예를 들어 사랑하는 사람이 죽었을 때 당신은 당연히 "나는 그 사람을 잃었다. 나는 우리가 나누었던 우정과 사랑을 그리워할 거야"라고 생각한다. 그런 사고가 만드는 느낌은 부드럽고 현실적이며 바람직하다. 당신의 정서는 인간성을 고양하고 인생의 의미에 깊이를 더해줄 것이다. 이런 식으로 당신은 상실로부터 얻는 바가 있다.

대조적으로 당신은 자신에게 "그 사람이 죽었으니 나는 결코 다시는 행복하지 않을 거야. 그건 불공정해!"라고 말할지 모른다. 이러한 사고는 당신 안에서 자기연민과 희망 없음의 느낌을 촉발하고, 이 정서들은 온전히 왜곡에 기초하고 있으므로 당신을 패배시킬 것이다.

우울증이나 슬픔은 상실이나 개인적으로 대단히 중요한 목표에 도달하려는 노력이 실패로 돌아간 뒤에 나타날 수 있다. 그러나 슬픔은 왜곡 없이 오는 것이다. 슬픔은 느낌의 흐름을 포함하므로 시간제한이 있으며, 결코 자기존중의 감소를 일으키지 않는다. 이에 반해 우울증은 얼어붙은 것으로, 지속되거나 무한정 재발되는 경향이 있으며 언제나 자기존중의 상실을 포함한다.

건강의 악화, 사랑하는 이의 죽음, 사업의 실패 같은 명백한 스트레스를 받은 뒤에 나타나는 우울증은 '반응적 우울증'이라고 불리곤 한다. 때때로 우울증을 촉발한 스트레스성 사건을 밝혀내기가 더욱 어려운 경우가 있다. 이 우울증들은 흔히 '내인성'이라고 불리는데, 그야말로 난데없이 외부적 원인을 찾을 수 없는데도 증상이 나타나기 때문이다. 그러나 두 경우 모두 우울증의 원인은 동일하다. 즉 왜곡된 부정적 사고가 그 원인이다. 그것은 아무 적응적 · 적극적 기능도 갖고 있지 않으며, 고통의 가장 나쁜 형태 중 하나를 보여준다. 그것을 벌충하는 유일한 가치는 거기서 회복될 때 체험하게 되는 성장뿐이다.

  나의 요점은 다음과 같다. 정말 부정적인 사건이 생길 때 당신의 정서는 오로지 자신의 사고와 지각에 의해 만들어진 것이다. 당신의 느낌은 발생한 그 무엇에 당신이 부여한 의미에서 비롯될 것이다. 당신 고통의 실질적 몫은 당신 사고의 왜곡에 따라 치러질 것이다. 왜곡들을 제거할 때 당신은 '현실 문제'를 대처하기가 덜 고통스러워짐을 알 것이다.

  이것이 어떻게 작용하는지 보자. 명백히 현실적인 문제로 암 같은 심각한 병이 있다. 고통 받는 환자의 가족과 친구들은 보통 환자가 우울증을 느끼는 것이 정상적이라고 확신한 나머지 그 우울증의 원인을 알아보려 하지 않는다. 우울증은 흔히 완전히 고칠 수 있는 것으로 판명되는데도 말이다. 사실 **가장 쉬운** 우울증 해결의 몇 가지 사례는 이른바 '시한부 인생' 또는 '사형선고'를 받은 사람들에게서 발견된다. 왠지 아는가? 이 용기 있는 사람들은 비참함을 그들 삶의 유형으로 만들지 않는 '위대한 대항자'다. 그들은 흔히 자신들이 할 수 있는 어떤 식으로든 스스로를 기꺼이 도우려 한다. 이 태도는 명백히 뒤집을 수 없는 '현실'의 곤경들을 인격적 성장의 기회로 바꾸는 데 실패하는 법이 거의 없다. 이것이 내가 '현실적 우울증'의 개념을 개인적으로 그다지도 지겹게 보는 까닭이다. 우울증이 필요하다는 태도는 내게 파괴적이고 비인간적이며 희생 제물화하는 듯이 충격을 준다. 개별 사항으로 들어가면 당신도 스스로 판단해볼 수 있을 것이다.

생명의 상실

나오미가 의사에게 자신의 흉부 X레이에서 '점' 하나가 발견되었다는 진단을 들은 것은 40대 중반이었다. 의사에게 가는 것은 사서 고생하는 일이라고 굳게 믿어온 그녀는 이 진단에 대한 검사를 여러 달 미루었다. 결국 그녀가 검사를 받고, 그녀의 가장 나쁜 의심이 옳았다는 것이 드러났다. 고통스런 조직 검사는 암세포의 존재를 확인해주었고, 뒤이어 시행된 폐 제거술은 암이 확산되고 있음을 시사했다.

이 소식은 나오미와 그녀의 가족에게 수류탄처럼 타격을 가했다. 수개월이 지나면서 그녀는 점차 자신의 악화된 상태에 대해 낙담했다. 왜? 물론 병의 과정이나 화학 요법은 정말 불편했다. 그러나 그것이 주는 신체적 곤란에서가 아니라, 그녀가 너무 약해져서 자신의 정체와 긍지의 느낌에 큰 비중을 차지하던 일상 활동을 포기할 수밖에 없다는 사실 때문이었다. 그녀는 집안일을 더 이상 할 수 없었고(이제 그녀의 남편이 대부분의 허드렛일을 해야 했다), 맹인들에게 책을 읽어주던 자원봉사를 포함해 시간제 두 곳의 직장을 포기해야만 했다.

당신은 "나오미의 문제는 **현실**이다. 그녀의 비참함은 왜곡에 의해 야기되지 않았다. 그것은 상황이 야기한 것이다"라고 주장할지 모른다.

그러나 그녀의 우울증이 그렇게 불가피한 것인가? 나는 나오미에게 그녀의 활동 불능이 왜 그렇게 속상했는지 물었다. 내가 '자동적 사고'의 개념을 설명해주자, 그녀는 다음과 같이 부정적 인지들을 적었다. 1) 나는 사회에 기여하고 있지 않다. 2) 나는 개인적 영역에서 성취하는 것이 없다. 3) 나는 아무 활동적인 놀이에도 참여할 수 없다. 4) 나는 남편에게 골칫덩어리다. 이와 같은 그녀의 사고와 연결된 정서들은 분노, 슬픔, 좌절, 죄의식이었다.

그녀가 쓴 내용을 본 내 마음은 기쁨으로 뛰었다! 그녀의 생각들이 내가 매일 보는 신체적으로 건강한 우울증 환자들의 사고와 다르지 않았기 때문이다. 나오미의 우울증은 그녀의 악성종양 때문이 아니라 그녀가 이룩한 성과에 의해 자신의 가치감을 측정하게 만든 악성 **태도** 때문에 생긴 것이었다! 그녀는 언제나 자신의 인격적 가치를 자신의 업적과 동일하게 여겼으므로, 암은 "나는 절정기를 지났다. 나는 쓰레기 덩어리가 될 준비가 되어 있다"는 의미였다. 이것이 내게 개입할 길을 제공했다!

나는 그녀에게 태어난 순간부터 죽음의 순간까지 자신의 인격적 '가치'의 도표를 만들도록 제의했다(〈그림 9-1〉). 그녀는 0~100퍼센트의 상상의 척도 위에 자신의 가치를 85퍼센트로 평가하면서 일정한 것으로 보았다. 나는 또한 그녀에게 같은 시기의 자신의 **생산성**을 비슷한 척도 위에 평가해보도록 당부했다. 그녀는 유아기에 낮은 생산성으로 시작하여 장년기에 최고 고원까지 상승하며, 마침내 생애 후반에 다시 하강하는 곡선을 그렸다(〈그림 9-1〉). 여기까지는 너무 좋았다. 그런데 갑자기 그녀에게 두 가지가 생각났다. 첫째, 자신의 병이 생산성을 감소시키는 동안에도 그녀는 여전히 자신과 가족에게 작지만 중요하고 귀중한 수많은 방법으로 기여하고 있었다. 오로지 전부 아니면 무사고만이 그녀로 하여금 자신의 기여를 영점이라고 생각하게 만들 수 있을 뿐이다. 둘째, 훨씬 더 중요한 것으로서 그녀는 자신의 인격적 가치가 불변하고 견고함을 느꼈다. 인격적 가치는 자신의 업적과는 상관없이 주어져 있는 것이었다. 다시 말해 그녀의 인간적 가치가 획득되지 않**아도 되었다**는 것과, 그녀는 쇠약해진 상태에서도 어느 점으로나 소중했다는 것을 의미했다. 그녀의 얼굴에 미소가 번져가는 순간 우울증이 녹아버렸다. 이 작은 기적을 목격하고 돕는 것은 나의 진정한 기쁨이었다. 이 기적이 그녀의 종양을 제거하지는 **않았지만**, 그녀의 실종된 자기존중을 복구했으며 그녀가 느끼는 방식을 완전히 바꾸어놓았다.

그림 9-1 나오미의 가치와 일 도표. 그녀는 〈도표 A〉에서 탄생 때부터 죽을 때까지의 자신의 인간적 '가치'를 표시했다. 그녀는 그것을 85%로 평가했다. 〈도표 B〉에서 그녀는 생애의 흐름과 자신의 생산성 및 업적을 표시했다. 그녀의 생산성은 아동기에 낮은 상태로 시작하며 장년기에 높은 고원에 도달했다가 최종적으로 죽음의 시기에 0으로 떨어질 것이다. 이 도표는 그녀에게 자신의 '가치'가 '업적'과 무관하며 상호 관련성이 없다는 것을 깨닫게 해주었다.

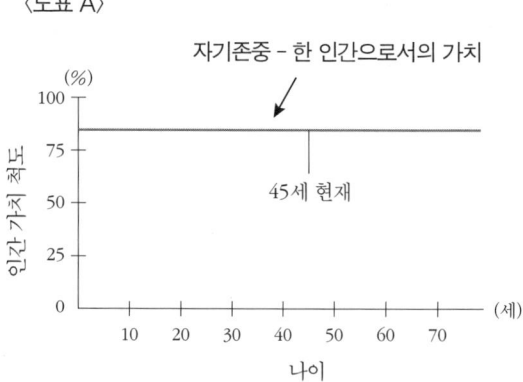

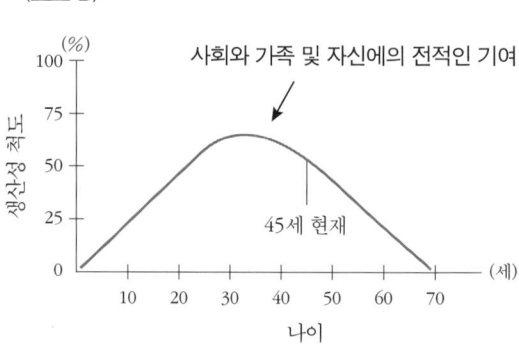

나오미는 환자가 아니었으며, 내가 1976년 겨울에 고향인 캘리포니아 주에서 휴가를 보낼 때 이야기를 나눈 사람이었다. 얼마 지나지 않아서 나는 그녀로부터 당신과 나누려는 이 편지를 받았다.

번즈 박사님

당신께 드린 지난번 편지에 쓰지 못한, 엄청나게 늦었지만 정말로 중요한 '추신'. 즉 당신이 자기가치나 자기존중 또는 우리가 뭐라고 부르든지 그런 것에 대조되는 생산성에 관해 그리라고 한 작은 '도표'들. 그것은 특별히 나를 유지시켜오고 있으며, 나 자신을 너그럽게 대하게 해줍니다. 그것은 박사 학위를 받으러 가지 않아도 나를 심리학자로 정말 바꾸어버렸습니다. 그것이 사람들을 괴롭히고 귀찮게 구는 많은 것에 잘 작용한다는 것을 알았습니다. 나는 이 생각들을 몇몇 내 친구들에게 엄밀히 실험해보았습니다. 스테파니는 자기 나이의 3분의 1밖에 안 되는 조무래기 비서에게 가구처럼 취급당합니다. 수는 그녀의 열네 살짜리 쌍둥이들에게 늘 억눌리고 있습니다. 베키의 남편은 갑자기 떠나버린 참입니다. 친척 브라운은 그녀의 남자 친구의 열일곱 살 아들에게 참견꾼 취급을 당했습니다. 그들 모두에게 나는 "그래, 그러나 너의 인격적 가치는 불변한 것이며 세상이 네게 썩우는 모든 쓰레기라도 너를 건드리지 못해!"라고 말합니다. 보통은 그것이 지나친 단순화이며 만사를 위한 진통제가 될 수 없다는 것을 알고 있지만, 기막히게 도움이 되고 유용했습니다.

다시 감사드립니다!

변함없이
나오미

그녀는 6개월 뒤 고통 속에서, 그러나 품위를 지닌 채 죽었다.

수족의 상실

신체적 장애가 '현실적'으로 느껴지는 두 번째 문제 범주다. 고통 받는 개인(또는 가족 구성원)들은 노화나 신체 절단 또는 실명 같은 신체적 불구에 따른 제한이 필연적으로 감소된 행복의 능력을 의미한다고 자동적으로 추정한다. 친구들은 이해와 동정을 주는 경향이 있으며, 이런 표현이 인정 있고 '현실적'인 반응이라고 생각한다. 그러나 진상은 전혀 반대일 수 있다. 정서적 고통은 뒤틀린 신체보다는 오히려 뒤틀린 사고가 야기한다. 그런 상황에서 동정적 반응은 자기연민을 강화시킬 뿐만 아니라, 장애자는 다른 이들보다 덜 기쁘고 만족스럽지 못하게 운명 지어져 있다는 태도를 부채질하는 결과를 낳을 수 있다. 이와 대조적으로 고통 받는 개인이나 가족 구성원들이 사고의 왜곡들을 고칠 줄 알면, 그 결과로 흔히 풍부하고 기쁜 정서 생활이 나타날 수 있다.

예를 들어 프란은 두 자녀를 둔 35세의 기혼 여성이다. 남편의 오른쪽 다리가 척추 손상으로 돌이킬 수 없는 불구가 된 무렵에 그녀는 우울 증상을 경험하기 시작했다. 6년 동안 그녀는 심해지는 절망감을 떨치려고 애썼으며, 항우울증 약물과 전기충격 요법들을 포함해서 여러 가지로 입원 또는 통원 치료를 받았다. 그러나 아무것도 소용이 없었다. 내게 찾아왔을 때 그녀는 심한 우울증에 빠져 있었으며, 자기 문제가 결코 해결될 수 없으리라고 느끼고 있었다.

그녀는 눈물을 흘리면서 자신의 감소된 기동성에 대처하려고 애쓰는 동안 경험했던 좌절에 대해 털어놓았다.

> 나는 다른 부부들이 우리가 할 수 없는 것들을 하는 모습을 볼 때마다 눈물이 납니다. 산책하고, 수영장이나 바다에 뛰어들고, 함께 자전거를 타는 부부들을 보면 상처 받지요. 그런 일들은 나와 존에게 너무 버거울 겁

니다. 그들은 우리가 그랬던 것처럼 그 일들을 당연하게 여기고 있습니다. 이제 우리가 그 일을 할 수 있다면 얼마나 좋고 멋질까요. 그러나 당신은, 나도 그리고 존도 알고 있습니다. 우리가 할 수 없다는 것을.

처음에는 나도 프란의 문제가 현실적이라는 느낌을 가졌다. 요컨대 그들은 우리 대부분이 할 수 있는 많은 것을 할 수 없었다. 그리고 노인들과 보거나 듣지 못하는 사람이나 수족이 절단된 사람도 마찬가지다. 사실 그것을 생각하면 우리 **모두** 한계를 갖고 있다. 그래서 아마도 우리는 모두 비참해질 것인가? 내가 이 문제에 대해 쩔쩔매는 동안 프란의 왜곡이 갑자기 머리에 떠올랐다. 그게 무엇인지 아는가? 지금 당장 10개의 인지 왜곡 목록을 읽어보고 찾아낼 수 있는지 보라. … 맞았다. 프란을 불필요한 비참함으로 이끈 왜곡은 정신적 필터였다. 동시에 그녀와 존이 함께할 수 있거나 할지 모를 많은 일을 의식적으로 들여보내지 않았다. 그녀가 인생을 텅 비고 황량하다고 느낀 것은 놀라운 일이 아니다.

해결책은 놀랍게도 간단한 것으로 드러났다. 나는 프란에게 다음의 내용을 제의했다. "치료 시간 이외의 시간에 집에서 당신과 존이 함께할 수 있는 모든 일의 목록을 만들어야 한다고 가정하십시오. 당신들이 할 수 없는 일에 초점을 맞추기보다 할 수 있는 것들에 초점을 두도록 하십시오. 예를 들면 이렇습니다. 나는 달에 가보고 싶다, 그러나 실은 내가 우주비행사가 아니니 그런 기회를 갖지 못할 것 같다, 이제 내가 나의 직업과 내 나이에 달에 가본다는 것이 극도로 가망 없다는 사실에 초점을 두면 나는 대단히 속상할 수 있다, 반면에 내가 할 수 있는 일이 많다, 그러므로 내가 거기에 초점을 두면 나는 실망을 느끼지 않을 것이다. 이제 무엇이 당신과 존이 부부로서 할 수 있는 멋진 일들이 될까요?"

프란   물론 우리는 서로 같이 있는 것을 여전히 즐깁니다. 함께 식사하러 나가기도 하고요. 우리는 잉꼬부부지요.

번즈   좋습니다. 그 밖에는?

프란   우리는 함께 드라이브를 나가거나 카드놀이도 하지요. 영화, 빙고. 그는 내게 운전을 가르치고 있어요.

번즈   보십시오. 30초도 안 되어서 당신은 벌써 당신 부부가 함께할 수 있는 여섯 가지 일들을 열거했습니다. 내가 당신에게 지금부터 다음 치료 시간 전까지 그 목록을 계속 만들게 한다고 가정하십시오. 당신 생각에 몇 개의 항목을 제안해낼 수 있을 것 같습니까?

프란   아주 많이요. 나는 우리가 결코 생각해보지 않은 것들, 아마도 스카이다이빙 같은 것을 제안할 수도 있을 거예요.

번즈   옳습니다. 당신은 몇 가지 더 모험적인 생각들을 제안할지 모릅니다. 당신들이 할 수 없다고 당신이 가정한 많은 것을 당신과 존이 사실은 할 수 있다는 것을 명심하십시오. 예를 들어 당신은 내게 당신 부부가 해수욕장에 갈 수 없다고 말했습니다. 하지만 너무 자신을 의식하지 않도록 약간 한적한 해수욕장에 가보지 않겠습니까? 내가 해수욕장에 있고 당신과 존이 거기 있다면 그의 신체적 불구는 내게 전혀 문제가 되지 않을 겁니다. 사실 나는 최근 내 아내와 그녀의 친정식구들과 함께 캘리포니아의 타호 호수 북쪽의 멋진 해수욕장에 간 적이 있습니다. 수영을 하던 우리는 어쩌다가 누드 해수욕장이 있는 작은 만에 들어가게 되었습니다. 거기에 있는 모든 젊은이는 아무 것도 걸치지 않았더군요. 물론 나는 실제로 그들 중 누구도 쳐다보지 않았습니다. 이해하시겠지요! 그렇지만 나는 오른쪽 다리 무릎 아래가 없는 한 젊은 남자가 다른 이들과 즐겁게 어울리는 모습을 우연히 보았습니다. 그래서 나는 장애가 있거나 수족이 없는 사람이라고 해서 해변에서 즐겁게 지낼 수 없다고 절대 확신하지는 않는답니다. 당신은 어떻게 생각하십니까?

어떤 사람들은 그런 '힘든 현실'의 문제가 그다지도 쉽게 해결될 수 있다거나, 프란의 우울증처럼 처리하기 힘든 우울증이 그런 간단한 개입에 반응해서 바뀔 수 있다는 생각을 비웃을지도 모른다. 그녀는 실제로 불편한 느낌이 완전히 소멸되었다고 보고했고, 그 치료 시간 끝에 수년 만에 가장 기분이 좋다고 말했다. 그런 현상을 유지하기 위해 분명 그녀는 어느 시기 동안 자신의 사고 유형을 바꾸는 꾸준한 노력을 할 필요가 있을 것이다. 그리하여 그녀는 복잡한 정신적 거미줄을 쳐놓고 거기에 걸려드는 나쁜 습관을 극복할 수 있다.

직업의 상실

사람들은 경력의 역전(逆轉)이라는 위협이나 생계 수단의 상실을 잠재적으로 무능력화하는 정서적 타격으로 본다. 그것은 개인의 가치와 행복에 대한 한 사람의 역량이 직업적 성공과 직접 연결되어 있다는 가정 때문이다. 서구 문화에 팽배한 이 가치 체계에서 정서적 우울증이 불가피하게 재정적 상실이나 경력의 실패 및 파산과 연결되어 있다고 기대하는 것은 명백하고 현실적으로 보인다.

위와 같이 당신이 느낀다면 할에 대해 관심이 갈 것이다. 할은 세 아이를 둔 풍채 좋은 45세의 아버지로서, 장인과 함께 17년 동안 한 성공적인 판매점에서 일했다. 3년 전 그는 내게 치료차 의뢰되었다. 할과 장인은 그 점포의 운영을 놓고 분쟁을 벌였다. 할은 그 회사에 대한 흥미를 잃고 화가 난 채 사직했고, 다음 3년 동안 이 직장 저 직장을 전전했지만 만족스런 직업을 찾지 못했다. 그의 아내가 가계수지를 맞추려고 전일 근무제로 일하면서 할의 굴욕감을 더해갔다. 할은 언제나 명실상부한 가장으로 자부했던 것이다. 달이 가고 해가 갈수록 재정 상황은 더욱 악화되어 그의 자기존중이 바닥을 드러내면서 점차 심해지는 우울증을 체험했다.

내가 할을 처음 만났을 때 그는 상업부동산 판매에서 3개월 동안 연습생으로 일해보려고 시도하던 중이었다. 그의 성과는 서너 건물의 임대차 건뿐이었고, 아직 매매는 하나도 성사시키지 못했다. 이 훈련 시기 동안 엄격한 수수료에 근거한 그의 수입은 형편없었다. 그는 우울증과 미루는 버릇으로 괴로워하고 있었다. 그는 "무슨 소용이람? 나는 그저 패배자다. 일하러 나가도 소용없다. 침대에 있는 것이 덜 고통스럽다"라고 마음속으로 생각하며 때때로 하루 종일 집에서 누워 지내곤 했다.

할은 펜실베이니아 대학교에서 시행된 우리의 훈련 프로그램에 참여한 정신과 레지던트들이 일방거울을 통해 치료 시간 일부를 관찰하도록 자진하여 허락했다. 이때 할은 그의 클럽의 라커룸에서 오고 간 대화를 묘사했다. 한 돈 많은 친구가 특정한 건물 구입에 흥미를 드러냈다. 당신은 할이 이 말을 듣고 기뻐 뛰었을 거라고 생각할 것이다. 왜냐하면 그런 매각에 따른 수수료는 그의 경력과 신용은 물론 은행 계좌에도 대단히 요긴한 지원을 해줄 것이기 때문이다. 그러나 할은 재빨리 접촉하는 대신 몇 주를 미뤘다. 왜? "상업 재산을 판다는 것은 너무 복잡해. 나는 경험도 없고. 여하튼 매각인은 마지막 순간에 분명 손을 떼어버릴 거야. 그런 상황은 내가 이 사업에서 성공할 수 없다는 것을 의미하겠지. 그건 내가 실패자라는 뜻일 거야"라는 그의 생각 때문이었다.

나중에 나는 그 치료 시간을 레지던트들과 검토해보았다. 나는 그들이 할의 비관적·자멸적 태도에 대해 어떻게 생각하는지 알고 싶었다. 그들은 할이 실제로 판매에 소질이 있으며, 자신에게 현실적으로 모질게 굴고 있다고 느꼈다. 나는 이 의견을 다음 치료 시간에 탄약으로 사용했다. 할은 자기가 다른 사람보다 자신에게 더 비판적임을 시인했다. 예를 들어 동료 하나가 큰 판매 건을 놓치면, 그는 그저 "세상 끝날 일도 아닐세. 꾸준히 노력하게"라고 말할 것이다. 그러나 그 일이 자신에게 일어나면 "나는 패배자다"라고 말할 것이다. 본질적으로 할은 다른 사람에게 너그럽고 옹호적인 반면 그 자신에게는 가혹하고 비판적이고 처벌적인 '이중 기준'을 운영하고 있음을 수긍했다. 할은 이중 기준이 자신에게 도움이 될 거라며 그 기준을 방어했다.

할 우선, 내가 다른 사람들에 대해 갖는 책임과 이해관계는 내가 나 자신에 대해 갖는 책임과 같지 않습니다.

번즈 좋습니다. 더 말씀하시지요.

할 그들이 실패한다 해도 내 식탁에 빵이 떨어지거나 내 가족에게 어떤 부정적인 느낌도 만들어내지 않을 것입니다. 내가 그들에게 관심을 갖는 유일한 이유는 모든 이가 성공하게 되는 것은 좋기 때문입니다. 그러나…….

번즈 잠깐, 잠깐만요! 당신이 그들에게 관심을 갖는 것은 그들이 성공하게 하는 것이 좋기 때문이라고요?

할 예, 그렇게 말했지요.

번즈 당신이 그들에게 적용하는 기준은, 당신 생각에 그들이 성공하도록 도울까요?

할 그렇습니다.

번즈 그리고 당신이 자신에게 적용하는 기준은 당신이 성공하게 도와줄까요? 당신이 "한 번 놓친 판매는 내가 실패자임을 의미한다"라고 말할 때 어떤 느낌이 들었나요?

할 의기소침했지요.

번즈 그것이 도움이 되던가요?

할   글쎄요, 그런 느낌은 적극적인 결과를 낳지 않지요. 그러니 명백하게 유용하지 않습니다.

번즈 그러면 "한 번 놓친 판매는 내가 실패자임을 의미한다"라고 말하는 것은 **현실적인가요**?

할   아닙니다.

번즈 그런데 왜 당신은 이 전부 아니면 무사고 기준을 스스로에게 적용합니까? 왜 당신은 그다지 잘 돌보지 않는 다른 사람에게는 도움이 되고 현실적인 기준을, 당신이 꽤 신경 쓰는 자신에게는 자멸적이고 유해한 기준을 적용하려는 겁니까?

할은 이중 기준으로 사는 것이 자신에게 도움이 되지 않음을 깨닫기 시작했다. 그는 다른 누구에게도 적용하려고 하지 않는 가혹한 규칙들에 따라 자신을 판단했다. 처음에 그는 많은 요구적인 완벽주의자가 그러듯이 다른 이보다 그 자신에게 더 엄격함이 어떤 식으로든 **도움**이 될 거라고 우기면서 이 경향을 방어했다. 그러나 곧 그는 자신의 개인 기준들이 실제로는 비현실적이고 자멸적이라는 사실을 자백했다. 왜냐하면 그가 그 건물을 팔려다가 성공하지 못하면 그것을 하나의 파멸로 볼 것이기 때문이다. 그의 전부 아니면 무사고라는 나쁜 습관이 그를 마비시키고 시도하지 못하게 막는 두려움의 열쇠였다. 그 결과 그는 대부분의 시간을 침울해하며 침대에서 보냈던 것이다.

할은 자신으로부터 완벽주의적인 이중 기준을 제거하며 자신을 포함한 모든 사람을 일련의 객관적인 기준으로 판단할 수 있도록 매사에 관한 어떤 특별한 지침을 요청했다. 나는 첫 단계로서 자동적 사고와 합리적 반응의 기법을 사용하도록 제안했다. 예를 들어 그가 일을 미루면서 집에 앉아 있다면, 그는 "내가 일찍 직장에 나가 하루 종일 있으면서 나의 모든 일을 움켜잡지 않으면 시도해봐도 의의가 없다. 침대에 누워 있는 게 낫다"라고 생각할 수 있다. 이 사고를 종이에 적은 다음 그는 합리적 반응으로 대치할 것이다. "이것은 단지 전부 아니면 무사고다. 그건 잠꼬대다. 반나절이라도 일하러 가는 것은 중요한 단계가 될 수 있으며, 나를 기분 좋게 해줄 수 있다."

할은 다음 치료 시간 전에 스스로가 무가치하고 열등하게 느낄 때 기분 나쁘게 하는 많은 느낌을 적기로 동의했다(〈표 9-1〉). 이틀 후에 그는 고용주로부터 일시 해고 통지를 받았다. 그리하여 그는 자신의 자기비판적 사고들이 절대적으로 타당하고 현실적이라는 강한 확신을 갖고 다음 치료 시간에 왔다. 이제 그는 하나의 합리적 반응으로는 대적할 수 없게 되었다. 그 통지는 할의 빼어나지 못한 능력이 직장으로부터의 축출을 필연적으로 유발했음을 의미했다. 치료 시간 동안 우리는 그가 자신의 비판적 목소리에 말대꾸하는 법을 배울 수 있는지 토론했다.

번즈 좋습니다. 자, 우리가 합리적 반응 단에 당신의 부정적 사고에 대한 어떤 답을 써 넣을 수 있는지 봅시다. 당신은 지난 시간에 우리가 나눈 이야기를 토대로 어떤 답을 생각해낼 수 있습니까? "나는 무능하다"라는 당신의 진술을 생각해보십시오. 이것이 어떤 식으로든 당신의 전부 아니면 무사고와 완벽주의적 기준에서 나온 결과입니까?

우리가 역할 역전을 한다면 그 답은 더 명백해질 수 있습니다. 때로는 다른 이에 대해서 객관적으로 말하는 것이 더 쉽습니다. 내가 당신한테 당신의 이야기를 갖고 와서 장인에게 고용되었다는 말을 했다고 가정하십시오. 3년 전에 우리는 다투었습니다. 나는 이용당한

표 9-1 할이 자기비판적 사고를 기록하고 도전한 과제. 그는 치료 시간에 오른쪽의 합리적 반응을 써 넣었다.

부정적 사고(자기비판)	합리적 반응(자기방어)
1. 나는 게으르다.	1. 나는 생애 많은 시간 열심히 일했다.
2. 나는 아픈 것을 즐긴다.	2. 그것은 재미가 아니다.
3. 나는 무능하고, 실패자다.	3. 나는 어느 정도 성공했다. 우리는 좋은 가정을 이루었으며, 세 아이를 훌륭하게 키웠다. 사람들은 내게 감탄하고 나를 존경한다. 나는 지역사회 활동에도 참여했다.
4. 아무것도 하지 않으면서 뒹구는 것이 진짜 나의 모습이다.	4. 나는 병의 증상을 체험하는 중이다. 그것은 '진짜 나의 모습'이 아니다.
5. 나는 더 잘할 수 있었는데…….	5. 적어도 나는 대부분의 사람보다는 더했다. "더 잘할 수 있었는데"라고 말하는 것은 의미 없고 적절하지 않다. 왜냐하면 누구든지 그런 말을 할 수 있기 때문이다.

느낌이었습니다. 나는 나와버렸지요. 그때 이후로 나는 우울증을 느껴왔습니다. 그리고 나는 이 직장에서 저 직장으로 전전했습니다. 이제 나는 순전히 수수료 체계를 기초로 한 직장에서 해고당했습니다. 그것은 정말 내게 이중의 패배였습니다. 첫째, 그들은 내게 아무것도 지불하지 않았고, 둘째, 내가 그다지 가치 있다고 여겨지지 않아서 해고한 것입니다. 나는 내가 무능하다, 즉 나는 실패한 인간이라고 결론 내렸습니다. 내게 당신은 뭐라고 말씀하실 건가요?

할   그래요. 나는… 당신이 그 지점에 이르렀음을 가정한다면, 이를테면 당신 생애의 40년 또는 그 이상 당신은 확실히 뭔가를 하고 있었다고 말하겠습니다.

번즈 좋습니다. 그것을 합리적 반응 단에 써 넣으세요. 당신이 생애 40년 동안 했던 모든 잘하고 적절한 일들을 목록으로 만드는 겁니다. 당신은 돈을 벌었고, 성공적으로 세 아이도 길렀으며… 등등.

할 좋습니다. 나는 내가 상당히 성공했음을 적을 수 있습니다. 우리는 좋은 가정을 이루었다, 우리는 세 아이를 훌륭하게 키웠다, 사람들은 내게 감탄하고 나를 존경한다, 그리고 나는 지역사회 활동에 참여했다…….

번즈 잘하셨습니다. 이제 그것들은 당신이 한 모든 일입니다. 당신은 어떻게 자신이 무능하다는 신념과 그것을 화해시킬 겁니까?

할 음, 나는 더 잘할 수 있었는데.

번즈 좋습니다. 나는 당신이 자신의 좋은 점을 박탈하는 명백한 길을 찾아낼 거라고 확신합니다. 이제 "나는 더 잘할 수 있었는데"를 또 다른 부정적 사고로 써 넣으세요.

할 자, 그것을 5번에 썼습니다.

번즈 이제 그것에 대한 답이 무엇입니까?

(긴 침묵)

번즈 그건 뭐지요? 그 사고의 왜곡이 무엇입니까?

할 당신은 속이는 자로군!

번즈 그 답이 무엇이지요?

할 적어도 나는 대부분의 사람보다는 더 해냈습니다.

번즈 맞습니다. 당신은 그것을 어느 정도 믿습니까?

할 난 100퍼센트 믿습니다.

번즈 좋습니다. 그것을 합리적 반응 단에 적으세요. 이제 "나는 더 잘할 수 있었는데"로 돌아가봅시다. 당신이 하워드 휴스이며, 수천 수

억 달러를 갖고 자기 소유의 고층건물 안에 앉아 있다고 가정합시다. 당신은 자신을 불쌍하게 하려고 자신에게 뭐라고 말할 수 있습니까?

할 음, 생각 중입니다.

번즈 당신이 종이에 쓴 것을 읽어보세요.

할 오, "나는 더 잘할 수 있었는데."

번즈 그것이 바로 명성과 재산을 갖게 된 대부분의 사람이 불행한 까닭입니다. 그것은 완벽주의적 기준의 한 예일 뿐입니다. 당신은 계속 잘 지내다가도 성취를 얼마나 경험했든지 간에 "나는 더 잘할 수 있었는데"라고 말할 수 있습니다. 이것은 당신 자신을 처벌하는 임의의 한 방법입니다. 동의합니까?

할 그것 참, 그래요. 이해할 수 있습니다. 정말 행복하려면 한 가지 요소 이상이 필요합니다. 왜냐하면 그것이 돈이라면, 모든 백만장자와 억만장자들이 행복할 겁니다. 그러나 돈 버는 것보다 행복해지는 또는 자신에게 만족하는 환경이 더 많습니다. 그것은 나를 마비시키는 충동이 아닙니다. 나는 돈을 추구하는 충동을 느낀 적이 없습니다.

번즈 당신의 충동은 무엇이었습니까? 당신은 가족을 부양하려는 충동을 느꼈습니까?

할 그것은 내게 퍽 중요했습니다. 매우 중요해요. 그리고 나는 자녀 양육에 협조했습니다.

번즈 자녀 양육에서 당신은 무엇을 했습니까?

할 음, 나는 그들과 함께 일하고, 가르치고, 놀았습니다.

번즈 그들은 어떻게 자라났습니까?

할 내 생각에 그 녀석들은 훌륭합니다!

번즈 자, 당신은 "나는 무능하고, 실패자다"라고 적었습니다. 당신은 이 부정적 사고를 세 자녀 양육이라는 목적을 달성했다는 사실과 어떻게 조화시킬 수 있습니까?

할   다시, 나는 그것을 고려하지 않았다고 추측합니다.

번즈   그러니 당신은 어떻게 자신을 실패자라고 부를 수 있습니까?

할   나는 봉급 생활자로서… 유능한 돈벌이꾼으로서 수년 동안 제 역할을 못했습니다.

번즈   그것에 기초해서 당신 자신을 '실패자'라고 부르는 것이 현실적입니까? 여기에 3년 동안 우울증을 겪은 한 남자가 있습니다. 그는 직장에 가기가 어렵다고 느낍니다. 자, 이제 그를 실패자라고 부르는 것이 현실적입니까? 우울증이 있는 사람들은 실패자입니까?

할   내가 우울증을 야기하는 것들에 대해 더 많이 안다면 바른 판단을 할 수 있을 겁니다.

번즈   자, 우리는 아직 우울증의 최종적 원인에 대해 알고자 하는 것이 아닙니다. 그러나 우리는 우울증의 직접적 원인이 당신 자신에게 가하는 처벌적이고 유해한 진술임을 이해했습니다. 왜 이것이 다른 이들보다 어떤 이에게 더욱 발생하는지에 대해서는 모르고 있는 형편입니다. 생화학적이고 발달적인 영향은 아직 밝혀지지 않았습니다. 당신의 가정교육이 의심 없이 한 원인이 되었습니다. 그리고 우리는 당신이 좋다면 다음 시간에 그 문제를 다룰 수 있습니다.

할   우울증의 최종적 원인에 대한 확실한 증거가 아직 없으므로 우리는 우울증을 그 자체로 실패자의 견지에서 볼 수 있지 않을까요? 내 말은, 우리가 그것이 어디서 왔는지 모르니까… 그것을 야기한 것은 나와 관련한 뭔가가 잘못된 것이 틀림없다는… 내가 어떤 식으로든 나 자신을 돌보지 않아서 우울증을 야기한다는 것입니다.

번즈   그에 대한 증거가 있습니까?

할   아니요. 단지 하나의 가능성일 뿐입니다.

번즈　자, 그처럼 처벌적으로 가정하는 것은… 어느 것이라도 하나의 가능성입니다. 그러나 그에 대한 증거가 없습니다. 우울증에서 회복된 환자들은 예전처럼 생산적이게 됩니다. 그들의 문제가 그들이 실패자라는 점이었다면 우울증에서 회복된 뒤에도 그들은 여전히 실패자일 것입니다. 내게 온 사람들 중에는 대학교수와 법인체 대표들이 있습니다. 그들은 우울증 때문에 그저 벽만 쳐다보고 있었습니다. 그러나 우울증에서 회복되자 그들은 예전처럼 회의를 열고 사업을 관리하기 시작했습니다. 그런데 어떻게 당신은 과연 우울증이란 그들이 실패자라는 사실에 기인한다고 말할 수 있습니까? 실상은 그 반대인 것으로 보입니다. 즉 실패는 우울증에 기인합니다.

할　나는 그렇게 답할 수 없군요.

번즈　당신이 실패자라고 말하는 것은 당신 **마음대로**입니다. 당신은 우울증이 있으며, 우울증에 걸린 사람은 우울하지 않았을 때에 비해 많이 활동하지 않습니다.

할　그러니 나는 하나의 성공적인 우울증 환자로군요.

번즈　맞습니다! 맞아요! 성공적인 우울증 환자란 한 측면은 낫고 있다는 뜻입니다. 나는 우리가 지금 하고 있는 바가 그것이기를 바랍니다. 당신은 지난 6개월 동안 폐렴에 걸렸다고 상상하십시오. 당신은 한 푼도 벌지 못했을 겁니다. 당신은 또 "이것이 나를 실패자로 만드는군"이라고 말할 수 있을 겁니다. 그것이 현실적입니까?

할　내가 그런 주장을 할 거라고 생각하지 않습니다. 왜냐하면 확실히 나는 고의적으로 그 폐렴을 일으키지 않았기 때문입니다.

번즈　좋습니다. 같은 논리를 당신 우울증에 적용할 수 있습니까?

할　예, 알겠습니다. 나의 우울증이 고의적으로 야기되었다고 느끼지는 않는 게 솔직한 심정입니다.

번즈 물론이지요. 당신이 우울증을 일으키고 **싶었습니까**?

할 맙소사, 천만에요.

번즈 당신은 의식적으로 우울증을 야기할 어떤 일을 **행했습니까**?

할 아닙니다.

번즈 무엇이 우울증을 야기하는 줄 안다면 우리는 특정한 부분을 지적해낼 수 있습니다. 우리가 모르니까 자신의 우울증 때문에 자신을 꾸짖는 것은 어리석지 않을까요? 우리가 알기로 우울증 환자는 자신들에 대해 부정적인 관점을 갖는다는 것입니다. 그리고 그들은 모든 일에 대한 이 부정적 시각에 맞춰서 느끼고 행동합니다. 당신은 우울증을 고의적으로 야기하지도, 무능력해지기로 **선택하지도** 않았습니다. 그러므로 그 시각에서 회복되고 만사를 바라보는 데 우울하지 않은 방식으로 되돌아온다면, 당신은 예전만큼 또는 그 이상으로 생산적이 될 것입니다. 당신이 내가 치료한 다른 환자들의 유형이라면 말입니다. 무슨 말인지 아시겠습니까?

할 예, 알겠습니다.

비록 수년 동안 재정적으로 성공적이지 못했지만 자신을 '실패자'라고 낙인찍는 것이 말도 안 되는 일임을 깨달은 것은 할에게 하나의 구원이었다. 부정적인 자아상과 마비감은 그의 전부 아니면 무사고에서 유래했다. 무가치감은 그가 자기 인생의 부정적인 것들에만 초점을 맞추고(정신적 필터) 성공을 체험한 여러 영역을 간과하는 경향(적극적인 면을 고려하지 않기)에 기인했다. 그는 "나는 더 잘할 수 있었는데"라고 쓸데없이 말하며 자신을 괴롭히고 있음을 발견했고, 재정적 가치가 인간 가치와 같지 않음을 깨달았다. 마침내 할은 그가 체험하고 있는 **증상들**, 즉 무기력과 미루는 버릇이 단순히 일시적으로 병의 과정을 나타낼 뿐 '진정한 자아'

의 표시가 아님을 수긍했다. 자신의 우울증을 개인적인 무력함에 대한 처벌로 여기는 그의 생각은 폐렴이 그렇다는 생각 이상으로 불합리했다.

치료 시간 끝에 베크 우울증 목록 검사는 할이 50퍼센트 상승을 체험했음을 알려주었다. 그다음 주에 그는 2단기법을 사용해 계속해서 자신을 도왔다. 기분 나쁘게 하는 생각들에 말대꾸하기를 스스로 훈련하면서 그는 자신을 가혹하게 평가하는 왜곡들을 감소시킬 수 있었고 그의 기분은 꾸준히 향상되었다.

할은 부동산 사업을 떠나 염가판 서점을 열었고, 손실과 이익이 없는 상태에 이를 수 있었다. 그러나 그의 엄청난 노력에도 불구하고 첫해의 시련기를 넘어 사업 유지를 정당화할 만큼의 이익을 보여주지는 못했다. 그처럼 외적인 성공의 표시는 이 시기 동안 평가할 만하게 바뀌지 않았다. 그럼에도 불구하고 할은 심각한 우울증을 피하고 자기존중을 유지했다. 서점에 '수건을 던지기로' 작정한 날, 그는 여전히 재정적으로 영점 이하였지만 그의 자기존중은 상처 받지 않았다. 그는 새 직업을 찾는 동안 매일 아침 읽기로 작정한 다음의 간단한 수필을 썼다.

〈왜 나는 무가치하지 않은가?〉

내게 나 자신과 다른 이들의 안녕에 기여할 것이 있는 한 나는 무가치하지 않다.

나의 행동이 적극적인 효과를 갖는 한 나는 무가치하지 않다.

나의 생존이 한 사람에게라도 어떤 차이가 있는 한 나는 무가치하지 않다(그리고 그 한 사람은 나 자신일 수 있다).

내가 나의 의견과 지성을 존중할 수 있다면 나는 무가치하지 않다.

다른 이들 또한 나를 존경한다면 그것은 일종의 보너스다.

내가 자기존중과 품위를 가진다면 나는 무가치하지 않다.

내가 나의 고용인이 가족 생계에 기여하도록 돕는 것이 사실이라면 나는 무가치하지 않다.

내가 나의 생산성과 창조성으로 내 고객들과 매각인들을 도우려고 최선을 다한다면 나는 무가치하지 않다.

이 환경에서 내 존재가 다른 이들에게 어떤 차이가 있다면 나는 무가치하지 않다.

나는 무가치하지 않다. 나는 현저히 가치 있다.

사랑하는 이의 상실

내 경력 초기에 치료한 환자 가운데 가장 심하게 우울증에 빠진 한 사례는 31세의 소아과 의사인 케이였다. 케이의 남동생은 6주 전에 그녀의 아파트 밖에서 섬뜩한 방식으로 자살했다. 케이는 특히 남동생의 자살에 대한 책임을 스스로 떠맡으면서 괴로워했다. 그녀가 이 관점을 뒷받침하려고 제시한 논증은 매우 설득력 있었다. 케이는 완전히 현실적이고 해결이 불가능한 몹시 고통스런 문제에 봉착해 있다고 느꼈다. 그녀는 자기도 역시 죽어야 마땅하다고 느꼈고, 나를 찾아왔을 때 실제로 자살적이었다.

자살에 성공한 한 개인의 가족과 친구들을 빈번히 괴롭히는 문제는 죄의식이다. "왜 나는 막지 않았나? 왜 나는 그렇게 어리석었나?" 같은 생각들로 자기 자신을 고문하는 경향이 있다. 심지어 정신 치료자와 상담가들도 그런 반응에서 예외가 아니며, "그건 정말 나의 잘못이다. 내가 지난 치료 시간에 다르게 이야기만 **했더라도**… 왜 나는 그가 자살적이든 말든 속박하지 않았던가? 나는 더 강력하게 개입했어야 했다. 내가 그를 죽였다!"라고 자책하기도 한다. 대부분의 자살 사건에는 비극과 뜻밖의 결말에 더하여, 더 객관적으로 볼 때 훨씬 덜 압박적이고 확실히 자살의 가치가 없는 문제인데도 자살 희생자는 스스로 해결할 수 없는 문제를 지녔다고 여기는 왜곡된 신념이 포함된다.

케이의 자기비판은 더욱더 강했다. 그녀는 자기 남동생보다 인생에서 좋은 행운을 잡았으므로 우울증을 앓는 동생의 투병 생활에 정서적·재정적 지원을 함으로써 보상하려고 애썼다. 그녀는 동생에게 정신 치료의 기회를 마련해주고 그 비용을 감당했다. 심지어 그녀의 아파트 근처에 살게 하여 그가 매우 낙담한 상태일 때 언제든지 자기를 부를 수 있도록 했다.

그녀의 남동생은 필라델피아에서 생리학을 전공하는 학생이었다. 자살한 그날, 그는 케이에게 전화를 걸어 수업시간에 발표해야 한다면서 일산화탄소가 피에 미치는 영향에 대해 물어보았다. 케이는 혈액 전문의였으므로 그 질문을 단순히 받아들이고 별 생각 없이 그 정보를 알려주었다. 그녀는 자신이 근무하는 병원에서 다음날 아침에 행할 중요한 강의를 준비하느라고 그리 길게 이야기할 시간이 없었다. 그녀의 남동생은 강의를 준비하고 있는 누이의 아파트 창문 밖에서 네 번째이자 마지막 시도를 하기 위해 그 정보를 이용했고, 케이는 그의 죽음에 대한 책임을 스스로 떠맡았다.

그녀가 직면한 비극적 상황 때문에 비참한 기분이 드는 것은 이해할 만했다. 처음 몇 번의 치료 시간 동안 그녀는 왜 자신을 탓하는지, 그리고 왜 자기가 차라리 죽는 편이 낫다고 확신하는지 개략적으로 말했다. "나는 내 남동생의 생명에 대한 책임을 떠맡았습니다. 나는 실패했으니 그의 죽음에 대한 책임이 있습니다. 그건 내가 충분히 그를 지도해주지 않은 것을 증명합니다. 나는 그가 긴급 상황에 처해 있음을 알아차려야 했지만, 그에게 개입하지 못했습니다. 되돌아보면 그가 다시 자살을 시도하리란 것은 명백했습니다. 그는 세 번이나 심각한 자살 시도를 했었답니다. 그가 전화했을 때 내가 그저 묻기만 했더라도, 나는 그의 생명을 구할 수 있었을 겁니다. 나는 그가 죽기 전 그달 내내 여러 차례 그에게 화를 냈고, 솔직히 그는 때때로 부담과 좌절을 느꼈을 겁니다. 한번은 너무 속이 상한 나머지 아마도 그가 죽는 편이 낫겠다고 혼잣말한 것이 기억납니다. 나는 여기에 지독한 죄의식을 느낍니다. 아마도 나는 그가 죽기를 원했을 겁니다! 내가 그를 낙담하게 한 것을 나는 압니다. 그래서 나는 내가 죽어 마땅하다고 느낍니다."

케이는 자신의 죄의식과 고통이 적절하고 타당하다고 확신했다. 그녀는 엄격한 가톨릭 교육을 받고 대단히 도덕적이었으므로 처벌과 고통이 예정되어 있다고 느꼈다. 나는 그녀의 추리 노선에 의심스런 부분이 있음을 알았지만, 그녀가 똑똑하고 설득적이었으며 그녀 자신을 거슬러 수긍이 가게 하는 주장을 하므로 여러 치료 시간 동안 그녀의 비논리에 전혀 침입할 수 없었다. 그러다가 그 정신적 감옥으로부터 그녀를 해방시킬 열쇠가 갑자기 내 머리에 떠올랐다. 그녀가 범하는 오류는 3장에서 논의된 인지적 왜곡 가운데 열 번째로 소개된 인격화였다.

다섯 번째 치료 시간에 나는 케이의 관점에 도사린 오해에 도전하려고 이 통찰을 이용했다. 우선 그녀가 남동생의 죽음에 책임이 있다면 그녀는 그 원인이 되었어야만 했다고 강조했다. 자살의 원인은 전문가들조차 잘 알지 못하는 것이므로 그녀가 그 원인이라고 결론짓는 것은 이치에 맞지 않는다.

나는 그녀에게 우리가 그의 자살 원인을 추측하자면, 희망 없고 인생은 살 가치가 없다는 그의 그릇된 확신일 거라고 말했다. 그녀는 그의 생각을 통제할 수 없으므로 그의 생명을 마치게 한 그 비논리적 가정에 대해 그녀가 책임질 수는 없다. 그것은 그의 잘못이지 그녀의 잘못이 아니다. 이처럼 그의 기분과 행동에 대한 책임을 떠맡으면서 그녀는 자신의 통제 영역 밖에 있는 것에 대해서도 그렇게 했다. 그녀에게 누가 기대할 수 있거나 기대할 최대한도는, 그녀가 자기 능력의 한계 안에서 그래왔듯이 도움을 주는 사람이 되려고 노력하는 것이다.

또한 나는 그녀가 그의 죽음을 방지하는 데 필요한 지식을 갖지 않은 것도 불운이었다고 강조했다. 그가 자살 시도를 하려는 참이라는 것이 그녀 머리에 떠올랐다면 그녀는 가능한 한 온갖 방식으로 개입했을 것이다. 그러나 그 사실을 몰랐으므로 그녀가 개입하기란 불가능했다. 그러므로 동생의 죽음에 대해 그녀 자신을 탓하는 것은 스스로가 미래를 절대적인 확실성으로 예언할 수 있으며 우주 안의 모든 지식을 장악하고 있다고 비논리적으로 가정하는 것이다. 이러한 두 기대가 매우 비현실적이므로 그녀가 자신을 경멸하는 것은 이치에 맞지 않다. 나는 전문적인 치료자들조차도 그들이 당연히 갖고 있는 전문 지식에도 불구하고 자살적인 환자들에게 번번이 우롱당한다고 지적했다.

이런 모든 이유로 그녀가 동생의 행동에 대한 책임을 자신에게 지운다는 것은 중요한 오류다. 다시 말해 그녀는 궁극적으로 그를 통제할 수 없기 때문이다. 나는 그녀가 자신의 인생과 행복에 **책임**이 있다고 강조했다. 이 시점에서 자기가 무책임하게 행동하고 있다는 생각이 그녀에게 떠올랐다. 즉 그녀가 그를 내버려두었기 때문이 아니라 그녀가 자신을 우울증에 빠지게 방치했고 자살을 꾀하고 있기 때문이다. 해야 할 책임 있는 일은 여하한 죄의식을 거부하며 우울증에 종지부를 찍고, 행복과 만족의 생활을 추구하는 것이다. 이것이 책임 있는 행동일 것이다.

이 논의 뒤에 그녀의 기분이 급격히 향상되었으며, 그녀 스스로가 자신의 태도에 일어난 깊은 변화의 덕택이라고 생각했다. 그녀는 자기가 자살하려 했던 그릇된 생각을 우리가 폭로했음을 깨달았다. 그녀는 자신의 삶의 질을 강화하고 남동생의 자살 이전부터 여러 해 동안 자신을 괴롭혀온 만성적인 우울한 느낌을 완전히 없애기 위해 한동안 치료를 더 받기로 결심했다.

고통 없는 슬픔

그렇다면 의문이 생긴다. 왜곡으로 오염되지 않은 '건강한 슬픔'의 본성은 무엇인가? 다시 말해 슬픔은 실제로 고통을 포함할 필요가 있는 것인가?

나는 이 질문에 대한 명확한 답을 안다고 공언할 수 없지만, 내가 불안정한 의과생일 때 체험한 느낌을 함께 나누고 싶다. 나는 캘리포니아의 스탠퍼드 대학교 종합병원 비뇨기과에서 임상 실습 중이었다. 나는 얼마 전 신장의 종양 제거술을 무사히 마친 한 노인을 맡았다. 의료진들은 그가 조만간 퇴원할 거라고 예상했지만, 그의 간 기능이 갑자기 저하되기 시작했다. 그리고 결국 종양이 간으로 전이된 것이 밝혀졌다. 이 슬픈 합병증은 손을 쓸 수가 없어서 그는 불과 며칠 만에 급속히 쇠약해지기 시작했다. 간 기능이 악화되자 그는 의식불명 상태에 빠지면서 서서히 기진맥진해갔다. 그의 부인은 사태의 심각성을 알아차리고 남편의 곁에 밤낮으로 48시간 동안 앉아 있었다. 지친 그녀가 남편의 침대로 머리를 떨어뜨리곤 했지만 그 곁을 결코 떠나지 않았다. 때때로 그녀는 남편의 머리를 쓰다듬으면서 말하곤 했다. "내 남편, 당신을 사랑해요." 그가 위독한 환자로 분류되었으므로 그의 자녀들뿐만 아니라 손자와 증손자들까지 대가족의 모든 구성원이 캘리포니아 여러 곳에서 병원으로 속속 도착하기 시작했다.

저녁이 되자 담당 레지던트는 내게 그 환자 곁에 머물면서 돌보도록 부탁했다. 나는 방에 들어선 순간 그가 혼수상태에 빠지고 있는 것을 알아차렸다. 거기에는 아주 젊은 세대부터 노인에 이르는 8~10명의 친척들이 있었다. 그들은 환자의 심각성을 어렴풋하게 알고는 있었지만 임박한 상황이 얼마나 심상치 않은지에 대해서는 정확한 설명을 듣지 못한 상태였다. 아버지가 거의 임종에 가까운 것을 느낀 한 아들이 내게 환자의 방광 물을 빼내고 있는 도뇨관을 제거해줄 것인가를 물었다. 나는 도뇨관의 제거가 그 가족에게 환자가 죽어가고 있음을 시사하는 것임을 깨닫고, 간호진에게 가서 그 조치가 적절할지 물어보았다. 간호진은 그가 정말 죽어가고 있으므로 그렇게 해야 한다고 말해주면서 도뇨관의 제거법을 알려주었고, 나는 환자에게 돌아가서 가족들이 기다리는 가운데 그대로 시행했다. 내가 마치자 그들은 어떤 유지책이 제거되었다는 것을 깨달았으며, 그 아들은 "감사합니다. 그에게 불필요한 장치였다고 생각합니다. 아버지도 감사해하실 겁니다"라고 말했다. 그러고나서 그 아들은 내게 돌아서서 그 조치의 의미를 확인하려는 듯이 물었다. "선생님, 그의 상태는 어떻습니까? 우리가 무엇을 예측할 수 있을까요?"

나는 갑작스런 비애의 격동을 느꼈다. 나는 내 할아버지를 떠오르게 하는 이 점잖고 예의바른 노인에게 친근감을 가졌었다. 나는 내 볼 위로 눈물이 흘러내리는 것을 깨달았다. 나는 거기에 선 채로 이야기를 하는 동안 그 가족에게 내 눈물을 보여야 할지, 아니면 그 자리를 떠나 나의 감정을 숨겨야 할지 결정해야 했다. 나는 그냥 서 있기로 선택하고 상당한 감정을 지닌 채 말했다. "환자 분은 훌륭한 신사였습니다. 비록 그분이 거의 혼수상태에 있지만 아직 당신들의 말을 들으실 수 있습니다. 오늘 밤은 그분에게 다가서서 작별 인사를 할 시간입니다." 그런 다음 나는 그 방을 떠나 울었다. 그 가족들도 그에게 이야기하고 작별 인사를 하는 동안 눈물을 흘리며 그의 침대 곁에 둘러앉아 있었다. 한 시간 뒤 그의 혼수상태가 깊어지다가 마침내 의식을 잃고 운명했다.

그의 죽음은 가족들뿐 아니라 나에게도 깊은 슬픔을 주었지만, 내게 잊지 못할 부드러움과 아름다움을 경험하게 했다. 상실감과 울음은 "너는 사랑할 수 있다. 너는 염려할 수 있다"는 것을 상기시켰다. 이러한 깨달음은 그 비애를 전혀 고통이나 괴로움을 주지 않는 승화시키는 체험으로 만들었다. 그 이후에도 나를 비슷하게 울게 만든 많은 경험을 했다. 내게 그 비애는 하나의 고귀함, 가장 높은 고결함의 체험이었다.

　나는 의대생으로서의 내 행동이 의료진에게 부적절하게 비쳐지지는 않을지 걱정했다. 그런데 학과 주임교수가 나중에 나를 불러 그 환자의 가족이 자신들에게 도움을 주고 그 신사의 임종을 친밀하고 아름다운 순간이 되도록 도와준 점에 대해 내게 감사의 인사를 전해달라고 부탁했음을 알려주었다. 주임교수 역시 언제나 그 특별한 노인에게 강하게 이끌렸다고 말했으며, 그 환자가 손수 그려 자기 방 벽에 걸어놓았던 말 그림까지 보여주었다. 이 일화는 어떤 해방감, 정확히 마무리했다는 느낌과 작별의 느낌을 포함했다. 결코 무섭지도 끔찍하지도 않았다. 사실 평화롭고 따뜻했으며, 내 인생 경험에 풍요로움의 느낌을 더해주었다.

| 제4부 |

예방과 인격적 성장

10장
그 모든 것의 원인

당신의 우울증이 사라지는 것은 즐거운 시간을 보내고 긴장을 풀라는 유혹이다. 확실히 당신은 그럴 권리가 있다. 치료가 끝나가면 많은 환자가 그들 생애에 경험한 가장 좋은 느낌이라고 말한다. 때때로 우울증이 더 희망 없고 심각하며 다루기 힘들게 보였을수록, 그것이 끝나면 행복과 자기존중의 맛도 그만큼 더 엄청나고 달콤하다. 기분이 좋아지기 시작하면서 당신의 비관적 사고 유형은 봄이 오면서 겨울눈이 녹듯이 극적으로, 그리고 예언할 수 있게 감소된다. 처음에 당신은 세상에 자신이 그런 비현실적인 생각들을 믿었던가 하고 의아해할 것이다. 이러한 인간 정신의 심원한 변형은 나를 놀라게 하지 않은 적이 없다. 나는 일상적인 치료의 과정에서 거듭거듭 이 마술 같은 변형을 관찰할 기회를 갖는다.

당신은 사고방식의 변화가 너무 극적이므로 자신의 우울증이 영영 사라져버렸다고 확신할 수 있다. 그러나 기분장애의 보이지 않는 잔재가 남아 있다. 이 잔재가 수정되고 제거되지 않으면 당신은 앞으로 우울증의 공격에 상처 입기 쉬울 것이다.

기분이 좋다는 것과 좋아진다는 것에는 몇 가지 차이점이 있다. 기분이 좋다는 것은 고통스런 증상들이 일시적으로 사라진 것을 뜻한다. 이에 대해 기분이 좋아진다는 것은 다음을 뜻한다.

1) 왜 당신이 우울증에 빠졌는지 이해하는 것.
2) 왜 그리고 어떻게 당신이 나았는지 아는 것. 이 개념은 특히 당신을 위해 잘 작용해서 당신이 선택하는 어느 때라도 재적용할 수 있고 다시 작동할 수 있게 하는 특별한 자기도움 기법들의 숙달을 포함한다.
3) 자기확신과 자기존중을 획득하는 것. 자기확신은 당신이 개인적 관계와 경력에 걸맞게 성공적일 가능성이 충분히 있다는 지식에 기초하며, 자기존중은 당신이 인생의 어느 시점에서나 성공적이든 아니든 간에 최대의 자기사랑과 기쁨을 체험하는 역량이다.
4) 우울증의 더 깊은 원인을 찾아내는 것.

이 책의 1, 2, 3부는 당신이 앞의 두 목표를 성취하도록 구성되어 있다. 다음 몇몇 장들은 당신이 세 번째와 네 번째 목표에 이르도록 도울 것이다.

당신이 한 차례의 우울증에서 회복된 뒤에 부정적 사고가 현저히 감소되거나 완전히 제거된다 해도 필시 마음속에는 아직도 잠복해 있는 어느 정도의 '침묵의 가정들'이 있다. 이 침묵의 가정들이 크게는 우선 왜 당신이 우울증에 빠졌는지 설명하고, 언제 다시 상처 입게 될지 스스로 예언할 수 있게 도와줄 것이다. 그러므로 그 가정들은 재발 방지의 열쇠를 갖고 있다.

침묵의 가정이란 바로 무엇인가? 침묵의 가정은 그것을 도구로 당신이 자신의 인격적 가치를 규정하는 등식이다. 그것은 당신의 가치 체계이자 개인적 철학이며, 당신이 자기존중의 토대를 두는 내용이다. 예를 들면 다음과 같다. 1) "누가 나를 비판하면 자동적으로 내게 무언가 잘못된 점이 있음을 뜻하므로 비참한 느낌이다." 2) "내가 참으로 충족된 인간이라면 사랑받아야 한다. 내가 혼자라면 외롭고 비참할 수밖에 없다." 3) "한 인간으로서의 나의 가치는 내가 이룩한 성과에 비례한다." 4) "내가 완벽하게 일을 하지 않으면(또는 느끼거나 행동하지 않으면) 실패한 것이다." 당신이 알다시피 이런 비논리적 가정들은 심히 자멸적일 수 있다. 그것들은 당신이 불편한 기분 변동에 걸릴 소지를 제공하며, 당신의 심리학적 아킬레스건이다.

다음 몇몇 장에서는 당신 자신의 침묵의 가정들을 가려내고 평가하는 것을 배우게 된다. 인정, 사랑, 성취와 완벽에 대한 중독이 기분 변동의 토대가 됨을 알게 될 것이다. 자신의 자멸적인 신념 체계를 폭로하고 도전하기를 배우면서 타당하고 자기향상적인 개인적 철학의 기초를 놓게 될 것이다. 당신은 기쁨과 정서적 계몽을 향한 길 위에 서게 될 것이다.

대부분의 정신 치료자뿐만 아니라 일반 대중까지도 기분 변동의 기원을 밝히기 위해서는 길고 고통스럽게 느린(수년씩 걸리는) 치료 과정이 필요하며, 그런 후에는 대부분의 환자가 자신의 우울증의 원인을 설명하기가 어려워질 거라고 가정한다. 인지 요법의 가장 위대한 공헌 중 하나가 이 가정을 불식시켰다는 점이다.

이 장에서 당신은 침묵의 가정들을 가려내는 두 가지 다른 방법을 배울 것이다. 첫 번째는 '수직화살 기법'이라 불리는 놀랍도록 효과적인 방법으로, 당신 내면의 정신을 탐사하게 해줄 것이다.

수직화살 기법은 사고 안의 왜곡들을 프로그램 해체하므로 기분이 나아지게 할 것이다. 간단한 예가 〈표 10-1〉에 있다. 이 표는 7장에 소개된 정신과 레지던트 아트가 작성했는데, 그는 지도주임에게 건설적인 비판을 듣고 속상한 느낌을 가졌다.

아트는 속상한 생각들을 반박하면서 죄의식과 불안감을 감소시켰지만, 무엇보다도 먼저 자기가 왜 그리고 어떻게 그런 비논리적 해석을 했는지 알고 싶었다. 아마도 당신 역시 자신에게 묻기 시작했을 것이다. 나

표 10-1

자동적 사고	합리적 반응
1. B박사는 그 환자가 나의 언급을 도발적으로 여기고 있다고 말했다. 그는 분명 내가 쓸모없는 치료자라고 생각하겠지.	1. 독심술, 정신적 필터, 명명. B박사가 내 잘못을 지적했다고 해서 그가 나를 '쓸모없는 치료자'로 생각한다고 결론 내릴 수는 없다. 나는 그가 정말 어떻게 생각하는지 물어보아야겠지만, 많은 경우에 그는 나를 칭찬했고 내가 놀라운 재능을 갖고 있다고 말했다.

의 부정적 사고들 안에 선천적인 어떤 경향이 있는가? 내 정신의 더 깊은 수준에 존재하는 어떤 정신적 괴팍이 있는가?

아트는 이 질문에 답하기 위해 수직화살 기법을 사용했다. 첫째, 그는 자신의 자동적 사고 바로 아래 짧은 하향 화살표를 그렸다(〈표 10-2〉). 이 하향 화살은 아트가 자신에게 "이 자동적 사고가 실제로 진실이라면 내게 무엇을 의미하는 것일까? 이것은 왜 나를 속상하게 할까?"라고 질문하라는 속기의 형태다. 그리고 아트는 즉시 떠오른 다음 자동적 사고를 써 내려갔다. 보다시피 그는 "B박사가 내가 쓸모없는 치료자라고 생각한다면 그것은 내가 쓸모없는 치료자임을 의미한다. 왜냐하면 그는 전문가이기 때문이다"라고 썼다. 그다음에 아트는 이 생각 아래 두 번째 화살표를 그리고 〈표 10-2〉에서 보듯이 또 따른 자동적 사고를 작동시키기 위해 똑같은 과정을 되풀이했다. 새로운 자동적 사고를 생각해낼 때마다 그는 즉시 그 아래에 수직화살을 긋고 자문했다. "그것이 사실이라면 왜 그것이 나를 속상하게 할까?" 이러한 과정을 되풀이하자 그는 일련의 자동적 사고를 작동시킬 수 있었으며, 그의 문제를 일으킨 침묵의 가정에 도달했다. 이 수직화살 기법은 연속된 피부 층을 벗겨내는 것에 비유할 수 있다.

표 10-2 수직화살 기법을 이용해 자동적 사고를 일으키는 침묵의 가정을 폭로하라. 하향 화살은 다음 질문의 약자다. "그 생각들이 진실이라면 왜 그것은 나를 기분 나쁘게 할까? 그것은 내게 무엇을 의미할 것인가?" 각 하향 화살에 의해 표현되는 질문이 예문에서 따옴표에 묶여 화살표 옆에 나타나 있다. 이것은 당신이 자동적 사고를 적었다면 자신에게 물어볼 내용이다. 이 과정은 문제의 근본 원인을 밝혀줄 일련의 자동적 사고들에 도달하게 한다.

자동적 사고	합리적 반응
1. B박사는 분명 내가 쓸모없는 치료자라고 생각하겠지. → ↓ "그가 이렇게 생각한다면 왜 그것이 나를 기분 나쁘게 할까?"	
2. 그것은 내가 쓸모없는 치료자임을 의미한다. 왜냐하면 그는 전문가이기 때문이다. → ↓ "내가 쓸모없는 치료자라고 가정한다면, 그것이 내게 무엇을 뜻할까?"	
3. 그것은 내가 완전한 실패자임을 뜻할 것이다. 그건 내가 결코 좋은 사람이 아님을 의미할 것이다. → ↓ "내가 결코 좋은 사람이 아니라면 왜 그것이 문제인가? 그것이 내게 무엇을 의미할까?"	
4. 그러면 그 말이 퍼져나가서 내가 얼마나 나쁜 사람이었는지 모두가 알게 될 것이다. 그러면 아무도 나를 존경하지 않을 것이다. 나는 의료계에서 제명당하고, 다른 주(州)로 이사 가야 할 것이다. → ↓ "그리고 그것은 뭘 의미할까?"	
5. 그것은 내가 무가치함을 의미할 것이다. 나는 너무 비참한 기분이어서 죽고 싶을 것이다. →	

〈표 10-2〉에서 보다시피 그것은 실제로 아주 간단하고 정직하다.

당신은 수직화살 기법이 자동적 사고를 기록할 때 사용한 통상적 전략의 정반대임을 알아챌 것이다. 보통은 왜 당신의 자동적 사고가 왜곡되고 타당하지 않은지를 보이는 합리적 반응으로 대치한다(〈표 10-1〉). 이것은 인생에 대해 더 객관적으로 생각하고 기분이 나아질 수 있게끔 당신의 사고방식을 여기서 지금 바꾸도록 도와준다. 그 대신 수직화살 기법에서는 당신의 왜곡된 사고가 절대로 타당하다고 가정하고 그 안에서 일말의 진리를 찾으려 한다. 이것은 당신이 자신의 문제의 핵심을 관통하도록 해준다.

이제 〈표 10-2〉에서 아트의 일련의 자동적 사고들을 재검토하고 당신 자신에게 물어보라. 그가 불안과 죄의식을 느끼고 우울증에 걸릴 소지를 제공한 침묵의 가정은 무엇인가? 몇 가지가 있다.

1) 누군가가 나를 비판하면 그들은 옳을 수밖에 없다.
2) 나의 가치는 내 업적에 의해 결정된다.
3) 한 번 잘못하면 전체를 망친다. 내가 어느 때나 성공적이지 않으면 나는 완전히 영점짜리 인간이다.
4) 다른 사람은 나의 불완전을 관대히 다루지 않을 것이다. 나는 사람들이 나를 존경하고 좋아하게끔 완벽해야 한다. 내가 실수하여 망칠 때 맹렬한 불찬성에 부딪히고 처벌당할 것이다.
5) 이 불찬성은 내가 나쁜 무가치한 사람임을 의미할 것이다.

일단 당신이 자신의 일련의 자동적 사고들을 작동시키고 침묵의 가정들을 명료화하면, 늘 그렇듯이 그 왜곡들을 정확히 가려내어 합리적 반응으로 대치하는 것이 결정적이다(〈표 10-3〉).

수직화살 기법의 좋은 점은 귀납적이고 소크라테스적이란 것이다. 신

표 10-3 아트는 수직화살 기법을 이용해 일련의 자동적 사고를 유도해낸 뒤 인지 왜곡을 가려내고 더 객관적인 반응으로 대치했다.

자동적 사고	합리적 반응
1. B박사는 필시 내가 쓸모없는 치료자라고 생각하겠지. ↓ "그가 이렇게 생각한다면 왜 그것이 나를 기분 나쁘게 할까?"	1. B박사가 내 잘못을 지적했다고 해서 그가 나를 '쓸모없는 치료자'로 생각한다고 결론 내릴 수는 없다. 나는 그가 정말 어떻게 생각하는지 물어보아야겠지만, 많은 경우에 그는 나를 칭찬했고 내가 놀라운 재능을 갖고 있다고 말했다.
2. 그것은 내가 쓸모없는 치료자임을 의미한다. 왜냐하면 그는 전문가이기 때문이다. ↓ "내가 쓸모없는 치료자라고 가정한다면, 이것은 내게 무엇을 뜻할까?"	2. 전문가조차도 치료자로서의 나의 특별한 강점과 약점을 지적할 수 있을 뿐이다. 어느 때고 누구든지 나를 '쓸모없는 사람'으로 명명한다 해도 그들은 단지 모호하고 파괴적인 쓸데없는 질문을 하고 있는 것이다. 나는 나의 환자 대부분과 많은 성공적인 체험을 했고, 누가 말하건 내가 '쓸모없는 사람'이란 말은 진실일 수 없다.
3. 그것은 내가 완전히 실패자임을 뜻할 것이다. 그건 내가 결코 좋은 사람이 아님을 의미할 것이다. ↓ "내가 결코 좋은 사람이 아니라면 왜 그것이 문제인가? 그것이 내게 무엇을 의미할까?"	3. 지나친 보편화. 내가 치료자로서 비교적 미숙하고 무능하다 해도 그것이 내가 '완전한 실패자' 또는 '결코 좋은 사람이 아님'을 뜻하지 않는다. 나는 내 경력과 관련이 없는 다른 관심사나 강점 또는 바람직한 자질들을 많이 갖고 있다.
4. 그러면 그 말이 퍼져나가서 내가 얼마나 나쁜 사람이었는지 모두가 알게 될 것이다. 그러면 아무도 나를 존경하지 않을 것이다. 나는 의료계에서 제명당하고 나는 다른 주(州)로 이사 가야 할 것이다. ↓ "그리고 그것은 뭘 의미할까?"	4. 그건 불합리하다. 나는 실수한다 해도 그것을 고칠 수 있다. '그 말'은 단지 내가 실수 하나 했다고 해서 들불처럼 주 전체로 퍼지지 않는다. 사람들이 신문에 머리기사로 "주목된 정신과 의사, 실수하다"라고 보도할 것인가?

5. 그것은 내가 무가치함을 의미할 것이다. 나는 너무 비참한 기분이어서 죽고 싶을 것이다.	→	5. 세상 모든 사람이 나를 불찬성하거나 비판한다 해도 그것이 나를 무가치하게 할 수는 없다. 왜냐하면 나는 무가치하지 않기 때문이다. 내가 무가치하지 않다면 나는 아주 소중함이 틀림없다. 그러니 비참한 느낌이 들 게 무엇인가?

중한 질문의 과정을 거쳐서 자신을 패배시키는 신념들을 스스로 발견하기 때문이다. 당신은 다음 질문들을 거듭 거듭 반복해 자기 문제의 기원을 밝혀낸다. "그 부정적 사고가 진실이라면 그것은 내게 무엇을 의미하는가? 왜 그것은 나를 속상하게 할까?" 몇몇 치료자들의 주관적 선입관이나 개인적 신념 또는 이론적 경향들을 소개하지 않고도 당신은 자기 문제의 뿌리까지 객관적으로 그리고 체계적으로 곧장 다가갈 수 있다. 이것은 정신치료의 역사를 괴롭혀온 하나의 난점을 불식시킨다. 온갖 견해의 학파 출신 치료자들은 실험적 확인을 해보지 않거나 아예 하지 않은 선입관들의 견지에서 환자들의 경험을 해석하는 것으로 평판이 나 있다. 당신이 자기 문제의 기원에 대한 치료자의 설명을 '사들이지' 않을 경우 이 행동은 '진리'에 대한 '저항'으로 해석되기 십상이다. 이런 미묘한 식으로 당신의 병은 자신이 말하는 바와 상관없이 치료자의 틀에 강제로 맞춰진다. 종교적 상담가(종교적 요인들), 지역사회의 정신과 의사(사회·정치·경제적 환경), 프로이트 식 분석가(내면화된 분노), 행동 치료자(낮은 등급의 적극적 강화), 약물 지향적 정신과 의사(유전학적 요인들과 두뇌·화학 불균형), 가족 치료자(혼란된 대인관계들) 등을 찾아갔을 때 당신이 듣게 되는 고통에 대한 어리둥절케 하는 설명들의 나열을 상상해보라!

수직화살 기법을 적용할 때 주의해야 할 점은 다음과 같다. 당신이 자신의 정서적 반응 표현을 포함하는 사고를 적는다면 그 과정을 중단시켜

라. 그 대신 당신의 정서적 반응을 야기하는 부정적 사고를 적어라. 여기에 그것을 잘못하는 예가 있다.

첫 번째 자동적 사고 : 내 남자 친구는 이번 주말에 전화한다고 약속하고서 하지 않았다.
↓ "왜 이것이 나를 속상하게 하는가?
이것이 내게 무엇을 의미하는가?"
두 번째 자동적 사고 : 오, 나는 그것을 참을 수 없다. 두렵고 끔찍하다.

이것은 소용없다. 우리는 벌써 당신이 두렵고 끔찍한 기분임을 안다. 질문은 이것이다. 당신 기분을 그렇게 속상하게 만든 어떤 생각들이 자동적으로 당신 마음을 스쳐갔는가? 그가 당신을 소홀히 한다면 그것은 당신에게 무엇을 의미하는가?
여기에 바른 예가 있다.

1) 내 남자 친구는 이번 주말에 전화한다고 약속하고서 하지 않았다.
↓ "왜 이것이 나를 속상하게 하는가?
이것이 내게 무엇을 의미하는가?"
2) 그것은 그가 나를 소홀히 여김을 의미한다. 그가 나를 정말 좋아하지는 않는다는 뜻이다.
↓ "그것이 사실이라고 가정하자.
그것이 내게 무엇을 의미하는가?"
3) 그것은 내게 무언가 잘못이 있음을 의미한다. 그렇지 않으면 그는 더 마음 써줄 텐데.
↓ "그것이 사실이라고 가정하자.

그것이 내게 무엇을 의미하는가?"
4) 그것은 내가 거절당할 것을 의미한다.
↓   "내가 사실 거절당한다면 그 다음은?
그것이 내게 무엇을 의미하는가?"
5) 그것은 내가 사랑스럽지 않고 언제라도 거절당하리란 것을 의미한다.
↓   "그 일이 일어난다면 왜 그것이 나를
기분 나쁘게 할 것인가?"
6) 그것은 내가 끝내는 혼자 비참해지리란 것을 의미한다.

이처럼 당신의 느낌보다 의미를 추적하면 침묵의 가정들이 명백해진다. 1) 내가 사랑받지 않으면 나는 가치 있지 않다. 2) 내가 혼자 있으면 (혼자이면) 나는 비참할 수밖에 없다.

이 말은 당신의 느낌이 중요하지 않다는 것이 아니다. 완전한 목표는 진짜배기, 즉 타당한 정서적 변형을 이뤄내는 것이다.

역기능 태도 척도(DAS)

당신에게 기분 변동의 소지를 제공하는 침묵의 가정들을 이끌어내기가 결정적으로 중요하므로 그 일을 해내기 위해서 '역기능 태도 척도 (Dysfunctional Attitude Scale, DAS)'라고 불리는 두 번째의 더 간단한 방법이 우리 그룹의 일원인 알렌 와이즈먼 박사에 의해 개발되었다. 그녀는 정서적 장애의 소질이 있는 사람들에게 흔히 발생하는 100여 가지의 자멸적 태도들을 수집했다. 우울증에서 나았을 때 부정적인 자동적 사고들이 극적으로 감소된 반면, 자멸적 신념 체계는 우울증 시기와 차도의 시기 사이에 다소 지속적으로 남는다. 와이즈먼의 연구는 침묵의 가정들이 언제나 지니는 정서적 소란의 한 소인이란 개념을 확인한 것이다.

비록 다소 긴 역기능 태도 척도를 온전히 소개하는 것은 이 책의 범위를 넘는 일이긴 해도, 나는 더 일반적인 태도들을 상당수 선택하고 쓸 만한 다른 것들을 추가했다. 질문서를 작성하면서 각 태도에 당신이 얼마나 동의 또는 불일치하는지 표시하라. 작성을 마치면 해답의 열쇠로 답을 채점해 당신의 개인적 가치 체계의 윤곽을 잡아라. 이것은 당신의 심리학적 강점과 약점의 영역을 보여줄 것이다.

검사에 답하는 것은 아주 간단하다. 35가지 태도에 대해 각각 당신이 **평상시** 어떻게 생각하는지 그 평가를 나타내는 단에 표시하라. 각 태도에 오직 한 개의 답을 선택하라. 우리는 모두 다르므로 어떤 진술에도 '맞는' 답이나 '틀린' 답은 없다. 주어진 태도가 당신 자신의 철학의 특징인지 아닌지 결정하기 위해서는 **평상시** 사물을 어떻게 바라보는지 생각해 내라.

⟨예⟩

	강하게 동의	조금 동의	중립	조금 불일치	대단히 불일치
35. 성공의 표시(뛰어난 외모, 사회적 지위, 부 또는 명성)를 가진 사람들은 그렇지 않은 사람보다 더 행복할 수밖에 없다.		✓			

이 예에서 '조금 동의' 단의 점검표(∨)는 그 진술이 목록을 작성하는 사람의 태도를 다소 반영하고 있음을 뜻한다. 자, 이제 시작하라.

역기능 태도 척도*

	강하게 동의	조금 동의	중립	조금 불일치	대단히 불일치
1. 누구든지 비판받으면 틀림없이 기분 나쁠 것이다.					
2. 다른 사람을 기쁘게 하기 위하여 나 자신의 관심사를 포기하는 것이 가장 좋다.					
3. 나는 행복해지기 위해 다른 사람의 승인이 필요하다.					
4. 내게 중요한 누군가가 내가 뭔가를 하도록 기대한다면, 나는 정말 그것을 해야 한다.					
5. 인간으로서 나의 가치는 다른 사람이 나를 어떻게 생각하는가에 크게 달려 있다.					
6. 나는 다른 사람에게서 사랑받지 않고서는 행복을 발견할 수 없다.					
7. 다른 사람이 당신을 싫어한다면, 당신은 덜 행복할 수밖에 없다.					
8. 내가 마음을 쓰는 사람들이 나를 거절하는 것은 내게 뭔가 잘못이 있음을 뜻한다.					
9. 내가 사랑하는 한 사람이 나를 사랑하지 않는 것은 내가 사랑스럽지 않음을 뜻한다.					
10. 다른 사람으로부터 소외당하면 불행해질 수밖에 없다.					

11. 내가 훌륭한 사람이라면, 적어도 한 가지 중요한 점에서는 실로 뛰어나야 한다.					
12. 나는 유용하고, 생산적이고, 창조적인 사람이어야 한다. 그렇지 않다면 인생의 목적이 없다.					
13. 좋은 사상을 지닌 사람은 그렇지 않은 사람보다 더 가치 있다.					
14. 내가 다른 사람만큼 잘하지 못하는 것은 내가 열등함을 뜻한다.					
15. 내가 일에서 실패하면, 나는 한 인간으로서 실패자다.					
16. 당신이 뭔가를 잘할 수 없다면, 그것을 하는 의의가 도대체 거의 없다.					
17. 누구든지 약점을 보이는 것은 수치스럽다.					
18. 누구든지 자기가 맡은 모든 일에서 최고가 되도록 노력해야 한다.					
19. 내가 실수하면, 나는 속상할 것이다.					
20. 내가 나 자신을 위해 최고의 기준을 세우지 않으면, 나는 마침내 이등급 인간이 되고 말 것 같다.					

21. 내가 무엇을 받을 자격이 있다고 강하게 믿으면, 나는 그것을 마땅히 가져야 한다고 기대할 수 있다.					
22. 당신이 원하는 것을 가지려는데 장애물을 발견할 때 필연적으로 좌절할 수밖에 없다.					
23. 내가 다른 사람의 필요를 나 자신의 것보다 우선적으로 해결해준다면, 내가 그들의 도움을 필요로 할 때 그들은 나를 도와야 한다.					
24. 내가 좋은 남편(아내)이라면, 내 배우자는 나를 사랑하지 않을 수 없다.					
25. 내가 누군가를 위해 착한 일들을 한다면, 그들이 나를 존경하고 내가 그들에게 잘해주는 만큼 나를 대하리라고 기대할 수 있다.					
26. 내게 가까운 사람들이 어떻게 느끼고 행동하는지에 대한 책임을 내가 져야 한다.					
27. 내가 다른 사람의 행동 방식을 비판해 그들이 화나거나 우울해진다면, 내가 그들을 기분 나쁘게 했음을 뜻한다.					
28. 내가 착하고 훌륭하고 도덕적인 사람이라면, 도움을 필요로 하는 모든 사람을 도우려고 노력해야 한다.					

29. 한 아이가 정서적 또는 행동상의 곤란을 갖고 있다면, 그 아이의 부모가 어떤 중요한 점에서 실패했음을 보여주는 것이다.					
30. 나는 모든 사람을 즐겁게 해 줄 수 있어야 한다.					
31. 무슨 나쁜 일이 생길 때 나는 내 기분을 통제하지 못할 것이다.					
32. 기분 나쁜 정서를 바꾸려고 애쓰는 것은 소용없다. 왜냐하면 그것은 일상생활의 타당하고 불가피한 부분이기 때문이다.					
33. 나의 기분은 일차적으로 대부분 통제 밖에 있는 요인들, 즉 과거, 신체의 화학적 작용, 호르몬 주기, 생체 리듬, 행운, 숙명 등에 의해 만들어진다.					
34. 나의 행복은 대부분 나에게 일어나는 일에 달려 있다.					
35. 성공의 표시(뛰어난 외모, 사회적 지위, 부 또는 명성)를 가진 사람들은 그렇지 않은 사람보다 더 행복할 수밖에 없다.					

* ⓒ 1978, Arlene Weissman.

이제 당신의 DAS를 작성했다. 당신은 다음의 방법으로 그것을 채점할 수 있다. 아래의 기준에 따라 35가지 태도 각각에 대한 당신의 답을 채점하라.

강하게 동의	조금 동의	중립	조금 불일치	대단히 불일치
-2	-1	0	1	2

이제 처음 1~5번 태도에 대한 당신의 점수를 합하라. 이 태도들은 다른 사람의 의견과 당신이 받는 승인이나 비판의 양의 견지에서 자신의 가치를 측정하려는 경향을 나타낸다. 다섯 항목에 대한 당신의 점수들이 '+2, +1, -1, +2, 0'이라고 가정해보자. 이때 당신의 총점은 +4일 것이다.

이런 식으로 1~5, 6~10, 11~15, 16~20, 21~25, 26~30, 31~35의 항목들에 대한 당신 점수를 더해 다음 예와 같이 기록하라.

〈채점 예〉

가치 체계	태도	개별 점수	총점
Ⅰ. 승인	1~5	+2, +1, -1, +2, 0	+4
Ⅱ. 사랑	6~10	-2, -1, -2, -2, 0	-7
Ⅲ. 업적	11~15	+1, +1, 0, 0, -2	0
Ⅳ. 완벽주의	16~20	+2, +2, +1, +1, +1	+7
Ⅴ. 권리소유감	21~25	+1, +1, -1, +1, 0	+2
Ⅵ. 전능	26~30	-2, -1, 0, -1, +1	-3
Ⅶ. 자율성	31~35	-2, -2, -1, -2, -2	-9

당신의 실제 점수를 여기에 기록하라.

가치 체계	태도	개별 점수	총점
Ⅰ. 승인	1~5		
Ⅱ. 사랑	6~10		
Ⅲ. 업적	11~15		
Ⅳ. 완벽주의	16~20		
Ⅴ. 권리소유감	21~25		
Ⅵ. 전능	26~30		
Ⅶ. 자율성	31~35		

다섯 항목의 각 묶음은 일곱 가치 체계의 하나를 측정한 것이다. 다섯 항목 각 묶음의 총점은 +10에서 -10까지 가능하다. 이제 다음과 같이 당신의 '개인적 철학 측면'을 개발하기 위해 일곱 변수 각각에 대한 당신의 총점을 도면으로 만들라.

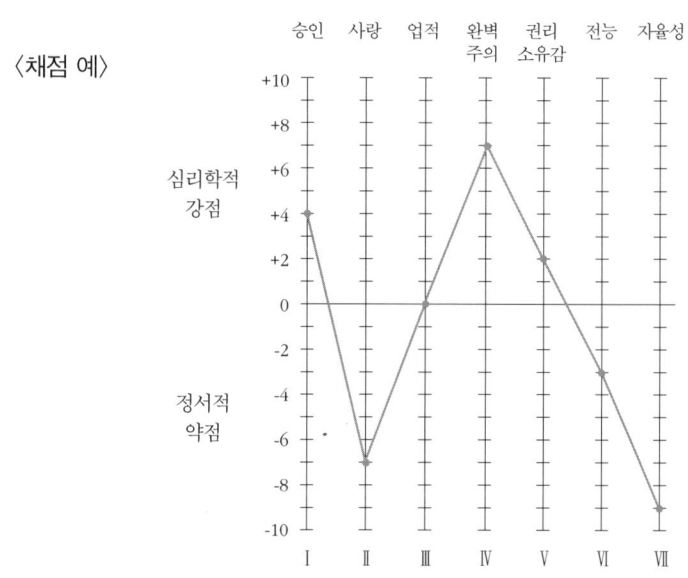

309

그림에서 볼 수 있듯이 양수의 점수는 심리학적으로 강한 영역을, 음수의 점수는 정서적으로 취약한 영역을 나타낸다.

예를 든 사람은 승인, 완벽주의, 권리소유감의 영역에서 강점을 갖는다. 한편 그의 약점은 사랑, 전능, 자율성의 영역에 있다. 이 개념들의 의미들은 설명될 것이다. 우선, 당신 자신의 개인적 철학 측면을 여기에 도면으로 만들라.

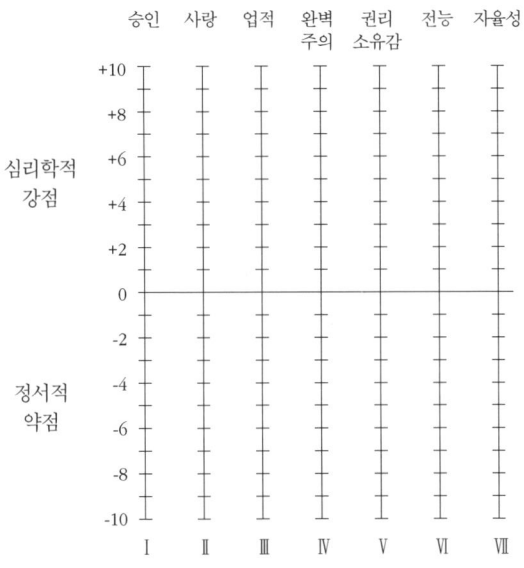

DAS 점수의 해석

1. 승인

DAS 검사의 처음 다섯 태도는 사람들이 자신에게 어떻게 반응하고 자신에 대해 어떻게 생각하는지에 기초해 자기존중을 측정하려는 당신의 경향을 검사한 것이다. 0~10의 양수의 점수는 당신이 독립적이고, 비판과 불찬성에 직면했을 때 자신의 가치에 대한 건강한 감각을 가지고 있음을 시사한다. 반면 0~-10의 음수의 점수는 당신이 극히 의존적임을 나타낸다. 왜냐하면 다른 사람의 눈을 통해 자신을 평가하기 때문이다. 누군가가 당신을 모욕하고 무시한다면 당신은 자동적으로 자신을 경멸하는 경향이 있다. 당신의 정서적 행복은 당신이 상상하기에 사람들이 당신에 대해 생각하는 바에 민감하기 때문에 쉽게 조작당할 수 있고, 다른 이들이 비판하거나 화를 낼 때 불안과 우울증에 빠지기 십상이다.

2. 사랑

이 검사의 두 번째 다섯 태도는 자신의 가치를 사랑받는지 아닌지에 의거하려는 당신의 경향을 평가한다. 양수의 점수는 당신이 사랑을 바람직하게 볼 뿐 아니라 즐거움과 충족감을 느끼는 다른 폭넓은 관심사들을 가지고 있음을 보여준다. 그러므로 사랑은 당신의 행복이나 자기존중을 위한 필수물이 아니다. 당신은 자기사랑에 대한 건강한 감각을 발산하고 삶의 많은 면에 관심을 갖고 있으므로 아마도 다른 사람에게 매력적으로 보인다.

음수의 점수는 당신이 '사랑 중독자'임을 나타낸다. 당신은 사랑을 하나의 필수품으로 본다. 즉 사랑 없이는 생존할 수도 없고, 하물며 행복할 수도 없다고 여긴다. 점수가 -10에 가까울수록 사랑에 더 의존적이다. 당신은 열등하다고 자처하고 당신이 마음 쓰는 사람들로부터 멀어질까 봐 두려운 나머지 그들과의 관계에서 자신의 역할을 끌어내리는 경향이 있다.

그 결과 흔히 그들은 당신에 대한 존경을 잃고 당신을 하나의 부담으로 느낀다. 그들의 사랑 없이는 자신이 맥없이 주저앉을 거라는 당신의 태도 때문이다. 당신이 느끼기에 사람들이 당신으로부터 멀어지는 것 같으면,

당신은 고통스럽고 겁나게 하는 퇴거 증후군(withdrawal syndrome)에 사로잡히게 된다. 당신은 애정과 관심의 용량을 '정맥주사'할 수 없을 거라고 느낀다. 그러면 당신은 '사랑을 얻으려는' 충동적인 강박에 의해 소진되어버린다. 대부분의 중독자처럼 자신의 '물건'을 획득하려고 강압적이고 조작적인 행동에 의지하기까지 할 수 있다. 뜻밖에도 당신의 빈궁하고 탐욕스런 사랑 중독은 많은 사람을 멀리 쫓아버려 당신의 외로움을 강화시킬 것이다.

3. 업적

11~15의 점수는 또 다른 유형의 중독을 측정하도록 도울 것이다. 음수의 점수는 당신이 일 중독자임을 나타낸다. 당신은 자신의 인간성에 대해 옹색한 감각을 가지고 있으며, 자신을 시장의 한 상품으로 여긴다. 점수가 더 마이너스일수록 당신의 자기가치감과 기쁨의 역량은 당신의 생산성에 그만큼 더 의존적이다. 당신이 휴가를 가거나 사업이 부진한 상태가 된다든지 은퇴하거나 활동적이지 않다면, 당신은 정서적 추락의 위험에 처할 것이다. 대조적으로 양수의 점수는 당신이 창조성과 생산성을 즐기지만 그것들을 유일한 것으로, 자기존중과 만족에 이르는 필연적인 길로 보지 않는다는 것을 나타낸다.

4. 완벽주의

16~20의 항목은 완벽주의에 대한 당신의 경향을 나타낸다. 음수의 점수는 당신이 성배(聖杯)〔예수가 최후의 만찬 때 사용한 잔으로 아서 왕의 원탁의 기사들이 찾으려 애씀―옮긴이 주〕를 찾는 일에 걸려들어 있다는 뜻이다. 당신은 자신에게 완벽을 요구한다. 실수는 금기이며 실패는 죽음보다 더 나쁘다. 심지어 부정적 정서들은 하나의 재난이다. 당신은 언제나 뛰어나게 보이

고, 느끼고, 생각하고, 행동하도록 전제된다. 당신은 장관거리가 못 되는 것이 지옥 불에 타는 것을 의미한다고 느낀다. 비록 당신이 자신을 맹렬한 속도로 혹사시켜도 당신의 만족은 불충분하다. 일단 당신이 세운 목표를 성취하면 다른 더 먼 목표로 즉시 교체되므로 당신은 결코 산의 정상을 정복한 포상을 경험하지 못한다. 결국 당신은 왜 약속된 보상이 자신의 모든 노력에도 불구하고 실현되지 않는가 의아하게 여기기 시작한다. 당신의 삶은 기쁨이 없는 지루한 쳇바퀴가 된다. 당신은 비현실적이고 불가능한 개인적 기준으로 살고 있다. 그러므로 당신은 그것들을 재평가할 필요가 있다. 문제는 당신의 실행이 아니라 당신이 그것을 측정하려고 사용하는 잣대에 있다. 당신이 자신의 기대를 현실과 조화시키면 **좌절** 대신 **기쁨**과 **보상**을 많이 체험할 것이다.

양수의 점수는 당신에게 의미 있는, 유연한, 적절한 기준을 세울 역량이 있음을 시사한다. 당신은 과정과 경험으로부터 큰 만족을 얻는다. 그러므로 당신은 오로지 결과에만 집착하지 않는다. 당신은 모든 것에 뛰어날 필요가 없으므로 언제나 '최선을 다하려고' 노력할 필요도 없다. 당신은 실수를 두려워하지 않는다. 당신은 그 실수를 배움의 기회, 그리고 자신의 인간성을 북돋울 귀중한 기회로 본다. 역설적이게도 당신은 완벽주의적인 동료보다 훨씬 더 생산적일 가능성이 크다. 왜냐하면 당신은 세부와 정확함에 강박적으로 몰두하지 않기 때문이다. 더욱 차가운 빙하같이 보이는 완고한 완벽주의적 친구들과 비교해서 당신의 삶은 흐르는 강이나 간헐천과 같다.

5. 권리소유감

21~25의 태도는 자신이 당연히 권리를 갖고 있다는 느낌을 측정한다. 음수의 점수는 여러 가지, 이를테면 성공이나 사랑이나 행복 등에 '권리

를 소유하고 있다'는 느낌을 나타낸다. 당신은 당신의 필요가 자신의 타고난 착함과 고된 활동 때문에 다른 사람들과 우주에 의해 충분히 충족되어야 한다고 기대하고 요구한다. 흔히 그렇듯이 그 필요가 충족되지 않을 때 당신은 두 반응 중 하나에 구속된다. 즉 우울증과 무력함을 느끼거나, 아니면 성이 난다. 그처럼 당신은 엄청난 양의 에너지를 좌절과 슬픔과 분노에 소모한다. 오랜 시간 동안 당신은 인생을 심술궂고 기분 나쁜 체험으로 본다. 당신은 크게 불평하지만 흔히 문제 해결을 위해 하는 일은 거의 없다. 결국 당신은 그 문제들을 해결된 상태로 맞이할 권리가 있는데 왜 신경 써서 노력을 쥐어짜내야 하는가? 당신의 모질고 요구적인 태도의 결과로 당신은 인생에서 원하는 바를 아주 조금이라도 결코 얻지 못한다.

반면 양수의 점수는 당신이 모든 것에 대해 자동적으로 권리소유감을 갖고 있지 않음을 나타낸다. 그래서 당신은 원하는 바를 얻기 위해 협상하며, 흔히 그것을 갖게 된다. 다른 사람들이 독특하며 다르다는 것을 아는 당신은 일들이 언제나 자기 식으로 되어가야 할 본래적인 이유가 없음을 깨닫고 있다. 당신은 부정적인 결과를 하나의 실망스런 사건으로 경험하지만 비극으로 체험하지는 않는다. 왜냐하면 당신은 확률의 경기자로서 완벽한 호혜주의와 '공정'을 언제나 기대하지는 않기 때문이다. 당신은 인내력과 지구력이 있으며, 높은 좌절 허용을 갖고 있다. 그 결과 흔히 당신은 끝내 원하는 것을 갖게 된다.

6. 전능

26~30의 태도는 자기 자신을 개인적 우주의 중심으로 보고 주위에서 일어나는 대부분의 일에 책임을 지려는 경향을 측정한다. 음수의 점수는 흔히 3장과 6장에서 소개한 인격화 오류를 범하고 있음을 나타낸다. 당

신은 실제로 자신의 통제 아래 있지 않은 다른 사람의 부정적 행위와 태도에 대해 자신을 부적절하게도 탓한다. 그 결과 당신은 죄의식과 자기단죄로 고생한다. 역설적이게도 당신이 전능해야 한다는 태도는 당신 자신을 불구로 만들고 불안과 비능률로 떨어뜨린다.

대조적으로 양수의 점수는 자신이 우주의 중심이 아님을 받아들이는 데서 오는 기쁨을 스스로 알고 있음을 나타낸다. 당신은 다른 성인을 통제하고 있지 않으므로 자신을 제외하고는 그들에 대해 궁극적으로 책임이 없다. 이 태도는 당신을 다른 사람들로부터 소외시키지 않는다. 오히려 정반대가 진실이다. 당신은 친한 협력자로서 사람들과 효과적으로 관계를 맺으며, 그들이 당신의 의견에 불찬성하거나 당신의 권고를 따르지 않을 때도 위협을 느끼지 않는다. 당신의 태도는 사람들에게 자유와 품위의 느낌을 주므로 역설적으로 당신은 사람의 마음을 끌어당기는 자석이 된다. 당신은 다른 사람을 통제하려는 여하한 시도를 포기했으므로 그들은 흔히 당신과 가까이 있고 싶어한다. 당신은 사람들이 당신에게 동의하도록 화난 강요로 그들을 양극화시키지 않으므로 그들은 당신의 생각을 흔히 경청하고 존중한다. 당신이 권력에 대한 충동을 포기하자 사람들은 당신을 영향력 있는 인물로 만들어줌으로써 당신에게 보답한다. 당신이 자녀나 친구 및 동료들과 맺는 관계의 특징은 의존이 아니라 상호성이다. 당신은 사람들을 지배하려고 하지 않으므로 그들은 당신을 칭찬하고 사랑하며 존경한다.

7. 자율성

31~35의 항목은 당신의 자율성을 측정한다. 다시 말해 자기 자신 안에서 행복을 발견하는 당신의 능력을 측정하는 것이다. 양수의 점수는 당신의 모든 기분이 궁극적으로 자신의 사고와 태도의 산물임을 나타낸다.

당신은 자신의 느낌에 대한 책임을 진다. 왜냐하면 그 느낌은 궁극적으로 당신에 의해 만들어진 것이기 때문이다.

이것은 마치 모든 의미와 느낌이 오로지 자신의 머리에서 만들어진 것을 스스로 깨달은 당신이 외롭고 고립되어 있다는 듯이 들린다. 그러나 역설적으로 자율성에 관한 이런 시각은 당신을 당신 정신의 협소한 경계로부터 해방시키며, 세상을 그것이 줄 수 있는 충분한 양의 온갖 만족과 신비와 흥분과 더불어 당신에게 가져다준다.

반면 음수의 점수는 당신이 기쁨과 자기존중에 대한 자신의 잠재력이 외부로부터 유래한다는 신념에 아직 사로잡혀 있음을 나타낸다. 외부의 모든 것은 궁극적으로 당신의 통제를 넘어서므로 이 신념은 당신을 큰 불리함에 놓이게 한다. 당신의 기분은 끝내 외부 요인의 희생물이 되고 만다. 당신은 이것을 원하는가? 원치 않는다면 뱀이 자기 허물을 벗듯이 확실히 이 태도로부터 결국 자유로워질 수 있다. 그러나 당신은 이 책에서 언급된 여러 방법으로 노력해야 한다. 마침내 자율성과 개인적 책임에 대한 변화를 경험하게 될 때 당신은 놀라거나(또는 두렵거나 또는 즐거워하거나) 기쁨에 겨워 어쩔 줄 모를 것이다. 그것은 개인적으로 크게 투신해볼 만한 일이다.

다음 장들에서 이러한 여러 가지 태도와 가치 체계가 상세히 검토될 것이다. 당신은 그 각각을 연구하면서 자신에게 물어보라.

1) 이 특정한 신념을 유지하는 것이 나에게 이익이 되는가?
2) 이 신념은 정말 진실하고 타당한가?
3) 자멸적이고 비현실적인 태도들을 나 자신에게서 없애며 더욱 객관적이고 더욱 자기향상적인 다른 것들로 대치하기 위해서, 나는 어떤 구체적인 조처들을 취할 수 있는가?

11장
승인 중독

　누군가가 당신에게 찬성하지 않는다면 **곤란할 거라**는 당신의 신념을 살펴보자. 왜 불찬성이 그런 위협을 주는가? 아마도 당신의 추리는 이런 식일 것이다. "한 사람이 나를 찬성하지 않는 것은 모든 사람이 나를 찬성하지 않을 거라는 뜻이다. 그것은 내게 무언가 잘못이 있다는 의미다."

　이런 사고들이 당신에게 적용되면 당신은 머리가 쓰다듬어질 때마다 기분이 치솟을 것이다. 당신은 "나는 적극적인 피드백을 받았다. 그러니 나는 나 자신에 대해 기분이 좋을 수 있다"고 추리한다.

　왜 이러한 사고가 비논리적인가? 그 이유는 자기 기분을 좋게 할 힘을 지닌 것은 오로지 자신의 사고와 신념이란 사실을 간과하고 있기 때문이다. 다른 사람의 승인은 당신이 그의 말이 타당하다고 믿지 않는 한 당신 기분에 아무런 영향을 줄 수 없다. 그러나 그 칭찬이 받을 만하다고 믿을 때 당신을 기분 좋게 하는 것은 **자신의 신념**이다. 당신은 기분 향상을 체험하기 전에 외적 승인의 정당성을 확인해야 한다. 이 정당성 확인은 당신의 개인적 자기승인을 의미한다.

　당신이 병원의 정신과 병동을 방문하고 있다고 하자. 혼란과 환상에 빠진 한 환자가 당신에게 다가와 말한다. "당신은 훌륭하십니다. 나는 하느님의 환시를 받았습니다. 그분이 말씀하시길, 이 문을 통해 걸어갈 열세 번째 사람이 특별한 전령이라고 했습니다. 당신이 바로 그 열세 번째 사람입니다. 그러므로 당신은 하느님이 선택하신 자, 평화의 왕자, 거룩하신 분 중의 거룩하신 분입니다. 당신 신발에 입 맞추게 해주십시오." 이 극단적인 승인이 당신의 기분을 향상시키는가? 당신은 신경과민과 불편을 느낄 것이다. 그 이유는 그 환자의 말이 타당하다고 믿지 않았기 때문이다. 당신은 그 말을 믿지 않는다. 당신이 느끼는 방식에 영향을 줄 수 있는 것은 오로지 자신에 대한 당신의 신념뿐이다. 다른 사람은 당신에 대해 무엇이든지, 좋은 것이든 나쁜 것이든 말하거나 생각할 수 있지만 오로지 당신 자신의 사고만이 당신 정서에 영향을 미칠 것이다.

칭찬에 대한 중독으로 당신이 치르게 되는 대가는 다른 사람들의 의견에 대해 극도로 상처 받기 쉽다는 것이다. 여느 중독자처럼 당신은 퇴거의 고통을 피하려고 승인에 대한 자신의 습관을 계속 먹여 살려야 함을 발견할 것이다. 당신에게 중요한 누군가가 불찬성을 표출할 때 당신은 마치 더 이상 '물건'을 구할 수 없는 마약중독자처럼 고통스럽게 추락할 것이다. 다른 사람들은 당신을 조작하려고 이 상처 받기 쉽다는 점을 이용할 수 있다. 당신은 그들이 자신을 거부하거나 경멸할까봐 두려운 나머지 당신이 원하는 것보다 그들의 요구에 흔히 굴복할 것이다. 당신은 다른 사람에게 당신에 대한 정서적 공갈의 기회를 줄 것이다.

당신은 승인에 대한 자신의 중독이 이익이 되지 않음을 알게 되었지만, 아직도 다른 사람들이 당신의 행동과 말의 시비뿐만 아니라 인간으로서의 가치까지 판단할 권리를 정말 갖고 있다고 믿을지 모른다. 당신이 앞의 그 정신과 병동에 두 번째로 방문했다고 상상하라. 이번에는 다른 환상에 빠진 환자가 당신에게 다가와 말한다. "빨간 셔츠를 입고 있군. 이건 당신이 악마라는 것을 보여주지! 당신은 악해!" 당신은 이 비난과 불찬성 때문에 기분이 나쁠 것인가? 물론 그렇지 않다. 왜 이 불찬성하는 말들이 당신을 기분 나쁘게 하지 않을까? 그 이유는 간단하다. 당신은 그 진술들이 진실이라고 믿지 않기 때문이다. 당신이 자신에 대해 기분 나빠지려면 다른 사람들의 비난을 사들여 스스로 정말 좋지 않다고 믿어야 한다.

누군가가 당신을 불찬성한다면 그것은 그 사람의 문제라는 개념이 당신 머리에 떠올랐는가? 불찬성은 흔히 다른 사람들의 비합리적인 신념을 반영한다. 유대인들이 열등하다는 히틀러의 증오에 찬 신조는 그가 말살하려고 한 그 사람들의 내면적 가치를 전혀 반영하고 있지 않다.

물론 불찬성이 당신 쪽의 실제적인 잘못의 결과로 생길 때도 많을 것이다. 그렇다고 해서 당신은 가치 없는 좋지 않은 사람이라는 결론이 나오는가? 명백히 아니다. 다른 사람의 부정적 반응은 당신의 **특정한** 행위에 향해졌을 뿐 당신의 가치에 향해진 것이 아니다. 한 인간이 항상 잘못한 일을 하지 않을 수는 없는 노릇이다!

동전의 다른 면을 보자. 널리 알려진 범죄자에게는 그들의 범죄가 얼마나 불쾌하고 몹시 싫은지에 상관없이 열렬히 찬미하는 무리가 따랐다. 희대의 살인마 찰스 맨슨을 생각해보라. 그는 숱한 가학과 살인을 저질렀지만 그의 말이라면 무엇이든 따르는 것으로 보이는 많은 추종자에게 구세주로 여겨지기까지 했다. 나는 잔학한 행동을 변호하는 것이 결코 아니며, 나 자신이 맨슨의 찬미자도 아님을 분명히 밝히고 싶다. 그러나 이런 질문들을 당신 자신에게 던져보라. 맨슨이 끝내 행하고 말한 것으로 완전히 거절당하지 않았다면, **당신은** 그 무엇을 행했기에 너무 끔찍해서 모두에게 거절을 당한단 말인가? 그리고 당신은 여전히 '승인=가치'의 등식을 믿는가? 결국 찰스 맨슨은 이른바 그의 '가족'의 강한 아첨을 즐겼다. 그가 받는 그 승인이 그를 특별히 가치 있는 사람으로 만들었는가? 그것은 명백히 헛소리다.

승인이 기분 좋다는 것은 사실이다. 그것이 잘못된 것은 아니다. 자연스럽고 건강한 사실이다. 또한 불찬성과 거부가 보통 쓰라리고 불쾌한 것도 사실이다. 그러나 승인과 불찬성이 자신의 가치를 재는 적당하고 궁극적인 잣대라고 계속해서 믿는다면, 당신은 깊고 사나운 물속에서 헤엄치고 있는 것이다.

당신은 누군가를 비판한 적이 있는가? 친구의 의견에 동의하지 않은 적이 있는가? 잘못된 행동을 하는 아이를 야단친 적이 있는가? 애가 타서 애인을 닦아세운 적이 있는가? 싫은 행동을 하는 누군가를 사귀지 않기로 선택한 적이 있는가? 그러면 당신 자신에게 물어보라. 당신이 불일치하거나 비판하거나 불찬성할 때, 당신은 그가 완전히 가치 없고 좋지 않은 인간이라고 궁극적인 도덕적 판단을 내리고 있었는가? 당신은 다른 사람에 대해 그런 포괄적인 판단을 내릴 권한을 갖고 있는가? 아니면 당신은 그저 다른 관점을 갖고 있으며 그 다른 사람의 행위나 말에 속상해 있다는 사실을 표현하고 있었는가?

예를 들어 분노로 격앙된 가운데 당신은 배우자에게 불쑥 "당신은 결코 좋은 사람이 아니야!"라고 말했다. 그러나 그 격분이 하루나 이틀 뒤 식으면서 그 자신이나 그의 '나쁨'의 정도를 과장했었다고 스스로 인정하지 않았는가? 확실히 당신의 애인은 단점이 많지만 당신의 불찬성이나 비판의 폭발이 그 사람을 완전히, 그리고 영구적으로 무가치하게 만든다고 생각하는 것은 불합리하지 않은가? 당신의 불찬성이 다른 사람의 인생의 의미와 가치를 유린하는 충분한 도덕적 원자력을 갖고 있지 않다는 것을 인정한다면, 왜 **다른 사람**의 불찬성에 **당신**의 자기가치감을 파괴하는 힘을 부여하는가? 무엇이 **그들을** 그렇게 특별하게 만드는가? 누군가가 당신을 좋아하지 않기 때문에 공포에 떤다면, 당신은 그 사람이 소유한 지혜와 지식을 확대하는 동시에 당신 자신에 대한 건전한 판단을 내릴 수 없어 자신을 헐값에 공매해버린 것이다. 물론 누군가가 당신 행동의 흠이

나 당신 사고의 오류를 지적해낼 것이다. 그런 일을 통해 당신이 배울 수 있으므로 나는 그들이 그러길 바란다. 결국 우리는 모두 불완전하다. 다른 사람은 그것에 대해 우리에게 때때로 말할 권리가 있다. 그러나 당신은 누군가가 격노하거나 당신을 끌어내릴 때마다 자신을 비참하게 만들고 미워해야 할 것인가?

문제의 기원

당신은 이 승인 중독을 어디서 처음 얻었는가? 우리는 그 답이 어린 시절 당신에게 중요했던 사람들과 당신의 상호 작용에 있다고 추측할 뿐이다. 당신은 나쁜 행동을 했을 때 과도하게 야단맞거나, 이렇다 할 나쁜 행동을 하지 않았는데도 때때로 화낸 부모와 살았을 수 있다. 당신의 어머니는 "그런 짓을 하다니, 넌 나쁘구나!" 하며 닦아세웠거나, 당신의 아버지가 "넌 언제나 실수하며 망친단 말이야. 넌 결코 배우질 못할 거다"라고 불쑥 말했을 수도 있다.

아이일 적에 당신은 필시 부모를 신처럼 여겼을 것이다. 그들은 당신에게 말하고 신발 끈 매는 법을 가르쳤으며, 그들이 당신에게 해준 말은 대부분 타당했다. 만일 아빠가 "네가 차도에 걸어 들어가면 죽게 된다"라고 말하면, 이것은 **글자 뜻 그대로 진실**이다. 대부분의 아이처럼 당신은 부모가 말한 거의 모든 것이 진실이라고 추측했을 것이다. 그래서 "너는 좋지 않은 사람이다"와 "넌 결코 배우지 못할 거야"라는 말을 들었을 때 당신은 그 말을 글자 뜻 그대로 믿고 몹시 상처 받았다. 당신은 너무 어려서 "아빠는 **과장하고 지나치게 보편화하고 있다**"고 추리할 수 없었다. 그리고 그날 아빠가 화나고 지쳐 있었으며, 어쩌면 술을 마셨고 혼자 있고 싶어했던 것을 알아차릴 만큼 정서적으로 성숙하지 못했다. 당신은 그의 격분이 그의 문제였는지, 아니면 당신 문제였는지 확정할 수 없었다. 그리고 당신이 나이가 제법 들어서 그가 부당했다고 제시했다면, 건전한 전망 안에 만사를 위치시키려는 당신의 시도들은 금방 정정당당하지 않은 신속한 타격을 받아 해체되고 저지당했을 것이다.

누군가가 불찬성할 때마다 당신이 자동적으로 자신을 경멸하는 나쁜 습관을 개발한 것은 놀라운 일이 아니다. 어린이로서 이러한 경향을 익히 게 된 것은 당신 잘못이 아니며, 이런 맹점을 지닌 채 성장한 것도 당신 탓이 아니다. 그러나 어른으로서 그 문제를 현실적으로 충분히 생각하고 성장해가면서 이 특정한 취약성에서 벗어날 구체적 단계를 취하는 것은 **당신의 책임이다**.

불찬성에 대한 이 두려움이 바로 어떻게 당신에게 불안과 우울증의 소인을 제공하는가? 존은 미혼으로서 말씨가 상냥한 52세의 건축가다. 그는 비판의 두려움에 떨며 살고 있다. 그는 수년간 치료를 받아도 사라지지 않는 심한 재발성 우울증 때문에 내게 의뢰되었다. 그가 자신에 대해 각별히 기분 좋던 어느 날, 그는 중요한 프로젝트에 대한 몇 가지 새로운 아이디어를 가지고 사장에게 다가섰다. 사장은 "나중에. 존, 자네는 내가 **바쁜 게 안 보이나?**" 하고 닦아세웠다. 존의 자기존중은 즉시 무너지고 말았다. 그는 절망과 자기혐오에 젖어 자기는 좋지 않다고 다짐하며 자신을 사무실로 끌고 갔다. "어째서 나는 그렇게 사려 없이 굴었나?" 그는 자문했다.

존에게 이 일화를 듣고, 나는 그에게 간단하고 명백한 질문을 했다. "실수하여 잡쳐버린 행동을 한 것은 누구인가? 당신, 아니면 당신 사장? 당신이 실제로 부적절한 방식으로 행동했는가, 아니면 당신 사장이 성마르고 불쾌하게 처신했는가?" 잠시 생각한 끝에 그는 진짜 범죄자를 가려낼 수 있었다. 자책하는 자동적 습관 때문에 존의 머리에 사장이 밉살스럽게 행동하고 있다는 가능성이 떠오르지 않았던 것이다. 그는 자기가 행동한 방법에 부끄러울 것이 결코 없었음을 깨달은 순간 안도감이 들었다. 그의 사장은 본시 무관심한 사람이었고, 아마도 그날 스스로 압박감을 느끼고 있던 차에 비정상적으로 반응했을 수 있다. 존은 질문을 제기했다. "왜 나는 언제나 승인을 얻으려고 그다지 열심히 싸우고 있는가? 왜 나는 이처럼 정상적인 느낌에서 멀리 떨어져 있는가?" 그는 열두 살 때 일어난 한 사건을 기억해냈다. 그의 유일한 형제인 어린 남동생이 오래 백혈병을 앓다가 비극적인 죽음을 맞이했다. 장례식 후 그는 자신의 어머니와 할머니가 침실에서 나누는 이야기를 듣게 되었다. 그의 어머니는 비통하게 울며 말했다. "난 이제 살아갈 목적이 아무것도 없어요." 그의 할머니가 대답했다. "쉿! 존이 바로 아래층 거실에 있다! 그 아이가 들으면 어쩌려고!"

존은 이 말을 들려주면서 울기 시작했다. 그가 이 말을 들었을 때 그것은 그에게 "이건 내가 가치 있지 않다는 것을 증명한다. 내 동생은 중요한 사람이었다. 내 어머니는 나를 정말 사랑하지는 않는다"는 의미였다. 그는 자신이 들은 것을 입 밖에 내지 않았고, 여러 해 동안 "여하튼 그녀가 나를 사랑하는가 아닌가가 정말 중요하지는 않다"라고 혼잣말하며 그 기억을 마음에서 몰아내려고 애썼다. 그러면서도 그는 승인을 얻으려는 절망적인 노력에서 업적과 경력으로 어머니를 기쁘게 하려고 크게 애썼다. 그의 마음에서 그는 자기가 어떤 진정한 가치를 지녔다고 믿지 않았으며, 자신을 열등하고 사랑스럽지 않다고 여겼다. 그는 다른 사람들의 칭찬과 승인을 얻음으로써 자신의 잃어버린 자기존중을 보상하려고 애썼다. 그의 삶은 구멍 뚫린 풍선을 띄우려는 부단한 노력과도 같았다.

이 일을 상기한 후 존은 자신이 어쩌다 듣게 된 그 말에 대한 자신의 반응에서 비합리성을 볼 수 있었다. 당시 어머니의 비통함, 그리고 그녀가 느낀 공허는 자식을 잃은 어느 부모라도 겪는 비탄의 자연스런 일부분이었다. 그녀의 말은 존과는 아무 관계가 없었고, 오로지 그녀의 일시적인 우울과 절망에 관련된 것이었다.

이 기억을 새로운 전망 안에 위치시킴으로써 존은 자신의 가치를 다른 사람의 의견에 연결시키는 것이 얼마나 비논리적이고 자멸적인지 깨달았다. 아마도 당신 역시 외적 승인의 중요성에 대한 자신의 신념이 매우 비현실적임을 깨닫기 시작했을 것이다. 궁극적으로 오로지 당신만이 당신 자신을 모순 없이 행복하게 만들 수 있다. 다른 그 누구도 할 수 없다. 이제는 당신이 이 원칙들을 실천에 옮기기 위해서 취할 수 있는 몇 가지 간단한 조처에 대해 검토해보자. 그리하여 자기존중과 자기존경에 대한 당신의 욕구를 정서적 현실로 변형시킬 수 있다.

독립과 자기존경으로 가는 길

비용-편익 분석

DAS 검사에 있는 자멸적 가정 중 무엇이든 거기에 대한 당신의 신념을 극복하는 첫 단계는 비용-편익 분석을 시행하는 것이다. 불찬성이 나를 덜 가치 있게 만든다고 나 자신에게 말함으로써 생기는 이익과 불이익은 무엇인지 자문해보라. 이 태도 때문에 상처를 받거나 도움이 되는 모든 사항을 열거한 후, 당신은 더 건강한 가치 체계를 개발하기 위해 계몽된 결정을 내릴 수 있는 입장에 서게 될 것이다.

예를 들어 33세의 수잔이란 기혼 여성은 교회와 공동체 활동에 지나치게 관여하고 있었다. 그녀는 책임감 있고 능력 있는 일꾼이어서 흔히 여러 위원회에 뽑히기도 했다. 그녀는 새로운 일거리에 선발될 때마다 대단히 즐거운 기분이었다. 그녀는 어떤 요청에도 거절을 표명하기가 두려웠다. 그것은 어떤 사람의 불찬성을 무릅쓰는 것을 의미한다고 생각했기 때문이다. 그녀는 다른 사람들을 실망시키는 일을 겁냈으므로 그들을 즐겁게 하기 위해 자신의 관심사와 욕구를 포기하는 악순환에 더욱더 빠지게 되었다.

앞장에서 소개한 DAS 검사와 수직화살 기법은 그녀의 침묵의 가정 중 하나가 "나는 언제나 사람들이 내게 기대하는 바를 해야 한다"임을 밝혀 주었다. 그녀는 이 신념을 포기하기가 싫은 듯하자 비용-편익 분석을 시행했다(〈표 11-1〉). 그녀의 승인 중독에 따른 불이익이 이익을 크게 초과하므로 그녀는 개인적 철학을 바꾸는 데 훨씬 더 개방적이 되었다. 불찬성에 대한 당신의 자멸적 가정 중 하나에 이 간단한 기법을 시도하라. 그것은 개인적 성장을 향한 중요한 첫걸음이 될 수 있다.

표 11-1 "나는 언제나 사람들이 내게 기대하는 바를 해야 한다"라는 '침묵의 가정'을 평가하는 비용-편익 분석

이 가정을 믿어서 얻는 이익	이 가정을 믿어서 당하는 불이익
1. 내가 사람들의 기대에 부응할 수 있다면 나는 스스로 통제하고 있음을 느낄 수 있다. 이것은 기분 좋다.	1. 나는 때때로 타협하고 끝내는 정말 하고 싶지 않으면서 나에게 이익이 안 되는 일들을 하고 만다.
2. 내가 사람들을 즐겁게 할 때 안심과 안전을 느낄 것이다.	2. 이 가정은 내가 관계를 검사하지 못하게 막는다. 나는 내가 나라는 그 이유만으로 받아들여질지 결코 알지 못한다. 그래서 나는 사람들이 나에게 원하는 바를 함으로써 사랑과 사람들에게 가까워지는 권리를 언제나 획득해야 한다. 나는 노예처럼 된다.

3. 나는 많은 죄의식과 혼동을 피할 수 있다. 나는 매사를 숙고할 필요가 없다. 왜냐하면 내가 해야 할 모든 것은 다른 사람이 내게 원하는 것이기 때문이다.	3. 그것은 나에 대한 너무 많은 권리를 사람들에게 준다. 그들은 불찬성의 위협으로 나를 강요할 수 있다.
4. 나는 사람들이 내게 성내거나 경멸할까봐 염려하지 않아도 된다.	4. 그것은 내가 정말 무엇을 원하는지 알기 힘들게 만든다. 나는 나 자신에게 우선권을 주고 독립적인 결정을 내리는 데 익숙하지 않다.
5. 나는 갈등을 피할 수 있으며, 단호하거나 나 자신을 애써 변호할 필요가 없다.	5. 때때로 불가피하듯이 사람들이 나를 불찬성할 때, 나는 내가 그들을 불쾌하게 만드는 어떤 일을 했다고 결론짓는다. 그리고 나는 심한 죄의식과 우울증을 경험했다. 이것은 내 기분을 나 자신 대신에 다른 사람의 통제 아래에 두는 것이다.
	6. 사람들이 내게 하기를 원하는 것이 언제나 나에게 가장 좋은 것은 아닐 수 있다. 왜냐하면 그들은 흔히 내심으로 자기들 이익을 챙긴다. 나에 대한 그들의 기대가 언제나 현실적이고 타당할 수는 없다.
	7. 나는 마침내 다른 사람을 너무 약하고 무너지기 쉬워서 내게 의지하며, 내가 그들을 저버리면 상처 받고 비참해질 거라고 보게 되었다.
	8. 내가 위험을 감수하고 누군가가 나 때문에 기분 나빠하기를 두려워하는 까닭에 내 인생은 정지 상태가 된다. 나는 경험의 폭을 넓히기 위해 변화하고 성장하고 일을 다르게 해볼 동기부여를 느끼지 않는다.

가정을 고쳐 쓰라

당신의 비용-편익 분석에 따르면, 불찬성에 대한 두려움이 당신에게 도움보다 상처를 주고 있다. 두 번째 단계는 당신의 침묵의 가정을 더 현실적이고 더 자기향상적으로 고쳐 쓰는 것이다(심리학적 취약성의 영역을 나타내는 DAS 검사의 35가지 태도 가운데 어느 것으로도 할 수 있다). 위의 예에서 수잔은 자신의 신념을 다음과 같이 고쳐 쓰기로 결심했다. "누군가가 나를 승인하면 즐거울 수 있지만, 가치 있는 사람이 되거나 나 자신을 존경하기 위해 승인이 필요하지는 않다. 불찬성은 불편할 수 있지만, 그것이 내가 덜된 사람임을 의미하지는 않는다."

자기존경 청사진

세 번째 단계로서 '왜 불찬성이나 비판의 두려움 속에 사는 것이 불합리하고 불필요한 것인가?'라는 제목의 짧은 수필을 쓰는 것이 도움이 될 것이다. 그 수필은 더 큰 자기신뢰와 자율성을 얻기 위한 당신의 개인적 청사진이 될 수 있다. 왜 불찬성이 불쾌하지만 치명적이지는 않은가 하는 그 모든 이유의 목록을 준비하라. 몇 가지는 이미 이 장에서 언급되었으며, 당신이 수필 쓰기를 시작하기 전에 그 내용들을 재검토할 수 있다. 확신이 가고 도움이 되는 듯한 것만을 수필에 포함시켜라. 당신의 새로운 독립의 느낌이 현실적일 수 있도록 당신이 기록하는 각 논증을 자신이 믿는지 확인하라. 합리화하지 말라! 예를 들어 "누군가가 나를 불찬성해도 화날 필요가 없다. 왜냐하면 그들은 정말 내가 친구로 삼고 싶은 부류가 아니기 때문이다"라는 진술은 효과가 없다. 그것은 하나의 왜곡이기 때문이다. 당신은 다른 사람을 좋지 않다는 식으로 낮게 평가하여 자기존중을 보존하려고 애쓰고 있다. 당신이 알기에 진리라고 생각하는 것을 고수하라.

새로운 생각이 떠오르면 당신 목록에 추가하라. 그 목록을 몇 주 동안 매일 아침 거듭 읽어라. 당신이 자신에 대한 다른 사람들의 부정적인 의견과 논평들을 실물대로 잘라내도록 도와줄 첫 번째 단계가 될 것이다.

여기에 많은 사람에게 효과를 발휘한 몇 가지 생각이 있다. 당신은 자신의 수필에 이들 가운데 몇 가지를 사용할 수 있다.

1) 누가 당신에게 부정적으로 반응할 때 그 불찬성의 중심에 있는 것은 그 사람의 비합리적 사고일 수 있음을 기억하라.
2) 그 비판이 타당하다면 굳이 당신을 파괴하지는 않는다. 당신은 잘못을 정확히 가려내어 그것을 고칠 단계를 밟을 수 있다. 당신은 잘못에서 배울 수 있고, 그것을 부끄러워할 필요는 없다. 당신이 인간이라면 때때로 실수할 것이고 당연히 실수할 것이다.
3) 당신이 실수하여 잡쳤다고 해서 타고난 실패자라는 결론이 나오지는 않는다. 늘 또는 거의 늘 잘못한다는 것은 불가능하다. 당신이 당신 생애에 올바르게 했던 수천 가지 일들에 대해 생각해보라! 더구나 당신은 변화하고 성장할 수 있다.
4) 다른 사람들은 구체적인 당신의 행위와 언급의 타당성이나 장점을 판단할 수 있을 뿐, 한 인간으로서의 당신의 가치에 대해 판단할 수는 없다.
5) 당신이 얼마나 잘하거나 나쁘게 행동하거나 간에 각자 다르게 당신을 판단할 것이다. 불찬성은 들불처럼 번질 수 없으며, 하나의 거부가 끝없는 연속의 거부에 이를 수는 없다. 설사 설상가상의 일이 생기고 누군가에게 거부당해도 당신이 완전히 홀로될 수는 없다.
6) 불찬성과 비판은 보통 불편하다. 그러나 불편은 지나갈 것이다. 그만 침울해하라. 시작하기가 절대로 무의미하다는 확신이 들어도 과

거에 당신이 즐긴 활동에 열중해보라.
7) 비판과 불찬성은 당신을 상대로 제기된 고발들을 당신이 '사들이는' **만큼만** 당신을 기분 나쁘게 할 수 있다.
8) 불찬성은 좀처럼 영구적이지 않다. 당신이 비판받는다는 이유만으로 당신을 불찬성한 사람과의 관계가 필연적으로 끝난다는 결론이 나오는 것은 아니다. 논쟁은 삶의 일부이며, 대부분 당신은 나중에 공통 이해에 이르게 된다.
9) 당신이 다른 누군가를 비판하고 있다 해도, 그 비판이 그가 완전히 나쁜 사람임을 뜻하지는 않는다. 당신은 왜 다른 사람에게 판단할 힘과 권리를 주는가? 우리는 모두 인간일 뿐 재판관이 아니다. 다른 사람들을 당신의 인생보다 더 커질 때까지 확대하지 말라!

당신은 추가할 만한 다른 생각이 있는가? 이 주제에 대해 다음 며칠간 생각해보라. 당신 생각들을 종이에 메모하라. 불찬성에 대한 당신 자신의 철학을 개발하라. 이 방법이 얼마만큼이나 당신을 도와 당신의 전망을 바꾸고 독립감을 향상시키는지 알게 되면 놀라지 않을 수 없을 것이다.

언어 기법
불찬성에 대해 달리 생각하기를 배우는 것과 더불어 불찬성을 표명하는 사람들에게 달리 처신하기를 배우는 것도 큰 도움이 될 수 있다. 첫 단계로서 6장에 소개된 무장해제 기법 같은 단정적 방법들을 검토하라. 이제 우리는 당신이 불찬성에 대처하는 기술을 쌓도록 몇 가지 다른 접근을 다룰 것이다.

우선 당신이 누군가의 불찬성을 두려워한다면, 그에게 정말 당신을 경멸하는지 묻는 것을 생각해본 적이 있는가? 당신은 그 불찬성이 오로지 당신 머릿속에만 있었다는 것을 알고는 즐겁고도 놀랄 것이다. 비록 그렇게 질문하는 것이 상당한 용기를 필요로 해도 그 결말은 엄청날 수 있다.

6장에 소개된 펜실베이니아 대학교 정신과 레지던트 아트를 기억하는가? 그는 어느 특정 환자가 자살적이리란 의심을 갖지 않았다. 그 환자는 우울증의 병력이나 증상도 없었지만, 견딜 수 없는 결혼에 희망 없게도 걸려들어 있다고 느꼈다. 아트는 어느 날 아침에 그 환자가 머리에 총을 맞고 죽어 있는 것이 발견되었다는 전화를 받았다. 타살의 의혹이 제기되었지만 죽음의 개연적인 원인은 자살이었다. 아트는 이런 식으로 환자를 잃어본 적이 없었다. 그는 그 환자를 아꼈으므로 슬픔을 느꼈고, 동시에 그의 지도주임 교수와 동료들이 그의 '잘못'과 예측 부족에 대해 불찬성하고 경멸할까봐 두려워서 불안도 느꼈다. 그 죽음에 대해 지도주임과 토의한 후 그는 솔직히 물었다. "당신은 내가 당신을 실망시켰다고 느끼십니까?" 지도주임의 반응은 거부가 아니라 따뜻함과 감정이입의 느낌이었다. 아트는 지도주임이 자기 역시 과거에 비슷한 실망스런 일을 경험한 적이 있다고 말했을 때 안도감을 느꼈다. 지도주임은 그 일이 아트가 정신과 의사로서 겪을 수 있는 한 가지 직업적 위험에 대한 대처법을 배울 수 있는 기회라고 강조했다. 그 사례에 대해 토의하고 불찬성에 대한 두려움에 굴복하기를 거부함으로써 아트는 자신이 '잘못'을 저질렀음을 배웠다. 그는 '희망 없음'의 느낌이 임상적으로 우울증에 빠지지 않은 사람을 자살로도 이끌 수 있다는 사실을 간과했던 것이다. 그러나 한편으로 그는 다른 사람이 자신에게 완벽을 요구하지 않으며, 자신이 어떤 환자를 위해서도 성공적인 결과를 보증하도록 기대되고는 있지 않음을 배웠다.

한편 일이 잘 안 풀려 그의 지도주임이나 동료들이 사려 없으며 무능력하다고 그를 단죄했다고 가정하면, 그다음은 어떻게 되었을까? 가능한 최악의 결과는 거부였을 것이다. 최악으로 생각될 수 있는 만일의 경우에 대처할 몇 가지 전략에 대해 이야기해보자.

거부는 결코 당신의 잘못이 아니다!

신체 상해나 자산의 파괴는 차치하고 한 개인이 당신에게 가할 수 있는 가장 큰 고통은 거부다. 이 위협은 당신이 우울증에 빠져 있을 때 두려움의 근원이 된다.

여러 유형의 거부가 있다. 가장 일반적이고 명백한 거부는 '청소년의 거부'로 불리는데, 청소년 그룹에만 한정되지는 않는다. 당신이 데이트하거나 만난 누군가에게 낭만적인 관심을 갖고 있을 때, 상대가 당신을 마음에 들어하지 않는 것이 드러난다. 아마도 문제는 당신의 외모, 인종, 종교나 성품 유형일 것이다. 또는 당신이 너무 크거나, 작거나, 뚱뚱하거나, 마르거나, 늙거나, 젊거나, 똑똑하거나, 멍청하거나, 공격적이거나, 수동적이거나 등등일 것이다. 상대는 자신의 이상적인 배우자에 대한 이미지와 충분히 잘 맞지 않는 당신의 진전 의도를 냉정히 거절하고, 당신에게 냉랭한 태도를 보인다.

이것이 당신의 잘못인가? 명백히 아니다! 그 개인은 단순히 주관적인 선호와 취향 때문에 당신을 거절할 뿐이다. 어떤 사람은 버찌파이보다 사과파이를 더 좋아할 수 있다. 그렇다고 버찌파이가 본시 탐탁지 못하다는 뜻인가? 낭만적 관심사는 거의 무한히 변할 수 있다. 당신이 우리 문화가 '멋진 외모'와 매력적인 인물로 규정한 치약 광고의 배우들처럼 생겼다면, 잠재적인 데이트 상대를 매혹시키기가 훨씬 더 쉬울 것이다. 그러나 당신은 이 상호적인 매력이 영속하는 사랑의 관계를 개발하는 것과는 아주 다르며, 아름답고 멋진 유형의 사람들조차도 때때로 거부에 대처해야 한다는 사실을 알게 될 것이다. 아무도 자기가 만나는 모든 사람에게 호감을 갖게 할 수는 없다.

당신의 외모와 인품이 단지 보통이거나 그 이하라면, 사람들의 마음을 끌도록 열심히 노력해야 할 것이다. 당신은 더 빈번한 거절에 대처해야 할 것이다. 당신은 사회적 기량을 개발하고 사람들의 마음을 끄는 몇 가지 강력한 비법에 정통해야 할 것이다. 1) 당신 자신을 경멸함으로써 지나치게 겸손하지 말라. 당신 자신을 박해하기를 거부하라. 4장에서 다룬 방법들로 자기존중을 끌어올려라. 당신이 자신을 사랑하면 사람들은 당신이 발산하는 기쁨의 느낌에 반응하고 당신과 가까이하고 싶어할 것이다. 2) 사람들에게 진심으로 우러난 칭찬을 표현하라. 그들이 당신을 좋아하거나 거부하는지 보기 위해 신경질적으로 배회하지 말고, 그들을 먼저 좋아하고 그들이 그것을 알게 하라. 3) 다른 사람들이 무엇을 좋아하는지 배움으로써 관심을 보여라. 그들을 가장 신나게 하는 것에 대해 스스로 이야기하게 하고, 그들의 견해에 쾌활한 태도로 응답하라.

이 노선을 견지한다면 결국 당신을 매력적으로 보는 사람들을 발견할 것이며, 반대로 당신은 자기가 행복을 위한 큰 역량을 갖췄음을 발견할 것이다. 청소년의 거부는 불편한 방해이긴 하지만, 세상 종말도 당신 잘못도 아니다.

"아하" 하고 당신은 반박한다. "당신이 자극적인 판에 박힌 태도로 사람들을 쫓아버려 많은 사람이 당신을 거부하는 상황은 어떻소? 당신이 자만에 빠지고 자기중심적이라고 합시다. 그것은 확실히 당신 잘못이 아닙니다, 그렇지요?" 이것은 내가 '성난 거부'라고 부르는 거부의 두 번째 유형이다. 다시, 나는 당신이 개인적 잘못 때문에 성나서 거부당한다 해도 그것은 당신의 잘못이 아님을 보게 될 거라고 생각한다.

우선 다른 사람들은 당신에게서 그들이 좋아하지 않는 것들(그들은 다른 의견을 갖고 있다)을 발견한다는 이유만으로 당신을 거부할 필요가 있는 것은 아니다. 그들은 단정적이고 당신의 행동에서 그들이 좋아하지 않는 점을 지적해내거나, 당신의 그런 점들이 자기들을 너무 괴롭히지 않도록 하는 법을 배울 수 있다. 물론 그들은 원할 경우 당신을 피하고 거부할 권리가 있다. 그리고 자신들이 더 좋아하는 여느 친구들을 선택할 자유가 있다. 그렇다고 해서 당신이 본시 '나쁜' 인간임을 의미하지 않으며, 모두가 당신에게 똑같은 부정적 방식으로 반응하리란 것은 진실이 아니다. 당신은 어떤 이들과 충돌하는 경향을 가진 반면, 다른 사람들과는 저절로 잘 어울릴 수 있음을 경험할 것이다. 이것은 누구의 잘못도 아니며, 단지 삶의 한 실패일 뿐이다.

당신이 자신의 의도보다 더 많은 사람을 멀리하는 성격적 기벽(奇癖), 이를테면 과도하게 비판적이거나 빈번히 화를 내는 성향을 갖고 있다면 그 스타일을 고치는 편이 확실히 이익이 될 것이다. 그러나 누군가가 이 불완전함 때문에 당신을 거부하더라도 당신 자신을 탓하는 것은 어리석은 짓이다. 우리 모두 불완전하다. 그리고 당신 자신을 탓하는, 또는 당신을 향한 다른 사람의 '적의'를 사들이는 경향은 자멸적이고 무의미한 것이다.

거부의 세 번째 유형은 '조작적 거부'다. 이 경우에 다른 사람은 당신을 어떤 식으로 조작하려고 퇴거나 거부의 협박을 사용한다. 불행한 배우자들, 심지어 좌절당한 정신 치료자들조차 당신을 강제로 변화시키기 위해 때때로 이 계획에 의지한다. 그 공식은 다음과 같다. "당신이 이러저러하게 하든지, 아니면 우리 모두 아예 끝냅시다." 이것은 사람들에게 영향을 미치려는 노력 중 매우 비합리적이고 보통 자멸적인 방법이다. 이러한 조작적 거부는 단지 문화적으로 교육받은 대처 유형으로 흔히 비효과적이며, 긴장과 분개를 일으키므로 향상된 관계로 나아가는 법이 드물다. 그것이 정말 나타내는 바는 위협하는 쪽의 낮은 좌절 허용과 빈약한 대인 기술이다. 그들이 그러는 것은 확실히 당신 잘못이 아니다. 그리고 당신 자신을 그런 식으로 조작되도록 방치하는 것은 보통 당신에게 이익이 되지 않는다.

이론적 측면은 이만큼만 하자. 이제 당신이 실제로 거부당할 때 우리는 무엇을 말하고 행할 수 있는가? 이를 배울 한 가지 효과적인 길은 역할수행이다. 대화를 더 재미있고 도전적이게 하기 위해서 나는 거부자의 역할을 수행하고, 당신에 대해 내가 생각해낼 수 있는 가장 나쁜 말들로 당신과 대결할 것이다. 신랄하고 모욕적으로 행동하는 내가 최근에 당신을 대해온 방식 때문에 내가 당신을 사실상 거부하고 있는지 묻는 것으로 시작하라.

당신　번즈 박사, 나는 당신이 다소 냉정하고 거리감 있게 행동한 것을 압니다. 당신은 나를 피하는 듯이 보입니다. 내가 당신에게 이야기하려고 하면 당신은 나를 무시하거나 닦아세웁니다. 나는 당신이 내게 화났는지, 아니면 나를 거부하는 생각을 가졌는지 알고 싶습니다.

논평 : 당신은 처음부터 내가 당신을 거부한다고 고발하고 있지 않다. 그것은 나를 방어적이게 한다. 더구나 나는 당신을 거부하고 있지 않을 수 있다(나는 아무도 내 책을 사지 않는다는 사실에 화내며 일반적으로 기분 나빠 있을지도 모른다. 단지 실제를 위해서 최악의 상태를 가정하자). 나는 당신을 내다 버리려고 한다.

번즈　나는 우리가 그것을 드러내놓고 말하게 되어 기쁩니다. 나는 사실 당신을 거부하기로 결심했습니다.

당신　왜 그렇습니까? 내가 당신을 많이 지겹게 한 것은 명백합니다만.

번즈　당신은 형편없는 쓰레기요.

당신　나는 당신이 내게 화난 걸 알 수 있습니다. 내가 바로 무엇을 잘못했습니까?

논평 : 당신은 자신을 변호하지 않는다. 당신은 자기가 '쓰레기'가 아닌 것을 알고 있으므로 내게 자신이 쓰레기가 아니라고 우길 이유가 없다. 그것은 나를 더 욱하게 만들 뿐이어서 우리의 대화는 금방 소리 지르기 시합으로 악화될 것이다(이 '감정이입 방법'은 6장에 자세히 나온다).

번즈　당신의 모든 것이 수준 이하요.

당신　구체적으로 말해줄 수 있나요? 내가 방취제 사용을 잊었던가요? 당신은 내가 말하는 방식에 대해 화를 내는지, 아니면 내가 최근에 한 어떤 말, 옷 또는 무엇이?

논평 : 다시 당신은 논쟁에 빠지기를 저항한다. 당신은 내가 당신에 대해 싫어하는 것을 집어내라고 우김으로써, 나로 하여금 최선의 일격을 발사하여 의미 있는 말을 하든지 아니면 바보 꼴이 되든지 하라는 압력을 가하고 있다.

번즈　당신이 언젠가 나를 비판했을 때 내 기분을 상하게 했소. 당신은 나를 조금도 개의치 않소. 나는 단지 당신에게 인간이 아니라 하나의 '물건'이오.

논평 : 이것은 일반적인 비판이다. 이것은 거부자가 근본적으로 당신을

염려하지만 박탈감을 가지며, 당신을 잃을까봐 두려워함을 당신에게 넌지시 알려준다. 거부자는 자신의 흔들리는 자기존중을 보호하려고 당신에게 심한 욕설을 퍼붓기로 작정한다. 거부자는 당신이 너무 어리석다, 뚱뚱하다, 이기적이다 등등으로 말한다. 그 비판의 성격이 무엇이든지 당신의 전략은 이제 두 가지다. 1) 그 비판에서 몇 개의 진리를 찾아내서 당신이 부분적으로 동의함을 그 거부자가 알게 하라(6장 '무장해제 기법'을 보라). 2) 당신이 실제로 저지른 어떠한 잘못을 사과하고 애써 고치겠다고 제의하라(6장 '피드백과 협상'을 보라).

당신 내가 나쁘게 당신에게 상처를 주는 말을 했다니, 정말 미안합니다. 그게 뭐였지요?

번즈 당신은 내게 좋지 못한 바보라고 말했소. 나는 두 손 다 들었어요. 끝장입니다.

당신 나는 그 말이 사려 없고 유해한 언급임을 알 수 있습니다. 내가 다른 말로 당신 마음에 상처를 준 적은 없나요? 그것이 전부입니까? 아니면 여러 번 했나요? 계속하십시오. 그리고 당신이 나에 대해 생각하는 모든 나쁜 것을 말하십시오.

번즈 당신은 변덕스럽습니다. 당신은 설탕처럼 달콤하다가, 돌연 그 날카로운 혀로 나를 조각내버립니다. 성난 당신은 추잡한 말을 하는 돼지로 변하지요. 나는 당신을 참을 수 없고, 다른 누구도 당신을 참을 수 없을 거요. 당신은 거만하고 건방지며, 당신 자신 외에는 누구도 개의치 않소. 당신은 이기적인 불한당이오. 이제 정신 차리고 호된 맛을 볼 때요. 내가 당신을 비난하는 사람이 되어 미안하지만, 그것이 당신이 배울 수 있는 유일한 길이오. 당신은 당신 자신 외에는 누구에게도 진정한 느낌을 가지고 있지 않지요. 우리는 아주 끝난 거요!

당신 좋아요. 나는 우리가 결코 고찰하지 않은 많은 문제가 우리 관계에 있다는 것을 알 수 있습니다. 그리고 당신 말을 들으니 정말 좋은 기회를 놓친 것 같군요. 나는 내가 성마르고 사려 없이 행동했음을 알 수 있습니다. 나는 내가 얼마나 불쾌하게 굴었는지, 그리고 얼마나 그것이 당신을 불편하게 했는지 알 수 있습니다. 나의 이런 면에 대해 더 이야기해주십시오.

논평 : 당신은 거부자로부터 부정적 견해를 계속 추출해낸다. 방어적이길 피하면서 거부자가 말하는 데서 몇 가지 진리를 계속 발견한다. 당신은 모든 비난을 이끌어내고 진실한 것은 무엇이나 동의한 후에, 거부자의 풍선에 가장 날카로운 화살을 정통으로 쏠 준비가 되어 있다. 당신은 자신의 불완전함을 인정했으므로 잘못을 고치려고 기꺼이 노력하려 함을 지적하라. 그러고는 거부자에게 왜 당신을 거부하는지 물어보라. 이 묘책은 당신으로 하여금 거부가 왜 결코 당신 탓이 아닌지 알게 해줄 것이다. 당신은 당신 잘못에 책임이 있다. 당신은 그 잘못들을 고치려고 노력할 책임을 질 것이다. 그러나 누군가가 당신의 불완전함을 거부하는 것은 그들의 어리석음이지 당신 탓이 아니다! 이것이 어떻게 되어가는지 사례가 있다.

당신 나는 당신이 좋아하지 않는 많은 것을 내가 행하고 말했음을 알 수 있습니다. 나는 확실히 최대한도로 이 문제를 기꺼이 고치려고 애쓰겠습니다. 나는 기적을 약속할 수는 없습니다. 그러나 우리 함께 그것을 연구한다면, 매사가 향상될 수 없다는 이유를 찾지 못할 겁니다. 이런 식으로 말한 것만으로도 우리의 의사소통은 벌써 더 좋아졌습니다. 왜 당신은 나를 거부하려 합니까?

번즈   당신이 나를 격노하게 하기 때문이오.

당신   그래요, 가끔 차이점들이 사람들 사이에서 두드러집니다. 그러나 나는 이것으로 우리 관계를 파괴해야 한다고 보지 않습니다. 당신은 격노를 느끼기 때문에 나를 거부합니까? 아니면 무엇 때문에?

번즈   당신은 좋지 않은 불한당이고, 난 다시는 당신과 말하지 않겠소.

당신   당신이 그런 식으로 느끼다니 섭섭합니다. 나는 이런 상처 입은 느낌들에도 불구하고 우리의 우정을 지속하고 싶습니다. 우리가 완전히 끝장날 필요가 있나요? 필시 이 토의는 우리가 서로를 더 잘 알기 위해 꼭 필요한 과정이었을 겁니다. 나는 왜 당신이 나를 거부하려고 결정했는지 정말 알지 못합니다. 당신은 내게 그 이유를 말해줄 수 없나요?

번즈   아이고, 맙소사! 나는 당신에게 속지 않겠소. 당신은 이미 너무 잡쳤소. 그러니 그러면 됐소! 더 이상 기회는 없소! 잘 가시오!

논평 : 이제 이것은 누구의 어리석은 행동인가? 당신의 행동, 아니면 당신을 거부하는 사람의 행동? 거부가 발생한 것은 누구의 잘못인가? 결국 당신은 자신의 잘못들을 고치려는 노력과 솔직한 의사소통 및 타협을 통하여 관계를 향상시킬 것을 제의하려 한다. 그런데 어떻게 당신이 그 거부에 대해 비난받을 수 있는가? 명백히 그렇지 않다.

위의 접근법이 모든 실제적 거부를 예방하지는 못하겠지만, 당신은 적극적인 결과의 개연성을 조만간 끌어올리게 될 것이다.

불찬성이나 거부로부터의 회복

다른 사람과의 관계를 개선하려는 당신의 노력에도 불구하고 실제로 불찬성이나 거부를 당했다. 이때 당신이 납득할 수 있게 느끼는 그 정서적 불쾌를 어떻게 빨리 극복할 수 있겠는가? 무엇보다 인생이란 지속되므로 이 특정한 실망으로 당신의 행복의 질을 영원히 손상시킬 필요가 없음을 깨달아야 한다. 거부나 실망에 뒤이어 그 정서적 손상을 주는 것은 **당신의** 생각일 것이다. 그러므로 당신이 이 생각들과 싸우고 왜곡된 자기 학대에 굴복하기를 고집스럽게 거부한다면, 혼란은 곧 지나갈 것이다.

매우 유용할 수 있는 한 가지 방법은, 사랑하는 사람을 잃은 뒤 오는 오랜 비애의 반응을 체험한 사람들을 도운 방법이다. 유족은 자신들에게 사랑하는 고인에 대한 고통스런 기억과 생각에 잠기게 할 기간을 매일 계획한다. 이것은 비애의 과정을 가속시키고 채울 수 있다. 당신이 혼자 있을 때 활용해보면 대단히 유용할 것이다. 다른 사람의 공감은 흔히 불리한 결과를 낳는데, 몇몇 연구들은 그것이 슬픔의 고통스런 기간을 연장시킨다고 보고했다.

당신은 거부나 불찬성에 대처하려고 이 '비애하는' 방법을 사용할 수 있다. 매일 한두 번씩 당신이 원하는 모든 슬픔과 화나고 절망적인 사고들을 생각하도록 시간 계획을 세우라. 그 기간은 아마도 5~10분이면 충분할 것이다. 화난 기분이 들면 베개를 쳐라. 당신이 제쳐놓은 시간을 채워서 고통스런 기억과 사고들로 당신 자신을 계속 적셔보라. 멈추지 말고 불평, 비판, 하소연을 하라! 당신의 계획된 비애 기간이 지나면 그것을 멈추라. 그리고는 다음 비애 기간까지는 삶을 즐겨라. 그사이에 당신이 부정적인 생각을 가지면 그것을 적어라. 왜곡들을 정확히 가려내라. 그리고 앞장에 나와 있듯이 합리적 반응으로 대치하라. 이 방법은 당신으로 하여금 실망에 대한 부분적인 통제를 획득하도록 도와주고, 당신의 예상보다 빠른 온전한 자기존중으로의 귀환을 재촉할 것이다.

'내면의 빛' 밝히기

　정서적 계몽의 열쇠는 오직 자신의 사고만이 기분에 영향을 미친다는 지식이다. 당신이 승인 중독자라면, 오직 다른 이가 당신에게 그들의 빛을 처음 비출 때에만 자기 내면의 스위치를 점등하는 나쁜 습관을 갖고 있다. 그리고 당신은 그릇되게도 그들의 승인과 당신 자신의 자기승인을 혼동한다. 왜냐하면 그것들은 거의 동시에 일어나기 때문이다. 당신이 때때로 찬미와 칭찬을 즐긴다는 사실은 당신이 당신 자신을 승인하는 법을 알고 있음을 증명한다! 그러나 당신이 승인 중독자라면, 오직 당신이 존경하는 누군가가 당신을 먼저 승인할 때에만 자신을 승인하는 자멸적 습관을 개발해놓은 것이다.

　여기에 그 습관을 깨뜨릴 간단한 길이 있다. 앞선 여러 장에서처럼 손목계수기를 착용하고 적어도 2~3주간 휴대하라. 매일 당신 자신에 대해 적극적인 것들을, 즉 외적 보상을 받든지 아니든지 간에 잘한 일들을 알아내려고 노력하라. 당신이 스스로 만족하는 괜찮은 일들을 할 때마다 계수기를 누르라.

　예를 들어 당신이 어느 날 아침 동료에게 따스한 미소를 지으면 그가 얼굴을 찌푸리든지 미소로 답하든지 상관없이 계수기를 누르라. 당신이 미루던 전화를 하면 계수기를 누르라! 큰일이나 사소한 일이나 당신 자신을 '승인'할 수 있다. 당신이 과거에 행한 적극적인 일이 생각날 때도 계수기를 누를 수 있다. 예컨대 당신이 운전면허증을 취득하거나 첫 직장에 출근하던 날을 회상할 수 있다. 당신이 적극적인 정서적 환기를 가지든 않든 상관없이 계수기를 누르라. 처음에는 자신에 대한 좋은 일을 알아내도록 스스로를 강요해야 할 것이다. 그리고 그것은 기계적으로 보일지도 모른다. 여하튼 계속하라. 왜냐하면 내 생각에 며칠이 지나면 당신은 내면의 빛이 처음에는 희미하게, 그러고는 더 밝게 달아오르기 시작하는 것을 알아차릴 것이기 때문이다. 매일 밤 계수기의 숫자를 보고 당신의 매일기록표에 개인적 승인의 합계를 기록하라. 2~3주 후면 당신은 자기존경의 예술을 배우기 시작할 것이다. 그리고 당신은 자신에 대해 훨씬 더 기분이 좋아질 것이다. 이 간단한 절차는 독립과 자기승인을 성취하는 중요한 첫 단계일 수 있다. 이 방법은 쉽게 들린다. 그리고 사실 그렇다. 하지만 놀랍게도 강력하며, 그 보상은 투자한 시간과 노력에 비해 충분히 값어치 있다.

12장
사랑 중독

흔히 불찬성의 두려움과 나란히 나가는 '침묵의 가정'은 "한 이성에게 사랑을 받지 못하면 정말 행복하고 충만한 인간이 될 수 없다. 참 사랑은 궁극적 행복을 위해 필연적이다"라는 생각이다.

당신이 행복을 느끼기 위해 사랑을 요구하거나 필요로 하는 것을 '의존'이라 부른다. 의존은 당신이 자신의 정서적 삶에 대한 책임을 질 수 없음을 의미한다.

사랑 중독자의 불이익

사랑받는 것은 절대적 필연성인가? 아니면 바람직한 선택인가?

로베르타는 33세의 미혼녀로서, 주말과 저녁에는 자기 아파트에서 침울해한다. 왜냐하면 그녀는 자신에게 "부부의 세상이다. 남자 없이는 난 아무것도 아니다"라고 말하기 때문이다. 나의 사무실로 찾아온 그녀의 옷차림은 매력적이었으나, 그녀의 언급은 비통했다. 그녀는 사랑받는 것이 숨 쉬는 산소만큼 중요하다고 확신했으므로 넘치는 분개를 느끼고 있었다. 그러나 그녀는 너무 빈궁하고 탐욕스런 나머지 사람들을 멀리 내모는 경향이 있었다.

나는 그녀에게 "남자(또는 여자) 없이는 난 아무것도 아니다"라는 신념의 이익과 불이익의 목록을 만드는 일부터 시작하라고 권고했다. 로베르타의 불이익 목록은 명쾌했다. "1) 내게 애인이 없으므로 이 신념은 나를 낙담케 한다. 2) 더구나 그것은 나에게 일하고 어딘가 방문할 자극을 앗아간다. 3) 그것은 내게 게으르다는 느낌이 들게 한다. 4) 그것은 자기연민을 일으킨다. 5) 그것은 내게서 자기긍지와 확신을 앗아가고, 내가 다른 이들을 부러워하게 쓴맛을 보게 한다. 6) 마침내 그것은 자멸적 느낌과 혼자 있는 걸 두려워하는 공포를 일으킨다."

그러고나서 그녀는 자기가 생각하기에 사랑받는 것이 행복을 위한 하나의 절대적 필연성이라는 신념의 이익 목록을 만들었다. "1) 이 신념은 내게 동반자와 사랑과 안전을 가져다줄 것이다. 2) 그것은 내 인생에 목적과 삶의 이유를 줄 것이다. 3) 그것은 내게 고대할 사건을 줄 것이다." 이러한 이익들은 남자 없이는 살 수 없다는 자신의 다짐이 자기 인생에 어떻게든지 한 동반자를 데려다주리라는 로베르타의 신념을 반영하고 있다.

이 이익들은 현실적인가, 아니면 상상적인가? 비록 로베르타가 여러 해 동안 남자 없이는 살 수 없을 거라고 믿었다 해도, 이 태도는 여전히 바람직한 배우자를 데려다주지 않는다. 그녀는 자기 인생에서 남자들을 그렇게 완전히 중요하게 만드는 것이, 한 남자를 그녀의 현관 계단으로 데려올 마술적 주문이 아님을 인정했다. 들러붙고 의존적인 사람들은 흔히 다른 사람에게 너무 많은 주의를 요구하고 매우 빈궁하게 보여, 애당초 이성의 마음을 끄는 것은 고사하고 지속적인 관계를 유지시키는 데 큰 어려움을 겪는다는 점을 그녀도 인정했다. 로베르타는 자기 안에서 행복을 발견한 사람들은 평화롭고 기쁜 느낌을 일으키므로 흔히 이성들에게 가장 바람직하여 자석처럼 된다는 생각을 파악할 수 있었다. 뜻밖에도 끝내 홀로 지내고 마는 사람은 흔히 의존적인 여성, 즉 '남자 중독자'다.

이것은 실제로 그다지 놀랍지 않다. 당신이 가치감을 갖기 위해 다른 누군가를 필요로 하는 입장에 서면 이렇게 떠벌리는 셈이다. "날 데려가! 나는 타고난 가치라곤 없어! 나는 나 자신을 견딜 수 없다고!" 구매자가 거의 없다시피 한 것은 놀랍지 않다. 물론 당신의 언명되지 않은 요구 또한 사람들로 하여금 당신을 좋아하게 만들지 않는다. "당신은 나를 사랑하지 않으면 안 된다. 그렇게 하지 않으면 당신은 지독히 나쁘다."

당신은 독립을 성취할 경우 다른 사람들에게 거부하는 사람으로 보여 끝내 혼자가 되고 말 거라는 그릇된 개념 때문에 의존에 고착한다. 이것이 당신의 두려움이라면, 당신은 의존이 온정과 같다고 생각하고 있다. 아무것도 진실보다 윗자리에 있을 수 없다. 당신이 외롭고 의존적이라면, 당신의 분노와 분개는 다른 사람으로부터 받을 권리가 주어져 있다고 믿는 사랑이 박탈당했다고 느끼는 그 사실에서 유래한다. 이 태도는 당신을 더욱 소외로 내몬다. 당신이 더욱 독립적이라면 혼자이지 않아도 된다. 당신은 혼자일 때도 행복을 느끼는 역량을 갖고 있다는 뜻이다. 당신이 더욱 독립적일수록 안정된 느낌일 것이다. 더구나 당신의 기분은 다른 사람의 마음대로 오르락내리락하지 않을 것이다. 결국 누군가가 당신에게 동정할 수 있는 사랑의 양은 흔히 매우 예측 불가능하다. 그들은 당신의 모든 점에 감사하지 않을 수도 있고, 언제나 애정 어린 방식으로 행동하지 않을 수도 있다. 당신이 자기사랑을 기꺼이 배운다면 훨씬 더 의존할 만하고 지속적인 자기존중의 원천을 갖게 될 것이다.

첫 번째 단계는 당신이 독립을 원하는지 알아내는 것이다. 우리 모두는 목표를 정확히 이해할 때 그 목표를 성취할 훨씬 더 큰 기회를 갖는다. 그것은 로베르타로 하여금 그녀의 의존성이 자신을 텅 빈 실존으로 단죄하고 있음을 깨닫게 도와주었다. 당신이 아직도 의존적인 것이 바람직하다는 개념에 붙들려 있다면 2단기법을 이용해 그 이익을 목록으로 만들라.

사랑으로 하여금 당신의 인격적 가치를 결정하게 할 때 어떤 대가를 받는지 똑똑히 설명하라. 그러고는 상황을 객관적으로 평가하기 위해 반대 논증이나 합리적 반응을 오른쪽 단에 적어라. 당신은 사랑 중독의 이익들이 부분적 또는 전체적으로 환영임을 알게 될 것이다. 〈표 12-1〉은 로베르타와 유사한 문제를 가진 한 여성이 그 문제들을 어떻게 평가했는지 보여준다. 이 연습을 통해 그녀는 다른 이들에게 무엇을 찾으려 하는지 자신을 들여다볼 수 있었고, 그녀의 의존이 자기를 무능력하게 만드는 진짜 적수임을 깨달았다.

외로움과 홀로 있음의 차이를 파악하라

앞부분을 읽는 동안 당신은 기분을 단속하고 자신 안에서 행복을 발견하는 법을 배울 수 있다면 자신에게 이익이 되리라고 결론지었을 것이다. 이것은 사랑하는 누군가와 함께 있을 때와 마찬가지로 혼자 있을 때도 똑같이 살아 있다는 느낌을 갖는 역량을 제공할 것이다. 그러나 당신은 "모두 좋은 이야기 같군요, 번즈 박사님. 그러나 현실적이지 않아요. 진실은, 혼자 있는 것이 부정할 수 없이 정서적으로 열등하다는 것입니다. 나는 전 생애에 걸쳐 사랑과 행복이 같은 것임을 배웠고, 내 친구들 모두 동의해요. 얼굴에 수심이 깃들 때까지는 철학할 수 있어요. 그러나 밑바닥에 다다르면 사랑이 가장 중요하며, 혼자 있는 것은 하나의 저주랍니다!"라고 생각할 수 있다.

사실 많은 사람은 사랑이 세상을 돌아가게 만든다고 확신한다. 당신은 이런 메시지를 광고에서 보고, 대중가요에서 듣고, 시에서 읽는다. 그러나 당신은 행복을 체험하기 위해서 사랑이 필연적이라는 자신의 가정을 납득이 가도록 논박할 수 있다. '혼자=외로움'이라는 등식을 열심히 들여다보자.

표 12-1 '사랑 중독자'가 되었을 때 추정되는 '이익'의 분석

행복하기 위해 사랑에 의존적이 된 경우의 이익	합리적 반응
1. 내가 상처 입을 때 누군가 나를 돌보아줄 것이다.	1. 독립적인 사람에게도 마찬가지다. 내가 자동차 사고를 당하면 사람들이 응급실로 옮겨줄 것이다. 내가 의존적인 사람이건 독립적인 사람이건 의사들은 나를 돌보아줄 것이다. 오직 의존적인 사람들만이 다쳤을 때 도움 받으리란 것은 말이 안 된다.
2. 그러나 내가 의존적이라면 나는 결정을 내리지 않아도 될 것이다.	2. 의존적인 나는 내 인생을 거의 통제할 수 없게 될 것이다. 나를 위한 결정을 하려고 다른 사람에게 의지하는 것은 미덥지 않다. 예를 들어 나는 누군가가 나에게 오늘 무슨 옷을 입을지, 저녁식사로 뭘 먹을지 말해주길 원하는가? 그들은 내가 가장 좋아하는 것을 선택하지 않을 것이다.
3. 그러나 독립적인 사람으로서 나는 그른 결정을 할 수도 있다. 그러면 나는 그 결말에 대해 책임을 져야 할 것이다.	3. 그리하여 그 결말을 책임지라. 당신이 독립적이라면 그 실수로부터 배울 것이다. 아무도 완벽할 수 없으며, 인생에는 아무런 절대적 확실성의 보증이 없다. 불확실성은 인생이란 향료의 일부분일 수 있다. 자기존경의 기초를 형성하는 것은, 내가 언제나 옳으냐가 아니라, 어떻게 내가 대처하느냐이다.
4. 그러나 내가 의존적인 사람이라면 나는 생각하지 않아도 될 것이다. 나는 단지 매사에 반응하기만 할 수 있다.	4. 독립적인 사람도 원한다면 생각하지 않기로 선택할 수 있다. 오로지 의존적인 사람들만 생각을 멈출 권리가 있다고 말하는 규칙은 없다.

5. 그러나 내가 의존적이라면 나는 만족될 것이다. 그것은 사탕을 먹는 것과 같다. 누군가가 나를 돌보고, 그에게 기댄다는 것은 기분 좋다.	5. 사탕은 잠시 후 속을 메스껍게 한다. 내가 의지하려고 택한 사람이 나를 영원히 즐겨 사랑하고 쓰다듬고 돌보려 하지 않을 수 있다. 그는 얼마 뒤 지칠 수도 있다. 그리고 그가 분노하고 분개하며 내게서 멀어지면 나는 의지할 것이 하나도 없어 비참한 기분일 것이다. 내가 의존적이라면 그가 노예나 로봇처럼 나를 조작할 수도 있다.
6. 그러나 내가 의존적인 사람이라면 나는 사랑받을 것이다. 사랑 없이는 난 살 수 없을 것이다.	6. 독립적인 사람으로서 나는 나 자신을 사랑하기를 배울 수 있으며, 이것은 나를 다른 사람들에게 더 바람직한 인간으로 만들 것이다. 그리고 내가 나 자신을 사랑하기를 배울 수 있다면, 나는 언제나 사랑받을 수 있다. 과거에 대한 집착은 흔히 사람들을 내게 끌어당기기보다 내쫓아버렸다. 아기들은 사랑과 지지 없이는 생존할 수 없지만, 사랑이 없다고 해서 나는 죽지 않을 것이다.
7. 어떤 사람들은 의존적인 여성을 찾아다닌다.	7. 이 말이 부분적으로 사실일 수 있지만, 의존성에 토대를 둔 관계는 흔히 깨어지고 이혼으로 끝장난다. 왜냐하면 당신은 다른 사람에게 그가 당신에게 줄 입장에 있지도 않은 것, 즉 자기존중과 자기존경을 당신에게 주도록 요청하고 있기 때문이다. 오직 나만이 나 자신을 행복하게 할 수 있다. 내가 다른 사람에게 해달라고 의지한다면 결국은 쓰라린 실망만 느끼기 십상이다.

첫째, 우리는 혼자서도 인생의 많은 기본적 만족을 느낀다는 것을 고려하라. 예를 들어 산에 오를 때, 꽃을 꺾을 때, 책을 읽을 때, 또는 맛있는 아이스크림을 먹을 때 즐기기 위해서 다른 사람이 꼭 동반되어야 하는 것은 아니다. 외과 의사는 그와 그의 환자가 의미 있는 개인적 관계에 관여되든 아니든 환자를 치료하는 만족을 누릴 수 있다. 저자는 책을 쓸 때 보통 혼자다. 보통 학생은 알다시피 학습의 대부분을 혼자일 때 한다. 혼자일 때 당신이 즐길 수 있는 쾌락과 만족의 목록은 끝이 없다.

요컨대 당신이 다른 사람과 함께 있든 아니든 만족의 많은 원천을 손쉽게 얻을 수 있다. 이 목록에 무언가를 추가할 수 있는가? 당신 혼자 누릴 수 있는 훌륭한 즐거움들은 무엇인가? 당신은 스테레오로 좋은 음악을 들은 적이 있는가? 최근에 남편과 별거한 자넷이란 외로운 은행원은 창조무용 교실에 등록하고 집에서 혼자 연습할 때 엄청나게 즐거울 수 있음을(그녀 자신도 놀라울 정도로) 발견했다. 그녀는 동작의 리듬에 사로잡히면서 사랑할 사람이 아무도 없다는 사실에도 불구하고 평화를 느꼈다.

아마도 당신은 지금 이렇게 생각할 수 있다. "아, 번즈 박사님, 그것이 당신의 요점인가요? 아이고, 시시해라! 물론 내가 혼자 있을 때 여러 가지를 하면 일시적으로 평범한 기분 전환을 체험할 수 있지요. 그 정도가 우울증의 가장자리를 떼어낼지는 모르지만, 나를 굶어 죽음에서 완전히 건져낼지 어떨지도 모를 식탁에서 떨어진 빵 조각일 뿐이에요. 나는 만찬, 진짜배기를 원해요! 사랑! 진정하고 완전한 행복!"

그것이 바로 자넷이 무용교실에 등록하기 전에 내게 했던 말이다. 그녀는 혼자 있는 것이 비참하다고 가정한 까닭에 남편과 별거하는 동안 즐거운 일을 하지도, 자신을 돌보지도 않았다. 그녀는 이중 기준에 따라 살아왔다. 즉 남편과 함께 있으면 즐거운 활동 계획을 철저히 하지만, 혼자 있으면 단지 침울해할 뿐 거의 아무 일도 하지 않았던 것이다. 이 방식은 명백히 자기성취적 예언으로 작용했다. 그리고 그녀는 사실상 혼자 있는 것이 불유쾌한 것을 발견했다. 왜? 단지 그녀가 자신을 사려 깊게 대하지 않았기 때문이다. 그녀는 자신의 모든 활동을 함께 나눌 누군가가 옆에 있지 않으면 결코 만족스럽지 않으리라는 그녀 평생의 가정에 도전하지 않았다. 자넷은 어떤 다른 계기를 맞아 퇴근 후 텔레비전 식사를 데우는 대신에, 마치 무척 관심 있는 한 남자를 기쁘게 해주려는 것처럼 특별한 요리를 준비하고 식탁에 촛불까지 밝혔다. 그녀는 좋은 포도주 한 잔으로 식사를 시작했다. 저녁식사 후 그녀는 좋은 책을 읽고 좋아하는 음악을 들었다. 그녀는 이 저녁이 완전한 기쁨인 것을 발견하고 스스로 놀라워했다. 다음날은 토요일이었다. 자넷은 혼자 미술박물관에 가기로 결정했다. 그녀는 과거에 마지못해 하고 흥미 없어하는 남편을 끌고 다닐 때보다 이 소풍에서 더 큰 즐거움을 누리는 자신을 발견하고 놀랐다.

자신에 대해 활동적이고 열정적인 태도를 채택한 결과, 자넷은 난생처음으로 스스로 일을 잘 처리할 수 있으며 정말 즐길 수 있다는 사실을 발견했다.

흔히 있는 일이지만 그녀는 전염되기 쉬운 삶의 기쁨을 발산하기 시작했다. 이로써 많은 남자가 그녀에게 매력을 느꼈고, 그녀는 데이트를 시작했다. 그동안 여자 친구에 대한 환상에서 깨어나기 시작한 그녀의 남편은 아내를 다시 원했다. 그는 자기 없이도 자넷이 몹시 행복해하는 모습을 보았다. 이 시점에서 형세가 역전되기 시작했다. 자넷이 남편에게 그를 다시 원하지 않는다고 말한 후 그는 심한 우울증으로 고통 받았다. 그녀는 결국 다른 남자와 매우 만족스런 관계를 맺으며 재혼했다. 그녀의 성공의 열쇠는 간단하다. 첫 단계로서 그녀는 자신과의 관계를 수립할 수 있음을 증명했다. 그 뒤로 나머지는 쉬웠다.

기쁨 예언 방법

나는 당신이 이 주제에 대한 나의 말이나 자넷처럼 자기신뢰의 기쁨을 체험하는 법을 배운 이들에 관한 보고서까지도 신뢰하리라고 기대하지 않는다. 그 대신 나는 당신에게 자넷이 그랬듯이 "혼자 있는 것은 하나의 저주다"라는 신념을 실제로 시험해보기 위해 일련의 실험을 수행하기를 제의한다. 당신이 기꺼이 수행한다면 객관적이고 과학적인 태도로 진리에 도달할 수 있다.

당신을 돕기 위해 〈표 12-2〉에 있는 '기쁨예언지'를 개발했다. 이 양식은 일련의 단들로 나뉘어 있다. 거기에 당신은 다른 사람들과 함께 또는 혼자서 참여한 여러 가지 일과 여가 활동에서 얻는 만족의 실제적 양을 예언하고 기록한다. 첫째 단에 각 실험의 날짜를 기록하라. 둘째 단에 그날 실험의 일부로서 당신이 하기로 계획한 여러 활동들을 적어라. 나는 당신이 2~3주의 기간 동안 40~50가지 실험들을 시행하도록 제안한다. 당신에게 보통 성취감이나 기쁨의 느낌을 주는 활동, 또는 배움이나 인격적 성장의 잠재력을 지닌 활동을 골라라. 셋째 단에 당신이 그 활동을 누구와 함께하는지 적어라. 혼자 한 경우에는 '자신'이라고 적어라(이 말은 당신이 언제나 자신과 함께 있으며, 진실로 결코 혼자 있지 않은 것을 상기시킬 것이다). 넷째 단에 0~100퍼센트로 당신이 생각하기에 이 활동에서 얻을 만족을 예언하라. 숫자가 높을수록 예상 만족도가 높은 것이다. 넷째 단은 당신이 계획한 각 활동을 한 후가 아니라 하기 전에 작성하라!

일단 당신이 작성을 마치면 그 활동에 나서라. 활동을 마치면 마지막 단에 0~100퍼센트의 평가 체계를 이용해 실제 만족도를 기록하라. 이러한 일련의 실험들을 수행한 뒤에는 수집한 데이터들을 해석할 수 있을 것이다. 당신은 많은 것을 배울 수 있다. 첫째, 예상 만족도(넷째 단)를 실제 만족도(다섯째 단)와 비교함으로써 당신의 예언이 얼마나 정확한지 알 수 있다. 당신은 자신이 특히 혼자 활동할 때 경험할 거라고 예상하는 만족의 정도가 전형적으로 과소평가되고 있음을 발견할 것이다. 또한 다른 사람과 함께하는 활동들이 언제나 예상만큼 만족스럽지 않다는 것을 알고는 놀랄 것이다. 사실 당신은 혼자 있는 것이 더 즐거웠던 때가 많으며, 혼자일 때 받은 최고의 만족도가 다른 사람과 함께한 활동의 만족도와 비슷하거나 더 높다는 것을 발견할 수도 있다. 당신이 일상 활동에서 얻은 만족의 정도를 여가 활동에 따른 만족과 비교하는 것은 유용하다. 이 정보는 당신이 활동을 계속 계획해갈 때 일과 오락이 최선의 균형을 이루도록 도와줄 것이다.

이제 이런 질문들이 당신 마음에 스쳐갈지도 모른다. "내가 예언한 만큼 만족스럽지 않다면? 내가 낮은 수치를 예언했는데 정말 그런 식으로 결과가 나온다면?" 이때는 당신을 기운 빠지게 하는 자동적인 부정적 사고들을 정확히 가려내도록 노력하라. 그러고는 그 사고들에 말대꾸하라. 예를 들어 아이들을 다 키워 결혼시킨 65세의 외로운 여성이 야간반에 등록하기로 결정했다. 다른 모든 학생은 대학 신입생 또래였다. 그녀는 "그들은 필시 나를 여기에 있을 권리가 없는 낡은 가방쯤으로 여길 거다"라는 생각 때문에 수업 첫 주 내내 긴장했다. 그녀가 다른 학생들이 자신에 대해 어떻게 생각하는지 알지 못한다는 것을 깨닫고는 어느 정도 안도감을 가졌다. 그녀는 다른 학생과 이야기를 나눠본 결과 그들 상당수가 그녀의 진취적 기상을 존경하고 있음을 알아냈다. 그 이후로 그녀는 더 기분이 좋아졌고 만족 수준도 상승하기 시작했다.

이제 어떻게 기쁨예언지가 의존성을 극복하도록 사용될 수 있는지 보자. 조애니는 15세 된 고교생이다. 그녀는 자신의 부모들이 새 도시로 이사한 후 수년간 만성우울증으로 고생했다. 그녀는 새로운 학교에서 친구들을 사귀는 데 어려움을 겪었다. 게다가 그녀는 많은 10대 소녀들과 마찬가지로, 행복해지려면 남자 친구가 있어야 하고 '배타적인 동년배 조직(in crowd)'의 일원이 되어야 한다고 믿었다. 그녀는 집에서 혼자 거의 모든 자유 시간을 공부하고 자신을 딱하게 여기며 보냈다. 그녀는 밖으로 나가서 다양한 활동을 해야 한다는 제의를 거부하고 분개했다. 그녀는 혼자서 그 활동들을 하는 것은 전혀 의의가 없을 거라고 주장했다. 일단의 친구들이 마술처럼 그녀의 무릎에 앉을 때까지 그냥 앉아 끙끙 앓기만 하기로 작정한 듯이 보였다.

    나는 기쁨예언지를 사용하라고 조애니를 설득했다. 〈표 12-2〉는 조애니가 주말의 미술과 공예 센터 방문, 록 음악회 콘서트 관람 등의 다양한 활동을 계획 세운 것을 보여준다. 그녀는 넷째 단의 낮은 예언지에 나타나 있듯이 혼자서 하는 그 활동들이 보람 없을 거라고 예측했다. 그러나 그녀는 실제로 상당히 좋은 시간을 경험했음을 발견하고 스스로 놀랐다. 이 유형이 반복되는 경향을 띠면서 그녀는 자기가 매사를 비현실적인 부정적 방식으로 예언하고 있음을 깨닫기 시작했다. 그녀가 혼자 하면 할수록 그녀의 기분은 점점 더 상승했다. 그녀는 여전히 친구들을 원했지만 혼자 있다고 해서 더 이상 비참으로 단죄된 느낌을 갖지는 않았다. 그녀가 자기책임으로 잘할 수 있음을 증명했기 때문에 자기확신은 상승했다. 그러자 그녀는 동년배에게 더 단언적이 되었고, 몇 사람들을 파티에 초대했다. 이것은 그녀가 교우 관계를 개발하도록 도와주었고, 그녀는 자기가 다니는 학교의 여느 소녀들처럼 소년들이 자신에게 관심을 갖고 있음을 발견했다. 조애니는 새 친구들과의 데이트나 활동에서 경험한 만족 수준을 측정하려고 기쁨예언지를 계속 사용했다. 그녀는 그들과 함께한 활동의 만족도가 그녀 혼자 하면서 경험한 기쁨의 수준과 필적하는 것을 보고 놀랐다.

표 12-2 기쁨예언지

날짜	만족을 위한 활동(성취나 기쁨의 느낌)	누구와 함께했는가?(혼자 했으면 '자신'이라고 적어라.)	예상 만족도 (0~100%) (활동 전에 작성하라.)	실제 만족도 (0~100%) (활동 후에 작성하라.)
8. 18.	미술·공예 센터 방문	자신	20%	65%
19.	록 음악 콘서트 관람	자신	15%	75%
26.	영화 관람	샤론	85%	80%
30.	파티	여러 초대 손님들	60%	75%
9. 2.	소설 읽기	자신	75%	85%
6.	조깅	자신	60%	80%
9.	블라우스 쇼핑	자신	50%	85%
10.	시장 보기	어머니	40%	30% (어머니와 언쟁함)
10.	공원 산책	샤론	60%	70%
14.	데이트	빌	95%	80%
15.	시험공부	자신	70%	65%
16.	운전면허 시험	어머니	40%	95% (시험 통과!)
16.	아이스크림 가게로 자전거 타고 가기	자신	80%	95%

무언가를 원하는 것과 필요로 하는 것 사이에는 차이점이 있다. 산소는 필요물이지만 사랑은 욕구다. 반복하자면, 사랑은 성인의 필요물이 아니다! 다른 인간과의 사랑하는 관계를 원하는 것은 좋다. 거기에는 잘못된 것이 없다. 당신이 사랑하는 누군가와 좋은 관계에 빠진다는 것은 감미로운 즐거움이다. 그러나 당신은 생존하거나 행복의 최대 수준을 체험하기 위해서 외부적 승인, 사랑, 관심을 필요로 하지는 않는다.

태도 수정

사랑과 교우 관계 및 결혼이 행복과 자기존중을 위해 필수적이 아니듯, 그것을 꼭 충족시켜주지도 않는다. 결혼했지만 비참한 수백만의 남녀들이 이에 대한 증거다. 사랑이 우울증의 해독제라면 나는 곧 폐업해야 할 것이다. 왜냐하면 내가 치료하는 자살적인 사람들의 아주 대다수가 사실상 그들의 배우자, 자녀, 부모와 친구들로부터 사랑받고 있기 때문이다. 사랑은 효과적인 항우울제가 아니다. 신경안정제, 알코올, 수면제처럼 사랑은 흔히 증상을 악화시킨다.

당신의 활동을 더 창조적으로 재구성하는 데 만족하지 말고, 당신이 혼자 있을 때 마음을 관통해 흐르는 기분 나쁘게 하는 부정적 사고에 도전하라.

이것이 마리아에게 유용했다. 30세의 독신인 그녀는 혼자서 활동을 할 때마다 불필요하게 자신에게 "혼자 있는 것은 하나의 저주다"라고 말함으로써 그 경험을 때때로 괴까다롭게 했다. 이 생각이 만든 자기연민과 분개의 느낌에 맞서기 위해 그녀는 반대 논증 목록을 작성했다(〈표 12-3〉). 그녀는 이 과정이 외로움과 우울증의 순환을 깨뜨리는 데 매우 유용했다고 보고했다.

그녀에 대한 치료를 마치고 1년 뒤 나는 그녀에게 이 장의 초고를 보냈

표 12-3 "혼자라는 것은 하나의 저주다"의 반대 논증(혼자 있음의 이익)
1. 혼자라는 것은 자기가 정말 무엇을 생각하며 느끼고 아는지 탐구할 기회를 준다.
2. 혼자라는 것은 그 동거인이나 배우자에게 속박되어 있을 경우 더 힘들지 모를 온갖 새로운 일들을 시도해볼 기회를 준다.
3. 혼자라는 것은 자신의 인격적 장점을 개발하도록 압력을 가한다.
4. 혼자라는 것은 변명을 멈추고 자신에 대한 책임을 질 수 있게 한다.
5. 홀로 있는 여자가 된다는 것은 부적당한 남성 배우자와 함께 있는 여자가 되는 것보다 낫다. 남자의 경우도 마찬가지다.
6. 홀로 있는 여자가 된다는 것은 한 남자의 부가물이 되지 않고 완전한 인간으로 발전할 기회가 될 수 있다.
7. 홀로 있는 여자가 된다는 것은 여성들이 다른 상황에서 직면하는 문제들을 더 잘 이해하는 데 도움이 된다. 그녀는 그들에게 더 지원적이고 그들과 더 의미 있는 관계를 개발할 수 있게 될 것이다. 홀로 있는 남자도 마찬가지다. 그는 많은 남성 문제를 이해하게 될 것이다.
8. 홀로 있는 여자가 된다는 것은 그녀가 나중에 남자와 함께 살더라도 그가 자기를 버리거나 먼저 죽을까봐 염려하지 않아도 된다는 것을 보여줄 수 있다. 그녀는 혼자 살 수 있고, 자신 안에 행복의 잠재력이 있음을 안다. 그리하여 관계는 상호 의존과 요구성의 관계이기보다 오히려 상호 향상의 관계가 될 수 있다.

다. 그녀는 다음과 같은 답장을 보내왔다. "어젯밤 나는 그 장을 하나도 빠짐없이 다 읽었습니다. … 그 장은 혼자나 여럿이 있다는 사실 자체가 아니라 혼자나 여럿이 있다는 것에 대해 우리가 어떻게 생각하는가가 문제라고 증명하고 있더군요. 생각이 그렇게 강력하다니요! 그것은 우리를 만들 수도, 파괴할 수도 있습니다. 맞지요? … 거의 우스울 정도지요. 그러나 이제 나는 '남자를 가진다'는 것이 두려울 정도입니다. 나는 오히려 혼자서 더 잘 해나가는 것 같습니다. … 번즈 박사님, 당신은 내게 이런 말을 들으리라고 생각해보신 적이 있나요?"

2단기법은 당신이 두 다리로 서는 걸 두려워하게 만드는 부정적 사고 방식을 극복하도록 도와주는 데 특히 유용할 수 있다. 예를 들어 한 아이를 가진 이혼녀는 자살을 심각하게 고려했다. 왜냐하면 그녀의 사랑하는 사람(유부남)이 그녀와의 관계를 끊었기 때문이다. 그녀는 극히 부정적인 자아상을 갖고 더 이상의 인간관계를 유지할 능력이 있을 거라고 믿지 않았다. 그녀는 늘 자기가 결국 거부된 사람, 외로운 사람이 될 거라고 확신했다. 그녀는 일기에다 자살 시도를 숙고하면서 다음 생각들을 적었다.

침대의 내 옆 빈자리는 조용히 나를 조롱한다. 나는 혼자다, 혼자! 나의 가장 큰 두려움, 내가 가장 두려워했던 운명이 현실인 것이다. 나는 홀로 된 여성이다. 내 마음에서 그것은 내가 아무것도 아니란 뜻이라 한다. 나의 논리는 이렇다.
1) 내가 바람직하고 매력 있다면 지금 내 옆에 한 남자가 있을 것이다.
2) 내 옆에는 남자가 하나도 없다.
3) 그러므로 나는 바람직하지도, 매력적이지도 않다.
4) 그러므로 산다는 것은 아무 의의도 없다.

그녀는 일기에서 계속 자문해갔다. "왜 나는 한 남자를 필요로 하는가? 남자는 모든 내 문제를 해결할 것이다. 그는 나를 돌봐줄 것이다. 그는 내 인생에 방향을 주겠지. 그리고 가장 중요한 것은 지금 내가 원하는 바, 즉 머리를 이불 밑에 처박고 망각으로 빠져들 때 매일 아침 침대 밖으로 나갈 이유를 내게 주리라는 점이다."
그런 다음 그녀는 마음속의 그 속상한 생각들에 도전하는 한 방법으로 2단기법을 활용했다. 그녀는 왼쪽 단에 '나의 의존적 자아의 고발', 오른쪽 단에 '나의 독립적 자아의 반대 논증'이라고 제목을 붙였다. 그녀는 문제의 진실이 정말 무엇인지 식별하기 위해서 그녀 자신과의 대화를 실행했다(〈표 12-4〉).

서면 연습을 한 후 그녀는 침대 밖으로 나갈 동기부여를 개발하기 위해 매일 아침 그 내용을 되풀이해서 읽기로 결정했다. 그녀는 일기에 그 결

표 12-4

나의 의존적 자아의 고발	나의 독립적 자아의 반대 논증
1. 나는 한 남자가 필요하다.	1. 왜 당신은 한 남자가 필요한가?
2. 내 힘으로 대처해갈 수 없기 때문이다.	2. 당신은 지금껏 인생에서 잘 대처해 오지 않았는가?
3. 다 좋다. 그러나 나는 외롭다.	3. 그렇다. 그러나 당신은 아이도 하나 있고, 친구들도 있다. 그리고 당신은 그들과 함께 있으면 대단히 즐거워했다.
4. 그렇다. 그러나 그들은 고려되지 않는다.	4. 당신이 그들을 염두에서 사라지게 하므로 고려되지 않는 거다.
5. 그러나 사람들은 어떤 남자도 나를 원하지 않는다고 생각할 것이다.	5. 사람들은 생각하고 싶은 대로 생각할 것이다. 중요한 것은 당신이 생각하는 바다. 오로지 당신의 생각과 신념들만이 당신 기분에 영향을 줄 수 있다.
6. 나는 내가 남자 없이는 아무것도 아니라고 생각한다.	6. 남자가 있을 때 당신 스스로는 성취할 수 없던 것들을 성취했는가?
7. 사실 아무것도 없다. 중요한 모든 것은 내가 스스로 해냈다.	7. 그러면 왜 당신은 남자가 필요한가?
8. 나는 남자가 필요하지는 않다는 생각이 든다. 단지 한 남자를 원한다.	8. 무엇인가를 원한다는 것은 좋다. 그러나 그 무엇이 없다고 해서 인생이 의미를 상실할 만큼 그것이 그다지도 중요할 수는 없다는 것뿐이다.

과를 다음과 같이 적었다.

나는 원함과 필요함 사이에 큰 차이가 있음을 볼 수 있게 되었다. 나는 한 남자를 원하지만, 내가 생존하기 위해서 한 남자를 가져야 한다고 더 이상 느끼지 않는다. 나 자신과의 더 현실적인 내면의 대화를 유지함으로써, 나의 장점을 들여다봄으로써, 내가 스스로 가지고 있는 것들을 목록으로 정리하고 읽고 다시 읽음으로써 나는 무슨 일이 닥쳐와도 처리할 수 있는 내 능력에 대한 확신감을 서서히 개발하기 시작하고 있다. 나는 내가 내 자신을 돌보고 있음을 발견한다. 나는 과거에 내가 사랑하는 친구에게 대했던 친절과 동정의 방식을 통해 결점에는 아량으로, 장점에는 감사로 나 자신을 대하고 있다. 이제 나는 어려운 상황을 특별히 나를 괴롭히도록 계획된 혹사병으로 보지 않고, 내가 배우고 있는 기술들을 실습하고 나의 부정적 사고들에 도전함으로써 장점을 재확인하고 삶에 대처하는 내 능력에 대한 확신을 강화하는 기회로 바라볼 수 있다.

13장
당신의 일이 당신의 가치는 아니다

불안과 우울증에 이르는 세 번째 침묵의 가정은 "한 인간으로서의 나의 가치는 내가 인생에서 성취한 바와 비례한다"는 생각이다. 이 태도에는 서구 문화와 프로테스탄티즘의 윤리가 깔려 있다. 이 말은 매우 무해하게 들리지만, 사실은 자멸적이고 심히 부정확하며 유해하다.

훨씬 앞장에서 소개한 외과 의사 네드는 최근 한 일요일 오후에 내게 집으로 전화했다. 그는 그 주 내내 전전긍긍한 느낌이었다. 그의 안절부절은 제20회 대학 동창회에 참석하는 계획에서 촉발되었다(그는 일류 대학을 졸업했다). 그는 동창들에게 기조연설을 하도록 부탁받았다. 네드가 그런 불안의 상태에 이른 이유는 무엇인가? 그는 거기에서 자기보다 더 많이 성취한 동창들을 만날까봐 걱정했다. 그는 그 일이 왜 그다지도 위협적인지 설명했다. "그것은 내가 실패자임을 의미할 것이다."

업적에 대한 네드의 지나친 열중은 특히 남성들 사이에 공통적인 현상이다. 여성들도 경력에 대한 관심에서 면제된 것은 아니지만, 그들은 오히려 사랑이나 승인의 상실로 우울증에 빠지기가 더 쉽다. 대조적으로 남성들은 소년기 이후로 그들의 가치를 업적에 기초하도록 프로그램 되어 있으므로 경력 실패에 대한 관심사에서 특별히 상처 받기 쉽다.

인격적 가치를 바꾸는 첫 단계는 그 가치가 당신에게 이익이 되는지 불이익이 되는지 식별하는 것이다. 당신의 가치를 당신의 생산성에 따라 측정하는 것이 정말 당신에게 도움이 되지 않는다는 것을 식별하는 과정이 당신의 철학을 바꾸는 결정적인 첫 단계다. 실용적인 접근, 즉 비용-편익 분석으로 시작해보자.

당신이 자기존중을 자신의 업적과 같다고 생각하는 데는 분명 약간의 이점이 있을 수 있다. 우선 당신은 무엇인가 이룩했을 때 "나는 좋아"라고 말하고 자신에 대해 기분이 좋을 수 있다. 예를 들어 골프 시합에서 이기면 스스로를 대견해하고, 마지막 홀의 퍼트를 놓친 상대에게 약간의 으쓱함과 우월감을 느낄 수 있다. 또는 친구와 조깅을 할 때 당신보다 그가 먼저 헐떡이면, 당신은 긍지로 득의양양하여 "그는 확실히 튼튼하군. 그러나 내가 조금 더 낫네!"라고 생각할 수 있다. 당신이 직장에서 큰 판매 건을 성사시키면 "나는 오늘 생산적이다. 나는 잘하고 있다. 사장은 기뻐할 테고, 나는 나 자신을 존경할 수 있다"라고 혼잣말을 할 수 있다. 본질적으로 당신의 일 윤리는 자신이 인격적 가치와 행복을 느낄 권리를 벌어들였다고 느끼게 한다.

이 신념 체계는 당신이 무언가를 생산하도록 특별히 동기를 부여할 수 있다. 당신은 여분의 노력을 당신 경력에 쏟아 넣을 것이다. 왜냐하면 당신은 그럼으로써 스스로에게 여분의 훌륭한 평점을 줄 것으로 확신하기 때문이다. 당신은 '그저 평균'이라는 공포를 피해야 한다. 간단히 말해서 당신은 이기려고 더 열심히 일할 것이고, 당신이 이길 때 자기 자신을 더 좋아할 것이다.

동전의 다른 면을 들여다보자. "가치는 업적과 같다"는 철학의 불이익은 무엇인가? 먼저 당신의 사업이나 경력이 잘 진행되면 거기에 너무 몰두하게 되어 이른 아침부터 늦은 밤까지 노예처럼 일만 하면서 무심코 자신을 만족과 기쁨의 다른 잠재적 원천으로부터 단절시킬 것이다. 점점 더

일 중독자가 되면서 당신은 생산적이 되도록 과도하게 내몰리는 느낌을 가질 것이다. 왜냐하면 당신이 그 속도를 맞추지 못하면 내적 공허와 절망의 특징을 띤 심한 퇴거 증상을 경험하게 되기 때문이다. 업적이 없는 동안 당신은 자기존경과 충족을 위한 다른 기초를 갖고 있지 못한 까닭에 무가치감과 지겨운 느낌이 들 것이다.

병, 사업의 역전, 은퇴, 그리고 당신 통제 밖의 다른 요인의 결과로서 당신이 한동안 똑같이 높은 수준으로 생산적일 수 없음을 발견한다고 가정하자. 당신은 덜 생산적인 것이 당신이 좋지 못하다는 뜻이라고 확신하여, 거기서 비롯된 우울증을 심하게 겪는 대가를 치를 것이다. 당신은 사용되어 이제 쓰레기가 될 준비가 된 깡통 같은 느낌일 것이다. 당신의 자기존중 결여는 드디어 자신의 가치를 오로지 시장의 기준으로 측정한 최후의 대가, 즉 자살 시도에 이를 수 있다. 당신은 이것을 원하는가? 당신은 이것을 필요로 하는가?

당신이 치를지 모를 다른 대가들도 있다. 일에 몰두하는 당신의 무관심으로 방치된 가족들이 고통 받는다면 분개를 터뜨릴 가능성이 크다. 오랫동안 그들은 그 분노를 마음속에 담아둘 수 있지만, 조만간 당신은 값을 치를 것이다. 당신 아내는 오랫동안 다른 남자를 사귀었고, 이혼에 대해 거론한다. 당신의 열네 살 난 아들은 도둑질로 체포되었다. 당신이 그에게 말을 걸려 하면, 그는 당신을 무시한다. "요 몇 년 동안 어디 계셨어요, 아빠?" 이런 불행한 사태까지는 일어나지 않는다 해도 여전히 당신은 큰 불이익 한 가지를 당할 것이다. 그것은 바로 참된 자기존중의 결여다.

나는 최근에 대단히 성공한 한 사업가를 치료하기 시작했다. 그는 자기 직업 세계에서 최고로 돈을 많이 버는 사람들 중 하나라고 자부했다. 그러나 그는 두려움과 불안으로 때때로 고통을 당하고 있었다. 그가 정상에서 떨어져야 한다면 어찌 될 것인가? 그가 자신의 값진 자동차를 포기하고 그 대신 값싼 차를 몰고 다녀야 한다면 어찌 될 것인가? 견딜 수 없을 것이다! 그가 생존할 수 있을까? 변함없이 자신을 사랑할 수 있을까? 그는 과연 그 마법이나 영광 없이 행복을 발견할 수 있을지 의심한다. 그는 이 질문에 답할 수 없으므로 그의 신경은 끊임없이 불안하다. 당신의 답변은 무엇인가? 당신은 상당한 실패를 경험하더라도 자신을 여전히 존경하고 사랑할 것인가?

다른 중독과 마찬가지로 '기분 좋게' 되려면 당신의 '상부 구조'가 자꾸 더 확대될 필요가 있음을 본다. 이러한 내성 현상은 헤로인, 각성제(amphetamine), 알코올, 수면제에서 일어난다. 또한 부와 명성과 성공에서도 일어난다. 왜? 당신은 일단 특정 수준을 성취한 후 자동적으로 자신의 기대를 더 높게 더 높게 설정하기 때문이다. 그 흥분은 금방 사라진다. 왜 그 향기가 지속되지 않는가? 왜 당신은 계속 더욱더 필요한가? 대답은 명백하다. 성공은 행복을 보증하지 않는다는 것이다. 그 둘은 같지 않을뿐더러 인과적으로 관련되어 있지도 않다. 그래서 당신은 끝내 신기루를 좇는 꼴이 되고 만다. 기분을 좌우하는 진정한 열쇠는 자신의 생각이지 성공이 아닌 것이다. 승리의 전율은 금세 사그라지고, 오래된 업적은 어느새 구식이 된다. 당신이 자신의 우승컵 상자를 바라보면 슬프게도 지겨움과 허탈감이 밀려온다.

행복이 확실히, 그리고 필연적으로 성공의 결과가 아니라는 메시지를 받아들이지 않으면 당신은 정상에 있을 때 경험한 그 느낌을 다시 붙잡으려고 더 열심히 일할 것이다. 이것은 일중독의 기초가 된다.

많은 사람은 인생 중년 또는 말년에 나타나기 시작한 환멸 때문에 가르침이나 치료를 찾는다. 마침내 당신도 다음과 같은 질문들과 맞닥뜨릴 것이다. "내 인생은 무엇인가? 그 의미는 도대체 무엇인가?" 당신은 성공이 자신을 가치 있게 만드는 줄 믿고 있지만, 그 약속된 보상은 교묘히 빠져나가고 당신 손에 닿지 않을 뿐이다.

당신은 위 단락을 읽으면서 성공 중독자의 불이익이 이익보다 무겁다는 것을 의심할 수 있다. 또한 초인적 성취가인 사람들이 더 훌륭하다는 것이 기본적으로 **진실**이라고 여전히 믿을 수도 있는데, 그 유력자는 어떻게든 '**특별**'해 보인다. 당신은 다른 사람들의 존경뿐 아니라 참된 행복도 일차적으로 업적에서 유래한다고 확신하고 있을 수 있다. 그러나 정말 그럴까?

무엇보다 대부분의 사람은 위대한 성취가가 아니더라도 행복해하며 매우 존경받고 있다는 점을 상기하라. 사실 대부분은 사랑받고 있으며 행복하다고 말할 수 있다. 그런데 명확히 그들 대부분은 매우 보통인 것이다. 이처럼 행복과 사랑은 오로지 큰 업적을 통해서만 온다는 것은 진실일 수가 없다. 고통처럼 우울증은 지위를 편들어주지 않으며, 보통이나 그 이하의 수입을 쥐는 사람들에게 하는 만큼 고급 주택가의 사람들도 강타한다. 명백하게 행복과 큰 업적은 필연적 관련성이 없다.

일은 가치와 같은가?

좋다. 당신이 자신의 일과 자신의 가치를 연결시키는 것이 이익이 되지 않음을 식별했고, 업적이 확실히 당신에게 사랑과 존경이나 행복을 가져다주지 않는다는 것도 수긍한다고 가정해보자. 그래도 당신은 여전히 많이 이룩한 사람들이 아무래도 다른 사람들보다는 다소 더 나으리라고 확신하고 있을지 모른다. 이 개념을 엄격히 들여다보자.

첫째, 당신은 성취하는 모든 사람이 단지 그들의 업적 때문에 특별히 훌륭하다고 말하려는가? 히틀러는 경력의 높이로 보아 확실히 대단한 성취가였다. 당신은 그의 성취가 그를 특히 훌륭하게 만든다고 말하려는가? 명백히 아니다. 물론 히틀러는 자신이 성공적인 지도자이며 자신의 가치를 업적과 같다고 생각했으므로 스스로 위대한 인간이라고 고집했을 것이다. 사실 그는 그 자신과 그의 나치 당원들이 그렇게 많은 업적을 이루었으므로 초인들이라고 확신했다.

아마도 당신은 별로 좋아하지 않는 이웃이나 어떤 사람을 떠올릴 수 있을 것이다. 그들은 많은 것을 이룩했지만 지나치게 욕심 많고 호전적으로 보인다. 자, 당신의 의견대로 성취가인 그가 특별히 훌륭한 사람인가? 대조적으로 대단한 성취가가 아니지만 당신이 염려하거나 존경하는 누군가를 당신은 알고 있다. 당신은 그 사람이 여전히 훌륭하다고 말하려는가? 당신이 그렇다라고 답한다면, 스스로에게 물어보라. 그들이 큰 업적 없이도 훌륭할 수 있다면, 왜 나는 그럴 수 없을까?

여기에 둘째 방법이 있다. 당신의 가치가 업적에 의해 결정된다고 고집한다면 '가치=업적'이라는 자기존중 등식을 만드는 것이다. 이 등식을 만드는 근거는 무엇인가? 그것이 타당하다는 무슨 객관적 증거가 있는가? 당신은 사람들의 가치와 그들의 업적이 사실상 같은지 실험적으로 측정해 알아낼 수 있는가? 그 생각 전체가 말이 안 된다.

당신은 그 등식을 증명할 수 없다. 왜냐하면 그것은 단지 규정, 하나의 **가치** 체계이기 때문이다. 당신은 가치를 업적으로, 업적을 가치로 규정하고 있다. 왜 그들을 서로 규정하는가? 왜 가치는 가치이며 업적은 업적이라고 말하지 않는가? 가치와 업적은 의미가 같지 않은 서로 다른 단어들이다.

이러한 논증에도 불구하고 당신은 많이 성취한 사람들이 어떻게든 더 나으리라고 여전히 확신할 수 있다. 그렇다면 나는 이 태도가 화강암에 새겨진 것처럼 단단할지라도 산산이 부술 수 있는 다이너마이트처럼 가장 강력한 방법으로 당신을 치료해보겠다.

우선 당신이 고교 시절 옛 친구인 밥(또는 소냐)의 역할을 하면 좋겠다. 당신은 가족이 있으며 교사다. 나는 더 야망적인 경력을 추가해왔다. 대화 중에 당신은 인간의 가치가 업적에 의해 결정된다고 가정할 것이며, 나는 그 가정의 함축을 명백하고 논리적이고 밉살스런 결론에 이르기까지 밀어붙일 것이다. 준비되었는가? 나는 당신이 여전히 소중히 여기는 신념으로, 당신에게 매우 불쾌한 방식으로 공격할 참이므로 어서 준비하길 바란다.

번즈   밥(또는 소냐), 어떻게 지내나?

당신(나의 오랜 친구의 역할을 하며)   좋아, 번즈. 자네는 어때?

번즈   오, 잘 지내지. 고교 졸업 이후로 한 번도 못 만났는데, 그동안 무얼 했나?

당신   나 결혼했네. 그리고 파크스 고교에서 학생들을 가르치고 단란한 가정도 꾸리고 있지. 아주 좋다네.

번즈   아이고, 저런. 그 말을 들으니 안됐네. 내가 자네보단 낫구먼.

당신   어째서? 다시 고향에 오는가?

번즈   나는 대학원에 가서 박사 학위를 받고 사업에서 크게 성공했지. 돈도 많이 버네. 사실 나는 지금 시내에서 돈 많은 사람 중의 하나지. 난 많은 걸 성취했네. 어림짐작으로 자네보다 더 많이 말이야. 난 자네를 모욕하거나 할 생각은 없네. 그러나 나는 자네보다 훨씬 더 나은 사람이란 말이지.

당신   아, 잘됐군. 번즈, 난 무슨 말을 해야 할지 모르겠네. 자네와 이야기하기 전에는 비교적 행복한 사람이라고 생각했는데 말이야.

번즈   이해할 수 있네. 말이 다해 어쩔 줄 모르는군. 그러나 자네는 사실을 인식해야 해. 나는 실력 있는 사람이지만 자네는 아니야. 그러나 자네가 행복하다니 기쁘네. 평균의 보통 사람들은 적은 행복을 받을 만하지. 결국 내가 만찬 식탁에서 빵 몇 조각을 자네에게 아까워하지 않는 것은 확실하네. 그러나 자네가 인생에서 더 이룩하지 못한 것은 유감스러울 따름이네.

당신 번즈, 자네는 변한 것 같군. 자네는 학교 다닐 때 그렇게도 좋은 사람이었는데… 자네가 나를 더 이상 좋아하지 않는다는 느낌이 드네.

번즈 오, 아닐세! 우리는 자네가 스스로 열등하고 이류 인간임을 인정한다면 여전히 친구로 지낼 수 있네. 난 단지 자네로 하여금 지금부터는 나를 존경하도록 상기시키고, 내가 더 훌륭하므로 내가 자네를 경멸할 것을 깨닫게 해주려는 것일세. 이것은 우리가 가진 가정, 곧 가치는 업적과 같다는 가정에서 나오는 결론이지. 나는 더 **성취했**으니 더 가치 있네.

당신 나는 자네를 다시 만나지 않게 되길 바라네. 번즈, 자네와의 대화가 그다지 즐겁지 않군.

이 대화는 대부분의 사람을 순식간에 냉정해지게 한다. 왜냐하면 그것은 당신이 가치를 업적과 같게 놓는 데서 어떻게 논리적으로 열등 우월 체계가 결론으로 나오는지 보여주기 때문이다. 실제로 많은 사람이 열등감을 갖고 있다. 역할수행은 그 가정이 얼마나 터무니없는지 깨닫게 한다. 위의 대화에서 누가 바보짓을 하는가? 행복한 가장이자 학교 선생인 당신인가, 아니면 자기가 상대보다 더 낫다고 주장하려 애쓰는 교만한 사업가인가? 나는 이 가상 대화를 통해 당신이 그 전체 체계가 얼마나 정신 이상한 것인지 명백히 깨닫길 바란다.

당신이 좋다면 과자에 당의를 얹기 위해 역할 역전을 할 수 있다. 이번에는 당신이 크게 성공한 사업가의 역할을 하고, 할 수 있는 만큼 나를 가학적으로 경멸하길 바란다. 당신은 〈코스모폴리탄〉 잡지의 편집장, 헬렌 걸리 브라운(Helen Gurley Brown)의 역할을 할 수 있다.*

나는 당신의 고교 동창이며, 지금 단지 평범한 고교 선생일 뿐이다. 당신의 의무는 자신이 나보다 더 낫다고 우기는 것이다.

당신(헬렌 걸리 브라운의 역할을 하며)   번즈, 어떻게 지냈니? 무척 오랜만이야.

번즈(고교 선생의 역할을 하며)   물론 잘 지냈지. 나는 가족과 함께 살면서 여기 학교에서 가르치고 있어. 나는 체육 교사야. 정말 인생을 즐기고 있지. 난 네가 썩 성공했다고 들었는데.

당신   그래, 난 정말 행운이었어. 난 지금 〈코스모폴리탄〉 잡지의 편집장이야. 들었지?

번즈   물론 들었어. 텔레비전 토크쇼에서 여러 번 너를 보았지. 돈도 많이 벌고 대리인까지 두고 있다고 들었는데.

당신   인생이란 멋져. 정말 멋졌어.

번즈   이제 내가 너한테 들은 말 중에 정말 이해하지 못하는 게 있는데 말이야. 네가 내 친구에게 말하길, 넌 크게 성공했고 내 경력은 그저 보통이니까 네가 나보다 훨씬 더 낫다고 했다면서? 그건 무슨 뜻이지?

당신   내 말은 내가 내 인생에서 성취한 모든 것을 생각해보란 것뿐이야. 여기서 나는 수백만 명에게 영향을 주지. 필라델피아에서 누가 데이비드 번즈에 대해 들어보았겠어? 나는 스타들과 환담을 나누지

---

* 이것은 실제의 헬렌 걸리 브라운과 아무 관련이 없는, 순전히 가상의 대화다.

만, 너는 아이들 한 무리와 함께 코트에서 농구공을 튀기고 있지. 나를 오해하지 말아줘. 네가 잘하지 못한 것뿐이니까. 그러니 너는 사실을 인식하는 게 좋겠어!

번즈 큰 충격을 주는군. 너는 명성이 높고 영향력 있는 여성이야. 나는 그 점을 무척 존경해. 그것은 매우 보람 있고 흥미롭게 들려. 그러나 내가 어리석다면 용서해. 나는 단지 어떻게 그것이 너를 더 나은 사람으로 만드는지 이해하지 못할 뿐이야. 어떻게 그것이 나를 너보다 열등하게, 또는 너를 더 훌륭하게 만든다는 거지? 나의 작고 편협한 정신으로 뭔가 명백한 것을 놓치고 있는 것이 틀림없어.

당신 그것을 인식해. 너는 앉아 있기만 하고, 어떤 특별한 목적이나 운명과도 상호 작용하고 있지 않아. 나에게는 카리스마가 있어. 나는 움직이는 사람이며 흔드는 사람이지. 그것이 나를 유리하게 해주지, 안 그래?

번즈 나는 아무 목적과 상호 작용하고 있지 않아. 그러나 내 목적은 너와 비교해서 수수한 것으로 보여. 나는 체육을 가르치고 지방 축구팀과 그런 수준의 사람들을 지도하지. 네 활동 범위는 나와 비교해서 확실히 크고 멋져. 그러나 어떻게 그것이 너를 나보다 더 낫게 하는지, 또는 내가 너보다 열등하다는 결론으로 이어지는지 이해하지 못하겠네.

당신 나는 더 높이 개발되고 더 정교할 뿐이야. 나는 더 중요한 것들을 생각하지. 나는 순회 강연을 하고 수천 명의 사람들이 내 강연을 들으려고 모여들지. 유명한 작가들이 나를 위해 일하고 있어. 너는 누구에게 강의하지? 지방 사친회?

번즈 확실히 업적과 재력과 영향력에서 네가 나보다 앞서 있어. 너는 아주 잘해냈지. 너는 매우 똑똑하게 시작하고 꽤 열심히 일했어. 또 지금 크게 성공했고. 그런데 어떻게 그것이 너를 나보다 더 훌륭하게 하지? 나를 용서해, 난 아직도 네 논리를 파악하지 못하겠어.

당신 난 더 재미있어. 그건 마치 아메바 대(對) 고도로 진화된 생물학적 구조와 같아. 아메바는 금방 지겨워지는 거야. 내 말은 네 인생이 아메바의 것과 틀림없이 같다는 거야. 너는 목표도 없이 그저 휘젓고 다니고만 있지. 나는 더 재미있고, 역동적이고, 바람직한 사람이야. 너는 이류 인간이지. 너는 타버린 토스트, 나는 진수성찬. 네 생각처럼 그렇게 인생은 싫증나게 하는 것이지. 나는 그걸 어떻게 더 명백히 말할 수 있을지 모르겠어.

번즈 내 인생은 네 생각처럼 그렇게 지겹지 않아. 자세히 들여다봐. 내 인생에서 어떤 지겨운 것을 발견할 수 없는 나로서는 네 말이 놀라울 뿐이야. 내가 하는 일은 신나고 활력적이야. 내가 가르치는 사람들은 어느 모로 보나 네가 교제하는 멋진 스타들만큼 내게 중요해. 그러나 내 인생이 너보다 더 지루하고 판에 박힌데다 덜 흥미 있다는 말이 사실이라 해도 어떻게 그것이 너를 더 나은, 더 훌륭한 사람으로 만든다는 거지?

당신 내 생각에 아메바 같은 네가 아메바 정신의 기초 위에서 그것을 판단할 뿐이라는 사실에 요컨대 정말 도달하고 말았군. 나는 너의 상황을 판단할 수 있지만 너는 내 것을 판단할 수 없어.

번즈 네 판단의 근거가 뭐지? 너는 나를 아메바라고 부를 수 있지만 나는 그것이 무슨 뜻인지 몰라. 부득이 욕설로 옮겨갈 것 같군. 그 뜻은 명백히 내 생활이 네게 특별히 재미있지 않다는 거야. 확실히 나는 거의 성공적이거나 매혹적이진 않아. 그러나 어떻게 그것이 너를 더 낫거나 더 훌륭한 사람으로 만들지?

당신 나는 거의 항복할 지경이야.

번즈   여기서 항복하지 마. 계속 밀어붙이라고. 아마도 너는 더 나은 사람일지 모르잖아!

당신   좋아, 확실히 사회는 나를 더 높이 평가해. 그것이 나를 더 낫게 만들지.

번즈   사회가 너를 더 높게 평가한다, 그건 의심할 여지도 없이 진실이야. 조니 카슨(Johnny Carson)이 내게 출연해달라고 요청한 적이 없으니 말이야.

당신   알아.

번즈   그러나 사회가 더 높게 평가하는 것이 어떻게 너를 더 훌륭한 사람으로 만들지?

당신   나는 엄청난 수입을 올리지. 나는 수백만 불짜리야. 훈장 나리, 너는 얼마짜리지?

번즈   너는 명백히 재정적 가치가 높아. 그러나 어떻게 그것이 너를 더 훌륭한 인간이 되게 하지? 어떻게 상업적 성공이 너를 더 나은 사람으로 만들까?

당신   번즈, 네가 나를 숭배하지 않으면 더 이상 이야기하지 않겠어.

번즈   나는 어떻게 그것이 나를 덜 훌륭하게 하는지 모르겠어. 네가 누가 너를 숭배하는가에 근거해서 훌륭한지 아닌지를 결정 내리면서 돌아다니려 한다는 생각을 갖지 않는다면!

당신   물론 그래!

번즈   그것이 코스모폴리탄의 편집장이심과 함께 따르는 권한이야? 그렇다면 어떻게 네가 그런 결정을 내리는지 말해줘. 내가 훌륭하지 않다면 나는 기어이 그 이유를 알고 싶어. 그래서 나는 기분 좋은 것과 나 자신을 다른 사람들과 같다고 여기는 것을 그만둘래.

당신   자, 네 생활 범위는 비교적 좁고 따분한 게 틀림없어. 내가 파리

행 리어제트기에 있을 때, 너는 쉬보이간으로 가는 만원 통학버스에 있으니 말이야.

번즈 내 생활 범위가 좁을지 모르지만 매우 즐거워. 나는 가르치기를 즐기고, 아이들을 좋아하지. 나는 그들이 배우고 발전하는 모습을 지켜보는 게 좋아. 때때로 그들은 실수도 하지. 그러면 나는 그들에게 가르쳐주고, 거기에서 싹트는 진짜 사랑과 인간미가 있어. 많은 드라마. 너한테 따분해 보이니?

당신 배울 게 없군. 진짜 도전도 없고. 그처럼 작은 세상에서 너는 그나마도 조금뿐인 배울 수 있는 것을 쉽게 배워버리는 듯이 보여. 그러니 너는 그저 매사를 자꾸자꾸 되풀이할 뿐이지.

번즈 잘 알려져 있다시피 네 일은 많은 도전을 제시해. 어떻게 내가 한 학생에 대해서조차 알아야 할 모든 것을 알 수 있겠어? 그들은 내게 복잡하고 흥미로워. 나는 어느 누구도 완전히 이해했다고 생각하지 않아. 너는 그래? 심지어 한 학생을 연구하는 것도 모든 내 능력에 비해 어려운 도전이야. 연구할 그렇게 많은 젊은이를 가진 것은 내 한계를 넘어서는 도전이지. 나는 내 세계가 좁고 지겨우며 모든 것이 이해되어 있다는 네 말을 이해하지 못하겠어.

당신 너는 네가 살고 있는 세상에서 내가 하듯이 높이 발전해가는 많은 사람을 만나고 싶어하지 않는 듯이 보이는구나.

번즈 모르겠어. 나의 학생들 몇몇은 IQ가 높으니까 네가 했던 방식으로 발전하겠지. 또 그들 중 몇 사람은 정신적으로 정상 이하니 수수한 수준으로 발전해갈 거야. 대부분은 보통이고 각각은 내게 매혹적이지. 네가 그들이 지겹다고 말할 때 무슨 뜻이었어? 오로지 위대한 성취가들만이 네게 흥미 있다니, 왜 그렇지?

당신 난 항복이야! 이 아저씨야!

나는 당신이 성공적인 속물의 역할을 할 때 정말로 '항복하기'를 바란다. 당신이 나보다 더 낫다는 주장을 방해하려고 내가 사용한 방법은 매우 간단하다. 당신이 지성, 영향력, 지위 등의 몇 가지 특정 자질 때문에 자기가 낫거나 더 가치 있는 사람이라고 주장할 때마다 나는 곧바로 그 특정 자질(또는 여러 자질)에서 당신이 더 낫다고 동의한다. 그리고 나는 당신에게 묻는다. "그러나 어떻게 그것이 당신을 더 나은(또는 더 훌륭한) 사람으로 만드는가?" 이 질문은 답변될 수 없다. 그것은 다른 사람보다 자신이 더 우월하다고 우쭐하게 하는 어느 가치 체계라도 허를 찌를 것이다.

이 방법을 전문 용어로 '조작화(operationalization)'라고 한다. 이것 안에서 당신은 바로 무슨 자질이 누구를 다른 사람보다 다소 훌륭하게 만드는지 똑똑히 설명해야 한다. 당신은 그것을 해낼 수 없다!

물론 다른 사람들은 대화에서처럼 당신에 대해 그런 모욕적인 것들을 생각하거나 말하는 법이 드물다. 진짜 말대답은 당신 머리 안에서 진행된다. 당신이 스스로에게 자신의 지위, 업적, 인기도, 사랑 등의 결여가 자신을 덜 훌륭하고 덜 바람직하게 만든다고 말하는 사람이다. 그러므로 당신은 그 박해에 종지부를 찍어야 하는 장본인이다. 당신은 이것을 다음과 같은 식으로 할 수 있다. 즉 당신 자신과 비슷한 대화를 실행하라. 가상의 적수를 우리는 박해자라고 이름 붙인다. 그는 당신이 몇 가지 불완전함과 부족함 때문에 본시 열등하거나 덜 훌륭하다고 주장하려 할 것이다. 당신은 그의 비판에 내재한 일말의 진실에 단정적으로 단순히 동의하라. 그러나 어떻게 그것이 당신이 덜 훌륭하다는 결론을 내리게 하는가의 질문을 제기하라. 여기에 몇 가지 예가 있다.

1) **박해자** 당신은 그다지 좋은 애인이 아니다. 때로 당신은 강한 발기

도 하지 못한다. 이것은 당신이 덜 된 남자이고 열등한 사람임을 뜻한다.

당신 그건 내가 섹스를 걱정한다는 것, 그리고 특별히 숙련되지도 자신만만한 애인도 아닌 것을 확실히 보여준다. 그러나 어떻게 그것이 나를 덜 된 남자나 덜 된 사람으로 만들까? 단지 한 남자가 발기에 대해 불안함을 느낄 수 있다고 해서 특별히 하나의 '남자다운' 경험일 수 있다니, 또 그것을 잘하는 것이 더 남자답게 만든다니! 더구나 남자다움에는 그저 섹스를 하는 것보다 더 많은 것이 있다.

2) **박해자** 당신은 당신 친구 대부분만큼 열심히 일하거나 성공적이지 않다. 당신은 게으르고 좋지 않다.

당신 그 말은 내가 덜 야망적이고 덜 열심히 일한다는 뜻이다. 나는 덜 재능 있을 수 있지만, 어떻게 그것이 내게 게으르고 좋지 않다는 결론을 내리는가?

3) **박해자** 당신은 어떤 일에도 뛰어나지 않으므로 가치가 많지 않다.

당신 나 역시 내가 하나도 세계 제일이 아닌 것에 동의한다. 나는 모든 면에서 2등도 못한다. 사실 대부분의 일에서 나는 대단히 보통이다. 어떻게 그것이 내가 가치가 많지 않다는 결론을 내리는가?

4) **박해자** 당신은 인기가 없다. 친한 친구도 많지 않다. 아무도 당신을 크게 염려하지 않는다. 당신은 가족도 없고, 지나가는 애인조차 없다. 그러니 당신은 실패자다. 당신은 무능한 사람이다. 당신에게 무언가 잘못된 것이 있는 게 분명하다. 당신은 무가치하다.

당신 내게 지금 애인이 없을뿐더러 친하게 느끼는 친구가 아주 조금뿐인 것은 사실이다. 내가 '유능한 사람'이기 위해서 몇이나 필요한가? 네 명, 아니면 열한 명? 인기가 없다면 내가 비교적 사회적으로 숙련되지 못해서일 것이다. 아마도 더 열심히 노력해야겠지. 그러나 어떻게 그것이 내가 '실패자'라는 결론을 이끌어내는가? 왜 내가 무가치한가?

나는 당신이 위에 나타난 방법을 다 사용해보길 바란다. 당신이 자신에게 학대하며 퍼부을 수 있는 최악의 모욕들을 적고, 그것에 답하라. 처음에는 힘들지 모르지만, 결국은 진리가 점점 분명해질 것이다. 즉 당신은 불완전하거나 성공적이지 않거나 다른 사람에게 사랑받지 못할 수는 있어도 결코 조금도 덜 훌륭할 수는 없다.

자기존중에 이르는 네 개의 길

당신은 "내 가치가 나의 성공이나 사랑 또는 승인에서 유래하지 않는다면 나는 어떻게 자기존중을 획득할 수 있는가? 당신이 이 모든 비판을 하나씩 벗겨 그것들이 인격적 가치의 타당하지 못한 근거라고 폭로해버린 이 마당에 아무것도 남아 있지 않은 듯이 보인다. 내가 해야 할 일은 무엇일까?"라고 질문할 수 있다. 여기 자기존중에 이르는 네 개의 길이 있다. 당신에게 가장 유용해 보이는 것을 선택하라.

첫 번째 길은 실용적이며 철학적이다. 본질적으로 당신은 인간의 '가치'란 그저 하나의 추상 개념임을 인정해야 한다. 그것은 존재하지도 않는다. 그러므로 당신은 그것을 가질 수도 없거니와, 많다 또는 적다는 식으로 측정할 수도 없다. 가치는 하나의 '사물'이 아니다. 그것은 단지 모호한 개념일 뿐이다. 너무 보편적이어서 구체적인 실제적 의미가 없다. 그것은 유용하거나 정신을 향상시키는 개념도 아니다. 단지 자멸적이다. 그것은 당신에게 아무 도움도 되지 않으며, 고통과 비참을 야기할 뿐이다. 그러니 당신 자신으로부터 '가치 있다'는 어떤 주장도 즉시 철회하라. 그러면 당신은 다시 자기의 기준과 비교할 필요도 없거니와 '가치 없음'을 두려워하지 않아도 된다.

'가치 있는'과 '가치 없는'은 인간에게 적용될 때 그저 공허한 개념들이라는 점을 깨달아라. 당신의 '참된 자아'의 개념처럼 당신의 '인격적 가치'는 그저 의미 없는 뜨거운 공기다. 당신의 '가치'를 쓰레기통에 던져 넣어라! (당신이 원하면 당신의 '참된 자아'도 거기에 넣을 수 있다.) 당신은 잃어버릴 것이라곤 애초부터 갖고 있지 않았음을 발견할 것이다! 그러면 당신은 대신 지금 여기서 사는 데 초점을 맞출 수 있다. 당신은 인생에서 무슨 문제들과 맞서고 있는가? 그것들을 당신은 어떻게 다루는가? **바로 거기가** 행동이 있어야 할 곳이지, 붙잡기 어려운 '가치'의 신기루 장소가 아니다.

당신은 자신의 '자아'나 '가치'를 포기하기를 두려워할 수 있다. 당신은 무엇을 두려워하는가? 무슨 끔찍한 일이 생길 것인가? 아무것도 없다! 다음의 가상적 대화가 이 점을 명백히 해줄 것이다. 내가 가치 없다고 가정하자. 나는 당신이 욕설을 자꾸 되풀이하고 나를 기분 나쁘게 만들도록 애쓰길 바란다.

당신   번즈, 당신은 무가치한 인간이오!

번즈   물론 나는 무가치해요. 전적으로 동의합니다. 나는 나를 '가치 있게' 하는 것이 아무것도 없음을 압니다. 사랑, 승인, 업적들은 내게 아무 '가치'도 줄 수 없습니다. 그러니 나는 아무것도 갖고 있지 않다는 사실을 받아들입니다! 이것이 내게 문제여야 합니까? 무슨 나쁜 일이 지금 생기려고 합니까?

당신   그렇다면 어떻게 당신은 자신을 존경할 수 있소? 누구라도 어떻게 당신을? 당신은 그저 더껑이야.

번즈 당신은 내가 더껑이라고 생각할 수 있습니다. 그러나 나는 나 자신을 존경합니다. 그리고 많은 다른 사람도 그렇습니다. 나는 나 자신을 존경하지 않을 타당한 이유를 하나도 보지 못합니다. 당신은 나를 존경하지 않을 수 있습니다. 그러나 나는 그것을 문제로 보지 않습니다.

당신 그러나 가치 없는 사람들은 행복할 수도, 아무 재미를 누릴 수도 없소. 당신은 우울하고 비참할 것으로 상상되오. 나의 전문가 위원회는 당신을 완전한 영점짜리라고 결정했소.

번즈 그러면 신문사에 전화해서 알리시오. 나는 머리기사를 볼 수 있겠군요. "필라델피아 의사, 무가치함이 발견됨." 내가 그 정도로 형편없는 사람이라면 지금 잃을 것이라고는 없으므로 안심입니다. 나는 내 인생을 두려움 없이 살 수 있습니다. 더구나 나는 행복하고 재미있게 지내므로 '완전한 영점'이란 나쁠 수 없군요. 나의 좌우명은 "무가치한 것이 멋진 것!"입니다. 사실 나는 그렇게 쓴 티셔츠를 만들까 생각 중입니다. 그래도 아마 나는 무언가를 놓치고 있겠지요. 나는 그렇지 않지만, 당신은 명백히 훌륭합니다. 그 '가치'가 당신에게 무슨 이익을 줍니까? 그것이 당신을 나 같은 사람보다 더 낫게 만듭니까, 아니면 어떻게?

당신은 "성공이 내 인격적 가치를 보탠다는 내 신념을 포기한다면 내가 뭔가를 한다는 것은 무슨 의의가 있는가?"라는 질문이 생길 것이다. 온종일 침대에 머문다면 당신이 자신의 하루를 약간 더 밝게 만들 일이나 사람과 마주칠 개연성은 매우 낮다. 더구나 인격적 가치에 대한 개념으로부터 완전히 독립된 일상생활에서 엄청난 만족이 있을 수 있다. 예를 들어 이 글을 쓰면서 나는 기분이 매우 좋다. 왜냐하면 내가 그것을 쓰고 있기 때문이다. 창조적 과정, 착상 끌어 모으기, 편집, 서투른 문장이 다듬어지는 것을 보고, 또 당신이 이 글을 읽을 때 어떻게 반응할지를 궁금해하면서 기분이 들뜬다. 이 과정은 하나의 신나는 모험이다. 관여(involvement)와 투신(commitment) 및 위험 무릅쓰기는 아주 자극적일 수 있다. 이것은 나의 사고방식에 대한 적절한 보답이다.

당신은 또한 "가치의 개념 없는 인생의 **목적**과 **의미**가 무엇인가?"라고 의아해할 수 있다. 그건 간단하다. '가치'를 잡기보다 오히려 당신 생애 매일의 만족, 기쁨, 배움, 통제, 인격적 성장, 그리고 다른 사람과의 의사소통을 겨냥하라. 스스로 현실적 목표를 세우고 그 목표를 위해 일하라. 내 생각에 당신은 이것이 너무나 풍성히 만족스러워 요컨대 바보의 금덩어리보다 더 구매력이 없는 '가치'에 대해 모두 잊게 될 것이다.

"그러나 나는 인문주의자 또는 영적인 사람이다"라고 당신이 주장할 수 있다. "나는 언제나 **모든** 인간이 가치 있다고 배웠으며, 그 개념을 포기하고 싶지 않다." 좋다. 당신이 그런 식으로 바라보고 싶다면 나는 당신에게 동의할 것이다. 그리고 이것은 우리를 자기존중에 이르는 두 번째 길로 인도한다. 모든 사람은 태어나서부터 죽을 때까지 하나의 '가치 단위'를 가짐을 인정하라. 한 아기로서 당신은 성취한 것이 거의 없다. 그러나 당신은 여전히 소중하고 훌륭하다. 그리고 당신이 나이 들거나 아파도, 긴장을 풀거나 잠자고 있어도, 그저 '아무것'도 하지 않고 있을 때도 당신은 여전히 '가치'가 있다. 당신의 '가치 단위'는 측정될 수도 없고, 바뀔 수도 없다. 그것은 모두에게 동일한 것이다. 평생 동안 당신은 자신의 행복과 만족을 생산적인 삶을 통해 향상시키거나, 아니면 파괴적으로 행동해 스스로를 비참하게 만들 수 있다. 그러나 당신의 '가치 단위'는 자기존중과 기쁨을 위한 잠재력과 함께 언제나 거기에 있다. 당신이 그것을 측정하거나 바꿀 수 없으므로 그것을 다루거나 관심을 가지는 것은 아무 의미가 없다. 그것은 하느님에게 맡겨라.

역설적으로 이 해결은 앞선 해결처럼 같은 결론에 귀착된다. 당신의 '가치'를 다루는 것은 소용없고 무책임하다. 그러므로 당신은 그 대신 생산적으로 살아 있는 삶에 초점을 맞추는 것이 좋다! 오늘 당신은 무슨 문제들에 직면하는가? 당신은 그것들을 어떻게 해결하려 힘쓰는가? 이 같은 질문들은 의미 있고 유용하다. 반면에 당신의 인격적 '가치'에 대한 반추는 그저 생기를 앗아가고 피곤과 권태만을 줄 뿐이다.

여기 자기존중에 이르는 세 번째 길이 있다. 당신이 자기가치감을 잃어버릴 수 있는 유일한 길이 있음을 인정하라. 비합리적이고 비논리적인 부정적 사고들로 자신을 박해함으로써 당신이 자신에게 임의로 장광설을 늘어놓거나 욕하는 대신 의미 있는 합리적 반응으로 그 자동적 사고들과 싸우기로 선택할 때 자기존중은 존재한다고 정의될 수 있다. 이것을 효과적으로 할 때 당신은 자연스런 기쁨과 자기보증의 느낌을 경험할 것이다. 본질적으로 당신은 강이 흐르게 할 필요가 없으며, 둑으로 강을 막는 일을 피하기만 하면 된다.

오직 왜곡만이 당신에게서 자기존중을 빼앗을 수 있는데, 현실의 어떤 것도 당신의 가치감을 앗아갈 수 없기 때문이다. 이에 대한 증거로 극단적이고 현실적인 박탈 상태의 많은 사람이 자기존중의 상실을 겪지 않는다는 점을 들 수 있다. 실제로 제2차 세계대전 중 나치에 의해 투옥된 적지 않은 사람들은 자기의 품위를 떨어뜨린다든지, 자신들을 체포한 자들의 박해를 사들이는 일 따위를 거부했다. 그들은 자기들이 당하고 있는 비참한 상황에도 불구하고 자기존중의 향상을 보고했고, 몇몇 사례들에서 영적 각성의 체험을 했다고 밝혔다.

여기에 네 번째 해결이 있다. 자기존중은 사랑하는 친구처럼 당신 자신을 대하려는 당신의 결정으로 볼 수 있다. 당신이 존경하는 어떤 VIP가 예기치 않게 어느 날 당신을 방문했다고 상상하라. 당신은 그 사람을 어떻게 대하겠는가? 당신은 자신이 가진 것 중에서 가장 좋은 옷을 입고, 가장 좋은 포도주와 음식으로 대접하며, 그가 편안함을 느끼고 방문을 만족스러워하도록 할 수 있는 모든 일을 다 할 것이다. 당신은 분명히 그에게 당신이 그를 얼마나 높이 평가하며, 그가 당신과 함께 시간을 보내기로 한 선택에 대해서 당신이 얼마나 영광스럽게 여기는지를 알리려 할 것이다. 자, 당신이 자신을 그처럼 대하면 어떨까? 당신이 할 수 있다면 언제나 그렇게 하라! 결국 당신이 그 VIP에게 얼마나 감명받았든지 간에 그 사람보다 당신이 당신 자신에게 더 중요할 것이다. 그러니 당신 자신을 적어도 그같이 대우하는 것이 어떨까? 당신은 그런 손님에게 악의에 차고 왜곡된 말대답으로 모욕하고 장광설을 늘어놓을 것인가? 아니라면 왜 당신 자신에게 그렇게 하는가? 이런 식으로 볼 때 당신의 자기 고문은 대단히 어리석은 짓임이 드러난다.

당신은 자신을 이와 같이 사랑하고 아끼는 식으로 대할 권리를 벌어야 하는가? 아니다. 이 자기존중의 태도란 당신이 자신의 강점과 불완전함에 대해 충분히 인식하고 받아들인 토대 위에서 행하는 하나의 선언일 것이다. 당신은 자신의 적극적인 속성을 거짓 겸손이나 우월감 없이 충분히 인정하며, 자신의 모든 잘못과 부적절함을 열등이나 자기경시 따위의 느낌 없이 자유롭게 시인할 것이다. 이 태도는 자기사랑과 자기존경의 본질을 구현한다. 그것은 획득될 필요도 없고, 어떤 식으로도 획득될 수 없는 것이다.

업적 함정으로부터의 탈출

당신은 이렇게 생각할 수 있다. "업적과 자기가치에 대한 그 모든 철학하기는 좋고 잘됐다. 요컨대 번즈 박사는 좋은 경력을 가졌고 책도 출판했다. 그러므로 그가 내게 업적에 대해 잊어버리라고 말하기는 쉽다. 그 말은 마치 부자가 거지에게 돈은 중요하지 않다고 애써 설명하려는 것처럼 순진하게 들린다. 무시무시한 사실은 내가 졸렬하게 할 때 나는 아직도 나 자신에 대해 기분이 나쁘며, 내가 더 성공을 한다면 인생은 훨씬 흥미 있고 의미 있을 거라고 믿는다는 점이다. 참으로 행복한 사람들은 거물들이고 유력 인사들이다. 나는 단지 보통 사람이다. 나는 정말 뛰어난 일이라곤 해본 적이 없어서 덜 행복하고 덜 만족할 수밖에 없다. 내 말이 옳지 않다면 증명해보라! 내가 느끼는 식을 바꾸기 위해서 내가 할 수 있는 바를 보여달라. 그래야 나는 진정 믿겠다."

스스로를 느낌의 함정으로부터 해방시키기 위해 당신이 취할 수 있고, 훌륭하고 행복한 느낌을 가질 당신의 권리를 얻기 위해 뛰어난 방식으로 수행해야 할 몇 가지 단계들을 재검토해보자.

말대꾸하기를 기억하라

유용한 첫 번째 방법은 당신을 부적절하게 느끼게 하는 그 부정적이고 왜곡된 사고들에 말대꾸하는 습관을 계속 실천하는 것이다. 이것은 문제가 당신의 실제 행위가 아니라 당신 스스로 자신을 낮추는 그 비판적인 방식임을 깨닫게 도와줄 것이다. 당신은 자신이 현실적으로 무엇을 하는지 평가하기를 배우면서 증가된 만족과 자기수용을 경험할 것이다.

그것이 어떻게 효과를 내는지 알려주는 실례로 렌의 경우를 보자. 그는 록밴드에서 기타 연주 경력을 쌓는 청년이었다. 그는 '이류' 음악가처럼 느꼈기 때문에 치료를 받았다. 어릴 때부터 그는 칭찬받기 위해서 '천재'가 되어야 한다고 믿었다. 그는 비판에 쉽게 상처 받았으며, 잘 알려진 음악가들과 비교해 흔히 자신을 비참하게 만들었다. 자신에게 "나는 X와 비교해서 아무것도 아니다"라고 말할 때 그는 오그라든 느낌이었다. 그는 친구들과 팬들 또한 자신을 평범한 사람으로 볼 거라고 확신했다. 그래서 그는 결코 인생에서 높은 것들, 이를테면 칭찬, 감탄, 사랑 등의 정당한 자기 몫을 받지 못할 거라고 결론지었다.

렌은 자신에게 하는 말에서 헛소리와 비논리를 폭로하려고 2단기법을 사용했다(《표 13-1》). 이를 통해 그는 문제의 원인이 부족한 음악적 재능이 아니라 자신의 비현실적 사고 유형이었음을 깨달았다. 그가 이 왜곡된 사고를 고치기 시작하면서 자기확신은 개선되었다. 그는 이것의 영향을 이렇게 묘사했다. "나의 사고들을 적고 거기에 답하는 것은 나로 하여금 내가 얼마나 나 자신에게 가혹했는지 알게 했다. 그리고 그것은 변화하기 위해 내가 할 수 있는 일이 있을 거라는 느낌을 주었다. 가만히 앉아 내가 나 자신에게 말하는 것으로 폭격당하는 대신, 나는 갑자기 반격할 대공포 병대를 갖췄다."

마음에 드는 것에 주파수를 맞추라

당신을 끊임없이 업적에 몰두하게 내모는 가정 중 하나는, 참된 행복은 경력의 성공을 통해서만 온다는 생각이다. 인생의 만족은 대부분 위대한 업적을 전혀 필요로 하지 않으므로 그 가정은 비현실적이다. 가을날 숲속을 거니는 즐거움을 누리기 위해서 특별한 재능이 필요하지 않다. 당신의 어린 아들을 애정을 담아 안아주기 위해서 탁월할 필요도 없다. 그저 평범한 운동가일지라고 배구를 재미있게 실컷 할 수 있다. 당신 마음에 드는 인생의 즐거움들은 어떤 것인가? 음악? 하이킹? 수영? 음식? 여행?

표 13-1 '가장 위대한 사람'이 되려고 부심하는 생각들을 기록하고 답한 렌의 과제

자동적 사고	합리적 반응
1. 내가 '가장 위대한 사람'이 아니라면, 그것은 내가 사람들로부터 아무 관심도 받지 못할 것이라는 뜻이다.	1. (전부 아니면 무사고) 내가 '가장 위대한 사람'이든 아니든 사람들은 내 음악에 귀 기울이고 내가 연주하는 모습을 볼 것이다. 많은 사람이 내 음악에 적극적으로 호응할 것이다.
2. 그러나 내가 연주하는 종류의 음악을 모든 사람이 좋아하는 것은 아니다.	2. 이것은 베토벤이나 밥 딜런을 비롯한 모든 음악가에게 해당되는 말이다. 어느 음악가도 모두를 기쁘게 할 수는 없다. 꽤 많은 사람이 내 음악에 호응한다. 내가 내 음악을 즐긴다면 그것으로 족하다.
3. 그러나 내가 스스로 '가장 위대한 사람'이 아니란 걸 안다면 어떻게 내 음악을 내가 즐길 수 있는가?	3. 언제나 그랬듯이 내가 좋아하는 음악을 연주함으로써! 게다가 '세상에서 가장 위대한 음악가' 따위는 없다. 그러니 그것이 되려고 애쓰지 마라!
4. 그러나 내가 더 유명하고 재능 있다면 더 많은 팬을 가질 수 있을 텐데. 카리스마 있는 유명한 연주가들이 화려한 조명을 받을 때 내가 어떻게 방관자로서 행복할 수 있는가?	4. 내가 행복해지기 전에 나는 얼마나 많은 팬들과 여자 친구들을 필요로 하는가?
5. 그러나 내가 유명한 연주가가 되기까지 나는 어떤 소녀도 나를 정말 사랑할 수 없다고 느낀다.	5. 직장에서 그저 '보통'인 다른 사람들도 사랑받는다. 누가 나를 사랑하기 전에 나는 정말 거물이 되어야 할까? 내가 아는 많은 녀석이 데이트를 자주 하지만 그들은 그다지 특별하지도 않더라.

대화? 독서? 공부? 스포츠? 섹스? 이 모든 것을 완전히 즐기기 위해서 당신이 유명하거나 일류급 연주가일 필요는 없다. 여기에 당신이 이 종류의 음악이 크고 깨끗하게 들리도록 소리를 크게 하는 방법이 있다.

58세의 조시라는 남성은 파괴적·조병적 기분 변동과 무능력화하는 우울증의 병력이 있다. 그가 어릴 적에 부모들은 그의 경력이 비범할 운명이라고 거듭거듭 강조함으로써 그는 언제나 1등이어야 한다고 느꼈다. 그는 결국 수없이 상을 탔고, 대통령 특별위원회에 임명되었으며, 많은 특허권도 땄다. 그러나 주기적 기분장애가 점차로 악화되면서 그는 흥분 상태에 빠지기 시작했다. 이 기간 동안 그의 판단은 크게 손상되었고 행동은 너무 기괴하고 분열적이어서 여러 차례 입원도 해야 했다. 슬프게도 다시 정신을 차렸을 때 그는 자기 가족과 화려한 경력까지 잃게 된 사실을 깨달았다. 그의 아내는 이혼을 신청했고, 그는 일하던 회사에서 조기 은퇴를 종용받았다. 20년의 업적을 잃어버린 것이다.

그 후 수년 동안 조시는 리튬 치료를 받고 수수한 상담 사업을 개발했다. 결국 그는 내게 의뢰되었다. 왜냐하면 그는 리튬에도 불구하고 아직도 불편한 기분 변동, 특히 우울증을 체험했기 때문이다.

그의 우울증의 급소는 선명했다. 그는 자기 경력이 더 이상 과거에 경험한 재력과 위신의 측면에서 측정되지 않으므로 인생에 대해 의기소침했던 것이다. 그가 청년으로서 카리스마적 '충전기'의 역할을 즐겼던 반면에, 이제 60대에 다가서면서 자신은 혼자이며 절정기를 지났다는 느낌을 가졌다. 그는 참된 행복과 인격적 가치가 오직 최상의 창조적 업적을 통해서만 이뤄진다고 여전히 믿고 있었으므로 자신의 수축된 경력과 수수한 생활 방식이 자신을 이류로 만든다고 확신했다.

그는 여전히 내심 뛰어난 과학자였으므로 기쁨예언지를 사용하면서 자기 인생이 그저 그렇도록 운명 지어졌다는 자신의 가설을 조사하기로 결심했다. 매일 그는 자기에게 기쁨이나 만족 또는 인격적 성장을 줄 수 있는 여러 활동을 계획하는 데 동의했다. 이 활동들은 그의 상담 사업뿐 아니라 취미와 여가 활동 목적에도 관련될 수 있다. 각 활동 전에 그는 그 활동을 함으로써 얼마나 즐거울지 예언하고 그것을 0(전혀 만족 없음)에서 99퍼센트(인간이 체험할 수 있는 기쁨의 최대치) 사이로 표시해 기록했다.

며칠간 이 양식을 작성한 뒤 조시는 인생이 과거에 그랬던 만큼 기쁨과 만족의 잠재력을 수없이 갖고 있음을 발견하고 놀랐다(〈표 13-2〉). 일이 때때로 아주 보람 있으며, 많은 다른 활동이 그렇게 풍성한 즐거움은 주지 않더라도 꽤 즐거울 수 있다는 발견은 그에게 하나의 계시였다. 어느 토요일 밤 여자 친구와 함께 롤러스케이트를 타러 간 그는 깜짝 놀랐다. 그들이 음악에 맞춰 움직이면서 조시는 자기가 비트와 멜로디에 빠져들기 시작하는 것을 발견했다. 그는 리듬에 몰입되면서 강렬한 환희의 느낌

표 13-2 기쁨예언지

날짜	기쁨이나 만족을 위한 활동	누구와 함께했는가?(혼자 했으면 '자신'이라고 적어라.)	예상 만족도 (0~100%) (활동 전에 작성하라.)	실제 만족도 (0~100%) (활동 후에 작성하라.)
4. 18.	상담 계획에 관한 일을 하다	자신	70%	75%
4. 19.	아침식사 전에 긴 산책	자신	40%	85%
4. 19.	서면 보고서 준비	자신	50%	50%
4. 19.	잠재적 단골에게 안부 전화할 것	자신	60%	40% (새 업무 없음)
4. 20.	롤러스케이트 타기	여자 친구	50%	99%!

을 체험했다. 그가 기쁨예언지에 모은 데이터는 최상의 만족을 경험하기 위해서 노벨상을 받으러 스톡홀름에 갈 필요가 없음을 보여주었다. 그는 스케이트장보다 더 멀리 가지 않아도 되었던 것이다! 그가 정신적 초점을 일에 대한 현미경적인 집착으로부터 넓혀 인생이 제공할 수 있는 풍요한 체험들의 넓은 영역으로 열어젖혔을 때, 그의 체험은 인생이 여전히 기쁨과 충만을 위한 풍성한 기회들로 가득 차 있음을 증명했던 것이다.

나는 성공과 업적이 바람직하지 않다고 주장하는 것이 아니다. 그런 말은 비현실적이다. 생산적이고 잘해내는 것은 대단히 만족스럽고 기쁠 수 있다. 그러나 최대로 행복하기 위해서 위대한 성취가가 되는 것은 **필요조건도 충분조건도** 아니라는 것이다. 당신은 사랑이나 존경을 얻기 위해 고된 일벌레가 될 필요가 없다. 그리고 충만감을 느끼고 내적 평화와 자기존중의 의미를 알기 위해서 1등이 되지 않아도 된다. 설득력 있는 말 아닌가?

14장
감히 평범해지라!:
완벽주의를 극복하는 길

　나는 당신에게 '평범'해지도록 노력하라고 말한다. 어리석고 따분하게 보이는가? 좋다, 나는 당신에게 단 하루만 시도해보라고 말한다. 당신은 이 도전을 받아들이겠는가? 당신이 동의한다면, 나는 두 가지 일이 일어날 거라고 예언한다. 첫째, 당신은 '평범'해지고 특별히 성공적이지 않을 것이다. 둘째, 그럼에도 불구하고 당신은 자신이 한 일로부터 만족을 얻을 것이다. 그것도 보통 이상으로. 그리고 당신이 이 '평범함'을 지키려 노력하면 만족이 커지고 기쁨으로 돌아서리라고 여겨진다. 그것이 바로 이 장의 내용이다. 완벽주의를 쳐부수고 순수한 기쁨의 전리품 즐기기를 배우는 것.

　그것을 이런 식으로 생각해보라. 계몽에 이르는 두 문이 있다. 하나는 '완벽'이라고 표시되어 있고, 다른 하나는 '평범'이라고 씌어 있다. '완벽' 문은 장식되어 있고 화려하며 유혹적이다. 그것은 당신을 유혹한다. 당신은 그 문을 통과해보길 무척 원한다. '평범' 문은 멋없고 밋밋하다. 어휴! 누가 그걸 원하겠는가?

　그래서 당신은 '완벽' 문을 통과하려 시도하지만, 언제나 문 뒤의 벽돌벽을 발견한다. 어떻게든 부수고 통과하려 고집 피우지만, 결국 코만 깨지고 머리만 아픈 채 끝날 뿐이다. '평범' 문 뒤에는 대조적으로 마법의 정원이 있다. 그러나 당신은 아직 한 번도 이 문을 열어본 적이 없을 수도 있다!

내 말을 믿지 못한다고? 나는 당신이 믿으리라 생각하지 않는다. 그리고 믿지 않아도 된다. 나는 당신이 회의주의를 유지하길 바란다! 그것은 건강하다. 그러나 동시에 나는 당신이 내 의견을 샅샅이 검사하라고 도전한다. 내가 틀린 것을 증명하라! 나의 주장을 검사하라. 당신 생애 중 단 하루만이라도 그 '평범'의 문으로 들어가보라. 당신은 끝내 놀라고 말 것이다!

그 이유를 설명하겠다. '완벽'은 인간이 가진 최후의 착각이며, 우주 안에 결코 존재하지 않는다. 완벽이란 없다. 그건 정말 세상에서 가장 큰 사기다. 그것은 부를 약속하고 비참을 가져다준다. 완벽을 얻으려고 더 열심히 애쓸수록 실망은 더 커질 것이다. 왜냐하면 그것은 단지 하나의 추상 개념, 현실에 맞지 않는 개념이기 때문이다. 당신이 모든 것을 충분히 면밀하고도 비판적으로 바라보면 거기에는, 즉 모든 사람, 착상, 온갖 종류의 일, 모든 경험 등의 모든 것에는 확실히 개선할 여지가 있다. 그래서 당신이 완벽주의자라면 무엇을 하든지 실패자가 되도록 보증되어 있는 셈이다.

'평범함'은 또 다른 종류의 착각이다. 그러나 이로운 속임수이며, 유익한 구조물이다. 그것은 당신이 1달러를 넣으면 50달러를 내어놓는 자동 도박기와 같다. 그것은 당신을 모든 수준에서 풍요롭게 해준다.

당신이 이 기괴하게 들리는 가설을 탐구하고 싶다면 시작해보자. 그러나 당신 자신이 너무 평범해지지 않도록 주의하라. 왜냐하면 당신은 너무 많은 행복감에 익숙지 않을 수 있기 때문이다. 결국 사자라도 사냥 뒤에야 많은 고기를 먹을 수 있다!

당신은 4장에서 소개한 완벽주의 작가 제니퍼를 기억하는가? 그녀는 친구들과 정신 치료자들이 자기에게 그런 완벽주의를 그만두라고 계속 말했지만 아무도 어떻게 하는지는 말해주지 않더라고 호소했다. 이 장은 제니퍼를 위한 것이다. 그녀만 이런 어려움을 느끼는 것은 아니다. 내 강의와 워크숍에서 정신 치료자들은 완벽주의를 극복하기 위해 내가 개발한 15개의 기법들을 설명하는 사용법 참고서를 준비해달라고 요청하곤 했다. 자, 여기에 그 참고서가 있다.

이 방법들은 효과가 있다. 당신은 그 효과가 돌이킬 수 없는 것이 아니므로 두려워하거나 잃을 것이 없다.

1. 완벽주의에 대항해 당신의 싸움을 시작할 가장 좋은 장소는 이 접근을 유지하려는 자신의 동기부여다. 완벽주의자가 되는 것의 이익과 불이익을 목록으로 만들어라. 당신은 그것이 실제로 이익이 되지 않는 것을 보고 놀랄 것이다. 일단 완벽주의가 실제로 어떤 식으로도 도움이 되지 않는 것을 이해하면 당신은 훨씬 더 쉽사리 그것을 포기할 수 있다.

제니퍼의 목록이 〈표 14-1〉에 있다. 그녀는 자신의 완벽주의가 확실히 이익이 되지 않았다고 보고했다. 이제 **당신의** 목록을 만들고, 작성을 마친 뒤에는 읽어보라.

2. 완벽주의의 이익과 불이익에 관한 목록을 사용해 당신은 그 이익에 대한 자신의 몇 가지 가정들을 조사하는 실험을 두어 개 해보고 싶을 것이다. 많은 사람처럼, 당신은 "나의 완벽주의가 없다면 나는 아무것도 아닐 거야. 나는 효과적으로 수행하지 못할 거야"라고 믿을 수 있다. 나는 당신이 이 가설을 시험하지 않을 거라고 장담한다. 왜냐하면 당신의 무능함에 대한 신념은 자동적 습관이므로 그것을 의문시하는 일은 일어난 적이 없기 때문이다. 당신은 아마도 완벽주의 때문이 아니라 **그것에도 불구**

표 14-1 완벽주의의 이익과 불이익에 대한 제니퍼의 목록. 그녀는 "불이익이 가능한 하나의 이익보다도 명백히 더 무겁다"고 결론지었다.

완벽주의의 이익	불이익
1. 멋진 작품을 쓸 수 있다. 나는 예외적인 결과를 내기 위해 열심히 노력할 것이다.	1. 나를 너무 '갑갑하고' 신경질적으로 만들어 멋진 작품을 쓸 수 없게 한다.
	2. 나는 멋진 작품을 내어놓기 위해 필연적인 실수들을 무릅쓰기가 내키지 않고 두려워진다.
	3. 나를 자신에 대해 대단히 비판적이게 만든다. 나는 내 성공을 인정하거나 즐길 수 없어 인생도 즐길 수 없다.
	4. 나는 느긋해질 수도 없다. 왜냐하면 나는 늘 어디선가 완전하지 않은 것을 발견할 수 있기 때문이다. 그러면 나는 자기비판적이 될 것이다.
	5. 나는 결코 완벽할 수 없으므로 언제나 우울해 있을 것이다.
	6. 내가 다른 사람을 참을 수 없게 만든다. 나는 결국 친구들을 잃고 만다. 왜냐하면 사람들은 비판받기를 싫어하기 때문이다. 나는 그들에게서 너무 많은 잘못을 발견하므로 따뜻함을 느끼거나 그들을 좋아할 능력을 잃고 만다.
	7. 또 다른 불이익은 완벽주의가 나로 하여금 새로운 것을 시도하고 발견하기를 가로막는다는 점이다. 나는 실수를 너무 두려워하며 잘하는 일들 이외에는 열심히 하지 않는다. 그 결과 나의 세계는 좁아지고 권태롭고 들떠 있게 된다. 왜냐하면 나는 아무런 도전을 하지 않기 때문이다.

하고 현재의 당신만큼 성공했다고 생각한 적이 있는가? 여기에 당신을 문제의 진실에 이르게 할 실험이 있다. 당신은 자신의 실행이 높은 기준, 중간 기준, 낮은 기준에 어떻게 반응하는지 볼 수 있도록 여러 활동에서 당신의 기준들을 바꾸려고 노력하라. 그 결과는 당신을 놀라게 할 것이다. 나는 이것을 나의 저술, 환자의 정신 치료, 나의 조깅에 실시했다. 모든 사례에서 나는 내 기준을 낮춤으로써 내 행위에 기분이 더 좋을 뿐만 아니라 그것을 더 효과적으로 하는 경향이 있음을 발견하고 기쁜 충격을 받았다.

예를 들어 나는 1979년 1월에 처음 조깅을 시작했다. 나는 꽤 언덕진 지역에 살았으므로 집 앞 찻길 사방으로 언덕들이 있어서 처음에는 겨우 200~300미터를 뛰고나면 멈추고 걸어야 했다. 매일 나는 내 목표를 전날보다 조금 짧은 거리 뛰기로 정했다. 그 결과 나는 언제나 내 목표를 쉽게 성취할 수 있었다. 그래서 나는 기분이 정말 좋았고 그 기분이 나를 더 멀리 뛰도록 자극했다. 걸음걸이는 가볍고, 내가 목표한 것보다 더 뛰었다. 수개월의 기간 동안 나는 가파른 지대에서 8킬로미터를 상당히 빠른 보폭으로 뛸 수 있을 만큼 건강이 좋아졌다. 나는 나의 기본 원칙, 즉 전날보다 덜 성취하도록 노력한다는 목표를 어긴 적이 없다. 이 규칙 덕분에 나는 달리기에서 좌절이나 실망을 느낀 적이 없다. 나는 병이 나거나 피곤해서 실제로 더 멀리, 더 빨리 달리지 않은 날도 많았다. 예를 들어 오늘, 나는 감기에 걸렸고 내 허파가 더 멀리는 "안 돼!"라고 말했기 때문이다. 그래서 나는 나 자신에게 말했다. "이만큼이 내가 하기로 되어 있는 거리인가보다." 나는 내 목표를 이루었으므로 기분이 좋았다.

이것을 시도하라. 어떤 활동을 택하라. 목표를 100퍼센트 대신 80퍼센트, 60퍼센트 또는 40퍼센트로 시도하라. 그리고 당신이 그 활동을 얼마나 즐기는지, 당신이 얼마나 생산적인지 보라. 목표를 대담하게 평범해지는 데 정하라! 그것은 용기를 필요로 하지만, 당신은 스스로 놀랄 것이다!

3. 당신이 강박적인 완벽주의자라면 완벽을 목표 삼고 나아가지 않을 경우에 인생을 최대로 즐기지도, 참된 행복을 발견할 수도 없다고 믿을지 모른다. 당신은 반완벽주의지를 사용하여(《표 14-2》) 이 생각을 시험할 수 있다. 당신이 넓은 범위의 활동들, 즉 양치질, 사과 먹기, 숲속 산책, 잔디 깎기, 일광욕, 보고서 작성 등에서 얻는 만족의 실제 양을 기록하라. 이제 각 활동을 얼마나 **완벽하게** 했는지 0~100퍼센트로 측정하고, 아울러 각각이 얼마나 **만족스러운지** 0~100퍼센트로 표시하라. 이 과정은 완벽과 만족 사이의 환영의 연결을 깨뜨리도록 도와줄 것이다.

여기에 그것이 어떻게 작용하는지 보여주는 한 사례가 있다. 4장에서 나는 자기가 언제나 완벽해야 한다고 확신한 한 의사를 언급했다. 자신이 얼마나 성취했는가에 상관없이 그는 언제나 자신의 기준을 약간 더 높게 올리곤 했다. 그러면 그는 비참을 느꼈다. 나는 그가 필라델피아에서 전부 아니면 무사고의 챔피언이라고 말해주었다! 그는 동의했지만 변화하는 법을 알지 못한다고 항변했다. 나는 그에게 반완벽주의지를 사용해 자신의 기분과 업적에 대한 상당한 연구를 하라고 설득했다. 어느 주말 그는 집 부엌 파이프가 깨져 물이 새는 바람에 배관 일을 했다. 그는 풋내기 배관공이었으나 새는 곳을 고치고 더러운 것을 깨끗이 치웠다. 그리고 보고서에 99퍼센트 만족이라고 적었다(《표 14-2》). 그가 파이프를 고치려고 시도한 것이 처음이므로 효과도는 20퍼센트로 보았다. 그가 그 일을 해냈지만 시간이 무척 걸렸을 뿐만 아니라 이웃 사람으로부터 상당한 기술 지도도 받았기 때문이다. 대조적으로 그가 탁월하게 해낸 몇몇 활동들에서는 낮은 만족도가 나왔다.

표 14-2 반완벽주의지

활동	얼마나 효과적으로 했는지 백분율로 기록하라	얼마나 만족스러웠는지 백분율로 기록하라
부엌의 깨진 파이프를 고치다.	20%(시간도 오래 걸렸고 실수도 많이 저질렀다.)	99%(나는 실제로 그것을 해 냈다!)
의학부에 강의하다.	98%(나는 대단한 기립 박수를 받았다.)	50%(나는 자주 기립 박수를 받는다. 나는 내 강연에 특별히 감동을 느끼지 않았다.)
퇴근 후 테니스하다.	60%(나는 시합에서 졌지만 잘 싸웠다.)	95%(정말 기분 좋다. 경기와 운동을 즐겼다.)
한 시간 동안 최근 논문 원고를 편집하다.	75%(나는 몰두하여 많은 오자를 고쳤고 문장을 다 듬었다.)	15%(나는 나 자신에게 그것이 확정된 논문이 아니라고 계속 말했다. 아주 좌절감을 느꼈다.)
학생의 진로 문제를 놓고 이야기를 나누다.	50%(나는 특별한 것을 하지 않았다. 나는 그저 그의 말을 듣고 명백한 제의를 약간 했을 뿐이다.)	90%(그는 정말 우리 대화를 고마워하는 듯했으므로 나는 기분이 좋았다.)

　이 반완벽주의지 체험은 그가 무언가를 즐기기 위해 거기에 완벽할 필요가 없으며, 더구나 완벽을 얻으려고 애쓰는 것과 뛰어나게 실행하는 것은 행복을 보증하지 않고 사실은 흔히 덜 만족스러움과 관련되는 경향을 갖는다는 것을 깨닫게 했다. 그는 완벽에 대한 강박적인 충동을 포기하고 기쁜 삶과 생산성으로 만족하든지, 아니면 자신의 행복을 덜 중요하게 여기고 계속 위대함을 추구하며 정서적 불안과 수수한 생산성에 만족하든지 둘 중 하나를 선택할 수 있다고 결론지었다. 당신은 어느 것을 택하겠는가? 반완벽주의지를 철저히 해보고 당신 자신을 시험하라.

4. 당신이 적어도 무슨 일이 생기는지 보려고 완벽주의를 포기하기로 결정했다고 가정하자. 그러나 당신은 아주 열심히 노력하면 적어도 몇몇 영역에서는 정말 완벽해질 수 있고, 이것을 이루면 어떤 마법 같은 일이 일어나리라는 미련 비슷한 생각을 갖고 있다. 이 목표가 현실적인지 자세히 들여다보자. 완벽의 모델 하나라도 현실에 맞은 적이 있는가? 너무 완벽해서 개선할 부분이라고는 하나도 없는 것을 당신은 개인적으로 만난 적이 있는가?

이것을 시험하기 위해 **지금 당장** 당신 주위를 돌아보고 사물들이 어떻게 향상될 여지가 있나 보라. 예를 들어 옆 사람의 옷, 꽃꽂이, 텔레비전 화면의 색깔과 선명도, 가수의 목소리, 이 장의 유효성, **무엇이든** 들어보라. 나는 당신이 언제든지 개선될 수 있는 몇 가지 사항을 발견하리라 믿는다. 처음 이 연습을 했을 때 나는 기차를 타고 있었다. 더럽고 녹슨 선로 같은 대부분의 것이 너무 명백히 불완전해서 나는 쉽게 그것들을 개선할 숱한 방법을 발견할 수 있었다. 그러나 나는 문제 영역에 들어섰다. 흑인 청년 하나가 곱슬곱슬한 머리카락을 그대로 내버려두고 있었다. 그것은 완벽하게 매끄럽고 조각된 듯이 보여서 나는 개선의 여지를 전혀 발견할 수 없었다. 나는 놀라기 시작했고, 나의 반완벽주의 철학 전체가 허물어지려는 순간이었다! 그런데 갑자기 그의 머리에서 회색의 점 몇 개를 보았다. 나는 즉각적인 안도를 느꼈다! 그의 머리도 역시 완벽하지 않았다! 나는 더 가까이 보면서 머리카락 몇 개가 너무 길고 제자리에 있지 않은 것을 보았다. 내가 더 자세히 그 청년을 조사했을 때 더 고르지 못한 머리카락들을 볼 수 있었다. 사실 수백 개였다! 이 경험은 어떤 완벽의 기준도 현실과 꼭 맞지 않다는 것을 확실하게 해주었다. 그러니 포기하는 것이 어떤가? 당신이 자신의 실행을 평가하기 위해서 결코 충족될 수 없는 기준을 유지한다면 확실한 실패자가 되도록 보증되어 있다. 왜 당신 자신을 계속해서 박해하려는가?

5. 완벽주의 극복을 위한 다른 방법은 두려움과의 대결을 수반한다. 당신은 두려움이 언제나 완벽주의 뒤에 잠복해 있음을 알지 못할 수 있다. 두려움은 사물들을 끝까지 윤이 나게 닦도록 당신의 강박 충동을 내모는 연료다. 당신이 완벽주의를 포기하도록 선택한다면 맨 처음 이 공포와 대결해야 한다. 당신은 기꺼이 하려는가? 요컨대 뜻밖의 결말이 완벽주의 안에 있으며, 그것은 당신을 보호한다. 그것은 당신에게 비판이나 실패 또는 불찬성을 무릅쓰지 못하게 한다. 당신이 일들을 덜 완벽하게 하기를 시작하고자 결심한다면, 처음에는 캘리포니아 대지진이 닥쳐오려는 순간처럼 위태위태한 느낌이 들 것이다.

완벽주의적 습관들의 유지를 위해 두려움이 수행하는 강력한 역할을 당신이 인정하지 않는다면, 완벽주의자들의 가혹한 행동 유형을 이해할 수 없거나 분통 터뜨리는 것으로 볼 수 있다. 예를 들어 '강박적인 완만(compulsive solwness)'으로 알려진 기괴한 병이 있다. 그 병의 희생자는 너무 완전히 매사를 '꼭 맞게' 하려는 데 사로잡힌 나머지 간단한 일상 업무들조차 극히 기진맥진하게 만들 수 있다. 이 잔인한 장애를 가진 한 변호사는 자신의 머리카락이 어떻게 보이는지에 열중하게 되었다. 매일 네 시간 동안 그는 빗과 가위를 들고 거울 앞에 서서 머리카락을 가지런히 하려 애쓰곤 했다. 그는 이 일에 너무 빠져서 법률 업무에서 중도에 계약을 파기해야 했다. 그리하여 그는 더 많은 시간을 머리 손질에 쏟을 수 있었다. 그의 머리는 열렬한 가위질 탓에 점점 더 짧아졌다. 마침내 그의 머리 전체에 3밀리미터밖에 되지 않는 머리카락만 남았다. 그러나 그는 그 머리 선을 이마를 따라 균형 잡는 데 열중하여 그것을 '꼭 바로' 하려고 면도기로 자르기 시작했다. 그는 마침내 머리를 완전히 대머리로 면도해버릴 만큼 매일 점점 더 줄여갔다! 그러자 그는 안도감을 느꼈고 그것이 '고르게' 나오길 바라면서 모두 자라게 두었다. 머리털이 다시 자라나자 그는 또 자르기 시작했고, 그 모든 주기가 반복되었다. 이 우스운 판에 박힌 일은 수년 동안 계속되면서 그를 사실상 폐인으로 만들었다.

그의 사례는 극단적으로 보일 수 있지만 심하다고는 할 수 없다. 훨씬 더 나쁜 장애의 형태가 존재한다. 비록 그 희생자의 이상한 습관들이 불합리하게 보일지라도 그 결과는 비극적이다. 알코올중독자와 마찬가지로 그들은 자신의 비참한 강박들로 경력과 가족들을 희생시킬 수 있다. 당신 역시 완벽주의 때문에 값비싼 대가를 치를 수 있다.

이 가혹하고 지나치게 통제된 개인들에게 동기부여된 것은 무엇인가? 그들은 미쳤나? 보통은 아니다. 그들로 하여금 그 어리석은 완벽을 향한 충동에 붙들리게 한 것은 두려움이다. 그들은 자기들이 하는 바를 **멈추려** 시도하는 순간 급히 지독한 공포로 상승하는 강력한 불안에 사로잡힌다. 이는 안도감을 발견하려는 애처로운 시도로서, 그들을 강박적 의식(儀式)으로 되쫓아버린다. 그들에게 그 완벽주의라는 악성종양을 포기하게 하는 것은 마치 벼랑 끝에 손가락으로 매달려 있는 사람에게 손을 놓으라고 설득하는 것과 같다.

당신은 자신 안의 강박적 경향들이 훨씬 덜 심각한 정도임을 알아차렸을 것이다. 당신은 연필이나 열쇠를 잃어버린 뒤 그것에 대해 잊고 나타날 때까지 기다리는 것이 최상의 방법임을 알면서 그 중요한 물건들을 찾으려고 사정없이 노력한 적이 있는가? 당신은 **그만두기**가 불쾌해서 이 일을 한다. 시도하는 순간 당신은 불안하고 신경질적이 된다. 당신 인생의 전체 의미가 위기에 처해 있는 양 그 잃어버린 물건 없이는 아무래도 "제대로 된 느낌이 아니다!"

이 두려움과 대결하고 정복하는 한 가지 방법은 '반응 예방'이라 불리는데, 기본 원칙은 간단하고 명백하다. 당신은 완벽주의적 습관에 굴복하기를 거부하고 자신을 두려움과 불쾌함으로 흠뻑 젖게 내버려둔다. 고집스럽게 버티면서 얼마나 기분 나빠지든지 굴복하지 말라. 계속 버텨 기분 나쁨이 최대치에 달하게 두라. 어느 일정 시간 뒤에 그 강박은 감소되기 시작해 완전히 사라진다. 몇 시간이나 적게는 10~15분 정도 걸린 이 시점에서 당신은 이긴 것이다! 당신은 자신의 강박적인 습관을 무찌른 것이다.

간단한 예를 들어보자. 당신에게 집이나 차의 문단속을 여러 번 반복 확인하는 습관이 있다고 치자. 무엇을 한 번 확인하는 것은 확실히 좋은 일이다. 그러나 그 이상일 때는 지나치고 무의미하다. 당신 차를 주차장에 대고 문을 잠갔으면 걸어가버려라. 자, 그것을 확인하기를 거부하라! 당신은 불안한 기분일 것이다. 당신은 되돌아가 '그저 확인해보라고' 자신을 설득하려 애쓸 것이다. 하지 말라. 대신 그 불안이 사라질 때까지 당신의 불안의 정도를 '반응 예방 양식'에 매분마다 기록하라(《표 14-3》). 이 시점에서 당신은 이겼다. 흔히 한 번의 그런 폭로로 습관 한 가지를 영구히 없애기에 충분하지만, 당신은 때때로 두 번째 예방주사뿐만 아니라 수많은 폭로를 필요로 할 수도 있다. 여러 '확인 의식(난로가 꺼졌는지 또는 우편물이 우체함에 들어갔는지 보려고 확인하는 것 등)'과 씻는 의식(강박적인 손 씻기나 지나친 집안 청소)을 비롯한 많은 나쁜 습관이 이 체재에 들어맞는다. 당신이 이 경향들로부터 기꺼이 탈출할 준비가 되어 있다면, 반응 예방 기법이 상당히 유용함을 발견할 것이다.

6. 당신은 자신을 강박적인 완벽화로 모는 미친 두려움의 근원에 대해 자문하고 있을 것이다. 당신으로 하여금 삶에 대해 경직된 접근을 하게 만드는 침묵의 가정을 폭로하기 위해 10장에 소개한 수직화살 기법을 사

표 14-3 반응 예방 양식. 완전히 편안한 느낌이 들 때까지 1~2분마다 불안의 정도와 자동적 사고를 기록하라. 다음 실험은 강박적으로 문단속을 확인하는 습관을 가진 사람이 그 습관을 끊으려고 실행한 것이다.

시간	불안 또는 근심의 백분율	자동적 사고
4:00	80%	누가 차를 훔쳐 가면 어쩌나?
4:02	95%	이건 우습다. 그냥 가라. 그리고 차가 아무 문제 없다고 확신하라!
4:04	95%	누군가가 지금 차 안에 있다. 나는 참을 수 없다!
4:06	80%	
4:08	70%	
4:10	50%	
4:12	20%	이것은 지겹다. 그 차는 아마도 괜찮을 거다.
4:14	50%	
4:16	0%	야! 나는 해냈다!

용할 수 있다. 프레드는 학기말 보고서 과제를 정말 제대로 쓰려고 열중한 나머지 자기가 완전히 만족할 수 없는 공포를 피하기 위해 거의 1년을 그 작업에 매달리느라 대학을 중퇴했던 대학생이다. 프레드는 그 논문을 제출할 준비가 되었다고 느꼈을 때 마침내 다시 대학에 등록했지만, 그의 완벽주의 때문에 치료를 요청했다. 왜냐하면 그는 논문을 쓰는 데 너무 시간이 걸릴 것이므로 이런 식으로는 대학을 마칠 수 없으리라고 깨달았기 때문이다!

그는 복학 뒤 첫 학기에 또 다른 학기말 보고서 과제 제출을 요구받았을 때 공포와 직면했다. 이번에 교수는 그에게 마감일 오후 6시까지 그것을 제출하든지, 아니면 하루씩 늦을 때마다 온전히 평점을 1점씩 깎아나가든지 택일하라는 최후통첩을 주었다. 프레드는 그 논문의 적당한 원고를 갖고 있었으며, 퇴고하고 교정하려는 시도는 현명치 못하다는 것을 깨달았다. 그래서 마지못해 그는 완전히 만족스럽지 않은 몇 단락과 고치지 않은 오자가 많다는 걸 알면서도 오후 4시 55분에 논문을 제출했다. 제출 순간부터 그의 불안은 높아지기 시작했다. 몇 분이 흐르자 금방 프레드는 심한 공포의 공격을 받아 저녁 늦게 집에 있는 나에게 전화를 했다. 그는 불완전한 논문을 제출했으므로 무언가 끔찍한 일이 자기에게 일어날 거라고 확신했다.

나는 그가 그렇게 두려워하는 바로 그것을 정확히 가려내도록 수직화살 방법을 사용하라고 제안했다. 그의 첫 번째 자동적 사고는 "난 논문을 잘 쓰지 못했다"는 것이었다. 그는 그대로 기록했고, 자신에게 물었다. "그것이 사실이라 해도, 왜 내게 문제가 되는가?" 이 질문은 〈표 14-4〉에서 보듯이 그 이면에 잠재해 있는 기분 나쁘게 하는 생각을 작동시켰다. 프레드는 떠오른 다음 생각을 썼고, 더 깊고 깊은 수준에서 자신의 두려움을 밝히기 위해 수직화살 기법을 계속 사용했다. 그는 자신의 공포와 완벽주의의 가장 깊은 근원이 드러날 때까지 양파의 껍질을 이런 식으로 계속 벗겼다. 이 과정은 겨우 몇 분밖에 걸리지 않았다. 그리하여 그의 침묵의 가정은 명백해졌다. 1) 한 번 실수하면 나의 경력은 망치고 만다. 2) 다른 사람들은 나에게 완벽과 성공을 요구한다. 그리고 내가 거기에 미치지 못하면 그들은 나를 배척할 것이다.

일단 속상하게 하는 자동적 사고들을 기록한 그는 자신의 사고에서 오류들을 정확히 가려낼 위치에 섰다. 전부 아니면 무사고, 독심술, 점쟁이 오류라는 세 가지 왜곡이 흔히 나왔다. 세 왜곡들은 그를 삶에 대한 엄하고 강요적이며 완벽주의적이고 승인 추구적인 접근에 빠뜨렸다. 합리적

표 14-4 프레드는 한 학과에 '불완전한' 논문을 제출하는 두려움의 근원을 밝히기 위해서 수직화살 기법을 사용했다. 이것은 그의 공포를 상당량 줄이는 데 도움을 주었다. 수직화살 옆의 내용은 프레드가 더 깊은 수준에서 다음 자동적 사고를 밝히려고 자신에게 질문한 것이다. 이런 식으로 양파 껍질을 벗겨감으로써 그는 자신의 완벽주의의 근원과 뿌리가 되는 침묵의 가정을 폭로할 수 있었다.

자동적 사고	합리적 반응
1. 나는 논문을 잘 쓰지 못했다. ↓ "그것이 사실이라 해도 왜 내게 문제가 되는가?"	1. 전부 아니면 무사고. 논문이 완벽하지는 않아도 상당히 잘됐다.
2. 교수는 많은 오타와 설득력이 약한 부분들을 알아차릴 것이다. ↓ "왜 그것이 문제일까?"	2. 정신적 필터. 필시 그는 오타들을 알아보겠지만 논문 자체는 읽어볼 것이다. 거기에는 상당히 괜찮은 부분도 여럿 있다.
3. 그는 내가 그것을 신경 쓰지 않았다고 느낄 것이다. ↓ "그가 그런다고 치자. 그다음엔 뭔가?"	3. 독심술. 그가 어떻게 생각할지 나는 모른다. 그가 그런다 해도 세상 마지막이 오는 것은 아니다. 많은 학생은 논문에 신경 쓰지 않는다. 나는 논문에 신경을 쓰기도 했거니와, 그가 그렇게 생각한다면 그가 틀린 것이다.
4. 나는 그를 못 본 체할 거다. ↓ "그게 사실이고 그가 그런 식으로 느낀다면, 왜 그것이 내게 기분 나쁠까?"	4. 전부 아니면 무사고, 점쟁이 오류. 나는 동시에 모두를 즐겁게 할 수 없다. 나는 대부분의 과제물을 좋아했다. 그가 이 논문에 실망한다 해도 그가 죽지는 않는다.
5. 나는 논문에서 D나 F를 받을 거다. ↓ "내가 그런다고 치자. 그다음엔 뭘까?"	5. 정서적 추리, 점쟁이 오류. 내가 기분 나빠서 이렇게 느끼는 것이다. 그러나 나는 미래를 예언할 수 없다. 나는 B나 C를 받을지도 모르지만 D나 F는 아닐 성싶다.

6. 그것은 나의 성적을 망칠 것이다. ↓ "그러고나면 무엇이 발생할까?"	6. 전부 아니면 무사고, 점쟁이 오류. 다른 사람들도 때때로 실수하여 망친다. 그렇다고 그들의 삶을 망치는 것 같지는 않다. 왜 나는 가끔 실수하여 망칠 수 없는가?
7. 그것은 내가 기대되는 학생 부류가 아님을 의미할 것이다. ↓ "왜 그것에 대해 내가 속상해하는가?"	7. 당위진술. 누가 나는 언제나 어떤 식으로 '기대된다'는 규칙을 주었는가? 나는 어떤 특정한 기준에 따라 살도록 미리 예정되고 도덕적으로 의무 지어졌다고 누가 말했는가?
8. 사람들은 내게 화낼 것이다. 나는 실패자가 될 것이다. ↓ "그들이 내게 화를 내고 나를 실패자라고 가정한다면, 왜 그것이 그다지도 무서울까?"	8. 점쟁이 오류. 누가 내게 화를 낸다면 그건 그들의 문제다. 나는 언제나 사람들을 즐겁게 할 수는 없다. 그건 너무 지치게 만든다. 그건 내 인생을 긴장되고, 압축되어 높게 쌓인 쓰레기더미로 만든다. 어쩌면 나는 나 자신의 기준을 세우고 누군가의 화를 무릅쓰는 편이 나을 것이다. 내가 논문에서 실패해도 그것이 나를 '실패자'로 만들지 않을 것이 확실하다.
9. 그러면 나는 배척당하고 혼자가 될 것이다. ↓ "그리고 무엇이 일어날까?"	9. 점쟁이 오류. 누구도 나를 배척하지 않을 것이다!
10. 내가 혼자이면 나는 비참할 수밖에 없다.	10. 적극성 박탈. 내가 혼자일 때 가장 행복했던 때가 몇 번 있었다. 나의 '비참'은 혼자 있는 것과 아무 관련이 없다. 그것은 오히려 불찬성의 두려움과 나 자신을 완벽주의적 기준에 따라 살지 않는다고 스스로 박해함으로써 생긴다.

반응들로 대치하자 그는 자기의 두려움이 얼마나 비현실적인지 깨달았으며, 공포의 기세는 꺾였다.

그러나 프레드는 회의적이었다. 왜냐하면 그는 그 재난이 일어나지 않으리라고 전적으로 확신하지 못했다. 그는 확신할 수 있는 몇 가지 실제적 증거를 필요로 했다. 그는 생애 내내 나팔을 불어 코끼리들을 가까이 오지 못하게 했으므로, 일단 그 나팔을 내리기로 작정하면 야수의 습격이 없을 거라고 절대 확신할 수 없었다.

이틀 후 프레드는 필요한 증거를 입수했다. 그가 돌려받은 논문 상단에 A라고 씌어 있었던 것이다. 타자 오자들은 교수에 의해 수정되어 있었고, 교수는 말미에 몇 가지 유용한 제안을 곁들인 상당한 칭찬과 함께 사려 깊은 주석을 달아놓았다.

당신이 자신의 완벽주의를 버릴 참이라면 프레드가 그랬듯이 자신을 어느 정도 초기 불쾌감에 노출시켜야 할 것이다. 이것은 수직화살 기법을 이용해 두려움의 근원을 연구할 황금의 기회일 수 있다. 두려움으로부터 도망가기보다 차분히 앉아 그 도깨비에 **직면하라!** 당신 자신에게 자문해 보라. "내가 무엇을 두려워하는가?" 그러고나서 프레드가 했듯이 자동적 사고들을 적어라. 그리고 거기에 도전하라. 무섭겠지만 당신이 견뎌내고 그 불편을 참는다면 두려움을 정복할 것이다. 왜냐하면 그것들은 궁극적으로 착각에 토대를 두고 있기 때문이다. 당신이 걱정꾼에서 전사로의 변화를 이뤄낼 때 체험하는 기쁨은 삶에 대한 더 확신에 찬 단어적 접근의 시작일 수 있다.

이런 생각이 당신에게 일어날 수 있다. 그러나 프레드가 끝내는 B, C, D나 F학점을 받고 말았다고 가정한다면? 그다음은 무엇일까? 현실적으로 이런 일은 **보통** 일어나지 않는다. 왜냐하면 당신의 완벽주의에서 당신은 자신에게 지나치게 넓은 안전폭을 남겨놓는 습관이 있어서, 실제 실행의 질을 잴 수 있을 만큼 줄이지 않고도 당신의 노력을 보통 꽤 늦출 수 있다. 그러나 인생에서 실패들은 일어날 수 있고 일어난다. 우리 중 누구도 거기서 완전히 면제되어 있지 않다. 당신이 경험으로부터 유익을 얻기 위해서 이 가능성을 미리 준비하는 것은 유용할 수 있다. 당신이 매사를 '질 수 없어요' 형식으로 임한다면 해낼 수 있다.

당신은 실제 실패로부터 어떤 유익을 얻을 수 있는가? 그것은 간단하다! 당신은 삶이 파괴되지 않을 거라고 스스로 상기한다. 당신이 늘 A학점만 받는 학생일 경우 B를 받는 것은 일어날 수 있는 가장 멋진 일 중의 하나일 것이다. 왜냐하면 당신으로 하여금 자신의 인간미를 발견하고 받아들이도록 강요하기 때문이다. 이것은 인격적 성장으로 나아갈 것이다. 진짜 비극은 한 학생이 너무 똑똑하고 강박적인 나머지 과도한 개인적 노력으로 어떤 실패의 기회도 피하고서 마침내 완벽한 점수, 즉 각 과목 및 전체 평균 역시 A인 채로 졸업하게 될 때다. 이 상황의 역설은 성공이 그런 학생들로 하여금 인생이란 완벽보다 덜한 사람이 되는 두려움을 피하려는 강박적으로 경직된 시도라고 여기게 하고, 실제로 그렇게 사는 불구자나 노예들로 전락시키는 위험한 영향을 미친다는 것이다. 그들의 경력은 업적으로는 풍요롭지만 기쁨으로는 종종 황폐하다.

7. 완벽주의를 극복하는 다른 방법은 과정 지향을 개발하는 것이다. 이 말은 사물을 평가하는 토대로서 결과보다 과정에 초점을 둔다는 뜻이다. 내가 처음 업무를 시작했을 때는 각 환자에게 매 치료 시간 탁월하게 해야 한다는 느낌을 갖고 있었다. 나는 환자와 동료들이 그렇게 기대한다고 생각했으므로 종일 힘이 부칠 정도로 일했다. 환자가 치료 시간에 유익함을 얻었다고 표현하면, 나는 성공했다고 자신에게 말하며 세상의 정상에 있는 느낌이곤 했다. 반면에 환자가 속임수를 쓰거나 그 치료 시간에 부

정적으로 반응한다면, 나는 비참한 기분이 들어 실패했다고 혼잣말했다.

나는 이 롤러코스터 효과에 지쳐서 동료 베크 박사와 함께 그 문제를 검토했다. 그의 의견은 매우 유용했으므로 당신에게 들려주겠다. 그는 내가 매일 시청까지 차를 몰고 가는 일을 한다고 상상하도록 권고했다. 때로 나는 초록 신호등을 많이 만나게 되어 빠른 시간에 도착한다. 다른 때는 빨간 신호등과 교통 혼잡을 자주 만나 시간이 무척 걸린다. 나의 운전 기술은 매일 같으므로 내가 한 일에 대해 동등하게 만족한 느낌을 가지는 것이 어떨까?

그는 내가 어느 환자와도 썩 잘하려고 노력하기를 거부함으로써 사물을 바라보는 이 새로운 방식을 촉진할 수 있다고 제안했다. 그 대신 나는 환자가 어떻게 반응하든지 상관없이 각 치료 시간에 긍정적이고 지속적인 노력을 목표로 삼을 수 있었다. 그리고 이런 식으로 나는 100퍼센트 성공을 영구히 **보증**할 수 있었다.

당신은 학생으로서 어떻게 과정 목표들을 세울 수 있는가? 1) 강의에 출석하고, 2) 주의를 기울여 노트를 작성하며, 3) 적절한 질문들을 하고, 4) 수업 시간이 아닌 때에 매일 어느 정도 각 코스를 연구하고, 5) 매 2~3주마다 학과 수업 노트를 복습한다 등을 목표로 잡을 수 있다. 이 모든 과정은 당신의 통제 안에 있다. 그러므로 당신은 성공을 보증할 수 있다. 대조적으로 당신의 최종 학점은 당신의 통제 안에 있지 않다. 그것은 교수가 그날 어떻게 느끼는가와, 학생 인원 비례로 채점하는 경우에는 다른 학생들이 얼마나 잘했는가 등에 달려 있다.

당신이 어느 일자리에 응모했다면 어떻게 과정 목표들을 세울 수 있는가? 1) 확신에 찬 인상에 흥미를 끄는 옷차림을 하고, 2) 자신의 이력서를 통찰력 있는 친구에게 편집시키고 제대로 타이프시켜 준비하고, 3) 장래의 고용주에게 면접 중에 한두 번 칭찬을 하고, 4) 그 회사에 대한 관심을 표현하며 면접자가 그 자신에 대해 이야기하도록 격려하고, 5) 장래의 고용주가 그의 일에 대해 이야기할 때 활발하게 접근해 무엇인가 적극적인 의견을 내고, 6) 그 면접자가 당신에 대해 비판적이거나 부정적인 의견을 말하면 6장에서 소개한 무장해제 기법을 이용해 즉시 동의할 수 있다. 예를 들어 이 책에 대해 장래의 출판업자와 내가 협상할 때, 나는 그 편집자가 몇 가지 적극적인 반응 이외에 많은 부정적 반응을 표현하는 것을 보았다. 나는 잠재적으로 어려운 토론에서도 무장해제 기법의 사용이 물이 사납지 않게 흐르도록 하는 데 매우 효과적임을 발견했다. 예를 들면 다음과 같다.

편집자 X   번즈 박사님, 우리의 관심 중 하나는 지금, 그리고 여기에서 증상적인 향상의 징조입니다. 당신은 우울증의 원인과 근원들을 간과하고 있는 것이 아닙니까?
(이 책의 초고에서 나는 우울증을 일으키는 침묵의 가정들에 대해 몇 장을 할애해 썼지만, 그 편집자는 이 자료들에서 적절히 감명받지 못했거나 읽지 않은 것이 분명하다. 나는 방어적 태도로 반격할 선택권을 가지고 있지만, 이는 단지 그 편집자를 양극화시켜 그녀에게 방어적인 느낌을 들게 할 것이다. 그 대신 나는 다음과 같은 식으로 그녀를 무장해제 시키기로 선택했다.)

번즈   훌륭한 제안입니다. 당신이 전적으로 옳습니다. 나는 당신이 그 원고를 집에서도 연구한다는 것을 압니다. 그리고 당신의 착상을 들려주어 감사합니다. 독자들은 명백히 왜 자신들이 우울증에 빠지는지 더 알고 싶어할 겁니다. 그것은 그들이 장차 있을지 모를 우울증을 피하는 데 도움이 될 겁니다. 침묵의 가정들에 관한 소단원을 늘려 이른바 '깊은 원인 규명에 착수하기'라는 새 장으로 하는 것에 대해 어떻게 생각합니까?

편집자 X   멋지군요!

번즈   당신이 그 책에 대해 갖고 있는 다른 부정적인 반응들은 무엇입니까? 나는 가능한 한 당신에게 많이 배우고 싶습니다.

그러고나서 나는 모든 비판에서 동의할, 그리고 각 제안에 대해 편집자 X를 칭찬할 길을 계속 찾았다. 이것이 진실하지 않은 것은 아니다. 왜냐하면 나는 대중 저술에는 초심자였고, 편집자 X는 내게 꼭 필요한 여러 안내를 해줄 위치에 있는 매우 재능 있고 기초가 튼튼한 사람이었기 때문이다. 나의 협상적 태도는 내가 그녀를 존경하고 있음을 그녀에게 명확히 해주었고, 우리가 생산적인 작업 관계를 이어갈 수 있을 것임을 그녀에게 알게 해주었다.

그 편집자와 만났을 때 내가 협상하는 과정보다 결과에 응시하고 있었다고 가정하자. 나는 긴장하고 오직 한 가지 일에만 열중했을 것이다. 그녀는 그 책에 대한 거래를 할 것인가, 말 것인가? 그러면 나는 그녀의 모든 비판을 위험으로 보았을 것이며, 그 모든 상호 인격적 과정은 불쾌한 중심에 빠졌을 것이다.

그러므로 일자리를 구할 때 당신의 목표를 그 직장을 **잡는** 데 두지 말라! 특히 당신이 그 직장을 **원한다면!** 그 결과는 궁극적으로 당신의 통제 밖에 있는 수많은 요인, 즉 신청자의 수나 그들의 자질, 또는 사장의 딸을 아는 지인 등에 달려 있다. 사실 다음과 같은 이유에서 가능한 한 많은 거절을 당하려고 노력하는 편이 나을 것이다. 마음에 드는 구직이 당신 직업으로 결정되기 위해서 평균 10~15번의 면접을 해야 한다고 가정하라(내가 아는 사람들이 최근에 직장을 구하면서 경험한 성공률). 이러한 확률은 당신이 직장을 얻기 위해 9~14번의 거절을 당해야 한다는 뜻이다. 그러므로 매일 아침 말하라. "나는 오늘 되도록 많은 거절을 당하려고 노력해야지." 그리고 거절당할 때마다 말하라. "나는 성공적으로 거절당했다. 이건 내게 목표를 향해 더 가깝게 한 걸음 다가서게 해준다."

8. 완벽주의를 극복하는 다른 길은 1주일간 당신의 모든 활동에 엄격한 시간제한을 두어 삶에 대한 책임을 지는 것이다. 이것은 당신이 삶의 흐름에 초점을 맞추고 그것을 즐길 수 있도록 전망을 바꾸는 데 도움을 줄 것이다.

당신이 완벽주의자라면 매사를 지나치게 철저히 하려고 고집하므로 필시 진짜 미루는 버릇이 있는 사람일 수 있다. 당신이 비참을 원한다면, 반드시 자신의 완벽주의와 미루는 버릇을 붙들고 늘어져라. 당신이 변화하고 싶다면, 아침에 하루 시간 계획을 짜고 각 활동에 배정할 시간의 양을 정하라. 정해둔 시간이 끝나면 그 일을 다 마쳤든지 아니든지 간에 그만두라. 그러고는 다음 계획으로 넘어가라. 당신이 피아노를 치는데 많은 시간을 치든지 전혀 치지 않든지 하는 경향이 있다면 하루에 단 한 시간만 친다고 결정하라. 내 생각에 당신은 그런 식으로 자신의 만족과 생산을 실질적으로 향상시킬 것이다.

9. 나는 당신이 실수하기를 두려워한다고 단언한다! 실수하는 것이 뭐 그리 두려운가? 당신이 틀리면 세상이 끝장나는가? 내게 틀리길 참을 수 없는 사람을 보여달라. 그러면 나는 **위험** 무릅쓰기를 두려워하고 성장의 역량을 포기한 사람을 당신에게 보여주겠다. 완벽주의를 격퇴하는 특별히 강력한 방법은 실수하기를 배우는 것이다.

당신이 이것을 어떻게 할 수 있는지 보라. 완벽하려 애쓰는 것이나 실수하기를 두려워하는 것이 모두 왜 **비합리적이고 자멸적인지** 당신이 똑똑히 설명하는 수필 하나를 쓰라. 다음은 앞서 소개한 적이 있는 제니퍼가 작성한 수필이다.

〈왜 실수할 수 있다는 것이 위대한가〉

1) 나는 실수하기를 두려워한다. 왜냐하면 나는 모든 것을 절대론자나 완벽주의자적 용어, 즉 한 번 실수하면 전체를 망친다로 보기 때문이다. 이것은 그릇되다. 옥의 티가 훌륭한 옥을 망치지 않는 것이 확실하다.

2) 실수하는 것은 좋다. 왜냐하면 그때 배우기 때문이다. 사실 우리가 실수하지 않는다면 배울 수 없을 것이다. 아무도 실수하기를 피할 수 없다. 그리고 또한 그것은 어쨌든 발생할 것이므로 우리는 그것을 받아들이고 그것으로부터 배우는 편이 낫다.

3) 우리 실수를 인정하는 것이 우리가 더 만족하는 결과를 얻을 수 있도록 행동을 조정하는 데 도움이 된다. 그리하여 우리는 실수가 궁극적으로 더 행복하게 하고 매사를 더 잘되게 작용한다고 말할 수 있다.

4) 우리가 실수하기를 두려워하면, 우리는 마비된다. 우리는 실수를 할까봐 (사실 분명 할 테니까) 무언가를 하거나 시도하기를 두려워한다. 실수하지 않도록 활동들을 제한하면 정말 우리 자신을 패배시키고 있는 것이다. 더 많이 시도하고 더 많이 실수하도록 더 빨리 궁극적으로 더 배우고 더 행복해질 것이다.

5) 대부분의 사람이 우리에게 화를 내거나 싫어하지 않을 것이다. 왜냐하면 우리도 실수하고 그들 모두 실수하며, 대부분은 '완벽한' 사람 주위에서 불편함을 느끼기 때문이다.

6) 실수하더라도 우리는 죽지 않는다.

비록 그런 수필이 당신의 변화를 **보증**하지 않는다 해도, 당신이 바른 방향으로 출발하도록 도울 수 있다. 제니퍼는 그 수필을 쓴 다음 주에 엄청난 향상을 보고했다. 그녀는 자기가 위대한지 아닌지에 줄곧 몰두하기보다 배우는 데 초점을 두는 것이 자신의 학습에 유용함을 발견했다. 그 결과로 그녀의 불안은 감소했고, 일을 처리하는 능력은 증가했다. 이 느슨해지고 확신에 찬 기분은 첫 학기말 마지막 시험 기간 내내 지속되었다. 그녀의 동창생 대다수에게는 극도로 불안한 시간이었지만 말이다. 그녀는 설명했다. "나는 내가 완벽하지 않아도 된다는 것을 깨달았지요. 나는 내 몫의 실수를 할 참입니다. 그래서 어쩌냐고요? 나는 내 실수에서 배울 수 있으니 걱정할 것이 없습니다." 그녀가 옳았다!

이 노선을 따라 당신 자신에게 메모를 써라. 당신이 실수해도 세상은 끝장나지 않을 것을 스스로에게 상기시켜라. 그리고 있을 수 있는 유익을 지적하라. 그러고는 그 메모를 2주간 매일 아침 읽어라. 내 생각에 이 과정은 당신을 인류에 합류시키는 데 크게 도움이 될 것이다.

10. 의심할 바 없이 당신은 그 완벽주의로 자신의 부족한 점들에 초점을 맞추는 일에만 열중하고 있다. 당신은 자기가 하지 않은 것들을 골라내고 해낸 것들을 무시하는 나쁜 습관을 갖고 있다. 당신은 모든 실수와 결점들의 목록을 작성하며 인생을 다 보낸다. 당신이 무력감을 느끼는 것은 놀랍지 않다. 누가 당신에게 이것을 하라고 시키는가? 당신은 그런 식으로 느끼길 좋아하는가?

여기에 이 불합리하고 고통스런 경향을 역전시키는 간단한 방법이 있다. 당신이 매일 **제대로** 해낸 일들을 세기 위해 손목계수기를 사용하라. 당신이 얼마나 많은 점수를 모으는지 보라. 너무 단순하게 들려서 소용 있을지 확신이 가지 않을 것이다. 그렇다면 2주 동안 그것을 실험하라. 나는 당신이 인생의 적극적인 부분에 더 초점을 맞추기 시작할 것이며,

그 결과로 자신에 대해 더 기분이 좋아짐을 발견할 거라고 예언한다. 사실 간단하니까 간단하게 들린다! 그것이 효력을 낼지 누가 알겠는가?

11. 또 다른 유용한 방법은 당신의 완벽주의를 일으키는 전부 아니면 무사고의 불합리를 폭로하는 것이다. 주위를 돌아보고 세상의 얼마나 많은 부분이 전부 아니면 무사고 범주로 분류될 수 있는지 자문해보라. 당신 주위의 벽들은 완전히 깨끗한가, 아니면 적어도 약간의 더러움이 있는가? 나는 내 모든 저술에서 완전히 효과적이었나, 아니면 부분적으로 효과적이었나? 이 책의 단락 하나하나가 완벽하게 다듬어져 있지 않으며 숨이 막힐 정도로 유용하지 않은 것이 확실하다. 당신은 완전히 침착하게 늘 확신에 차 있는 사람을 아는가? 당신이 좋아하는 영화배우는 완벽하게 아름다운가?

일단 전부 아니면 무사고가 아주 흔히 현실과 맞지 않음을 깨달으면 하루 종일 당신의 전부 아니면 무사고를 찾으라. 그리고 하나를 발견하면 그것에 말대꾸하여 윽박질러라. 당신 기분이 더 좋아질 것이다. 많은 사람이 어떻게 전부 아니면 무사고와 싸웠는지 보여주는 사례가 〈표 14-5〉에 있다.

12. 완벽주의와 싸우는 다음 방법은 개인적 폭로다. 당신이 어떤 상황에서 신경질이나 무력감을 느끼면 그것에 대해 사람들과 이야기하라. 당신이 느끼기에 무능하게 한 일들을 숨기는 대신 지적하라. 사람들에게 개선할 방법에 대해 제안을 청하라. 만일 그들이 당신을 불완전하다는 이유로 거부하려 하면, 그들이 그렇게 하도록 두라. 그리고 그것을 극복하라. 당신이 어떤 입장에 있는지 의심스러우면, 당신이 실수할 때 그들이 당신을 덜 됐다고 생각하는지 물어보라. 이렇게 하는 당신은 사람들이 당신의

표 14-5 전부 아니면 무사고를 현실과 더 잘 부합하도록 다른 것으로 대치하는 방법. 이 예들은 다양한 사람들이 제공한 것이다.

전부 아니면 무사고	현실적 사고
1. 재수 없는 날이로군!	1. 나쁜 일이 많이 생겼지만 모두가 재난이었던 것은 아니다.
2. 내가 한 요리는 정말 형편없었다는 것이 드러났다.	2. 내 요리가 걸작은 아니지만 그런대로 괜찮다.
3. 나는 너무 늙었다.	3. 너무 늙어서 어떻단 말인가? 너무 늙어서 재미있게 지낼 수 없는가? 아니다. 가끔 섹스하기에도 너무 늙었나? 아니다. 너무 늙어 우정을 즐길 수 없나? 아니다. 너무 늙어서 사랑하거나 사랑받을 수 없나? 아니다. 너무 늙어서 생산적인 일을 할 수 없나? 아니다. 그러면 내가 너무 늙어서 어떻단 말인가? 그 소리야말로 아무 의미 없군!
4. 아무도 나를 사랑하지 않는다.	4. 쓸데없는 소리. 내겐 많은 친구와 가족이 있다. 원할 때 원하는 만큼 많은 사랑을 얻지는 못하겠지만 나는 거기에 영향을 미칠 수 있다.
5. 나는 실패자다.	5. 모든 사람처럼 나는 부분적으로 성공했고 부분적으로는 실패했다.
6. 내 경력은 내리막길이다.	6. 더 젊었을 때만큼 많이 해내진 못해도, 나는 여전히 일하고 생산하고 창조할 수 있다. 그러니 그것을 누려라.

7. 내 강의는 실패작이다.	7. 내가 한 최상의 강의는 아니었다. 사실 내 평균치 이하였다. 그러나 나는 몇 가지 점에서 훌륭했다. 그러므로 나는 다음 강의를 향상시킬 수 있다. 기억하라, 내 강의의 절반은 평균 이하이고 절반은 그 이상일 것이다.
8. 내 남자 친구는 나를 좋아하지 않는다!	8. 그가 무엇을 하기에 충분할 만큼 나를 사랑하지 않는단 말인가? 그가 나와 결혼하지 않을지는 몰라도, 여러 번 나와 데이트했으니 부분적으로 나를 좋아하는 것이 틀림없다.

불완전함 때문에 당신을 경멸할 가능성을 처리할 준비가 되어 있음이 틀림없다. 내가 한 그룹의 치료자들을 지도하던 기간에 이런 일이 실제로 일어났다. 나는 내가 느끼기에 까다롭고 조작적인 한 환자에게 화를 내며 반응하면서 범한 오류를 예로 들었다. 그러고나서 치료자 중 누구라도 나의 흠에 대해 들은 뒤 나를 덜 됐다고 생각하는지 물었다. 나는 한 사람이 그렇다고 답했을 때 놀랐으며, 다음 대화가 이루어졌다.

치료자 (청중 가운데서) 두 가지 생각이 듭니다. 하나는 적극적인 것입니다. 나는 당신이 그룹 앞에서 자신의 잘못을 지적하는 위험을 무릅쓴 점에 대해 감사드립니다. 나 같으면 그렇게 하길 두려워했을 겁니다. 내 생각에 당신 입장에서 커다란 용기가 필요했다고 봅니다. 그러나 나는 지금 당신에 대해 반대되는 감정이 양립함을 인정하지 않을 수 없습니다. 지금 나는 당신이 현실적인 실수를 범한 것을 알고… 당신에게 실망을 느낍니다. 솔직히 말해서 그렇습니다.

번즈 좋습니다. 나는 그 환자를 다루는 법을 알았지만, 너무 화가 난 나머지 그 순간에 사로잡혀 보복했습니다. 나는 그녀에게 반응하는 방식에서 지나치게 퉁명스러웠습니다. 나는 내가 매우 졸렬하게 대처했음을 인정합니다.

치료자 나는 당신이 그렇게 여러 해 동안 매주 아주 많은 환자를 만난다는 전후 상황을 추측합니다. 당신이 그처럼 큰 실책을 한다 해도 확실히 세상이 절단 나지는 않습니다. 그것은 그녀나 그 무엇도 죽이지 않습니다. 그러나 내가 실망을 느낀 것은 인정해야겠습니다.

번즈 그러나 그것은 단지 하나의 드문 잘못이 아닙니다. 나는 모든 치료자가 매일 큰 실책을 여러 번 저지른다고 생각합니다. 명백한 일이며, 미묘한 것입니다. 적어도 나는 그렇습니다. 당신은 어떻게 그것과 타협하겠습니까? 당신은 내가 그 환자를 효과적으로 다루지 못해서 내게 무척 실망한 듯이 보입니다.

치료자 예, 그렇습니다. 나는 환자가 무슨 말을 해도 거의 다 쉽게 처리할 수 있을 만큼 당신이 충분히 광범위한 행동 목록을 갖고 있다고 생각했습니다.

번즈 그건 사실이 아닙니다. 나도 때때로 어려운 상황에서 매우 유용한 것을 제안하기도 하지만, 가끔은 내가 되고 싶은 만큼 효과적이지 않습니다. 나는 아직도 배울 것이 많습니다. 이제 이런 것을 알고나니 당신은 나를 덜 됐다고 생각합니다. 그렇지요?

치료자 예, 정말 그렇습니다. 그렇게 말할 수밖에 없습니다. 왜냐하면 이제 나는 당신을 속상하게 할 수 있는 상당히 쉬운 종류의 갈등이 있음을 알기 때문입니다. 당신은 자신의 취약점을 보이지 않고서는 그걸 다룰 수 없습니다.

번즈 그건 사실입니다. 적어도 그때 나는 그것을 잘 다루지 못했습니다. 그건 내가 나의 노력을 집중하고 치료자로서 성숙할 필요가 있는 영역입니다.

치료자 적어도… 이 경우는 당신이 내가 생각한 만큼 일을 잘 처리하지 못한다는 것을 보여줍니다. 다른 사례에서도 마찬가지였겠지요.

번즈 옳은 말씀이라고 생각합니다. 그러나 문제는 왜 당신이 내가 불완전하다는 이유로 나를 덜 됐다고 여기는가 하는 것입니다. 왜 당신은 나를 경멸합니까? 그 이유가 나를 당신에게는 덜 된 사람으로 만듭니까?

치료자 당신은 지금 그 일 전체를 과장하고 있습니다. 나는 당신이 인간으로서 필연적으로 덜 가치 있다거나 그런 식으로 느끼지 않습니다. 그러나 반면 나는 당신이 내가 생각한 만큼 좋은 치료자가 아니라고 느낍니다.

번즈 옳습니다. 당신은 그것 때문에 내가 덜 됐다고 생각합니까?

치료자 치료자로서 말입니까?

번즈 치료자로서 또는 인간으로서. 당신은 내가 덜 됐다고 생각합니까?

치료자 예, 그런 것 같습니다.

번즈 왜 그렇습니까?

치료자 이것을 어떻게 말해야 할지 모르겠습니다. 나는 주로 당신을 '치료자'로서 보고 있습니다. 나는 당신이 그렇게 불완전함을 발견하고 실망했습니다. 나는 당신에 대해 더 높은 기대를 갖고 있었습니다. 그러나 당신은 삶의 다른 영역에서는 더 잘하시겠지요.

번즈 당신을 실망시키고 싶진 않지만, 당신은 내가 훨씬 더 불완전함을 내 삶의 다른 여러 면에서 발견하실 겁니다. 그래서 당신이 나를 치료자로서 경멸한다면 나는 당신이 또한 나를 인간으로서 경멸한다고 생각합니다.

413

치료자 그래요, 나는 당신을 인간으로서 가볍게 생각합니다. 그것이 내가 당신에 대해 어떻게 느끼고 있는지에 대한 정확한 묘사라고 생각합니다.

번즈 왜 당신은 내가 완벽에 대한 당신의 기준에 들어맞지 않는다는 이유로 나를 덜 됐다고 생각합니까? 나는 인간이지 로봇이 아닙니다.

치료자 내가 그 질문을 이해했다고 확신이 가질 않습니다. 나는 사람들을 그들의 실행의 견지에서 판단합니다. 당신은 실수하여 망쳤고, 당신은 내가 당신을 부정적으로 판단할 거라는 사실을 인정해야 합니다. 냉정하지만 현실입니다. 나는 당신이 우리의 지도 교수이고 선생이므로 더 잘해야 한다고 생각합니다. 나는 당신에게 더 많이 기대했습니다. 그러고보니 내가 당신보다 그것을 더 잘 처리할 수 있었다는 듯이 말했군요!

번즈 그래요, 내 생각에 당신은 그날 그 환자에게 나보다 더 잘할 수 있었을 겁니다. 그것이 당신에게서 배울 수 있는 부분이라고 생각합니다. 그러나 당신은 왜 이것 때문에 나를 경멸합니까? 내가 실수를 저질렀다고 당신에게 통보할 때마다 당신이 실망하고 존경심을 잃는다면 당신은 금세 비참해질 것이며, 나는 태어난 이래 매일같이 잘못을 범하고 있으니 당신은 내게 전혀 존경심을 가질 수 없을 겁니다. 당신은 그 모든 불편을 원합니까? 당신이 우리의 우정을 계속하고 즐기고 싶다면, 나는 당신이 그러길 희망합니다만, 당신은 내가 완벽하지 않다는 사실을 꼭 받아들여야만 할 것입니다. 아마도 당신은 내가 가르치는 동안 당신에게서 배울 수 있도록 내가 하는 잘못들을 찾아내어 지적하는 일을 기꺼이 해주겠지요. 내가 실수하기를 멈출 때 나는 성장의 역량을 많이 잃어버릴 것입니다. 나의 잘못을 인정하고 고치며 그것으로부터 배우는 것이 나의 가장 큰 자산 중의 하나입니다. 당신이 나의 인간성과 불완전함을 받아들인다면 당신 자신도 받아들일 수 있을 겁니다. 아마도 당신은 당신 역시 실수를 저지르는 것이 괜찮다고 느끼길 원할 겁니다.

이런 종류의 대화는 당신이 침울하게 느낄 가능성을 능가한다. 당신의 실수할 권리를 단언하는 것은 역설적으로 당신을 더 위대한 인간으로 만들 것이다. 다른 사람이 실망을 느낀다면, 잘못은 사실상 당신이 인간 이상이라는 비현실적인 기대를 세운 그에게 있다. 당신이 그 어리석은 기대를 당신 것으로 하지 않는다면, 당신은 실수하여 망칠 때 화를 내거나 방어적이 되지 않아도 될뿐더러 어떤 수치나 당황의 느낌을 갖지 않아도 될 것이다. 선택은 명백하다. 당신은 완벽하려 애쓰다가 끝내 비참하게 되거나, 아니면 당신의 목표를 인간적이고 불완전한 것으로 잡고는 향상된 느낌을 가질 수 있다. 어느 쪽을 택하겠는가?

13. 다음 방법은 당신 생애에서 정말 행복했던 순간에 정신적 초점을 맞추는 것이다. 어떤 이미지가 떠오르는가? 내 경우에는 대학 시절 하바수파이 협곡으로 내려갔던 때다. 그 협곡은 그랜드 협곡의 한 고립된 부분이다. 당신은 그곳에 가기 위해 하이킹을 하든지, 아니면 말을 준비해야 한다. 나는 친구 한 명과 함께 갔다. 인디언 말로 '청록물 사람들'이란 뜻의 하바수파이는 사막 밑바닥으로 부글부글 넘쳐 나와 그 협곡을 수킬로미터에 걸쳐 길고 푸르게 우거진 낙원으로 만드는 청록색 강의 이름이다. 마침내 그 하바수파이 강은 콜로라도 강으로 흘러 들어간다. 거기에는 수십 미터나 되는 폭포들이 많으며, 각 폭포 물 속에는 초록색의 화학물질이 침전되어 있다가 흘러나가 마치 청록색의 수영장처럼 강바닥과

강가를 부드럽고 광택 나게 한다. 사시나무들과 트럼펫 같은 진홍빛 꽃들이 핀 흰독말풀들이 강가에 줄지어 있었다. 거기 사는 인디언들은 태평스러우며 우호적이다. 내게 그 여행은 기쁨에 찬 기억이다. 분명 당신도 비슷하게 행복한 기억을 갖고 있을 것이다. 이제 당신 자신에게 물어보라. 그 체험에 완벽한 것이 무엇인가? 내 경우에는 아무것도 없다! 그곳에는 화장실 시설도 없었고, 우리는 야외에서 슬리핑 백 속에 들어가 잠을 잤다. 나는 완벽하게 하이킹하지도, 수영하지도 않았다. 아무것도 완벽하지 않았다. 너무 외딴 곳이어서 대부분의 마을에는 전기도 들어오지 않았다. 구할 수 있는 음식이라곤 통조림 콩과 과일칵테일 통조림뿐이었다. 고기도 야채도 없었다. 그러나 하루의 하이킹과 수영 뒤에 먹은 음식은 굉장히 맛있었다. 그러니 누가 완벽을 필요로 할까?

그런 행복한 기억을 어떻게 이용할 수 있는가? 유쾌한 체험, 이를테면 음식을 맛있게 먹어치운 일, 여행, 영화 구경 등의 체험이 있을 때 당신은 결핍된 모든 사항의 목록을 만들고 그것을 아무래도 즐길 수 없다고 자신에게 말함으로써 그 체험을 망칠 수 있다. 그러나 이것은 보잘것없는 이야기다. 당신을 속상하게 하는 것은 당신의 기대다. 모텔의 침대가 우툴두툴하고 당신은 그 방값으로 56달러를 치렀다고 치자. 당신은 프런트에 전화를 걸지만, 그들은 사용할 수 있는 다른 침대나 방이 없다고 말한다. 설마! 이제 당신은 완벽을 요구함으로써 곤란을 곱절로 늘리거나, 당신의 '불완전하지만 행복한' 기억을 불러낼 수 있다. 당신이 바깥에서 캠프를 하며 땅 위에서 자고, 그것을 즐기던 걸 기억하는가? 그래서 당신이 선택하면 그 모텔 방에서 확실히 즐겁게 보낼 수 있다. 다시 말하지만 그것은 당신에게 달렸다.

14. 완벽주의를 극복하는 또 다른 방법은 '탐욕 기법'이다. 이것은 대

부분의 우리가 인생에서 앞서기 위해 완벽하려고 노력한다는 사실에 기초를 두고 있다. 당신의 기준이 더 낮다면 당신이 결국에는 훨씬 더 성공적이 될 것이다. 예를 들어 나는 학술 경력을 쌓기 시작한 시기에 출판한 첫 연구 논문을 쓰는 데 2년을 보냈다. 그 논문은 탁월한 저작이었고, 나는 지금도 그것을 자랑스럽게 여긴다. 그러나 나는 같은 시기에 같은 지식을 가진 나의 동료들이 수많은 논문을 쓰고 출판한 것을 보았다. 그래서 나는 자문했다. 98개의 '탁월한 단원'을 가진 한 출판물이 나을까, 아니면 '탁월한 단원'이 각각 80개씩인 논문 10개가 더 나을까? 후자의 경우는 실제로 800개의 탁월한 단원을 갖게 되는 셈이다. 나는 그 시합에서 훨씬 더 앞질러 있을 것이다. 이 깨달음은 강한 개인적 설득이 되었고, 나는 내 기준을 조금 낮추기로 결심했다. 그러자 나의 생산성뿐 아니라 만족 수준도 극적으로 향상되었다.

이것이 당신에게는 어떻게 작용할 수 있을까? 과제를 갖고 있으며 당신이 천천히 움직이고 있음을 안다고 가정하자. 당신이 이미 수익 체감점에 도달했음을 발견하면 다음 과제로 움직이는 것이 좋겠다. 당신에게 그 습관을 버리라고 주장하는 것은 아니지만, 당신도 다른 사람과 마찬가지로 스트레스를 일으키는 명작 한 개보다 다양하고 바람직한 맹렬한 실행에서 더 많이는 아니라도 똑같이 만족할 만한 것을 발견할 것이다.

15. 여기에 마지막 접근이 있다. 그것은 단순한 논리로 되어 있다. 첫 번째 전제, 모든 인간은 실수를 범한다. 당신은 동의하는가? 좋다. 자, 내게 말하라. 당신은 무엇인가? 인간, 그런가? 좋다. 자, 무슨 결론이 나오는가? 물론, 당신은 실수를 범할 것이며 범해야 한다! 이제 당신이 실수를 범했다는 이유로 자신을 박해할 때마다 이렇게 자신에게 말하라. "나는 인간이므로 그 실수를 하도록 되어 있다!" 아니면 "그 실수를 하다니, 내

가 얼마나 인간적인가."

덧붙여 당신 자신에게 물어보라. "나는 내 실수로부터 무엇을 배울 수 있는가? 무슨 유익이 나올 수 있는가?" 실험 삼아 당신이 범한 실수 몇 가지를 생각하고 거기서 배운 모든 것을 적어보라. 가장 좋은 것 몇 가지는 오로지 실수를 통해서만 배울 수 있다. 결국 이것이 바로 당신이 말하고 걷고 만사에 대해 행동하기를 배우는 방식이다. 당신은 그런 종류의 성장을 자청해서 포기하려는가? 당신은 더 나아가서 불완전과 실수하여 망친 것을 자신의 가장 큰 자산들 중의 상당 부분이라고 말할 수도 있다. 그것들을 소중히 하라! 당신의 실수하는 능력을 포기하지 말라. 그렇게 되면 앞으로 나아갈 능력을 잃기 때문이다. 사실 당신이 완벽하다면 어떨까? 배우거나 개선될 사항도 없을 것이며, 인생에는 도전이나 노력을 들여서 무언가를 정통하는 데서 오는 만족도 완전히 결핍될 것이다. 그것은 마치 여생 동안 유치원에 가는 것과 같을 것이다. 당신은 모든 답을 알고 모든 시합에서 이길 것이다. 모든 계획은 성공이 보증될 것이다. 당신은 모든 것을 정확히 할 테니까. 사람들의 대화는 당신에게 아무것도 제공하지 못할 것이다. 당신은 벌써 그 모든 것을 알고 있으므로. 그리고 가장 중요한 것은 아무도 당신을 사랑하거나 관계를 맺을 수 없다. 결점 없고 모든 것을 아는 사람에게 사랑을 느낀다는 것은 불가능할 것이다. 그것이 외롭고, 지겹고, 비참하게 들리지 않는가? 당신은 아직도 그렇게 꼭 완벽을 원하는가? 당신은 아직도 자기가 완벽을 원한다고 확신하는가?

| 제5부 |

희망 없음과 자살 격퇴하기

15장

궁극적 승리 :
살기로 선택하기

아론 베크 박사는 최근의 한 연구에서 경증의 우울증 환자 중 약 3분의 1과 중증의 우울증 환자 중 거의 4분의 3이 자살 욕구를 갖는다고 보고했다. 우울증 환자의 무려 5퍼센트가 실제로 자살로 사망한다고 평가되는데, 일반 대중의 자살률의 거의 25배에 달하는 수준이다. 사실 우울병을 가진 한 사람이 죽을 때 자살이 그 죽음의 원인일 가능성은 6분의 1이다.

어떤 연령층이나 사회 계층 및 직업 계층도 자살에서 예외적이지 않다. 자살한 사람들 중에서 당신이 아는 유명인들을 생각해보라. 특히 충격적이고 기이한 것, 그러나 결코 드물지 않은 것은 아주 젊은 층의 자살이다. 필라델피아 교외의 한 교구학교의 7학년과 8학년에 대한 연구에서, 그들 청소년의 거의 3분의 1이 심각한 우울증에 빠져 있으며 자살적 사고를 갖고 있는 것으로 나타났다. 어머니와 헤어진 7세 미만의 아이들조차 우울 증상을 나타낼 수 있으며, 그 결과 잘 자라지 못하거나 스스로 굶어 죽는 일이 생길 수 있다.

당신이 위압당하기 전에 나는 동전의 적극적인 면을 강조하겠다. 우선 자살은 무익하며 그 충동은 인지 요법으로 빨리 극복되고 제거될 수 있다. 우리 연구에서 자살 충동은 인지 요법 **또는** 항우울제로 치료받은 환자에게서 현저히 감소되었다. 인지 요법을 받은 다수의 환자에게서 치료 1~2주 안에 향상된 인생관이 생겼다. 최근 들어 기분 변동에 걸리기 쉬운 사람들에게서 우울증을 예방해야 한다는 강력한 목소리가 나오는 것은 자살 충동의 장기적 감소를 이룩할 것이 틀림없다.

우울증에 걸린 사람들은 왜 그다지도 흔히 자살을 생각할까? 이 충동을 막기 위해 무슨 일을 할 수 있을까? 당신이 적극적으로 자살적인 사람들의 사고를 조사해보면 이 말을 이해할 것이다. 만연된 비관적 시각이 그들의 사고를 지배하고 있다. 그들에게 인생은 단지 지옥 같은 악몽으로만 보이며, 과거를 들여다볼 때 기억해낼 수 있는 것이라곤 우울과 고통의 순간들뿐이다.

당신이 울적한 기분일 때는 너무 풀이 죽어서 자신에게 정말 행복한 시절이라곤 없었으며 앞으로도 행복하기는 틀렸다는 느낌이 들 것이다. 친구나 친척이 우울증의 시기만 빼고는 당신이 아주 행복했다고 지적하면, 당신은 그들이 실수했다거나 그저 자기를 애써 격려해주려는 것뿐이라고 단언한다. 이런 일이 생기는 것은 우울증에 빠져 있을 때 실제로 자신의 과거에 대한 기억을 왜곡하는 까닭이다. 당신은 그저 만족이나 기쁨의 시기에 대한 아무 기억도 불러내지 못할 뿐인데도 불구하고 애당초 그런 추억은 있지도 않았다고 잡아뗀다. 마찬가지로 당신은 언제나 자기가 비참했으며 언제나 그럴 거라고 어처구니없는 결론을 서슴없이 내린다. 누군가가 당신은 행복했다고 주장하면, 당신은 한 젊은 환자가 내 사무실에서 그랬듯이 반응할 것이다. "아이 참, 그 단계의 시간은 고려되지 않아요. 행복이란 어떤 종류의 착각이시요. 진정한 나는 우울하고 무력합니다. 내가 행복했다고 생각한다면 그저 나 자신을 속이는 것일 뿐입니다."

당신의 느낌이 얼마나 형편없든 간에 매사가 결국은 나아지리라는 확신을 갖고 있다면 그것은 견딜 만하다. 자살을 하려는 중대한 결정은 당신의 기분이 향상될 수 없다는 비논리적인 확신의 결과다. 당신은 미래에 단지 더 많은 고통과 혼란만 있을 뿐이라고 확신한다! 몇몇 우울증 환자처럼 당신도 압도적으로 확신을 주는 듯이 보이는 풍부한 자료를 가지고 자신의 비관적 예언을 뒷받침할지도 모른다.

우울증에 걸린 49세의 한 증권 중개인은 최근에 내게 말했다. "선생님, 나는 이미 10년 동안 여섯 명의 정신 치료자에게서 치료를 받았습니다. 나는 충격 요법과 온갖 유형의 항우울제, 신경안정제와 다른 약물들을 사용했습니다. 그러나 그 모든 것에도 불구하고 이 우울증은 1분도 멈추지 않습니다. 나는 나아지려고 8천 달러나 썼습니다. 이제 나는 정서적으로나 재정적으로 고갈되었습니다. 모든 의사가 내게 말했습니다. '당신은 이것을 쳐부술 겁니다. 낙담하지 마십시오.' 그러나 난 이제 그 말이 진실이 아님을 깨달았습니다. 그들 모두 내게 거짓말을 했습니다. 나는 전사처럼 힘껏 싸웠습니다. 질 때는 인정할 줄도 알아야 합니다. 나는 죽는 편이 더 낫다는 것을 인정해야 합니다."

연구 조사들은 당신의 비현실적인 희망 없음의 느낌이 심각한 자살 욕구가 발전하는 데 가장 결정적인 요인 중 하나임을 보여주었다. 당신의 뒤틀린 사고 때문에 탈출구가 없어 보이는 덫에 걸려 있는 자신을 본다. 당신은 자신의 문제가 해결 불가능하다고 성급히 결론 내린다. 당신의 고통이 참을 수 없는 느낌이고 끝이 없어 보이므로 그릇되게도 자살이 유일한 탈출구라고 결론짓는다.

당신이 과거에 그런 생각들을 가졌거나 현재 심각하게 고려 중이라면, 나는 이 장의 요지를 크고 명료히 말하겠다.

자살이 당신 문제의 유일한 해결책이거나 최선의 해결책이라는 당신의 신념은 틀렸다.

다시 한 번 말한다. 당신은 틀린 것이다! 당신이 덫에 걸리고 희망이라곤 남아 있지 않다고 생각할 때, 당신의 사고는 비논리적이며 왜곡되고 편향되었다. 얼마나 철두철미하게 당신이 확신하고 있든지 간에, 그리고 심지어 다른 사람들을 당신 말에 고개를 끄덕이게 만들지라도, 우울병 때문에 자살하는 것이 매우 권할 만하다는 당신 신념은 **틀려도 보통 틀린 것이 아니다**. 자살은 당신이 자신의 비참에 대해 취할 수 있는 가장 합리적인 해결책이 아니다. 나는 이 견해를 설명하고 당신이 자살의 덫에서 빠져나오는 길을 지적해내도록 돕겠다.

자살 충동 평가하기

우울증에 걸리지 않은 사람들이 자살적인 생각을 갖기도 하지만, 당신이 우울증에 빠져 있다면 자살 충동이 느껴질 때는 언제나 위험한 증상으로 여겨야 한다. 가장 위협적인 자살 충동을 정확히 가려내는 법을 아는 것이 중요하다. 2장의 베크 우울증 목록에서 질문 9번은 당신의 자살 생각이나 충동과 관련된 것이다. 당신이 이 질문의 1, 2, 또는 3을 표시했다면 자살 공상을 갖고 있다는 뜻이다. 그러면 그것들의 심각성을 평가하고, 필요하다면 개입하는 것이 중요하다.

자살 충동과 관련해서 당신이 범할 수 있는 가장 심각한 과오는, 상담자와 의논할 때 그 충동을 대화의 주제로 떠올리길 지나치게 기피하는 것이다. 많은 사람은 비난받을까봐 두려워서, 또는 그것에 대한 언급조차 자살 기도를 야기할 거라고 믿기 때문에 자살 공상과 충동에 대해 이야기하기를 두려워한다. 이 관점은 부당하다. 당신은 전문적 상담자와 자살 생각들을 토의하면서 큰 안도감을 갖기가 더 쉽다. 따라서 당신은 그것들의 폭탄 기폭장치를 제거할 아주 좋은 기회를 갖게 된다.

당신이 자살 생각들을 갖고 있다면 그런 생각들을 진지하게 다루고 있는지 자문하라. 당신이 죽기를 원한 순간들이 있는가? 그 답이 '예'라면 당신의 죽음 욕구는 능동적인가, 아니면 수동적인가? 수동적 죽음 욕구는 죽고 싶지만 활동적인 조처들을 취할 용의가 없는 경우다. 한 젊은 남자가 내게 고백했다. "선생님, 매일 밤 나는 침대에 들면서 하느님께 기도합니다. 나를 암에 걸린 채로 눈 뜨게 해주십사 하고요. 그러면 나는 평화롭게 죽을 수 있고, 나의 가족은 이해할 겁니다."

능동적 죽음 욕구는 더 위험하다. 당신이 실제적인 자살 기도를 심각하게 준비하고 있다면 다음 사항을 아는 것이 중요하다. 당신은 방법에 대해 생각했는가? 당신의 방법은 무엇인가? 계획은 세웠는가? 어떤 특정한 준비를 했는가? 일반적으로 당신의 계획이 더 구체적이고 잘 다듬어져 있을수록 실제로 자살을 기도할 가능성이 크다. 지금이 전문가의 도움을 구해야 할 시간이다!

당신은 과거에 자살 기도를 한 적이 있는가? 그렇다면 어떠한 자살 충동도 즉각 도움을 청해야 할 위험 신호로 보아야 한다. 많은 사람에게 이미 저지른 자살 기도들은 '준비 운동'과 같다. 그 운동으로 그들이 자살을 즐기지만 그들이 선택한 특정 방법을 숙달하지 않았던 것이다. 어떤 사람이 과거에 여러 번 자살을 시도했지만 성공하지 못했다. 그 사실만으로도 앞으로 있을 성공적인 자살이란 위험, 그것도 증가된 위험 신호다. 성공하지 못한 자살 기도를 단순히 의사 표시 또는 다른 사람의 주의를 끄는 의지의 표현으로 보고, 따라서 그다지 심각하게 받아들이지 않아도 된다는 것은 위험한 신호다. 최근 들어 모든 자살 생각이나 행위들은 심각하게 받아들여져야 한다는 생각이 바른 판단으로 인식되고 있다. 자살 생각과 행위들을 '도움의 청원'으로 보는 것은 매우 그르치기 쉽다. 그들은 자기들이 희망 없고 도움의 여지가 없다고 100퍼센트 확신하고 있다. 이 비논리적인 신념 때문에 그들이 정말 원하는 것은 죽음뿐이다.

희망 없음의 정도는 당신이 언제라도 능동적인 자살 기도를 할 위험에 처해 있는지 어떤지를 평가하는 데 가장 중요하다. 이러한 한 요인은 다른 무엇보다도 더 밀접히 능동적 자살 기도와 연결되어 있는 것으로 보인다. 당신은 자신에게 물어야 한다. "나는 내가 절대로 나을 기회가 없다고 믿는가? 나는 모든 치료 가능성을 다 써버렸으며 아무것도 결코 도움이 될 수 없을 거라고 느끼는가? 나는 나의 고통이 견딜 수 없으며 결코 끝날 수 없다고 의문의 여지없이 확신하는가?"

당신이 이 질문들에 '예'라고 답하면 희망 없음의 정도는 꽤 높은 편으로 전문적 치료가 필요하다. 그것도 **당장**! 나는 기침이 폐렴의 증상이듯 희망 없음이 우울증의 증상이라고 강조하고 싶다. 기침이 폐렴에 걸렸다고 증명하지 않는 것처럼, 희망 없음의 느낌은 희망 없다는 사실을 실제로 증명하지 않는다. 그것은 단지 당신이 병으로, 이 경우에는 우울증으로 고통 받고 있음을 증명한다. 희망 없음의 느낌은 자살 기도를 할 이유가 아니라 당신에게 적당한 치료를 찾으라는 명백한 신호를 주는 것이다. 그러므로 희망 없게 느끼면 도움을 구하라! 1분도 더 자살을 생각하지 말라!

중요한 마지막 요인은 억제책이다. 당신 자신에게 물어보라. "내가 자살하는 걸 막고 있는 무언가가 있는가? 나는 내 가족이나 친구들 또는 종교적 신념 때문에 삼갔는가?" 당신에게 아무 억제책이 없다면 능동적인 자살 기도를 고려할 가능성이 더 크다.

요약

당신이 자살적이라면 상식을 통해 이 충동들을 사실의 방법으로 평가

하는 것이 매우 중요하다. 다음 요인들은 당신이 위험군에 속해 있음을 나타낸다.

1) 당신이 심하게 우울하고 희망 없음을 느낀다면.
2) 당신이 과거에 자살 기도의 경력이 있다면.
3) 당신이 자살을 위한 구체적인 계획과 준비를 했다면.
4) 당신을 막는 아무런 억제책이 없다면.

이 요인들 하나나 그 이상이 적용되면 전문적 개입과 치료를 즉시 받고 안 받고에 생사가 걸리게 된다. 나는 자기도움의 태도가 우울증에 걸린 모든 사람에게 중요하다고 굳게 믿고 있지만, 당신이 전문적 안내를 즉시 찾아야 한다는 것은 명백하다.

자살의 비논리

당신은 우울증에 걸린 사람들이 자살할 '권리'를 갖는다고 생각하는가? 오도된 '인문주의자'들과 초보 치료자들은 이 주제에 과도하게 매달린다. 희망 없고 자기파괴를 하겠다고 위협하는 한 만성적 우울증 환자를 당신이 상담하거나 도와주려 애쓴다면 이렇게 자문할 수 있다. "내가 적극적으로 개입해야 하는가, 아니면 그냥 내버려두어야 하는가? 이런 측면에서 인간으로서 그의 권리는 무엇인가? 나는 이 자살 기도를 막을 책임이 있는가, 아니면 그에게 맡기고 선택의 자유를 행사하라고 말해야 하는가?"

나는 이것이 전적으로 요점을 놓친 불합리하고 잔인한 주제라고 본다.

진짜 문제는 우울증 환자가 자살할 권리를 갖고 있느냐가 아니라, 자살을 고려하는 순간 그의 사고가 **현실적인가**이다. 나는 자살적인 사람에게 이야기할 때, 그가 왜 그런 식으로 느끼는지 알아내려고 애쓴다. 난 직접 묻기도 한다. "당신 자신을 죽이려는 당신의 동기는 무엇입니까? 당신 인생의 무슨 문제가 그다지도 끔찍해서 해결책이 도대체 없단 말입니까?" 그러고는 그로 하여금 자살적 충동 뒤에 잠재해 있는 비논리적 사고를 되도록 빨리 폭로하도록 도와준다. 더 현실적으로 생각하기 시작할 때, 당신의 희망 없음의 느낌과 생명에 종지부를 찍으려는 욕구는 사라지고 살려는 충동이 생길 것이다. 이처럼 나는 자살적인 사람들에게 죽음보다는 기쁨을 권고하며, 그들에게 이것을 성취하는 법을 가능한 한 빨리 보여주려 애쓴다! 어떻게 이것이 이뤄질 수 있는지 보자.

홀리는 뉴욕에 있는 한 어린이 심리분석가가 내게 치료를 의뢰한 19세의 여성이다. 그 심리분석가는 그녀가 10대 초반에 일으킨 끊임없이 심한 우울증의 시초부터 여러 해 동안 분석적 요법으로 치료했으나 실패하고 말았다. 다른 의사들도 그녀를 도울 수 없었다. 그녀의 우울증은 부모가 별거와 이혼에 이르고 만 가족의 혼란 시기에 시작되었다.

홀리의 만성적으로 우울한 기분은 손목을 베는 여러 사건을 동반했다. 그녀는 좌절의 느낌이나 희망이라고는 사라졌다는 느낌이 들 때 자기 몸을 맹렬히 공격하려는 충동에 사로잡히며, 자기 피부 위로 흐르는 피를 보고서야 안도감을 갖는다고 말했다. 처음 홀리를 만났을 때 나는 그녀의 팔목을 가로지른, 그 자해 행동의 증언자인 흰 상처 자국들을 보았다. 그녀는 이런 자해 사건 이외에도 자살하고자 여러 차례 시도했었다.

그녀가 받은 모든 치료에도 불구하고 그녀의 우울증은 고쳐지지 않았다. 때때로 너무 심해져서 입원을 해야 했다. 홀리는 내게 의뢰될 당시 뉴욕에 위치한 한 병원의 폐쇄 병동에 틀어박혀 있었다. 그곳 의사는 최소한 2년의 계속적인 추가 입원을 권고했으며, 실질적인 개선의 예후는 적어도 가까운 장래에 보잘것없으리라는 점에서 홀리와 같은 의견인 것 같았다.

뜻밖에도 그녀는 똑똑하고 분명하고 품위 있었다. 그녀는 병원에 틀어박혀 있는 동안 수업에 갈 수 없었음에도 불구하고 고교 시절에 성적이 좋았다. 그녀는 가정교사의 도움으로 몇몇 학과를 마쳐야 했다. 많은 청소년 환자와 마찬가지로 홀리의 꿈은 정신건강 전문가가 되는 것이었으나, 그녀는 앞서 말한 치료자로부터 자신의 폭발적이고 다루기 힘든 정서적 문제들 때문에 그것이 비현실적이라는 말을 들었다. 그 의사의 말은 홀리에게 바로 또 다른 결정적인 타격이었다.

홀리는 고교를 졸업한 뒤 대부분의 시간을 정신병원 시설들에서 보냈다. 왜냐하면 그녀가 외래환자 요법을 쓰기에는 너무 증상이 심하고 통제가 불가능하다고 판단되었기 때문이다. 도움을 구하려는 필사적인 시도로 그녀의 아버지는 펜실베이니아 대학교에 연락했다. 그는 글을 통해 우리의 우울증에 대한 연구에 관해 알았던 것이다. 그는 자기 딸을 위해서 가망 있는 치료 대안이 있는지 알아보려고 의논을 요청했다.

홀리의 아버지는 나와 전화 통화를 한 뒤 내가 그녀와의 대화를 통해 치료의 가능성을 관찰할 수 있도록 홀리를 데리고 필라델피아로 왔다. 그들을 만났을 때 그들의 성품은 나의 기대와는 대조적이었다. 그는 느긋하고 온화한 태도가 밴 사람이었고, 그의 딸은 놀랄 정도로 매력적이고 쾌활하고 협조적이었다.

나는 홀리에게 몇 가지 심리학적 검사를 실시했다. 베크 우울증 목록은 심각한 우울증을 나타냈고, 다른 검사들은 높은 수준의 희망 없음과 심각한 자살 의향을 확인해주었다. 홀리는 내게 무뚝뚝하게 말했다. "나는 자살하고 싶어요." 집안 내력은 몇몇 친척이 자살을 기도했으며, 그중 두 사람은 성공했음을 보여주었다. 내가 홀리에게 왜 자살하고 싶은지 물었을 때 그녀는 자기가 게으른 사람이라고 말했다. 그녀는 자기가 게으르고 가치 없으므로 죽어 마땅하다고 설명했다.

나는 그녀가 인지 요법에 호의적으로 반응하는지 알아내고 싶었다. 그래서 그녀의 주의를 사로잡았으면 하는 기법 하나를 사용했다. 나는 우리가 어떤 역할수행을 하자고 제의했다. 그리하여 그녀는 두 변호사가 자신의 사례에 대해 법정에서 논쟁하고 있다고 상상하기로 했다. 그런데 그녀의 아버지는 의료과오를 전공한 변호사였다. 나는 당시 초보 치료자였으므로 홀리의 아버지의 전공 분야는 그런 힘든 사례를 다루는 데 불안하고 불안전한 나의 느낌을 강화시켰다. 나는 홀리에게 검사 역할을 맡겼다. 그래서 그녀는 사형선고를 받아 마땅하다고 배심원들을 확신시키려 애써야 했다. 나는 변호사의 역할을 맡아 그녀가 제시하는 모든 고발의 타당성에 도전하겠다고 말했다. 나는 그녀에게 이런 식으로 우리가 그녀의 살 이유와 죽을 이유를 조사할 수 있고, 진리가 어디에 있는지 볼 수 있다고 말했다.

  홀리 이 사람에게 자살은 삶으로부터의 탈출구일 것입니다.
  번즈 그 논증은 세상의 어느 누구에게도 적용될 수 있습니다. 그것만으로는 납득할 만한 죽을 이유가 되지 않습니다.
  홀리 본 검사는 그 환자의 삶이 너무 비참해서 1분도 더는 견뎌낼 수 없다고 말하는 것입니다.
  번즈 그녀는 지금까지 그것을 견뎌낼 수 있었습니다. 그러므로 아마도 얼마간 더 견딜 수 있을 것입니다. 그녀는 과거에 늘 비참하지는 않았습니다. 그리고 미래에 늘 비참하리란 증거 역시 없습니다.
  홀리 본 검사는 그녀의 삶이 가족에게 부담거리라고 지적합니다.

번즈　본 변호인은 자살로 인한 그녀의 사망은 가족에게 훨씬 더 결정적인 타격이 될 것이므로 자살이 이 문제를 해결하지 않을 거라고 강조합니다.

홀리　그러나 그녀는 이기적이며 게으르고 무가치합니다. 그러므로 죽어야 마땅합니다!

번즈　인구 중 몇 퍼센트가 게으릅니까?

홀리　아마도 20퍼센트… 아니, 10퍼센트라고 말하겠습니다.

번즈　그것은 미국인 2천만 명이 게으르다는 뜻입니다. 본 변호인은 그 이유로 그들이 죽지 않아도 되므로 환자는 죽음에 선발되어야 할 이유가 없음을 지적해둡니다. 당신은 게으름과 무감각이 우울증의 증상들이라고 생각합니까?

홀리　아마도 그렇습니다.

번즈　본 변호인은 우리 문화의 사람들이 폐렴이나 우울증이나 다른 질병이건 간에 병의 증상 때문에 사형선고 받지 않음을 지적합니다. 더구나 우울증이 떠나버리는 순간 게으름은 사라질 것입니다.

홀리는 이 재치 있는 즉답에 열중하면서 즐거워진 듯이 보였다. 일련의 그런 고발과 변호 후에 그녀는 자기가 죽어야 할 납득할 만한 이유가 없다는 것과, 합리적인 배심원이라면 변호인을 지지해 판결해야 한다고 시인했다. 더욱 중요한 것은 홀리가 자신에 대한 부정적 사고에 도전하고 대답하기를 배우고 있다는 점이었다. 이 과정은 그녀에게 여러 해 만에 처음으로 경험한, 부분적이지만 즉각적인 정서적 안도감을 가져다주었다. 진찰 시간 끝에 그녀가 말했다. "내가 기억하는 한 정말로 오랜만에 느끼는 최상의 기분입니다. 그러나 이제 부정적 사고가 내 마음에 떠오릅니다. 이 새 요법은 보이는 만큼 좋은 것이 아닌가봅니다." 이에 응하여 그녀는 우울증의 갑작스런 격동을 다시 느꼈지만, 나는 그녀를 확실하게 안심시켰다. "홀리, 본 변호인은 이것이 진짜 문제가 아님을 지적합니다. 이 요법이 보이는 만큼 좋지 않다면, 당신은 수주일이면 알아낼 것입니다. 그리고 당신은 아직도 장기적인 입원의 대안을 갖고 있습니다. 당신이 잃을 것은 없을 것입니다. 더구나 이 요법은 보이는 것처럼 부분적으로 좋을 수 있고, 아니면 생각건대 훨씬 더 좋을 것입니다. 분명 당신은 기꺼이 시도하고 싶을 것입니다." 이 제안에 응하여 그녀는 치료차 필라델피아로 오기로 결정했다.

자살하려는 홀리의 충동은 단지 인지 왜곡의 결과다. 그녀는 무기력과 인생에 대한 관심 상실 같은 병의 증상들을 자신의 진정한 정체와 혼동하여 자신을 '게으른 사람'으로 낙인찍었다. 또한 인간으로서의 가치를 자신의 성취와 같다고 생각했으므로 자기가 무가치하고 죽어 마땅하다고 결론지었다. 그녀는 자기가 결코 회복될 수 없으며, 가족들은 자기가 없어야 더 나아질 거라고 성급히 결론지었다. 그녀는 자신의 불편함을 "나는 그것을 참을 수 없어요"라고 말하며 확대했다. 그녀의 희망 없음의 느낌은 점쟁이 오류의 결과로서, 자기가 향상될 수 없다고 성급히 결론지었다. 홀리가 스스로 비현실적인 사고들로 자신을 옭아매고 있을 뿐임을 알았을 때 그녀는 갑작스런 고통의 경감을 느꼈다. 그런 개선을 유지하기 위해서 홀리는 장기적인 계획과 노력으로 자신의 부정적 사고를 고치는 법을 배워야 했다! 그녀는 그리 쉽게 굴복하지 않으려 했다!

우리의 최초 진찰 후 홀리는 필라델피아의 한 종합병원으로 옮겨졌다. 나는 1주일에 두 번 인지 요법을 하러 그곳을 방문했다. 그녀는 병원에서 극적인 기분 변동으로 난폭한 과정을 겪고 있었다. 그러나 5주가 지나 퇴원할 수 있었다. 그래서 나는 시간제 여름 학기에 등록하도록 그녀를 설득했다. 얼마간 그녀의 기분은 요요처럼 계속 오르락내리락하다가 전면적 향상을 보여주었다. 때때로 홀리는 며칠씩 매우 기분이 좋다고 보고하곤 했다. 이것은 그녀가 13세 이후로 처음 경험하는 행복한 시간이므로 진짜 돌파구를 형성했다. 그러고나서 그녀는 갑자기 심한 우울증에 다시 빠지곤 했다. 이때 그녀는 다시 능동적으로 자살적이 되곤 했으며, 내게 인생은 살 가치가 없다고 확인시키려고 온 힘을 기울였다. 많은 청소년처럼 그녀는 모든 인류에 대해 적의가 있는 듯이 보였고, 더 이상 살 의의가 없다고 주장했다.

그녀 자신의 가치감에 대한 부정적 느낌 이외에도 홀리는 세계 전체에 대해서 심히 부정적이고 환멸에 찬 시각을 개발했다. 그녀는 스스로가 끝이 없고 치료 불가능한 우울증에 사로잡혀 있다고 볼 뿐만 아니라 오늘날 많은 청소년처럼 허무주의의 개인적 이론을 채택했다. 이것은 비관주의의 가장 극단적인 형태다. 허무주의는 그 무엇에도 진리나 의미가 없으며 인생은 **모두** 고통과 번민으로 이루어져 있다는 신념이다. 홀리 같은 허무주의자에게 세상은 **그저 비참만 제공한다.** 그녀는 각 사람의 본질 자체와 우주의 목적은 악하고 끔찍하다고 확신하게 되었다. 그렇게 그녀의 우울증은 지상에서의 지옥 체험이다. 홀리는 죽음을 가능하고 유일한 정지(停止)로 그려보고 죽음을 갈망했다. 그녀는 끊임없이 삶의 잔인함과 비참에 대해 불평하고 냉소적으로 장광설을 늘어놓았다. 그녀는 삶이 언제나 완전히 참을 수 없으며, 모든 인간은 좋은 점이라고는 완전히 결여되어 있다고 주장했다.

그런 지적이고 완고한 젊은 여성에게 그 생각이 얼마나 왜곡되었는지 깨닫고 인정하게 하는 과제는 이 치료자에게 진짜 도전거리였다! 다음의 긴 대화는 그녀의 매우 부정적인 태도뿐만 아니라, 그녀에게 자신의 사고의 비논리를 꿰뚫도록 도우려는 나의 고투를 보여준다.

홀리 인생은 살 가치가 없습니다. 왜냐하면 세상에는 좋은 것보다 나쁜 것이 더 많으니까요.

번즈 내가 우울증 환자이고 당신이 내 치료자라고 가정합시다. 내가 당신에게 그 말을 했다면 당신은 무어라고 말하렵니까?

(나는 홀리의 인생 목표가 치료자가 되는 것이었음을 알고 있으므로 이 책략을 사용했다. 나는 그녀가 무엇인가 합리적이고 쾌활한 것을 말하리라고 기대했지만, 그녀는 나보다 한 수 위였다.)

홀리 나는 당신을 논박할 수 없다고 말할 것입니다.

번즈 그래서 만일 내가 우울증 환자이고 인생은 살 가치가 없다고 말한다면 당신은 내게 창문 밖으로 뛰어내리라고 조언할 겁니까?

홀리 (웃으며) 그래요, 내 생각에 그것이 할 수 있는 최선입니다. 당신이 세상에서 일어나고 있는 모든 나쁜 것에 대해 생각해보면, 해야 할 일이란 거기에 대해 정말 속을 끓이고 우울증에 걸리는 것입니다.

번즈 그러면 무슨 이익이 있습니까? 그것이 당신을 도와 세상의 나쁜 것들 따위를 고칩니까?

홀리 아니요. 그러나 당신은 그것들을 고칠 수 없습니다.

번즈 당신이 세상의 나쁜 것을 모두 고칠 수는 없습니까? 아니면 그것들 중 몇 개도 고칠 수 없습니까?

홀리 당신은 중요한 것이면 무엇이든 고칠 수 없습니다. 추측하건대 당신이 작은 것들은 고칠 수 있겠지요. 당신이 이 우주의 악에 정말로 충격을 줄 수는 없답니다.

번즈 자, 매일 저녁 내가 집에 갔을 때 그 말을 나 자신에게 한다면 나는 정말 속상할 수 있습니다. 달리 말해 내가 그날 하루 도와준 사람들을 생각하고 기분이 좋을 수도 있고, 그렇지 않으면 내가 결코 만나거나 연구할 기회를 갖지 못한 수많은 사람을 생각해내고 희망 없음과 무력함을 느낄 수 있습니다. 그것은 나를 무능력하게 할 것이며, 나는 무능력하게 되는 것이 내 이익이라고 생각하지 않습니다. 무능력해지는 것이 당신에게 이익이 됩니까?

홀리 설마, 아, 난 모르겠어요.

번즈 당신은 무능력해지는 것을 좋아합니까?

홀리 아니요. 완전히 무능력해지는 것이 아니라면 좋아하지 않을 겁니다.

번즈 그것은 어떤 것과 같겠습니까?

홀리 나는 죽을 겁니다. 내 생각에 그런 식이 되는 편이 더 나을 겁니다.

번즈 당신은 죽는 것이 즐겁다고 생각합니까?

홀리 아 참, 나는 그것이 어떤 것인지 전혀 알지 못합니다. 나는 죽는 것과 아무것도 경험하지 못하는 것이 끔찍할 수 있다고 가정해보기는 합니다. 알 게 뭡니까?

번즈 그래서 그것은 끔찍할 수 있거나 아무것도 아닐 수 있다… 자, 무(無)에 가장 가까운 것은 당신이 마취되어 있을 때입니다. 그것이 즐겁습니까?

홀리 즐겁지 않습니다. 그러나 불쾌하지도 않습니다.

번즈 그것이 즐겁지 않다고 인정해줘서 기쁩니다. 당신이 옳습니다. 무에는 즐거운 것이 정말 하나도 없습니다. 그러나 인생에는 즐거운 것이 상당히 많습니다.

(이 시점에서 나는 정말 감화를 주었다고 생각했다. 그러나 다시 만사가 결코 좋지 않다는 청소년적 고집으로 그녀는 계속 나의 허를 찌르고, 내가 말한 모든 것을 반박했다. 그녀의 옹고집은 그녀에 대한 나의 연구를 종종 도전적이고 상당히 좌절하게 만들었다.)

435

홀리   그러나 아시다시피 인생에서 즐거운 것이 아주 드뭅니다. 그리고 당신이 그 조금뿐인 즐거운 것들을 갖기 위해 통과해야 할 것은 너무나 많아서 즐거운 것도 내게 하찮게 보입니다.

번즈   당신이 기분 좋을 때 어떤 느낌입니까? 그때 당신은 그것이 하찮게 느껴집니까? 아니면 당신이 기분 나쁠 때 그런 식으로 느낍니까?

홀리   그건 내가 초점을 두고 싶은 데 달려 있습니다. 그렇지요? 내가 나 자신을 우울증에 빠지지 않게 하는 유일한 길은, 나를 우울하게 하는 이 우주의 너절한 것 모두를 생각하지 않는 것입니다. 맞지요? 그래서 내가 기분이 좋으면 그것은 내가 좋은 것들에 초점을 두고 있다는 뜻입니다. 그러나 온갖 나쁜 것들이 여전히 거기 있습니다. 좋은 것보다 나쁜 것이 훨씬 더 많으므로 좋은 것만 바라보고 기분 좋고 행복을 느끼는 것은 부정직하고 엉터리입니다. 그것이 바로 할 수 있는 최선의 것이 자살인 까닭입니다.

번즈   좋아요. 이 우주에는 두 종류의 나쁜 것들이 있습니다. 하나는 거짓악입니다. 이것은 사물을 생각하는 방식에 의해 상상의 허구로서 우리가 만들어낸 비현실적인 악입니다.

홀리   (가로막으며) 좋아요. 신문을 읽을 때 나는 강간과 살인을 접합니다. 그것은 내게 현실적인 악으로 보입니다.

번즈   맞습니다. 그것이 내가 현실적인 악이라고 부르는 것입니다. 그러나 먼저 거짓악을 봅시다.

홀리   어떤 것이지요? 거짓악이라고 말하는 것은 무슨 뜻입니까?

번즈   인생은 결코 좋지 않다는 당신의 진술을 예로 듭시다. 그 진술은 부정확한 과장입니다. 당신이 지적했듯이 인생은 그 좋은 요소들과 나쁜 요소들, 그리고 중립적 요소들을 갖고 있습니다. 그러므로 인생은 결코 좋지 않다거나 모든 것은 희망 없다는 진술은 단지 과장되고 비현실적일 뿐입니다. 이것이 바로 내가 말하는 거짓악이 뜻하는 바입니다. 반면에 인생에는 진짜 문제들이 있습니다. 사람들이 살해되고 암에 걸린다는 사실입니다. 그러나 내 경험으로 이 불쾌한 일들은 잘 처리될 수 있습니다. 사실 당신 인생에서 당신은 필시 하나의 해결에 기여할 수 있다고 생각하는 세상의 문제들의 어떤 측면에 몸소 투신할 결정을 할 것입니다. 그러나 거기에서도 의미 있는 접근은 그 문제에 압도되고 물러앉아 침울해하기보다 적극적인 방법으로 그 문제와 상호 작용을 하는 것입니다.

홀리　좋아요. 보십시오, 그것은 내가 하는 바입니다. 나는 내가 만나는 나쁜 것들로 즉시 압도당할 뿐이어서 자살해야 할 것 같아요.

번즈　맞아요. 자, 문제도 고통도 없는 우주가 있다면 좋겠지요. 그러나 그런 곳에서는 사람들이 성장하고 이 문제들을 해결할 기회 또한 없을 겁니다. 머지않아 당신은 필시 세상의 문제들 중 하나를 잡을 것이고, 그 해결에 기여함은 당신에게 만족의 한 원천이 될 겁니다.

홀리　그런데 문제들을 그런 식으로 이용하는 것은 공정하지 않습니다.

번즈　그것을 조사해보겠습니다. 나는 내가 말한 어떤 것이든 당신이 그것을 직접 시험하고 옳은지 알아내지 않는다면 당신이 믿기를 원하지 않습니다. 그것을 조사하는 길은 그것들, 즉 수업에 가기, 공부하기, 인간관계에 관여하기를 시작하는 것입니다.

홀리　그것이 내가 하려고 시작하고 있는 것입니다.

번즈　좋습니다. 당신은 어느 기간 동안 어떻게 문제가 풀리는지 볼 수 있습니다. 당신은 여름 학기 다니기와 이 세상에 기여하기, 친구들을 만나고 활동들에 참여하기, 공부하고 적절한 학점 받기, 할 수 있는 것을 하면서 성취와 기쁨의 느낌을 경험하기 등의 모든 것이 당신에게 만족스럽지 않은지 볼 수 있습니다. 그러면 당신은 결론을 내릴 것입니다. "아, 우울증이 이것보다는 나았다." 그리고 "나는 행복하기가 싫다." 당신은 이렇게 말할지도 모릅니다. "아, 인생에 관여하기가 싫다." 그것이 사실이라면 당신은 언제든지 우울하고 희망 없음으로 되돌아갈 것입니다. 나는 당신으로부터 아무것도 앗아가지 않습니다. 그러나 당신이 행복을 시도할 때까지 그것을 비판하지 마십시오. 조사해보십시오. 인생이 어떤 것인지 당신이 관여하고 노력을 기울일 때 보십시오. 그러면 우리는 그때 다이아몬드가 어디에 떨어져 있는지 볼 것입니다.

홀리는 세상은 결코 좋지 않으며 인생은 살 가치가 없다는 자신의 강한 확신이 단지 사물을 비논리적인 방식으로 바라본 결과임을 부분적으로나마 깨달으면서 다시금 상당한 정서적 안도를 체험했다. 그녀는 오로지 부정적인 것들에만 초점을 두는 실수를 하고(정신적 필터), 세상의 적극적인 것들은 고려되지 않는다고(적극성 박탈) 멋대로 우기고 있었다. 그 결과 그녀는 모든 것이 부정적이며 인생은 살 가치가 없다는 인상을 받았다. 그러나 사고의 이 오류를 고칠 줄 알게 되면서 상당한 향상을 경험하기 시작했다. 비록 그녀가 계속 기복을 겪었지만 시간이 흐르면서 기분 변동의 횟수와 강도는 감소했다. 여름 학기 공부에서 뛰어난 성적을 거둔 그녀는 가을에 수석 전일시간제 학생으로 일류 대학에 진학했다. 비록 그녀가 자기는 공부에서 성공할 만큼 두뇌가 좋지 못하므로 성적 탓으로 퇴학당할 거라는 많은 부정적 예언을 했지만, 매우 놀랍게도 그녀는 썩 잘해냈다. 자신의 강한 소극성을 생산적인 활동으로 바꾸길 배우면서 일류 학생이 된 것이다.

홀리와 나는 주 1회 치료로 만난 지 1년쯤 되어 헤어졌다. 어떤 논쟁을 하던 중에 그녀는 사무실에서 내빼며 문을 쾅 닫고 다시 돌아오지 않을 거라고 맹세했다. 아마도 그녀는 작별 인사를 하는 다른 방법을 알지 못했던 것 같다. 나는 그녀가 자신이 스스로 시도하고 잘 처리할 수 있는 준비가 되어 있음을 느꼈다고 믿는다. 아마도 그녀는 마침내 나를 쳐부수려고 노력하는 데 지쳤을 것이다. 요컨대 나도 그녀만큼이나 완고했다! 그녀는 내게 전화를 걸어 최근에 어떻게 지내고 있는지 알려주었다. 비록 그녀가 지금도 종종 자기 기분과 싸우고 있지만 벌써 4학년이며 자기 학급에서 수석이라고 했다. 전문적 경력을 쌓기 위해서 대학을 졸업하려는 그녀의 꿈은 하나의 확실한 현실로 나타나고 있다. 홀리, 그대에게 하느님의 축복이 있기를!

홀리의 사고는 자살 충동에 이를 수 있는 많은 정신적 함정을 보여준다. 거의 모든 자살적 환자들은 공통적으로 희망 없음의 비논리적 느낌을 갖고, 자기들이 해결 불가능한 진퇴양난의 문제에 직면해 있다고 확신한다. 당신이 일단 자신의 사고에 내재된 왜곡들을 폭로하면 상당한 정서적 안도를 체험할 것이다. 이것은 희망을 위한 기초를 놓을 수 있고, 위험한 자살 기도를 피하도록 도와줄 수 있다. 덧붙여 그 정서적 안도감은 당신에게 약간의 숨 쉴 여유를 줄 수 있으며, 당신은 더 나아가 삶에 더 실질적인 변화를 이룩할 수 있다.

당신은 홀리 같은 사나운 청소년과 일체감을 갖기가 어렵다고 느낄 수 있다. 그러면 자살 생각과 자살 기도의 다른 일반적 원인을 간단히 살펴보자. 중년과 노년기에 우리를 때때로 강타하는 환멸과 절망감. 당신이 과거를 돌아보면서 청춘기의 공상적인 기대와 비교해서 정말 상당한 것이 성취되지 않았다고 결론지을 수 있다. 이른바 중년의 위기라고 불리는 것이다. 당신이 자신의 희망이나 계획과 비교해서 일생 동안 실제로 해낸 일을 돌이켜보는 단계다. 당신이 이 위기를 성공적으로 해결할 수 없다면 너무 비통하고 실망스런 나머지 자살을 기도할지 모른다. 다시 한 번 말하지만, 그 문제는 현실과 거의 관계가 없음을 밝혀둔다. 그 대신 당신의 혼란은 뒤틀린 사고에 기초를 두고 있다.

루이즈는 제2차 세계대전 중 유럽에서 미국으로 이민해 50대에 결혼한 여성이다. 그녀의 가족은 거의 성공할 뻔한 전혀 예기치 않은 그녀의 자살 기도 때문에, 중환자실로부터 퇴원한 바로 다음날 그녀를 내 사무실로 데려왔다. 그녀가 심각한 우울증을 겪은 것을 알지 못했던 가족에게 그녀의 갑작스런 자살 기도는 그야말로 충격 그 자체였다. 나와 이야기를 나누면서 그녀는 자기 인생이 기대한 목표에 도달하지 못했다고 비통하게 말했다. 그녀는 소녀일 적에 꿈꾸던 기쁨과 실현을 결코 경험하지 못했다. 그녀는 무력감을 호소했고, 자기가 인간으로서 실패자라고 확신했다. 그리고 아무것도 성취하지 못했으므로 자기 인생은 살 가치가 없다는 결론을 내렸노라고 말했다.

나는 제2의 자살 기도를 예방하기 위해 개입이 필요하다고 느꼈으므로, 그녀가 자신에게 하는 말의 비논리를 빨리 그녀에게 보여주기 위해 인지적 기법들을 사용했다. 먼저 진정 가치 있는 것이라곤 아무것도 이루지 못했다는 그녀의 신념을 시험하는 방법으로, 그녀가 인생에서 성취한 것들의 목록을 달라고 요청했다.

루이즈 음, 나는 제2차 세계대전 중에 내 가족이 나치의 공포정치로부터 탈출하여 이 나라에 다시 자리 잡도록 도왔습니다. 게다가 나는 자랄 때 여러 언어를 유창하게 말하도록 배웠습니다. 우리가 미국에 왔을 때 나는 충분한 돈을 가족의 손에 쥐어주려고 불쾌한 직장에서 일했습니다. 내 남편과 나는 어린 아들을 멋지게 키워냈지요. 그는 대학을 졸업하고 이제는 아주 성공한 사업가가 되었답니다. 나는 좋은 요리사이기도 합니다. 또 좋은 엄마인 동시에 내 손자 손녀들은 내가 좋은 할머니라고 생각하는 듯해요. 이 정도가 내가 내 인생에서 성취했다고 느끼는 것이겠지요.

번즈 이 모든 업적을 생각하면 어떻게 당신은 스스로 아무것도 성취하지 못했다고 말할 수 있습니까?

루이즈 보셔요, 우리 가족 모두 5개 언어는 말했습니다. 유럽에서 탈출한 것은 단지 생존의 문제였지요. 내 직장은 평범했고 아무런 특별한 재능을 요구하지도 않았습니다. 자기 가족을 돌보는 것은 어머니의 의무지요. 그리고 좋은 주부라면 요리쯤은 배워야 합니다. 이 정도는 내가 하기로 되어 있던 모든 것이거나 누구라도 할 수 있던 것이니까 진짜 업적이 아닙니다. 그것들은 그저 평범합니다. 이것이 내가 자살하려고 결심한 까닭입니다. 내 인생은 진정 가치가 없어요.

나는 루이즈가 자신에 대해서 무엇이든 좋은 것과 관련해서는 "그건 고려되지 않아요"라고 불필요하게 말함으로써 자신을 속상하게 하고 있음을 깨달았다. 이른바 '적극성 박탈'로 불리는 이 일반적 인지 왜곡이 그녀의 주요 적수였다. 루이즈는 자신의 무력함과 잘못에만 초점을 두고 자신의 성공은 아무 가치도 없다고 주장했다. 당신이 이런 식으로 자신의 업적들을 무시한다면 스스로 하찮은 가치 없는 사람이라는 정신적 착각을 만들어낼 것이다.

루이즈의 정신적 오류를 극적인 모양으로 제시하기 위해 나는 그녀에게 역할수행을 제의했다. 내가 우울증에 걸린 정신과 의사의 역할이고, 그녀는 왜 내가 그렇게 우울한 기분이 되었는지 알아내려고 애쓰는 치료자가 되었다.

루이즈(치료자로서)   번즈 박사, 왜 당신은 우울한 기분입니까?

번즈(우울한 정신과 의사로서)   나는 내가 인생에서 성취한 것이 하나도 없음을 깨달았기 때문입니다.

루이즈   당신은 아무것도 성취한 것이 없다고 느끼신다는 말씀이지요? 그러나 그것은 사리에 맞지 않습니다. 당신은 상당한 것을 성취했습니다. 예를 들어 당신은 많은 아픈 우울증 환자를 돌보고, 당신 연구에 대해 소논문들을 출판하고 강의도 한다고 들었습니다. 나는 당신이 그렇게 젊은 나이에 비해 많이 성취했다고 생각합니다.

번즈   아닙니다. 그것들 중 아무것도 고려되지 않습니다. 보십시오, 자기 환자를 돌보는 것은 모든 의사의 의무입니다. 그러니 그것은 고려되지 않습니다. 나는 그저 하기로 되어 있는 것만을 하고 있을 따름입니다. 더구나 연구하고 그 결과를 출판하는 것은 대학교에 있는 나의 의무입니다. 따라서 그것들은 **진짜** 업적이 아닙니다. 교수단의 일원이면 누구나 하는 일입니다. 여하튼 내 연구는 중요하지 않습니다. 내 생각들은 그저 평범한 것입니다. 내 인생은 기본적으로 실패작입니다.

루이즈(더 이상 치료자가 아니다)   (웃으면서) 나는 내가 지난 10년 동안 그렇게 나 자신을 비판해왔음을 알겠습니다.

번즈(다시 치료자로 돌아와서)   자, 자기가 성취한 것들을 생각할 때마다 당신이 끊임없이 자신에게 "그것은 고려되지 않아"라고 말할 때 기분이 어떠합니까?

루이즈   그 말을 나 자신에게 말할 때 우울한 기분입니다.

번즈   그리고 당신이 하고 싶었지만 하지 못한 일들에 마음을 쓰는 것과, 당신이 해냈고 결과가 잘한 것으로 밝혀졌으며 실질적인 노력과 결심의 결과였음을 간과하는 것은 얼마나 사리에 닿습니까?

루이즈 그것은 전혀 사리에 닿지 않습니다.

이 개입의 결과로 루이즈는 "내가 한 일은 충분하지 않다"고 거듭 말함으로써 자신을 임의로 속상하게 했음을 볼 수 있었다. 자신에게 그렇게 하는 것이 얼마나 독단적인지 깨달았을 때, 그녀는 즉각적인 정서적 안도를 경험했고 자살하려는 충동이 사라졌다. 루이즈는 인생에서 얼마나 성취하든 간에 스스로 되돌아보며 "그것은 충분하지 않다"고 말하면서 자신을 괴롭힐 수 있음을 깨달았다. 이것은 그녀에게 자기 문제가 **현실적이** 아니라 스스로 빠져든 정신적 함정에 불과함을 나타내 보여주었다. 역할 역전은 그녀에게서 즐거움의 느낌과 웃음을 자아낸 듯이 보였다. 그녀의 유머 감각에 대한 이 자극은 그녀로 하여금 자기비판의 불합리성을 깨닫게 도와준 듯하며, 그녀는 자신에게 매우 필요한 공감을 이룩했다.

'희망 없다'는 당신의 확신이 왜 불합리하고 자멸적인지 살펴보자. 우선 우울병은 늘 그런 것은 아니지만 보통 자기제한적이며 대부분 결국 치료 없이도 사라진다. 치료의 목적은 그 회복의 과정을 가속시키는 것이다. 현재 약물 요법과 정신 치료의 효과적인 방법들이 나와 있으며, 다른 방법들이 급속히 개발되고 있다. 의학은 부단히 진화하고 있다. 우리는 최근에 우울병에 대한 우리의 접근에서 르네상스를 경험하는 중이다. 우리는 아직도 특정 환자에게 어떤 심리학적 개입이나 약물 치료가 가장 유용한지 딱 잘라서 말할 수는 없는 처지에 있으므로 잠긴 행복의 문에 맞는 열쇠가 발견되기까지는 때때로 다양한 기법이 사용되어야 한다. 비록 이것이 인내와 힘든 노력을 요구한다 해도, 한 가지나 심지어 여러 기법이 효과를 나타내지 않는다 해도 모든 방법의 실패를 의미하지는 않음을 명심하는 것이 중요하다. 그 반대가 흔히 사실이다. 예를 들어 최근의 약물 연구는 한 항우울제에 반응하지 않는 사람들이 흔히 다른 것에 반응할 공산이 평균 이상임을 밝혀냈다. 이것은 당신이 약제 하나에 반응하지 않는다 해도 다른 것이 주어질 때 개선될 가능성은 사실상 증가됨을 뜻한다. 당신이 여러 종류의 효과적인 항우울제, 정신 치료적 개입, 자기도움 기법들이 있음을 고려할 때 최후의 회복을 위한 개연성은 놀랍게도 높아진다.

우울증에 빠져 있을 때 당신은 느낌을 사실과 혼동하는 경향을 가질 수 있다. 당신의 희망 없음과 완전한 절망의 느낌은 그저 우울병의 증상들이지 사실이 아니다. 당신이 스스로 희망 없다고 생각하면 자연히 그렇게 느낄 것이다. 당신의 느낌은 오로지 사고의 비논리적 방식을 좇아갈 뿐이다. 수백 명의 우울증 환자를 치료한 전문가만이 회복을 위한 조처를 해줄 위치에 있을 것이다. 당신의 자살적 충동은 단지 치료의 필요를 나타낸다. 그처럼 '희망 없다'는 확신은 거의 언제나 당신이 사실은 그렇지 않다는 것을 입증한다. 자살이 아니라 치료가 필요하다. 비록 보편화가 오도할 수도 있지만, 나는 다음과 같은 경험상의 규칙을 따르기로 했다. 즉 희망 없다고 느끼는 환자들은 **사실상 결코 희망 없지 않다.**

희망 없다는 확신은 가장 호기심을 끄는 측면 중의 하나다. 실제로 뛰어난 예후를 가진 심한 우울증 환자들에게서 체험된 희망 없음의 정도는 보통 나쁜 예후를 가진 말기 암 환자의 경우보다 더 크다. 실제적인 자살 기도를 막기 위해서 가능한 한 빨리 당신의 희망 없음 이면에 잠재해 있는 비논리를 폭로하는 것이 중요하다. 당신은 인생에 해결할 수 없는 문제를 갖고 있다는 확신을 느낄 수 있다. 출구라고는 없는 함정에 갇혀 있다고 느낄 수 있다. 이것은 극도의 좌절감에, 심지어는 유일한 탈출구로서 당신 자신을 살해하려는 충동에 이를 수 있다. 그러나 나는 우울증 환자가 정확히 어떤 종류의 함정에 빠져 있는지와 관련해 그와 대면할 때 그 사람의 '해결할 수 없는 문제'를 겨냥한다. 나는 항상 그 환자가 미혹

되어 있음을 발견한다. 이 상황에서 당신은 나쁜 마술사와 같다. 당신은 정신적 마술로 지옥 같은 착각을 창조한다. 당신의 자살적 사고는 비논리적이고 왜곡되어 있으며 틀렸다. 현실이 아닌 당신의 뒤틀린 사고와 그릇된 가정들은 고통을 창조한다. 당신이 거울의 이면을 볼 줄 알 때 자신을 속이고 있음을 깨닫게 되고, 당신의 자살적 충동은 사라질 것이다.

우울증에 빠진 자살적 환자들에게 결코 '현실적' 문제가 없다고 말하는 것은 고지식한 소리일 것이다. 우리 **모두**는 재력, 인간관계, 건강 등을 포함한 현실적 문제들을 갖고 있다. 그러나 그런 어려움들은 거의 언제나 자살 없이도 합리적인 방법으로 처리될 수 있다. 사실상 그런 도전들에 맞서는 것은 기분 향상과 인격적 성장의 원천이 될 수 있다. 더구나 9장에서 지적되었듯이, 진짜 문제들은 심지어 아주 조금이라도 당신을 우울증에 빠뜨릴 수 없다. 오직 왜곡된 사고들만이 당신에게서 타당한 희망이나 자기존중을 빼앗아갈 수 있다. 나는 우울증 환자들에게 그토록 '완전히 해결 불가능해서' 자살밖에는 다른 길이 없던 '진짜' 문제를 본 적이 없다.

| 제6부 |

일상의 스트레스와 긴장에 대처하기

16장
내가 설교하는 것을
나는 어떻게 실천하고 있는가

"의사여, 너 자신을 고치라"(누가복음 4장 23절)

    스트레스에 대한 최근의 한 연구는, 세상에서 가장 고된(정서적 긴장과 심장마비의 발생 빈도 면에서) 직업 중 하나가 공항 관제탑의 항공교통 관제원이라고 지적한다. 항공교통 관제원의 일은 정확성을 요구하므로 항상 정신을 바짝 차리고 있어야 한다. 한 번의 실수가 비극을 낳을 수 있다. 그러나 나는 그 직업이 나보다 더 혹사당하는지 의아스럽다. 요컨대 조종사들은 협조적이며, 안전하게 이륙하고 착륙하려고 한다. 그러나 내가 안내하는 배들은 종종 고의적으로 침몰 코스에 들어서 있다.

    이 자리에서 지난 목요일 아침 30분 동안 있었던 일을 말하겠다. 10시 25분에 나는 우편물을 받아 10시 30분 치료 시간 전에 펠릭스라는 이름의 환자가 보낸 길고 횡설수설한 성난 편지를 훑어봤다. 펠릭스는 세 의사를 살해할 '대학살'의 실행 계획을 알리고 있었다. 그 의사들 중에는 과거에 그를 치료한 두 정신과 의사도 끼어 있다! 그의 편지에서 펠릭스는 말했다. "나는 내가 기운을 차려 가게로 운전해 가서 권총과 실탄을 살 때까지 기다리고 있을 뿐이다." 펠릭스와 전화로 연락할 수 없던 나는 해리와 10시 30분 치료 시간을 시작했다. 해리는 너무 여윈 나머지 마치 강제수용소의 희생자 같은 모습이었다. 그는 자기 창자가 닫혀버렸다는 망상 때문에 음식을 먹지 못해 몸무게가 32킬로그램이나 줄었다. 나는 해리가 굶어 죽는 걸 예방하기 위해서 강제 튜브 급식을 받도록 그를 입원시키는 달갑지 않은 선택에 대해 논의할 때, 제롬이라는 환자에게 걸려 온 비상 전화를 받았다. 그 전화는 해리의 치료 시간을 중단시켰다. 제롬은 올가미를 자기 목에 걸어놓았으며, 자기 아내가 퇴근해서 집에 오기 전에 목매어 죽는 것을 심각하게 고려 중이라고 알려주었다. 그는 외래 치료를 계속 받고 싶지 않다고 알리면서 입원은 의의가 없다고 고집을 부렸다.

나는 그날 끝까지 이 세 가지 비상사태를 정돈하고, 긴장을 풀어 집으로 갔다. 막 잠자리에 들려고 할 때 나는 한 여성에게 전화를 받았다. 나의 환자가 의뢰한 유명한 VIP인 그녀는 자기가 수개월 동안 우울증에 빠져 있었으며, 이른 저녁부터 거울 앞에 서서 면도칼로 자기 혀를 자르는 연습을 하고 있다고 간단히 말했다. 그녀는 내게 단지 자기를 의뢰해준 친구를 진정시키도록 전화하는 것이며, 자기 경우는 '희망 없다'고 확신하므로 치료 시간 약속을 정할 생각이 없다고 설명했다.

매일이 그날처럼 신경을 건드리지는 않는다! 그러나 때때로 나는 압력솥 안에서 살고 있는 듯하다. 이것은 내게 심한 불확실성, 걱정, 좌절, 안달, 실망과 죄의식에 대처하기를 배울 풍부한 기회를 준다. 또한 인지 기법들을 나 자신에게 실시하고 실제로 효과적인지 직접 경험할 기회를 준다. 숭고함과 기쁨을 맛볼 때도 많다.

당신이 정신 치료자나 상담가를 찾아간 적이 있다면, 아마 치료자는 거의 듣기만 하고 당신이 대부분 말하도록 기대되었을 것이다. 이것은 많은 치료자가 비교적 수동적이고 무지시적이도록 훈련된 까닭이다. 당신이 말하는 것을 그저 반영하는 일종의 '인간 거울'인 셈이다.* 일방통행 식의 이러한 의사소통은 당신에게 비생산적이며 좌절적으로 보일 수 있다. 당신은 의아해할 것이다. "나의 정신 치료자는 무엇과 같을까? 그는 어떤 종류의 느낌을 갖는가? 그는 그것을 어떻게 처리하는가? 그가 나 또는 다른 환자들을 상대할 때 어떤 긴장을 느끼는가?"

많은 환자는 직접 내게 물었다. "번즈 박사, 당신은 자신이 말하는 바를 실제로 실천합니까?" 사실 나는 귀가 길의 전철에서 종이 한 장을 꺼내 위에서 아래로 중앙선을 긋고는 그날의 성가신 정서적 잔존들에 대처하기 위해서 2단기법을 사용하곤 한다. 당신이 남몰래 보고 싶어한다면 나는 기꺼이 나의 자기도움 과제 몇 가지를 당신과 나눌 것이다. 이것은 당신의 정신과 의사가 담화를 하는 동안 당신이 뒤로 물러앉아 들을 기회다! 동시에 당신이 임상적 우울증을 극복하려고 숙달한 인지 기법들이 우리 생활의 불가피한 부분인 온갖 종류의 일상적 좌절들과 긴장들에 어떻게 사용될 수 있는지에 관해 알 수 있다.

적의에 대한 대처 : 20명의 의사들을 내쫓은 남자

내가 흔히 직면하는 최대의 긴장 상황 중 하나는 성나고 고압적이며 비합리적인 사람들을 대하는 것이다. 나는 내가 동부의 화내기 챔피언 몇몇을 치료하지 않았나 생각한다. 이 사람들은 흔히 그들의 분개를 자신들을 가장 염려하는 사람에게 터뜨리는데, 가끔 그중에 내가 포함되는 것이다.

행크는 성난 젊은 남자였다. 그는 내게 의뢰되기 전에 20명의 의사들

---

* 인지 요법과 같은 정신과 치료의 새로운 몇몇 형태들은 내담자와 치료자가 한 팀의 동등한 구성원으로서 함께 작업하도록 자연스럽게 50 대 50의 대화를 허락하고 있다.

을 내쫓았다. 행크는 발작적인 등 부위의 고통을 호소했으며, 스스로가 어떤 심한 의학적 장해로 고통 받고 있다고 확신했다. 오랜 시간의 정밀한 의학적 평가에도 불구하고 신체 이상에 대한 아무런 증거가 나온 적이 없으므로 의사들은 그의 고통과 동통은 두통처럼 십중팔구 정서적 긴장의 결과라고 말했다. 하지만 행크는 받아들이지 않았다. 그는 의사들이 자기를 낮게 평가하고 자기에게 조금도 개의치 않는다고 느꼈다. 거듭거듭 그는 격분하고 의사를 내쫓으며 새로운 의사를 찾았다. 마침내 그는 정신과 의사를 만나는 데 동의했다. 이 의뢰에 분개한 그는 약 1년 동안 아무런 진전이 없자 그 정신과 의사를 내쫓고 우리 기분진료소에 찾아왔다.

행크는 심한 우울증에 빠져 있었다. 그래서 나는 그를 인지 기법으로 훈련시키기 시작했다. 밤이 되어 그의 등에 고통이 타오를 때 행크는 좌절된 격노에 빠진 채 감정에 끌려 내게 집으로 전화하곤 했다(그는 나를 설득해 집 전화번호를 받아냈으므로 내게 직접 전화할 수 있었다). 그는 욕설로 시작해 자기 병을 오진했다고 나를 힐난하곤 했다. 그는 자기에게 정신의학적 문제가 아니라 의학적 문제가 있다고 우겼다. 그러면서 그는 최후통첩의 형태로 비합리적인 요구를 하곤 했다. "번즈 박사, 내일 내가 충격 치료를 받게 해주시오. 아니면 나는 밖에 나가서 오늘 밤 자살할 거요." 내가 그의 요구 대부분을 수락하는 것은 불가능하지는 않다 해도 어려운 게 보통이었다. 예를 들어 나는 충격 치료를 하지 않으며, 더구나 이런 유형의 치료가 행크에게 필요하다고 느끼지도 않았다. 내가 이것을 외교적 수단으로 그에게 설명하려 애쓸 때 그는 화를 터뜨리며 몇 가지 충동적인 파괴적 행위로 나를 협박하곤 했다.

우리 정신 치료 시간 중 행크는 나의 불완전을 하나씩(그것들은 충분히 현실적이었다) 꼬집어내는 습관이 있었다. 그는 흔히 사무실을 휘젓고 돌아다닌다든지 가구들을 마구 치며 내게 무례한 말과 욕설을 퍼부었다. 특히 나는 그를 돌보지 않았다는 비난을 예사로 받아야 했다. 그는 내가 염려하는 것은 돈과 높은 치료율을 유지하는 것뿐이라고 말했다. 그의 말은 나를 딜레마에 빠뜨렸다. 왜냐하면 그의 비난에는 일말의 진리가 들어 있었기 때문이다. 그는 흔히 몇 달씩 치료비가 밀렸고, 나는 그가 너무 빨리 치료를 그만두어 끝내 환멸을 느끼게 될까봐 걱정하고 있었다. 더구나 나는 그를 내가 성공적으로 치료한 사람들의 명단에 추가하고 싶었다. 행크의 장광설 공격 속에 상당한 진리가 들어 있었기에 나는 그가 나를 겨냥했을 때 죄의식과 방어적인 느낌을 가졌다. 물론 그는 그런 나를 알아챘고, 그 결과 그의 비난의 양은 증가하곤 했다.

나는 기분진료소의 동료들에게 행크의 격정과 나의 좌절감을 더 효과적으로 다룰 수 있는 방법에 대해 도움을 청했다. 내가 베크 박사에게 받은 조언은 특히 유용했다. 그는 무엇보다 행크가 내게 비난과 화를 효과적으로 대처하는 법을 배울 소중한 기회를 주고 있으므로 내가 "몹시 운이 좋다"고 강조했다. 이것은 내게 완전한 놀람으로 다가왔다. 나는 내가 얼마나 좋은 행운을 잡고 있는지 깨닫지 못했던 것이다. 베크 박사는 성난 느낌을 줄이고 제거하기 위해 인지 기법을 쓰도록 격려하는 동시에, 화난 기분에 있는 행크와 상호 작용하기 위해서 색다른 전략을 엄밀히 시험해보라고 제안했다. 이 방법의 본질은 다음과 같다. 1) 당신 자신을 변호함으로써 행크를 지겹게 하지 말라. 그 대신 정반대의 것을 하라. 즉 그가 당신에 대해 말할 수 있는 최악의 것 모두를 말하도록 격려하라. 2) 그의 모든 비난에서 일말의 진리를 발견하도록 노력한 뒤 그에게 동의하라. 3) 그런 다음 의견의 불일치 분야를 솔직하고 재치 있고 무논쟁적인 방식으로 지적하라. 4) 이와 같은 이따금의 불일치에도 불구하고 서로 협조함의 중요성을 강조하라. 나는 행크에게 좌절과 싸움이 종종 우리 치료를 느리게 할지는 모르지만 관계를 파괴하거나 궁극적으로 우리 노력의 결실이 풍부해지는 것을 막을 필요는 없다고 다짐할 수 있다.

나는 이 전략을 행크가 내게 소리 지르며 사무실을 휘젓고 다니기 시작하던 다음 시간에 사용했다. 계획대로 나는 행크에게 그 일을 계속하고, 나에 대해 생각해낼 수 있는 최악의 것 모두를 말하도록 격려했다. 그 결과는 즉각적이고 극적이었다. 몇 분 만에 그의 논쟁은 무력화되고 말았다. 모든 그의 복수가 녹아 없어진 듯이 보였다. 그는 사리에 맞게, 그리고 조용하게 의견을 전하기 시작했고 자리에 앉았다. 사실 내가 그의 비판 몇 가지에 동의했을 때 그는 돌연 나를 변호해주고 나에 대한 좋은 점 몇 가지를 말하기 시작했다! 이 결과에 큰 감명을 받은 나는 다른 격분한 사람들에게 같은 접근을 사용하기 시작했다. 그리고 실제로 그 격분을 즐기기 시작했다. 왜냐하면 나는 그것들을 다룰 효과적인 방법을 갖고 있었기 때문이다.

나는 또한 한밤중에 행크에게 걸려온 전화를 받은 뒤에 나의 자동적 사고들을 기록하고 말대꾸하기 위해서 2단기법을 사용했다(《표 16-1》). 내 동료들이 제안했듯이 나는 어느 정도의 감정이입을 위해 세상을 행크의 눈을 통해 보려고 했다. 감정이입은 부분적으로 나 자신의 좌절과 화를 용해시킨 독특한 해독제가 되었고, 나는 훨씬 덜 방어적이고 덜 기분 나쁜 느낌이었다. 그것은 나로 하여금 행크의 격분을 나에 대한 공격이라기보다 그 자신의 자기존중의 방어로 보도록 도와주었다. 나는 그의 무용감(無用感)과 자포자기의 느낌을 이해할 수 있었다. 나는 거의 늘 그가 굉장히 노력하고 협조적이었다는 사실과, 내가 그에게 언제나 완전히 협조적이 되라고 요구하는 것이 얼마나 어리석었는지 깨달았다. 내가 행크와 나의 작업에 더 침착해지고 확신을 느끼기 시작하자, 우리의 관계는 계속 향상되었다.

결국 행크의 우울증과 고통이 잠잠해지면서 우리의 작업을 마쳤다. 비

표 16-1 적의에 대한 대처

자동적 사고	합리적 반응
1. 나는 그 누구보다도 행크와의 작업에 더 많은 힘을 쏟았다. 그런데 내가 얻은 것은 욕설이라니!	1. 불평을 그쳐라. 행크같이 이야기하는군! 그는 겁먹고 좌절했으며 분개의 감정에 빠져 있다. 당신이 누구를 위해서 열심히 일했다는 이유만으로 그들이 감사를 느껴야 한다는 결론이 필연적으로 따라 나오지는 않는다. 언젠가 그도 고마워하겠지.
2. 왜 그는 내 진단과 치료를 신뢰하지 않는가?	2. 그는 공포에 빠져 있기 때문에 심기가 매우 불편하다. 게다가 아직 아무 실질적인 결과도 얻지 못했다. 일단 회복하기 시작하면 그도 당신을 믿을 것이다.
3. 그러나 그동안 그는 적어도 나에게 존경심을 갖고 대해야 한다!	3. 당신은 그가 존경을 언제나 또는 가끔 보여주길 원하는가? 일반적으로 그는 자기도움 프로그램에서 놀랍게 노력했고, 존경심을 갖고 당신을 대한다. 그는 낫게 되어 있다. 당신이 완벽을 기대하지 않는다면 좌절된 느낌도 갖지 않을 것이다.
4. 그러나 그가 집에 있는 나에게 밤에 그렇게 자주 전화하는 것은 정당한가? 그리고 그렇게 욕할 수 있는가?	4. 당신과 행크 모두 느긋한 느낌일 때 그 점에 대해 이야기를 나누라. 당신은 그에게 다양한 환자들끼리 서로 도덕적 지원을 해주기 위해 전화를 나누는 자기도움 그룹에 참여해 개인 치료를 보충하도록 제안하라. 그러면 그가 당신에게 거는 전화 횟수가 더 쉽게 줄어들 것이다. 그러나 현재로서는 그가 이 비상사태를 계획하고 있지 않다는 점을 기억하라. 그리고 그것들은 그에게 너무 겁나고 현실적이다.

서에게 행크가 나의 전화를 바란다는 메시지를 받았을 때는 수개월 동안 그를 보지 못하던 차였다. 나는 갑자기 우려를 느꼈다. 그의 난폭한 장광설에 대한 기억이 나를 휘감았고, 나의 위장 근육은 잔뜩 긴장했다. 약간의 망설임과 복합적인 느낌으로 나는 그의 전화번호를 눌렀다. 그날은 화창한 오후였고, 특별히 일이 과중했던 주간 끝이라 아주 절실하게 휴식을 고대하고 있던 터였다. 행크는 전화를 받았다. "번즈 박사님, 행크입니다. 나를 기억합니까? 당신에게 언젠가 하려던 말이 있습니다." 그는 잠시 멈추었다. 나는 임박한 감정 폭발에 대비해서 나 자신을 준비시켰다. "나는 우리가 1년 전에 치료를 끝마친 이후 본질적으로 고통과 우울증에서 벗어났습니다. 나는 무기력을 떨치고 직장을 잡았습니다. 또 나는 내 고향에서 자기도움 그룹의 지도자로 있습니다."

내가 기억하던 행크가 아니었다! 나는 그가 계속 설명하는 가운데 안도와 기쁨의 물결을 느꼈다. "그러나 내가 전화한 이유는 그게 아닙니다. 내가 당신에게 말하고 싶은 것은……." 또 다른 침묵의 순간이었다. "나는 당신의 노력에 감사합니다. 그리고 나는 당신이 내게 옳았던 것도 압니다. 내게 몹시 잘못된 것은 없었고, 단지 나 자신을 비합리적 사고로 속썩이고 있었습니다. 나는 단지 확실히 알 때까지 그것을 인정할 수 없었습니다. 이제 나는 온전한 인간이 된 느낌입니다. 나는 당신에게 전화해서 내가 어떤 상황에 있는지 알려야 한다고 느꼈습니다. 내가 이렇게 하기는 힘이 들었습니다. 그리고 당신에게 이야기하길 너무 오랫동안 피한 섬, 미안합니다!"

고맙소이다, 행크! 내가 이 글을 쓰는 지금, 기쁨과 행크에 대한 자랑스러움으로 눈물 흘리고 있음을 그가 알았으면 싶다. 우리가 함께 수없이 겪어온 고통은 그만큼 가치가 있었다.

배은망덕에 대한 대처 : '감사합니다'를 말할 수 없던 여성

당신은 당신의 노력에 무관심과 불쾌함으로 응답하기만 하는 사람에게 일부러 호의를 베풀려 한 적이 있는가? 사람들은 그렇게 감사할 줄 몰라서는 안 됩니다. 그렇지 않습니까? 당신이 이 말을 자신에게 한다면, 당신은 분명 그 사건을 거듭거듭 숙고하며 여러 날 동안 속을 끓일 것이다. 당신의 사고와 공상이 더욱 활발해질수록 점점 더 혼란되고 성난 느낌일 것이다.

당신에게 수잔에 대해 이야기해주겠다. 고교 졸업 후 수잔은 반복성 우울증으로 치료를 요청했다. 그녀는 내가 자신을 도울 수 있을지 대단히 의심했으며, 자기는 희망 없다고 계속 내게 다짐하곤 했다. 그녀는 두 대학 중 어디에 입학해야 할지 결정할 수 없어서 몇 주 동안 히스테리 상태에 있었다. 그녀는 자기가 '바른' 결정을 하지 않으면 마치 세상이 끝장날 것같이 행동했지만 여전히 그 선택은 명쾌하지 않을 뿐이었다. 모든 불확실성을 제거해야 한다는 그녀의 주장은 자신에게 끝없는 좌절을 야기할 수밖에 없었다. 왜냐하면 그것은 이뤄질 수 없었기 때문이다.

그녀는 심하게 소리 지르고 흐느껴 울었다. 그녀는 남자 친구와 자신의 가족을 모욕하고 욕설을 해댔다. 어느 날 그녀는 내게 전화를 걸어 도움을 청했다. 그녀는 단지 결심하기만 하면 되었다. 그러나 내가 제시하는 모든 의견을 거부했고, 성내면서 더 나은 접근을 제안하도록 요구했다. 그녀는 계속 추궁했다. "내가 이 결정을 할 수 없으니까 당신의 인지 요법이 내게 효과를 내지 못함이 증명된 거예요. 당신의 방법들은 절대 좋지 않아요. 나는 결코 결정할 수도, 나아질 수도 없을 거예요." 그녀가 너무 속상해했기에 나는 내 동료와 비상 토의를 하기 위해 오후 일정을 조정했다. 동료는 여러 가지 놀라운 제의들을 해주었다. 나는 그녀를 즉시 다시 불러들여 그녀의 우유부단함을 해결할 몇 가지 비결들을 주었다. 그러자 그녀는 15분 만에 만족스런 결정에 이를 수 있었고, 즉각적으로 고통이 크게 줄어드는 것을 느꼈다.

정기적으로 일정을 잡고 다음 치료 시간에 참석한 그녀는 우리의 담화 이후에 느긋한 기분이 되었다고 보고했다. 그리고 그녀가 선택한 대학에 다니기 위해서 치료 약속을 끝냈다. 나는 그녀에게 기울인 내 노력에 대해 감사의 표현을 기대하면서, 아직도 인지 요법이 비효과적이라고 확신하는지 물었다. 그녀는 말했다. "그래요, 정말! 인지 요법은 그저 나의 문제를 증명하기만 했습니다. 나는 벽에 밀어붙여진 채 결정을 내릴 수밖에 없었습니다. 내가 지금 기분이 좋다는 사실은 지속될 수 없으므로 고려되지 않습니다. 이 멍청한 요법은 내게 도움이 될 수 없습니다. 나는 평생 동안 우울할 겁니다." 나는 생각했다. "맙소사! 더 이상 얼마나 비논리적일 수 있을까? 내가 진흙을 금으로 바꾼다 해도 그녀는 주의조차 기울이지 않을 것이다!" 몹시 흥분한 나는 그날 늦게 혼란되고 모욕당한 나의 정신을 조사하고 가라앉히기 위해서 2단기법을 사용하기로 결심했다(《표 16-2》). 나는 자동적 사고들을 기록한 뒤 그녀의 배은망덕에 대해 나를 속상하게 만든 비합리적인 가정을 정확히 가려낼 수 있었다. 그것은 다음과 같다. "내가 누군가에게 도움을 주면 그들은 고맙게 느끼고 내게 보상할 의무가 있다." 매사가 그런 식으로 이뤄진다면 좋겠지만 사실은 그렇지 않다. 아무도 나의 명석함 때문에 나를 좋게 평가하거나, 그들을 위한 나의 노력을 칭찬할 도덕적 또는 법적 의무를 갖고 있지 않다. 그러니 왜 그것을 기대하거나 요구하는가? 나는 현실에 파장을 맞추고 더 현실적인 태도를 채택하기로 결심했다. "내가 누군가를 도와 무언가를 하면 그 사람은 아마 고마워하고 기분 좋아하겠지. 그러나 가끔씩은 그 사람이 내가 원하는 식으로 반응하지는 않을 것이다. 그 반응이 터무니없다면, 그것은

표 16-2 배은망덕에 대한 대처

자동적 사고	합리적 반응
1. 어떻게 그런 똑똑한 소녀가 그다지도 비논리적일 수 있을까?	1. 쉽사리 그럴 수 있다! 그러한 비논리적 사고가 그녀의 우울증의 원인이지 않은가? 그녀가 부정적인 것에 초점을 두거나 적극성을 박탈하는 일을 계속하지 않는다면, 그렇게 자주 우울증에 빠지진 않았을 것이다. 그녀가 이것을 극복하도록 훈련시키는 것이 당신의 할 일이다.
2. 그러나 나는 할 수 없다. 그녀는 나를 낙담시키게 되어 있다. 그녀는 털끝만큼의 만족도 주지 않을 것이다.	2. 그녀가 당신에게 아무 만족을 주지 않아도 된다. 오직 당신만이 만족을 줄 수 있기 때문이다. 오로지 당신의 생각만이 당신 기분에 영향을 준다는 것을 기억하지 못하는가? 당신이 한 일에 대해 자신에게 좋은 평가를 주라. 그녀 주위를 맴돌며 기다리지 말라. 당신은 사람들이 결정을 내리도록 안내하는 방법에 대해 흥미 있는 것들을 방금 배웠다. 그것은 고려되지 않는가?
3. 그러나 그녀는 내가 도와주었다는 것을 인정해야 한다! 그녀는 감사해야 한다!	3. 왜 그녀가 '그래야 하는가?' 그것은 하나의 동화다. 그녀가 할 수 있다면 분명 했겠지만, 아직 그녀는 할 수 없다. 얼마 안 가 그녀는 변화하겠지만, 그러려면 10년 동안 마음을 지배해온 비논리적 사고의 유형을 스스로 역전시켜야 할 것이다. 어쩌면 그녀는 다시 우울증에 빠져서 실망할까봐 도움을 받고 있음을 인정하길 두려워할 수 있다. 아니면 당신이 "내가 이 기법을 쓰면 나을 것이라고 했잖소"라고 말할까봐 감사의 말을 할 두려워하는지 모른다. 셜록 홈즈가 되어 당신이 이 수수께끼를 풀 수 있을지 보라. 그녀가 현재의 모습에서 달라져야 한다고 요구하는 것은 적절하지 못하다.

그 사람의 인격의 반영일 뿐 나의 것이 아니다. 그러니 왜 그것에 대해 기분 나빠하는가?" 이 태도는 내 인생을 훨씬 더 달콤하게 해주었고, 나는 내가 원할 수 있던 만큼 환자들에게 감사를 받음으로써 온전히 축복받았다. 우연히 수잔은 내게 전화했다. 그녀는 대학에서 잘 지내고 있으며 졸업할 참이었다. 그녀는 자기 아버지가 우울증에 빠져서 좋은 인지 요법 전문가에게 의뢰하고자 했단다! 어쩌면 그것이 그녀가 '감사합니다'를 말하는 방법이었나보다!

불확실성과 무력함에 대한 대처 : 자살하기로 결심한 여성

월요일 아침 사무실로 출근하는 길에 나는 언제나 이번 주에는 무슨 일들이 나를 기다릴까 하고 궁금해한다. 어느 월요일 아침 나는 불가피한 충격을 받았다. 사무실 문을 여는 순간 나는 주말 동안 문 앞에 떨어져 있던 종이 몇 장을 발견했다. 애니라는 이름의 환자에게 온 20쪽의 편지였다. 애니는 끔찍하고 기괴한 기분장애 때문에 몇몇 치료자들로부터 완전히 성공적인 치료를 받은 후에 20세 생일을 맞기 전 몇 달 동안 내게 의뢰되었다. 애니의 인생은 12세 때부터 우울증과 자해의 악몽 같은 유형으로 나빠지고 말았다. 그녀는 자기 팔을 날카로운 물건으로 갈기갈기 찢어놓길 좋아해서, 한번은 200바늘을 꿰매기도 했다. 그녀는 또한 거의 성공적인 자살 기도를 수없이 저질렀다.

나는 그녀의 편지를 집어 들면서 긴장했다. 애니는 최근에 깊은 절망감을 표현했다. 우울증 이외에도 그녀는 심각한 식사장애로 고통 받고 있었다. 그리고 그 전주에는 강박적이고 통제 불가능한 폭식의 기괴한 3일 주연을 벌이기도 했다. 그녀는 이 식당에서 저 식당으로 다니며 쉬지 않고 몇 시간 동안 배불리 먹었다. 그러고는 모두 토해내고 또 먹었다. 편지에서 그녀는 자신을 '인간 쓰레기통'으로 묘사하면서 절망적이라고 설명했다. 그녀는 자기가 근본적으로 '무가치한 것'을 깨달았으므로 노력을 포기하기로 결정했다고 편지에 써놓았다.

더 이상 읽지 않고 나는 그녀의 아파트에 전화를 걸었다. 그녀의 룸메이트는 내게 그녀가 짐을 꾸려 어디로 간다거나 왜 간다는 설명도 없이 사흘간 "마을을 떠났다"고 말해주었다. 비상벨이 내 머리에 울렸다! 그녀가 치료 전 지난 몇 번의 자살 기도 때 하던 것과 똑같았다. 그녀는 모텔로 차를 몰고 가서 가명으로 숙박계를 쓴 다음 약물을 과다 복용한다. 나는 그녀의 편지를 계속 읽어갔다. "나는 기진해지고 타버린 전구와 같습니다. 당신이 그 안으로 전기를 끌어올 수는 있지만 켜지지 않을 것입니다. 너무 늦었다고 생각되어 미안합니다. 나는 더 이상 거짓 희망을 느끼지 않으렵니다. … 마지막 몇 분 동안 나는 특별히 슬픈 느낌이지 않습니다. 때때로 나는 어떤 무엇이든 삶을 움켜잡으려고 시도했지만 늘 아무것도 잡지 못한 빈손이었습니다."

그것은 비록 뚜렷한 의도가 선언되지는 않았지만 자살 편지처럼 보였다. 나는 갑자기 육중한 불확실성과 낙담한 느낌에 눌려버렸다. 그녀는 사라졌고 흔적을 남기지 않았다. 나는 화가 치밀고 불안해졌다. 나는 그녀를 위해 아무것도 할 수 없었으므로 내 마음을 스쳐가는 자동적 사고들을 기록하기로 결심했다. 나는 몇 가지 합리적 반응들이 내가 직면하고 있는 강한 불확실성에 대처하도록 도와주기를 희망했다(〈표 16-3〉).

나의 생각들을 기록한 뒤 나는 동료인 베크 박사에게 전화를 하기로 결심했다. 그는 달리 증명되지 않는 한 그녀가 살아 있다고 내가 가정해야 한다는 점에서 동의했다. 또한 그녀가 죽은 채 발견될 경우 나는 우울증 연구에 따르는 한 가지 직업적 위험에 대처하는 법을 배울 수 있다고 제

표 16-3 불확실성에 대한 대처

자동적 사고	합리적 반응
1. 필시 그녀는 자살 기도를 했고, 성공했을 것이다.	1. 그녀가 죽었다는 증거가 없다. 그렇지 않다고 증명될 때까지 그녀가 살아 있다고 가정하라. 그러면 그동안 당신은 염려하거나 강박에 사로잡히지 않아도 된다.
2. 그녀가 죽었다면 내가 그녀를 죽인 거나 다름없다.	2. 아니다. 당신은 살인자가 아니다. 당신은 도우려고 애쓰는 중이다.
3. 내가 지난주에 뭔가 달리 했더라면 이런 일을 예방할 수 있었을 것이다. 내 잘못이다.	3. 당신은 점쟁이가 아니다. 당신은 미래를 예언할 수 없다. 당신은 아는 것에 기초해서 할 수 있는 최선을 다한다. 거기에 한도를 정하고 그것을 기반으로 당신 자신을 존경하라.
4. 이 일은 일어나지 말았어야 했다. 나는 아주 열심히 애썼다.	4. 생긴 일은 생긴 일이다. 당신은 최대의 노력을 할 뿐이므로 결과에 대한 보증은 없다. 당신은 그녀를 통제할 수 없다. 단지 노력을 통제할 수 있을 뿐.
5. 이 일은 나의 접근이 이등급이었음을 뜻한다.	5. 당신의 접근은 일찍이 개발된 방법 중 가장 좋은 것에 속한다. 그리고 당신은 큰 노력과 투신으로 전념한다. 당신은 이등급이 아니다.
6. 그녀의 부모는 내게 화를 낼 것이다.	6. 그들이 그럴 수도, 그러지 않을 수도 있다. 그들은 당신이 그녀를 위해서 얼마나 기진맥진하도록 노력했는지 안다.
7. 벡 박사와 동료들은 내게 화를 낼 것이다. 그들은 나의 무능함을 인식하고 나를 경멸할 것이다.	7. 극히 있을 법하지 않다. 우리 모두 도우려고 온갖 열성을 쏟던 환자를 잃으면 실망할 것이다. 그러나 동료들은 당신이 그들을 실망시켰다고 느끼지 않을 것이다. 그다지도 걱정되면 그들에게 전화하라! 당신이 말하는 바를 실천하라, 번즈.

8. 무슨 일이 일어났는지 알 때까지 나는 비참하고 죄를 진 느낌일 것이다. 나는 그런 식으로 느끼지 않으면 안 된다.	8. 당신이 부정적 가정을 한다면 비참한 느낌뿐일 것이다. 승산은 (가) 그녀가 살거나, (나) 그녀가 회복되거나이다. 후자를 가정하라. 그러면 기분이 좋아질 것이다! 당신은 나쁜 느낌을 가질 의무가 없다. 당신은 기분 나쁘길 거부할 권리가 있다.

안했다. 베크 박사는 우리의 가정대로 그녀가 살아 있다면 그녀의 우울증이 마침내 사라질 때까지 치료를 지속함이 중요하다고 강조했다.

 이 대화와 서면 연습의 결과는 엄청났다. 나는 '최악의 것'을 가정할 의무가 없으며 가능한 그녀의 자살 기도에 대해 나 자신을 비참하게 하지 않기로 선택하는 것이 내 권리임을 깨달았다. 나는 나 자신의 행위만 책임질 뿐 그녀의 행위에 대해 책임을 질 수 없고, 지금껏 잘해왔으므로 그녀와 내가 마침내 그녀의 우울증을 격퇴하고 승리를 맛볼 때까지 그렇게 계속 고집스레 하겠다고 결심했다.

 나의 불안과 분노는 완전히 사라졌고 내가 수요일 아침에 전화로 소식을 듣기 전까지 느긋하고 평화로운 느낌이었다. 그녀는 필라델피아에서 80킬로미터 떨어진 한 모텔 방에서 의식 불명인 채로 발견되었다. 그녀의 여덟 번째 자살 기도였다. 그러나 그녀는 살았고, 어느 변두리 병원 중환자실에서 늘 하던 대로 투덜거리고 있었다. 그녀는 살아났지만 오랜 의식불명 기간에 생긴 상처들 때문에 팔꿈치와 손목에 피부를 이식하기 위한 성형수술을 받았다. 나는 그녀가 펜실베이니아 대학교로 이송되도록 주선하고, 거기서 그녀는 나의 혹독한 인지적 발톱 안으로 다시 돌아오게 되었다!

 내가 그녀에게 말을 걸었을 때 그녀는 엄청나게 비통하고 희망 없어 보었다. 그다음 2~3개월의 요법은 특히 힘들었다. 그러나 우울증은 마침내 의뢰 11개월 만에 호전되기 시작했고 꼭 1년 만에, 그러니까 그녀의 21세 생일에 우울 증상은 사라졌다.

　나의 기쁨은 엄청났다. 여성들이 분만 후 아기를 처음 보는 순간 이런 느낌을 가질 것이 틀림없다. 임신의 모든 불편과 해산의 고통은 순식간에 사라진다. 그것은 생명의 축하이며, 아주 신나는 경험이다. 나는 우울증이 더 만성적이고 심각할수록 치료적 노력이 더 강력해지는 것을 발견한다. 그러나 환자와 내가 마침내 그들의 내적 평화로 가는 문의 빗장을 여는 비밀번호의 조합을 발견할 때, 그 안에 있는 보화는 모든 과정에서 일어난 어떤 노력이나 좌절을 훨씬 능가한다.

| 제7부 |
기분의 화학작용

17장
항우울제 치료에 대한 지침

'검은 담즙'에 대한 연구

우울증의 원인에 대한 연구는 여러 세대에 걸쳐 이루어져왔다. 우울한 기분이 적어도 부분적으로는 신체 화학작용의 불균형에 기인한다는 의심은 옛날부터 있었다. 히포크라테스(B.C. 460~355)는 '검은 담즙'이 그 원인이라고 여겼다. 최근에 그 붙잡기 어려운 검은 담즙을 찾아내려는 연구의 선봉을 맡은 이들은 과학자들이다. 그들은 두뇌의 화학작용에서 우울증을 야기하는 이상들을 꼬집어내려고 애쓰고 있다. 복잡 정교해진 연구 도구에도 불구하고, 해답에 대한 몇 가지 암시는 있지만 아직 속 시원한 해결은 보지 못한 상황이다. 조만간 신경화학자들이 우리에게 자기 기분을 뜻대로 조절하게 해줄 과학적 지식을 제공할 것이다. 이것은 인간 역사에서 가장 비상하고 철학적으로 혼란스런 발전의 하나가 될 것이다. 그렇지만 가까운 장래를 위해서라면 다음 목표들이 훨씬 더 현실적이다. 우리는 우울병을 더욱 정확히 진단할 방법과 더 인간적이고 효과적인 치료 방법들의 개발을 겨냥하고 있다.

우울증에 화학적 구성 요소가 있으리라고 믿는 근거는 적어도 몇몇 우울증에는 기질적 변화가 관련되어 있다는 견해 때문이다. 신체 기능의 이 변화들은 그중에서도 특히 초조(조급한 보행이나 손 비틀기처럼 증가된 신경질적 행위)나 지둔(遲鈍, 움직임이 없는 감동, 당신은 1톤의 벽돌 같은 느낌이 들거나 아무것도 하지 않는다)을 포함한다. 그리고 당신은 기분의 일내(日內) 변동을 체험할 수도 있다(몇 가지 우울증에서 보이며, 아침에 나타나는 증상의 악화를 말한다). 또 수면 방식의 변화(불면증은 가장 공통된 것이다), 변비, 식욕 이상(보통 식욕 감소, 때로는 식욕 증가), 집중력 손상과 성욕 감소 등이 있다.

우울증의 생리학적 원인에 대한 두 번째 논증은 적어도 기분장애의 몇몇 형태가 유전적 요인의 역할을 시사하면서 혈통을 통해 물려받는다는 것이다. 어떤 사람들에게 우울증에 걸릴 소지를 주는 유전된 이상이 있다면, 많은 유전질병처럼 신체화학작용 장애의 형태일 것이다.

기분장애의 화학작용에 관한 연구의 현대적 기원은 수십 년 전에 시작되었다. 당시 우울증은 전문 용어로 아민(amine)이라고 알려진 어떤 뇌 물질의 수준 감소 결과로 생긴다고 가정되었다. 아민이란 무엇인가? 아민은 신경들이 메시지를 서로에게 보낼 때 사용하는 화학적 전달 물질이다. 다시 말해 뇌의 생화학적 '집배원'으로서 특히 대뇌변연계, 곧 기분 조정에 관련된 것으로 보이는 원시적인 뇌 부위에 농축되어 있다.

여러 형태의 연구 결과로 나온 발견들은 이 아민 이론과 일치했다. 그 발견들은 다음과 같이 요약될 수 있다.

1) 고혈압 치료에 쓰인 약간의(전부는 아니지만) 약물들은 기분장애의 소지가 있는 사람들에게 우울증을 일으킬 수 있는 것으로 보인다. 이 약물들은 뇌의 화학적 전달자인 아민을 고갈시키는 경향이 있다. 하락된 아민 수준은 우울한 기분을 야기할 수 있다.

2) 두뇌의 아민 수준을 상승시키는 약물들은 실험실 동물의 활동과 기

민성을 증가시켰다. 반대로 아민의 활동을 방해하거나 감소시키는 약물들은 진정과 무기력을 야기했다. 그런 동물들의 증가되거나 감소된 활동이 인간의 의기양양이나 우울증을 야기한 생리학적 원인을 알아내기 위한 적절한 모델이 아닌 것은 명백하지만, 활동과 기민 수준의 변화가 인간의 기분장애에서도 관찰될 수 있다는 것은 사실이다. 그러므로 이 실험실 관찰은 아민 이론과 일치한다.

3) 우울증 치료에 쓰인 약물 대부분은 뇌의 전달 물질인 아민의 활동에 힘을 주거나 수준을 높인다. 예를 들어 뉴욕에서 진행된 주목할 만한 일련의 최근 실험들에서, 한 우울증 환자 그룹은 뇌 아민 농도의 증강을 야기하는 약물을 받았다. 치료 수주일 후 그 환자들은 임상적으로 향상되었다. 그리고 그들은 뇌 아민을 고갈시키는 두 번째 약물을 받았으며, 모두 2~3일 안에 다시 우울증에 빠졌다. 그 두 번째 약물들이 중단되었을 때 뇌 아민 수준이 상승하면서 환자들은 다시금 회복되었다. 이 발견은 뇌 아민이 실로 적어도 몇몇 우울증에서 화학적 '범죄자'일 거라는 의심을 품게 한다. 왜냐하면 실험 대상 환자들의 기분은 뇌 아민 수준의 변화에 따라 상승과 하락의 순환을 하는 것으로 보였기 때문이다.

4) 우울증 환자들의 피와 소변 및 척수액에 들어 있는 아민과 그 분해 산물의 분석 결과에 관한 연구들은 (전부는 아니지만) 몇몇 우울증 환자들에서 예견된 결핍을 실증했다.

당신이 볼 수 있듯이 어떤 자료들은 믿음직한 것 같다. 이것은 우리가 우울증의 정확한 원인을 꼬집어냈음을 뜻하는가? 전혀 아니다. 뇌가 어떻게 작용하는지에 관한 우리의 이해는 아주 유치하다. 우리는 제트 엔진 시대를 기다리며 아직 구식의 초기 T형 엔진 시대에 살고 있다. 그러나 중요한 연구 노력이 착수되었고 급속히 진척되고 있다. 결국 그것은 우리를 그 신비로운 '검은 담즙'의 궁극적 정체 확인으로 이끌어줄 것이다.

항우울제는 어떻게 뇌에 영향을 주는가

이 소단원에서 나는 항우울제가 어떻게 당신의 뇌신경에 영향을 주는지에 관한 우리의 현재 지식을 간단하게 요약했다. 그러나 '화학적'이라는 단어가 당신 마음에 현기증을 일으킨다면, 이 부분을 건너뛰고 다음에 나오는 약물 투여의 실용적인 세부 설명으로 넘어가라.

뇌는 본질적으로 하나의 전기적 체계다. 신경들, 즉 이른바 '전선'들은 화학적 전달자를 경유하여 그들의 전기적 신호들을 서로에게 통보한다(《그림 17-1》). 신경들이 이 화학적 전달자들을 고갈당하면 뇌의 배선은 그 연결에 결함을 갖게 된다. 그 결과는 동조기의 전선 접촉이 느슨해진 라디오에서 나오는 음악과 아주 유사하게 정신적·정서적 공전(空電)일 것이다. 그 정서적 공전은 바로 우울증에 해당한다. 반대로 말하면, 과잉활동성 신경 작용에 이르는 조 상태(환자가 통제 불가능한 정서적 상태)는 이 화학적 전달자의 과도한 활동 수준에 기인하는 것으로 사료된다.

어떻게 항우울제가 이것을 고치는가? 사용 중인 항우울제는 네 종류가 있다. 첫 번째로 널리 처방되는 '삼환계 항우울제(Tricyclic antide-pressants)'는 신경세포 접합부의 접합점에서 뇌의 기분 전달자들의 힘을 강화시키는 것으로 보인다. 그러나 그 물질의 수준에서 실제 증가를 일으키진 않는다.

항우울제의 두 번째 범주는 'MAO 억제제(MAO Inhibitors)'라고 알려

그림 17-1 신경들이 메시지를 서로에게 전달하는 방법

하나의 전기적 충격이 신경 1을 따라 여행하여 마침내 종점 부위에 도착한다. 여기서 화학적 전달자들을 담고 있는 소포들이 파열하여 그 전달자들이 신경세포 접합부로 엎질러 들어간다. 그러면 그들은 액체가 가득 찬 신경세포 접합부를 가로질러 이주하여 신경 2의 막(膜)에 붙는다. 그다음 그 화학적 전달자는 파괴되고 그 폐기물이 뇌로부터 배설되어 최종적으로는 소변에 나타난다.

신경 1은 상실한 전달자들을 대치할 새로운 화학적 전달자들을 끊임없이 만들어내야 한다. 전달자의 결핍은 우울증에 이르는 것으로 사료된다. 항우울제는 화학적 전달자의 수준을 상승시키거나, 신경세포 접합부의 화학적 전달자의 힘을 강화함으로써 요구된 결핍을 메워준다.

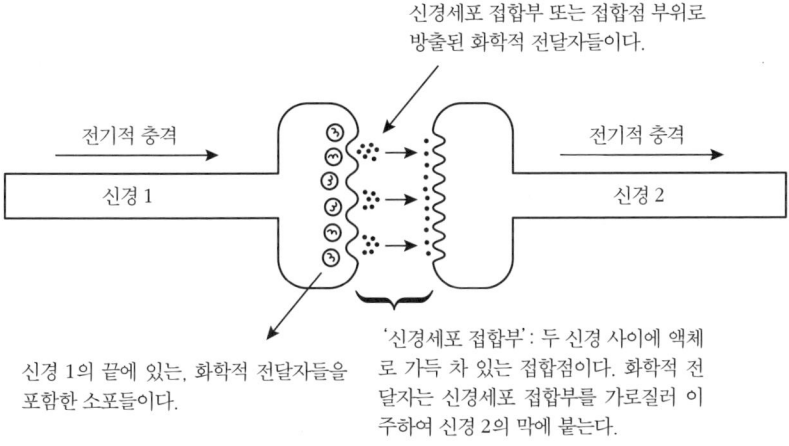

진 것으로, 파네이트(Parnate, tranylcypromine)와 마르플란(Marplan, isocarboxazid)과 나르딜(Nardil, phenylzine) 등이 있다. 이 약물들은 뇌의 정서 부위에서 아민 전달자들의 수준을 실제로 향상시킨다. 뇌가 화학적 전달 물질의 추가 양을 적재하면서 추정된 화학적 아민 결핍은 조정된다.

리튬 카보네이트(Lithium carbonate)는 항우울제의 세 번째 유형이다. 리튬의 효과는 더 복잡하고 덜 명확히 이해되어 있다. 리튬은 보통 식탁의 소금과 비슷하며 '전해질'로 알려져 있다. 그것은 통제 불가능한 극도의 의기양양부터 깊은 절망까지 예측할 수 없이 우왕좌왕하는 환자의 파괴적인 기분 주기를 매끄럽게 한다. 어떻게 한 약품이 반대되는 두 효과를 가질 수 있는지는 확실하게 알려지지 않고 있다. 이 역설은 정신의학 연구자들이 해결하려 애쓰고 있는 많은 도전적인 수수께끼 중의 하나다. 최근 한 이론은 리튬이 화학 전달자 수준을 안정시켜 아민 농도의 주기적 변동이 발생하기가 덜 쉽게 된다는 것이다.

L-트립토판(L-tryptophan)은 항우울제의 네 번째 유형이며 가장 새로운 것이다. 그것은 정상적인 식품에 함유된 자연 발생적인 아미노산이며, 뇌가 화학적 전달자의 한 합성에 사용하는 물질이다. 기분 조정에 절대로 필요하다고 사료되는 이 물질은 지난 10년간 집중적으로 연구되었다. L-트립토판은 위장에서 뇌의 기분 센터로 급속히 이동한다는 점에서 특히 매력을 끌며 자연적 항우울제로서 장려되고 있다.

향후 10년간의 연구는 어떻게 뇌가 정서적 상태를 조정하는지에 관한 우리의 이해를 틀림없이 진전시킬 것이다. 우리의 항우울제 약품이 크게 확장되고 강화될 것이 기대된다. 현재 우리는 이렇게 말할 수 있을 뿐이다.

1) 효과적인 적어도 12개의 다른 항우울제가 있다.
2) 어떤 환자들에게는 한 약물이 아주 효과적이지만, 다른 사람들에게는 그 결과가 실망스럽다.
3) 우리는 어떤 약물이 어느 환자에게 가장 잘 작용할지에 대해 교육받은 추측을 할 수 있을 뿐이다. 어떤 환자들은 가장 잘 작용하는 약이 발견될 때까지 여러 가지 항우울제를 시험해볼 필요가 있다. 왜냐하면 우리는 아직 임상적 특징이나 실험실 검사에 근거해서 적당한

약을 판단하기 위한 완전히 효과적인 방법들을 갖고 있지 않기 때문이다.
4) 삼환계 항우울제의 수준 측정을 위한 혈액 검사들이 최근 연구 센터에서 개발되어 급속히 임상적으로 이용 가능해지고 있다. 이 혈액 검사들은 항우울제가 적절한 용량으로 투여되도록 치료자를 안내해 줄 것이며, 치료적 유효성과 약물 치료의 안전을 실질적으로 향상시킬 수 있다.

보통 처방되는 항우울제에 대하여 알아야 할 것

삼환계 화합물

삼환계 항우울제는 가장 널리 처방된 화합물('삼환계'란 말은 연결된 세 개의 고리를 닮은 그 화학적 구조를 뜻할 뿐이다)이다. 가장 널리 처방된 삼환계 화합물의 목록이 용량 범위와 투약 방법 및 부작용에 관한 유용한 정보와 함께 〈표 17-1〉에 나와 있다.

당신의 의사가 범할 가능성이 있는 가장 흔한 실수는 투여량을 너무 낮게 처방하는 것이다. 당신이 가능한 한 가장 낮은 용량을 받아야 한다고 직관적으로 느낀다면 비위에 거슬리는 말일지도 모른다. 삼환계 약의 경우에 처방된 용량이 너무 적으면 완전히 효과적이지 않을 것이다. 당신이 너무 낮은 용량을 먹겠다고 고집하면 시간만 낭비할 뿐이다. 그것은 당신에게 도움이 되지 않는다. 반면에 〈표 17-1〉의 권고를 넘는 용량은 위험할 수 있고, 때로는 당신의 우울증을 악화시킬 수도 있다. 한마디로 나의 조언은 다음과 같다. 항우울제 치료를 전문으로 하는 의사를 찾아가고, 합당하게 그의 충고를 따르며, 당신이 부적당하게도 많거나 적은 용량을

표 17-1 삼환계 항우울제

약물[1]	진정 효과[2]	다른 부작용[3] (목마름, 변비, 흐린 시력)	정상적으로 효과를 내는 하루 총 용량[4]	투약 시간[5]
Imipramine(Tofranil, Imanate, Presamine, SK-Pramine, Janimine)	보통	보통	150~300mg	방식 1
Desipramine(Pertofrane, Norpramin)	보통	보통	150~250mg	방식 1
Amitriptyline(Elavil, Endep)	상당	보통	75~300mg	방식 1
Nortriptyline(Aventyl)	상당	보통	50~150mg	방식 1
Protriptyline(Vivactil)	최소	보통	10~60mg	방식 2
Doxepin(Sinequan, Adapin)	상당	최소	150~300mg	방식 1

1 화학명이 먼저 나오고 상표명은 괄호 안에 있다. 의사가 처방전에 화학명을 사용해도 당신이 요청하고 이용 가능한 것이라면 약제사가 저렴한 상표명으로 바꿔줄 수 있다.

2 최근의 발견은 대개 진정제들이 불안과 신경질을 대적하는 데 가장 큰 효과를 내는 것을 시사한다. 밤에 투약하면 불면증 감소에도 도움이 된다.

3 부작용이 문제 되면 투약량의 감소로 최소화할 수 있다. 부작용들은 처음 수일 동안 극심하다가 사라지는 경향이 있다.

4 투약량은 우울증의 기간 중에 이루어지는 치료를 위한 것이다. 어떤 환자들은 정상 범위를 넘는 용량을 필요로 하여 효과를 볼 수 있다. 회복에 뒤따른 유지 요법이 적절하다고 느껴지면 치료의 급성기 동안 투약한 용량의 3분의 2가 쓰일 수 있다.

5 방식 1 : 지시된 용량의 최대치 절반까지 하루 한 번 자기 전에 약을 쓸 수 있다. 이 용량은 수면을 증진시키며 대부분의 부작용이 잠든 동안에 발생한다. 더 많은 양이 필요할 경우 추가 약은 분할된 양으로 식사 시간에 투약한다.

방식 2 : 이 약은 자극적이므로 분할된 용량으로 아침과 정오에 투약해야 한다. 낮에 늦게 복용하면 약물이 수면을 방해할 수 있다.

먹는다는 의심이 생기면 의사와 함께 〈표 17-1〉을 검토하라.

　의사가 할 수 있는 다른 실수는 당신이 호전된 명백한 증거가 없는데도 여러 달 동안 특정한 항우울제를 복용시키는 것이다. 이것은 절대로 내가 납득할 수 없는 부분이다. 나는 수개월이나 수년 동안 똑같은 항우울제로 계속 치료받았지만 아무런 유익한 효과를 보지 못하는 심한 우울증 환자를 많이 보아왔다! 그런 경우는 그 약이 효력을 내지 않는 것이 너무 명백하다. 그런데 왜 그것을 계속 복용하는가? 한 약물을 적정 용량으로 3~4주 투약한 후 베크 우울증 목록 검사(2장)에서 점수가 계속적인 하강으로 표시되는 상당히 많은 효과를 내기 시작하지 않으면, 다른 삼환계 약물로 바꾸는 것이 보통 적절한 조치다.

　삼환계 약물을 복용하는 가장 좋은 길은, 적은 용량으로 시작해 정상적 치료 범위 안의 용량이 될 때까지 매일 용량을 늘려가는 것이다. 이 증강은 보통 1주일 안에 완료될 수 있다. 예를 들어 〈표 17-1〉 약물 목록에 나온 첫 번째 약, 이미프라민을 위한 전형적인 1일 용량 일정은 다음과 같을 수 있다.

첫째 날―50mg 잠자기 전
둘째 날―75mg 잠자기 전
셋째 날―100mg 잠자기 전
넷째 날―125mg 잠자기 전
다섯째 날―150mg 잠자기 전

　하루에 150mg보다 더 많은 용량이 요구될 경우 추가 약물은 주간에 나뉜 용량으로 투여되어야 한다. 하루에 150mg까지의 용량은 편리하게 하루에 한 번 밤에 투여될 수 있다. 항우울제 효과는 하루 종일 지속되며 가장 귀찮은 부작용은 거의 알아차리지 못하는 밤에 발생할 것이다.

가장 흔한 부작용은 졸음, 입이 마름, 가벼운 손 떨림, 일시적인 가벼운 상기(上氣)와 변비 등이다. 이 증상들은 보통 처음 수일 내에 발생하며, 입이 마르는 현상을 빼고는 당신이 그 약에 익숙해지면서 감소되는 경향이 있다. 당신이 단순히 그 증상들을 참는다면 흔히 수일 후 저절로 사라질 것이다. 그 영향이 당신을 불편하게 할 만큼 충분히 강하다면, 용량을 점차로 줄이는 것이 최선의 방법이겠지만 갑자기 감소시키지는 말라. 갑작스런 투약 중단은 배탈과 불면증의 결과를 낳을 수 있다.

당신이 과도한 용량을 먹고 있음을 시사하는 부작용들에는 배뇨 곤란, 흐린 시력, 혼란, 심한 떨림, 상당한 현기증이나 증가된 발한 등이 있다. 그런 증상으로 인한 용량의 감소는 확실히 바람직하다.

변비가 발생하면 대변연화제나 완화제가 도움이 될 수 있다. 가벼운 상기는 당신이 갑자기 일어날 때 가장 발생하기 쉬운데, 다리에 몰려 있는 피에 기인한 것으로 수초 동안 지속된다. 당신이 더 조심스럽게 천천히 일어나거나 일어서기 전에 다리를 운동시킨다면(제자리 달리기로 근육을 팽팽히 했다가 느슨하게 해줌으로써) 문제도 아니다.

몇몇 환자들은 투약 이후 처음 며칠 동안 '이상한', '멀찍이 떨어져 있는' 또는 '비현실적인' 느낌이라고 말한다. 그들이 항우울제라고 생각한 위약(僞藥, 설탕 알약)을 먹었던 연구에서도 비슷한 반응이 관찰되었다. 이것을 통해 이른바 부작용들이 어느 정도까지는 상상이며, 약 자체의 실제 영향보다 오히려 약물 치료에 대한 두려움에서 나온 결과임을 알 수 있다. 환자들이 항우울제를 복용하는 첫째 날이나 둘째 날에 이상한 느낌이라고 보고할 때, 나는 보통 그들에게 거기에 주의를 집중하라고 권고한다. 그러면 거의 모든 경우에 이 불편한 감각은 수일 내로 완전히 사라진다.

삼환계 화합물은 식욕을 자극할 수도 있다. 우울증 때문에 몸무게가 줄어들었다면 이 식욕 자극이 유익할 수 있으나, 과체중인 경우에는 체중이 더 느는 것을 피하기 위해서 식이요법에 더 주의를 기울여야 할 것이다. 체중 증가는 환자의 사기를 떨어뜨릴 수 있다.

얼마나 시간이 흘러야 당신의 기분이 좋아진다고 기대할 수 있을까? 보통 최소한 2~3주가 지나야 약이 당신의 기분을 향상시키기 시작한다. 항우울제가 이런 늦은 반응을 나타내는 이유에 대해서는 알려진 바가 없다(그리고 누구든 그 이유를 발견하면 노벨상의 후보가 될 충분한 자격이 있다). 환자들은 3주간이 지나기도 전에 약이 효과를 내지 않는다고 믿어서 항우울제를 중단하려는 충동을 갖는다. 이것은 비논리적이고 자멸적이다. 왜냐하면 이 약물들은 즉시 효과를 내는 일이 드물기 때문이다.

당신은 얼마만큼의 기분 향상을 기대해야 하는가? 나의 철학은 안내자로서 베크 우울증 목록을 이용하는 것이다(2장). 당신은 치료를 받는 동안 1주일에 1~2번 그 검사를 실시하라. 당신의 목표는 그 점수가 정상으로 생각되는 범위에 이르기까지 낮추는 것이다(10점 이하). 당신 점수가 10점 이상에 머문다면 치료는 완전히 성공적이라고 여겨질 수 없다. 약물 치료 3~4주 후에 베크 우울증 목록 점수가 상당히 떨어지는 양상을 보이지 않는다면, 나는 그 약의 사용을 중단하라고 조언하겠다. 이런 경우에 의사는 당신에게 다른 삼환계 항우울제로 즉시 바꾸도록 권고할 가능성이 크다. 이것은 매우 온당하다. 왜냐하면 첫 번째 약물에 적절히 반응하지 않는 많은 환자들이 두 번째나 세 번째에는 긍정적으로 반응하기 때문이다. 당신이 여러 다른 삼환계 약들을 시험한 후 여전히 향상의 기미가 안 보이면 MAO 억제제처럼 전혀 다른 종류의 항우울제로 바꾸는 것이 최선의 길이다.*

당신이 특정한 삼환계 약에 반응할 가능성은 얼마나 되는가? 대부분의 연구는 대략 65퍼센트의 우울증 환자들이 첫 삼환계 항우울제에 반응한다고 보고했다. 설탕 알약으로 치료된 환자 중 대략 30퍼센트가 회복되므로 항우울제는 치료 한두 달만에 회복할 가능성을 배가할 것이다. 연속하여 여러 약물들을 시험하면 회복 가능성은 더욱 높아진다. 그러나 여러 상이한 약을 동시에 먹지는 말라!

적절한 약에 반응한 후 얼마나 오래 그 약을 먹어야 하는가? 당신과 당신의 의사는 이 결정을 함께 내려야 할 것이다. 이번이 당신의 첫 우울증이라면 필시 약을 먹지 않을 수 있으며, 그러고는 정상적 자아의 건강한 느낌을 계속 유지할 것이다. 당신이 여러 해 끊임없는 우울증으로 고생했다거나 재발성 발병의 경향이 있으면, 호전되었을 때 사용한 용량의 3분의 2로 1년이나 그 이상 유지 요법을 하는 것이 좋겠다. 최근의 연구는 그런 유지 요법이 우울증 재발의 빈도를 줄일 수 있음을 시사한다. 의사들이 기분장애의 재발성 성질을 점점 더 알아가면서 예방적 근거에 따른 항우울제의 사용은 더 큰 호응을 얻고 있다.

당신은 장래 어떤 시간에 우울증이 되돌아온다면 무엇을 하겠는가? 당신은 새 약을 시험해야 하는가? 아니다. 당신은 최초의 약물에 다시 반응할 것이다. 그것은 당신에게 적절한 생물학적 '열쇠'일 수 있다. 그러니 그 약을 다시 사용하라. 승리자를 따르라! 당신의 친척 중 누가 우울증에 걸리면, 당신에게 효과를 낸 약이 또한 그들에게 좋은 선택일 수 있다. 왜냐하면 항우울제에 대한 한 사람의 반응은 우울증 자체처럼 유전적인 요인에 의해 영향을 받는 듯이 보이기 때문이다.

---

* 당신이 삼환계 약으로부터 MAO 억제제로 바꾼다면 적어도 10일간 약을 반드시 끊은 상태여야 한다. 비슷하게 당신이 MAO 억제제로부터 삼환계 약으로 바꾼다면 적어도 10일간 약을 의무적으로 끊어야 한다. 이것은 MAO 억제제와 삼환계 약 사이에 위험한 상호 작용이 일어날 수 있기 때문이다.

MAO 억제제

이 약물들은 널리 사용된 첫 항우울제였지만, 보다 새롭고 좀 더 안전한 삼환계 화합물들이 개발되면서 비교적 덜 쓰이게 되었다. 최근 수년간 MAO 억제제는 과거의 인기를 되찾고 있다. 왜냐하면 삼환계 약에 반응하지 않는 환자들, 특히 너무 여러 해 동안 우울증을 겪은 나머지 이 비참한 병이 반갑지 않은 생활방식이 되어버린 사람들에게 흔히 놀랍게도 효과적이기 때문이다. MAO 억제제는 공포증과 높은 수준의 불안, 만성적 분노, 심기증적인 호소나 충동성의 자기파괴적 행동의 특징을 띠는 비정형 우울증에 특별히 효과적이다. 재발성 강박 사고와 강박적이고 의식주의적(儀式主義的)이며 무의미한 습관들(계속해서 손 씻기나 반복적인 문단속 따위)도 흔히 MAO 억제제로 치료받으면 고통의 경감을 느낀다. 이 약들은 주의 깊은 의학적 관리와 의사와의 긴밀한 협조를 필요로 한다. 이 약들은 다른 약들이 효력을 내지 못한다고 입증되었을 때 생명을 구할 수 있으므로 노력을 기울일 가치가 있으며, 심원하고 유익한 기분 변형에 이를 수 있다.

삼환계 화합물처럼 MAO 억제제도 효력을 내려면 적어도 2~3주가 필요하다. 당신의 의사는 당신에게 이 약을 투여하기 전에 의학적 평가를 얻고 싶어할 것이다. 이 평가는 신체 검사, 흉부 방사선 촬영, 심전도, 혈구 수 측정, 혈액 화학 검사, 뇨 분석 검사를 포함해야 한다. 가장 흔히 처방된 약은 파네이트, 마르플란, 나르딜이다. 그 용량 범위는 〈표 17-2〉에 나와 있다. 흔한 처방의 잘못 하나는 너무 많은 용량을 너무 빨리 주는 것이다. 이 약들은 가끔 흥분시키는 경향을 가지므로 불면증을 야기할 수 있다. 이 가능성을 최소화하기 위하여 1일 총 용량을 하루에 한 번 아침에 먹을 수 있다. MAO 억제제의 흥분적 효과는 흔히 피곤과 무기력함을 느끼는 환자와 동기유발이 되지 않는 우울증 환자에게 특히 유용할 수 있다.

표 17-2 MAO 억제제의 용량 범위

상표명	화학명	용량 범위
Marplan	Isocarboxazid	1일 10~30mg
Nardil	Phenylzine	1일 15~75mg
Parnate	Tranylcypromine	1일 10~50mg

부작용은 삼환계 약의 경우와 비슷하지만 보통 대단히 경미한 편이다. 입이 마름, 갑자기 일어설 때 가벼운 상기, 배뇨 시작 시의 지체, 발진, 묽은 대변이나 변비 등의 부작용이 생길 수 있으나 위험하지는 않다.

MAO 억제제들은 적절히 쓰이지 않을 경우 드물지만 심각한 중독 효과를 낳기도 한다. 가장 위험한 것은 당신이 금지된 어떤 음식이나 약을 먹을 때 생길지 모를 혈압의 상승이다(《표 17-3》). 이런 이유로 치료자는 당신의 혈압을 매 치료 시간마다 점검해야 한다. 그렇지 않으면 당신은 혈압계를 구입하여 다만 신중을 기하기 위해서 매일 감시할 수 있다. 당신은 '티라민(Tyramine)'으로 알려진 물질이 함유된 음식을 피해야 한다. 당신이 MAO 억제제를 먹고 있다면, 이 물질은 두뇌가 혈압을 조정하는 능력을 방해할 가능성이 있다. 당신이 자신의 식습관을 주의 깊게 살핀다면 불리한 혈압 상승을 경험하지 않을 것이다.

리튬

1949년에 존 케이드(John Cade)라는 호주의 한 정신과 의사는 보통 소금 리튬이 기니피그에게 진정 효과를 발휘하는 것을 관찰했다. 그는 이 약물을 조병 증상의 한 환자에게 투여해 극적인 진정 효과를 관찰했으며, 다른 조병 환자들에게서도 실증해 보였다. 그 이후로 리튬은 서서히 인기

표 17-3 MAO 억제제를 복용할 때 피해야 할 음식과 약품

음식	초콜릿, 치즈(특히 강하거나 숙성시킨 종류), 절인 청어, 간장(soysauce), 잠두의 꼬투리(fava bean), 통조림된 무화과, 바나나 또는 아보카도, 건포도, 모든 종류의 간(肝), 효모나 효모추출물, 연육제로 조리한 고기, 시큼한 크림.
음료	포도주(특히 키안티 또는 붉은 포도주), 맥주 또는 에일맥주, 알코올과 카페인은 적당히 사용되어야 한다.
약품*	① 삼환계 항우울제 ② 감기약, 충혈제거제, 고초열(hay fever) 약품, 천식 흡입약 ③ 체중 감소를 위해서 가끔 처방되는 리탈린(Ritalin)이나 암페타민 같은 흥분제 ④ 항경련약. 고혈압 조절약을 먹는다면 정신과 의사와 내과 의사 간 자문을 하는 것이 현명한 조처다.
위험한 부작용	갑작스런 심한 두통, 구역질, 경부 강직(stiff neck), 현기증, 착란(confusion), 빛에 대한 공포 또는 다른 이상한 증상이 발생한다면, 응급의학적 평가를 받고 혈압이 상승되지 않았는가 확인하라. 불면증이나 이상한 갑작스런 다행감(euphoria)은 덜 위험하지만 즉각적인 개입이 필요하며 갑작스런 투약 중단이 요구될 수 있다.

* 발작장애가 있는 경우에는 어떤 항우울제라도 먹기 전에 신경과 전문의에게 점검을 받아야 한다.

를 끌어 현재까지 미국보다 유럽에서 더 널리 받아들여져 사용되고 있다. 그것은 두 가지 주요 효용을 갖는다.

1) 급성 조증 상태의 역전
2) 조울병의 양극적 형태를 띤 환자의 조증과 우울증의 기분 변동 예방

'양극적'이란 단지 '두 극단'을 뜻한다. 그런 환자는 심각한 우울증과 더불어 제어할 수 없는 도취적 기분 변동을 경험한다. 조증 상태의 특징은 극도로 쾌활하고 황홀한 기분, 부적당한 정도의 자기확신과 자기과대, 끝없는 수다, 쉴 새 없는 과잉 활동(빠른 몸놀림), 상승된 성적 행위, 감소

된 수면 욕구, 높아진 자극과민성과 공격성, 분별없는 낭비성 잔치 같은 자기파괴적 충동 행동 등이다. 이 이상한 병은 보통 제어할 수 없는 좋은 기분과 나쁜 기분의 만성적 방식으로 발병한다. 그래서 의사는 흔히 환자에게 여생 동안 리튬을 계속 복용하도록 권고할 것이다.

당신이 비정상적인 기분 상승과 우울증을 경험했다면 리튬이 가장 먼저 선택할 약일 것이다. 조증 기분 변동이 없는 재발성 우울증의 치료에서 리튬의 효용은 아직 연구 단계다. 최근의 발견들은 가족에게 조병의 병력이 있다면 스스로 조병에 걸린 적이 없어도 리튬으로부터 유익함을 얻을 거라고 제안하고 있다.

기분장애를 위한 치료에 사용된 다른 약들과 마찬가지로 리튬도 효력을 내려면 보통 2~3주가 필요하다. 장기간 투여될 경우 임상적 효과가 상승하는 것으로 보인다. 당신이 수년간 복용하면 필시 당신을 더욱더 도울 것이다.

리튬은 300mg 용량으로 효력을 내며, 정상적으로 하루 3~6알 정도로 나눠 복용한다. 의사가 당신을 안내해줄 것이다. 용량은 잦은 혈액 검사로 주의 깊게 검사되어야 한다. 특히 적절한 혈액 수준을 유지하려면 치료 초기에 그렇게 해야 한다. 혈액에 너무 많은 리튬을 공급하면 위험한 부작용이 생길 수 있다. 반대로 혈액 수준이 너무 낮을 경우 약은 도움이 되지 않는다. 신체의 크기, 신장 기능, 날씨 조건과 다른 요인들이 용량 필요조건에 영향을 미칠 수 있다. 그래서 리튬을 지속적으로 복용할 때 혈액 검사는 성기적으로 시행되어야 한다. 리튬 알약을 마지막으로 복용하고 8~12시간 후 채혈을 해야 한다. 이 검사에 가장 좋은 시간은 아침이다. 깜빡 잊고 검사 당일 아침에 리튬 알약을 먹은 경우에는 **검사를 하지 말라!** 다음날 검사하라. 그렇지 않으면 그 검사 결과가 당신의 의사를 오진으로 이끌 것이다.

치료 전에 의사는 당신의 의학적 조건을 평가하고 일련의 혈액 검사와 뇨 분석 검사를 지시할 것이다. 리튬을 복용할 때 당신의 갑상선 기능은 1년 간격으로 검사되어야 한다. 이 약물을 복용한 몇몇 환자들에게서 보고된 신장 이상 때문에 당신의 신장 기능은 4개월 간격으로 혈액 검사에 따라 평가되어야 한다.

리튬의 부작용은 **가볍게 불편한 정도지만** 보통 심각하지 않다. 처음에 피곤함이 나타날 수 있지만 일반적으로 곧 사라질 것이다. 배탈이나 설사는 복용을 시작하고 처음 며칠간 생길 수 있지만, 이것 역시 사라질 것이다. 갈증의 심화와 빈번한 배뇨 및 손의 떨림은 흔히 경험되는 증상이다. 그 떨림이 특히 심하고 불편하면 프로프라놀롤(Propranalol)이란 항진정제가 투여될 수 있다. 그러나 가능하면 추가 약물의 처방을 피하는 것이 나의 정책이다.

리튬을 복용하는 몇몇 환자들은 상당한 쇠약과 피로를 호소한다. 이것은 과도한 리튬 수준을 시사할 수 있으므로 용량을 줄이는 것이 바람직하다. 정신적 혼란과 함께 극도의 졸림, 수족 협조 기능의 상실, 언어 차질 등은 위험하게 상승된 리튬 수준을 나타낸다. 그런 증상들이 나타나면 약의 사용을 중단하고 곧바로 의학적 주의를 구하라.

L-트립토판

지금은 생태학의 시대다. 일반 대중처럼 과학자들은 자연발생적 물질(비타민 따위)이 기분장애의 발병이나 그 치료에 어떤 역할을 하지 않을까 생각했다. '거대비타민(megavitamins)'과 다른 식품에 대한 떠들썩한 유행에도 불구하고 전 세계 최고의 과학자들의 체계적 연구는 오직 한 식품 물질이 일관되게 우울증과 연관되어 있음을 밝혀냈다. 바로 L-트립토판이다.

L-트립토판은 몸의 조직이 단백질을 제조하는 데 사용하는 식이성 건축용 블록의 하나다. 몸이 스스로 제조할 수 없는 L-트립토판은 먹는 음식에서 섭취되어야 한다. 그러므로 하나의 '필수 아미노산'이라 불린다.

L-트립토판은 정신의학 연구자들에게 큰 관심거리다. 왜냐하면 그것은 뇌가 세로토닌을 제조할 때 사용하는 물질이기 때문이다. 세로토닌은 뇌의 정서적 센터 안의 신경들이 전달자들을 서로에게 보내는 데 사용하는 아민 전달 물질 중의 하나다. 음식물에서 적정량의 L-트립토판을 섭취하지 못하면 뇌의 세로토닌 수준이 떨어져 우울증의 원인이 될 수 있다.

특별한 관심을 끄는 것은 매사추세츠 공업기술연구소(MIT)에서 로널드 페른스톰(Ronald Fernstorm)과 리처드 워어트만(Richard Wurtman) 등이 최근에 발견한 사실이다. 그들은 뇌 안의 세로토닌 수준이 섭취하는 음식물의 L-트립토판 양에 의해 직접 영향받고 있음을 입증했다. 그러므로 이 과학자들은 사람들이 수년간 주장해온 건강식품을 적어도 부분적으로는 확인해준 셈이다. 당신의 내장이 부분적으로는 당신의 뇌를 통제한다!

이 모든 것은 우리를 매우 흥분시킨다. 그리고 우리는 임상적 우울증에 간단한 해결을 제안하라는 유혹을 받는다. 많은 용량의 L-트립토판 순수 분말을 먹기만 하면, 뇌는 뒤이어 더 많은 화학적 전달자를 제조할 것이다. 추정된 어떠한 화학적 '불균형'도 고쳐질 테고, 그로써 당신의 기분 장애도 역전될 것이다. 멋지게 들린다! 정말일까?

그것이 바로 펜실베이니아 대학교의 우리 그룹을 포함한 전 세계의 정신과 의사들이 지난 수년간 알아내려고 애써온 것이다. 그 결과는 고무적이었지만 앞뒤가 맞지 않는다. 몇몇 센터의 정신과 의사들이 L-트립토판이 두드러진 항우울제 효과를 어지간히 보인다고 보고한 반면, 다른 연구에서는 어떤 유익한 효과가 주목된다 해도 너무 미미해서 거의 없었다고 보고했다. 균형을 잡는다면 지금까지의 연구 결과는 다음과 같은 것으로 보인다.

1) L-트립토판은 어지간한 항우울제 성질을 띠지만 명백히 오로지 몇 환자들만이 반응할 것이다.
2) L-트립토판이 도움이 될 때 그 유익한 효과는 단지 부분적일 수 있다. 우울증을 완전히 제거하기 위해서는 추가 약물 또는 정신 치료가 필요할 수 있다.
3) L-트립토판은 적절한 유효성과 개연적인 안전성을 가진 진정제로서 편안한 수면을 증진시킨다.

어디서 L-트립토판을 구하는가? 미 식품의약국(FDA)에 의해 하나의 식품첨가물로 분류되어 있으므로 미국의 의사들은 L-트립토판을 처방하도록 허용되어 있지 않다. 이에 반해 영국의 의사들은 처방할 수 있다. 그러므로 당신이 그것을 복용하기로 선택한다면 스스로 결정해야 한다. 당신은 그것을 합법적으로 건강식품 가게(매우 비싸게)나 화학공급물 회사(다소 싸게)를 통해 구입할 수 있다. 당신이 복용하기로 결심했다면 반드시 순수 L-트립토판을 구입하라. D-L-트립토판은 안 된다. 후자는 쉽게 뇌로 넘어가지 않으므로 덜 효과적이다.

당신은 얼마나 먹어야 하는가? '올바른' 용량은 아직 적절히 결정된 바 없지만, 연구자들은 우울증 환자들에게 하루 3~15g의 범위로 처방하고 있다. 그것은 꽤 많은 양이다! 한 번의 정상 식단은 약 1g의 L-트립토판을 포함한다. L-트립토판을 먹기로 결심했다면 당신의 의사와 상의하는 것이 현명한 행동이다. 당신 의사가 알고 있지 않는 한 항우울제를 포함한 다른 약물과 병용해서는 안 된다.

L-트립토판이 위험한가? 지금까지 인간에게서는 아무 불리한 효과도 보고된 적이 없다. 엄청난 양이 암소나 쥐들에게 주어지던 초기 연구에서는 약간의 중독 현상이 주목되었지만, 현재 이런 발견들이 인간에게 적용될 수 있다고 보지는 않는다. 일반적으로 어느 약이나 많은 양으로 쓰일 때는 언제나 약간의 잠재적 위험이 따른다. 아스피린과 비타민도 남용되면 치명적일 수 있다. L-트립토판이나 다른 항우울제의 유익이 명백하고 뚜렷하지 않을 경우 계속 섭취하는 것은 현명하지 않다.

의사가 처방할 수 있는 다른 약

내가 앞서 소개한 네 종류의 항우울제는 내 의견으로 우울증 치료에서 명쾌한 적용을 갖는 것들뿐이다. 어떤 의사들은 신경질과 불안에 항불안약(minor tranquilizer)이나 진정제를 사용한다. 하지만 그것들은 중독적일 수 있고 그 진정 작용이 우울증을 악화시킬 수 있으므로, 나는 보통 사용하지 않는다.

수면제는 위험할 수 있고 쉽게 남용되는데, 보통 규정 용량을 사용한 지 며칠 만에 그 효과를 잃기 시작한다. 그러면 잠들기 위해 점점 더 많은 용량을 필요로 하게 되며, 의존과 중독이라는 위험한 상태에 이를 수 있다. 이 알약들은 정상적 수면 양식을 방해한다. 그리고 심한 불면증은 금단증상이므로 그것들을 그만 먹으려 할 때마다 당신은 그릇되게도 그것이 더욱더 필요하다고 결론짓게 될 것이다. 그렇게 수면제는 당신의 잠자는 문제를 악화시킬 수 있다. 반대로 더 진정 효과가 있는 삼환계 항우울제 몇 가지는 용량을 늘리지 않으면서 수면 효과를 낼 수 있으므로, 나는 이 약들이 오히려 우울증 환자의 불면증 치료에 월등한 접근이라고 생각한다(《표 17-1》). 알약 하나가 필요하다고 느낄 경우 잠자기 전 L-트립토판을 먹는 것은 좋은 대안일 수 있다. 왜냐하면 그것은 편안한 수면을 하게 해주고 중독성도 없기 때문이다.

흔히 체중 감소를 위해 처방되고 있는 리탈린과 암페타민 같은 '각성제'들은 어떤가? 어떤 사람들에게 이 약들이 일시적인 흥분이나 의기양양을 (코카인과 아주 비슷하게) 일으키는 것은 사실이지만, 습관성의 위험이 있다. 일시적인 기분 좋은 상태에서 벗어나 차분해지면 추락한 느낌과 훨씬 더 깊은 절망감을 체험하는 경향이 있을 것이다. 이 약들을 장기 복용할 때는 정신분열증과 비슷한 공격적·폭력적·편집적 반응을 일으킬 수 있다. 당신 의사나 친구가 그런 약을 먹도록 권고하면 신속히 믿을 만한 다른 의사에게 의견을 재차 구하기를 제안한다!

이른바 '항정신병약(major tranquilizer)'이라는 쏘라진(Thorazine), 멜라릴(Mellaril), 스텔라진(Stelazine), 할돌(Haldol), 프롤릭신(Prolixin) 또는 나반(Navane)은 어떤가? 이 약물들은 보통 진짜 정신분열증적 반응이나 조병 장애를 위한 것으로, 대부분의 우울증 또는 불안한 환자의 치료에서 주된 역할을 하지 않는다. 오직 소수의 우울증 환자만이 그 약물로부터 유익을 얻을 것이다. 그들은 극도로 안절부절못하며 우왕좌왕을 멈출 수 없을 뿐만 아니라 나이가 많은 우울증 환자로서, 편집적이며 망상적인 사람들이다. 항정신병약은 졸음과 피로를 야기하는 경향이 있으므로 대부분의 우울증에 악화를 초래할 수 있다.

약 처방의 실제에 대한 이상의 검토는 명백히 나 자신의 접근일 뿐이다. 당신의 의사는 다소 다를 수 있다. 정신의학은 여전히 예술과 과학의 혼합물이다. 아마도 언젠가 그 '예술'은 더 이상 두드러진 요소가 되지 않을 것이다. 당신이 치료에 대해 불확신감을 가지면 당신 의사에게 질문하고, 그의 치료를 당신이 이해할 수 있는 쉬운 용어로 설명해달라고 자꾸 부탁하라. 결국 당신이 고용주이고 그는 당신의 고용인이다! 위험에 처한 것은 당신의 뇌와 신체이지 그의 것이 아니다. 합리적이고 납득할 만한, 그리고 상호 수용할 만한 전략이 치료를 위해 개발되는 한 당신은 의사의 노력으로부터 유익을 얻는 기회를 갖게 될 것이다.

누구든지 항우울제를 복용할 수 있는가?

대부분의 사람이 복용할 수 있지만 의학적 감독이 필수다. 예를 들어 당신이 간질, 심장과 간장 및 신장 질환, 고혈압, 또는 어떠한 다른 장애의 병력을 갖고 있다면 특별한 주의가 요구된다. 왜냐하면 매우 어리거나 나이 든 사람들에게 어떤 약물을 주는 것은 피해야 하며, 용량을 차별화하는 것이 바람직하기 때문이다. 한 가지 항우울제와 함께 다른 약물을 복용할 경우에도 특별한 주의가 요구된다. 적당히 관리만 되면 항우울제는 안전하고 생명을 구할 수 있다. 그러나 그것을 당신 스스로 조정하거나 관리하지 말라. 의학적 감독이 필수다. 임산부가 항우울제 복용을 결정하려면 정신과 의사와 산부인과 의사의 협조가 요구된다. 생각건대 태아의 기형이 발생할 수 있으므로 잠재적 유익, 우울증의 심각도, 임신의 단계가 모두 고려되어야 한다. 다른 치료 접근들이 먼저 채택되어야 하며, 이 책에서 소개된 능동적인 자기도움 프로그램 종류가 발육 중인 태아에게 최선의 보호를 제공하면서 어떠한 투약도 완전히 배제할 수 있을 것이다.

복합 조제(Polypharmacy)

다음 질문이 떠오른다. 여러 유익을 동시에 얻도록 정신의학적 투약을 한 가지 이상 하면 어떨까? 약물의 어떤 결합이 바람직할 수 있는 경우도 있지만, 한번에 항우울제 약물 치료를 한 가지 이상 받는 것은 일반적으로 권고되지 않는다. 항우울제를 신경안정제와 결합시킨 알약이 시판되면서 장려되었지만, 임상적 연구는 그런 조합제의 효능을 실증하지 못한다. 대부분 한 가지 약이 정상적 기분으로 가는 회복을 가속시키기에 충분할 것이다. 한 가지 특정 약이 도움이 되지 않으면 복용을 중지하고 2~3주 후 다른 약을 시험하라. 그러나 여러 약물 치료를 동시에 취해 일을 복잡하게 하지 말라. 다중 약물 치료(multiple drug treatment)는 혼동스럽고 보통 불필요하며, 더욱이 위험할 수 있다. 한 우울증 환자가 의사의 감독하에 한번에 상이한 화학적 종류의 여러 항우울제의 적절한 시험을 받는 경우는 예외일 것이다. 적절한 치료적 반응 없이도 당신의 의사는 항우울제의 결합 사용을 시도할 수 있다. MAO 억제제가 삼환계 약이나 리튬과, 삼환계 약이 리튬과 결합될 수는 있다. 이것은 전문가가 투여하는 진보된 치료 형태이며, 당신과 당신 의사 간의 주의 깊은 협조를 필요로 한다.

인지 요법 이론과 생화학적 이론의 수렴

이 시점에서 당신은 내가 사고와 행동의 수정을 통한 자기도움과 인격적 성장을 강조한 이 책에서 약물 치료에 대해 서술한 이유가 궁금할 것이다.

우리가 아무 약물 치료 없이 수백 명의 심한 우울증 환자들을 기분진료소에서 성공적으로 치료했다는 것은 사실이다. 그러나 약물과 인지 요법의 동시적 치료를 원하고 받은 사람이 많다. 그들 역시 잘해냈다. 어떤 종류의 우울증에는 환자의 치료 프로그램을 돕는 특정한 항우울제의 첨가가 환자로 하여금 합리적인 자기도움 프로그램을 더 따르게 해주었고, 그 치료를 가속시킬 수 있는 것으로 보인다. 나는 일단 항우울제를 복용하기 시작하자 그들의 비논리적이고 뒤틀린 부정적 사고와 관련해서 '빛을 보는 것'으로 보였던 많은 우울증 환자를 생각해낼 수 있다. 나의 개인 철학은 다음과 같다. 나는 당신에게 도움이 된다면 이치에 맞게 안전한 도구 어느 것이라도 환영한다!

우리의 최근 연구 조사는 약물 치료와 인지적 자기도움 요법의 결합에 대해 더 많은 정보를 제공하려고 계획되었다. 초기 자료는 항우울제와 더불어 인지 요법으로 치료된 환자들이 항우울제만으로 치료된 경우보다 더 호의적으로 반응함을 나타냈다. 약물만으로 시행한 순수 '시험관 속에서 만들어진 치료'가 많은 환자를 위한 전적인 답이 아님을 확인해준 것이다. 그처럼 약물로부터 유익을 얻는 사람들에게서조차 효과적인 정신 치료를 위해서는 한정된 역할이 있다.

어떤 종류의 우울증이 항우울제로부터 유익을 얻을 가능성이 가장 큰가? 다음과 같다면 적당한 약물에 반응하는 기회가 커진다.

1) 기능적으로 장애를 입고 우울증 때문에 일상적으로 활동할 수 없다면.
2) 우울증의 특징이 불면증, 안절부절, 정신 지둔, 그리고 아침에 체험되는 증상의 악화와 긍정적 사건으로 격려된 느낌을 가질 수 없음 같은 더 기질적인 증상들이라면.
3) 우울증이 심각하다면.
4) 우울증이 꽤나 뚜렷한 시초를 가졌고, 증상들이 스스로 정상적으로 느끼는 방식과 상당히 다르다면.
5) 우울증 이전에 다른 정신병적 장애나 환각의 긴 병력을 갖고 있지 않다면.
6) 집안에 우울증을 앓는 사람이 있다면.
7) 과거 유익한 약물 반응을 경험했다면.

8) 불평하고 다른 사람을 탓하는 경향을 갖고 있지 않다면.

9) 약물 부작용에 과장된 민감성의 병력이나 여러 심기증적 호소의 병력을 갖고 있지 않다면.

위의 지침들은 일반적 특징이며 포괄적일 수 없다. 많은 예외가 발생하며, 미리 약물 반응을 예견할 우리의 능력은 아직도 매우 제한적이다. 우리는 마치 항생물질의 사용이 그랬던 것처럼 항우울제의 사용이 미래에 더 정확하고 과학적이 되길 바란다.

약물 요법에 대한 인지적 접근

어떤 부정적 태도와 비합리적 사고들은 적절한 약물 치료를 방해할 수 있다. 나는 이 기회에 여러 유해한 신화들을 폭로하려 한다. 약물을 복용할 때 계몽된 조심은 좋은 조언이지만, 반쪽 진리에 근거한 과도하게 보수적인 태도도 마찬가지로 파괴적일 수 있다고 나는 확신한다.

신화 1 "이 약을 먹으면 나는 진정한 내 자아이지 않을 것이다. 나는 이상하게 행동하고 보통과 다르게 느낄 것이다."

아무것도 진리 이상일 수는 없다. 이 약물들이 우울증을 제거하기는 해도 보통은 비정상적 기분 고조를 만들어내지 않을 것이며, 매우 드문 경우를 제외하고는 당신에게 비정상적이거나 이상하거나 '매우 기분 좋은' 느낌이 들게 하지 않을 것이다. 사실상 대부분의 환자는 그들이 항우울제 투약에 반응하기 시작한 후에 훨씬 더 자신을 되찾은 느낌이라고 보고한다.

신화 2 "이 약들은 극도로 위험하다."

틀렸다. 당신이 의학적 감독을 받고 당신 의사와 협조한다면 약물을 두려워할 이유가 하나도 없다. 불리한 반응은 매우 드물며 당신과 당신의 의사가 함께 작업할 때 보통 안전하고 효과적으로 처리될 수 있다. 항우울제는 우울증 자체보다 훨씬 더 안전하다. 요컨대 병이 치료되지 않은 채 방치되면 당신을 죽일 수도 있다. 당신이 자살한다면!

신화 3 "그러나 부작용들은 견딜 수 없을 것이다."
아니다. 부작용들은 경미하며 용량을 적절히 조정함으로써 보통 복용자가 가까스로 알아차릴 정도까지 만들 수 있다. 그런데도 그 투약이 불편하다고 생각한다면 당신은 부작용이 덜하고 효과는 여전한 다른 약으로 바꿀 수 있을 것이다.

신화 4 "그러나 나는 통제 불능이 되고 이 약들은 꼭 자살하는 데 사용하게 될 것이다."
이 약들은 치명적인 잠재력을 갖고 있지만 당신이 그것을 당신 의사와 개방적으로 토의한다면 문제 되지 않는다. 당신이 적극적으로 자살을 느낀다면 한번에 수일 또는 1주일분의 약만 구입하는 방법이 도움이 될 것이다. 그러면 당신은 치명적 공급량을 수중에 가질 수 없다. 약이 작용하기 시작하면 당신은 덜 자살적인 느낌을 갖게 된다는 점을 기억하라. 당신은 자살적 충동이 사라질 때까지 당신의 치료자를 자주 만나고 집중적인 치료를 받는 것이 좋다.

신화 5 "나는 마약에 중독돼 거리의 마약중독자들처럼 상용자가 될 것이다. 나는 그 약을 끊으려 시도해도 자꾸 실패할 것이다. 나는 영원히 그 의존에서 벗어날 수 없게 될 것이다."

또 틀렸다. 수면제, 아편제제, 바르비튜레이트염, 항불안약과는 달리 항우울제의 중독 잠재력은 아주 낮다. 일단 약이 작용하면 당신은 그 항우울제의 효과를 유지하기 위해서 점점 더 많은 용량을 먹지 않아도 될 것이다. 그리고 약의 사용을 중단할 때 대부분의 경우에 우울증은 재발하지 않을 것이다. 약을 중단해도 될 때 1~2주에 걸쳐 점점 용량을 줄이는 방법이 권고할 만하다. 그러면 갑자기 약을 끊는 데서 생길 수 있는 불안을 최소화할 것이며, 당신이 어떠한 재발도 만개하기 전 봉오리일 때 잘 라내는 데 도움이 될 것이다.

오늘날 어떤 의사들은 특정한 환자들에게 장기적인 유지 요법을 주장한다. 당신이 완쾌된 뒤에도 1년이나 그 이상의 기간 동안 낮은 용량의 항우울제를 복용한다면 예방적 효과를 달성할 수 있다. 우울증의 재발 개연성을 최소화할 것이다. 당신이 수년 동안 우울증 재발에 심각한 문제를 가졌다면, 이것은 현명한 조치가 될 수 있다. 유지 요법을 위해 처방된 낮은 용량에서 오는 부작용은 보통 무시할 만하다.

신화 6 "나는 어떤 정신의학적 약물도 먹지 않겠다. 그건 내가 미쳤다는 뜻이기 때문이다."

이 생각은 심하게 오도된 것이다. 항우울제는 우울증 때문에 주어진 것이다. 항우울제는 실제 정신이상 치료에 처방되어서는 안 된다. 마찬가지로 당신의 의사가 항우울제를 추천하는 것은 당신이 기분 문제를 갖고 있으며 '미치지' 않았음을 확신한다는 뜻이다. 그런 근거에서 **항우울제를 거부하는 것이야말로 '미친 짓'**이다. 왜냐하면 당신은 자신에게 더 큰 비참과 고통을 야기할 수 있기 때문이다. 역설적으로 당신은 그 약물의 도움으로 더 빨리 '정상적인' 느낌을 가질 수 있다.

신화 7 "그러나 내가 항우울제를 먹으면 다른 사람들은 반드시 나를 경멸할 것이다. 그들은 내가 열등하다고 생각할 것이다."

이 두려움은 비현실적이다. 다른 사람들은 당신이 그들에게 이야기하지 않는 한 당신이 항우울제를 복용한다는 사실을 알지 못할 것이다. 그들이 알 수 있는 다른 길은 없다. 한편 당신이 누군가에게 말한다면 그들은 안도감을 느끼기 쉽다. 그들이 당신을 염려하는 사람들이라면 필시 당신을 더 존경할 것이다. 왜냐하면 당신은 자신의 고통스런 기분장애를 제거하는 데 도움이 되는 무언가를 하고 있기 때문이다.

물론 누군가가 약의 복용이 권할 만한 것인지 당신에게 의문을 제기하거나, 심지어 당신의 결정을 비판하는 일이 일어날 수 있다. 이것은 당신에게 6장에서 다룬 노선에 따라 불찬성과 비판의 대처법을 배울 더없이 좋은 기회가 될 것이다. 조만간 당신은 자신을 신뢰하기로, 그리고 다른 사람이 당신의 일에 동의하거나 하지 않음으로써 당신을 불구로 만드는 공포에 굴복하기를 거부하기로 결심해야 할 것이다.

신화 8 "약을 먹어야 한다는 것은 수치스럽다. 나는 우울증을 나 혼자 힘으로 제거할 수 있어야 한다."

기분장애에 관한 우리의 연구를 통해 이 책에서 소개한 형태의 적극적이고 조직적인 자기도움 프로그램에 뛰어든다면 대부분 약 없이도 나을 수 있다는 것을 발견했다. 그러나 또한 상당한 경우에 항우울제가 당신 자신을 도우려는 당신의 노력을 촉진하는 데 필요한 지렛대 작용을 제공하는 것으로 나타났다. 사실상 상당한 최근의 증거는 항우울제가 실제로 부정적 사고를 감소시키는 데 도움이 된다는 것을 시사한다. 이처럼 이 약들은 당신의 태도를 수정하려는 개인적 노력을 가속시키고 당신을 도와 행동 방식을 바꿀 수 있다. 그것을 당신 혼자 힘으로 해야 한다고 고집스럽게 우기면서 침울해하고 끝없이 고통 받는 것이 이치에 맞는가? 당신이 그 일을 스스로 해야 한다는 것은 명백하다. 약리학적인 후원과 함께, 또는 그것 없이 말이다. 항우울제는 당신이 그와 같이 자연적 치유 과정을 가속시키면서 더 생산적인 양식으로 대처하는 데 필요한 힘을 강화시켜줄 것이다.

추천 도서

Beck, A. T., Rush, A. J., Shaw, B. F., and Emery, G., *Cognitive Therapy of Depression*(New York : Guilford Press), 1979.
이 책은 전문 상담가와 치료자를 위한 것으로서, 단계적으로 진행되는 치료의 실제적 과정을 서술하고 있다.

Ellis, A., and Harper, R. A., *A New Guide to Rational Living*(No. Hollywood : Wilshire Book Co.), 1975. Published by arrangement with Prentice-Hall, Inc., Englewood Cliffs, N. J.
이 책은 정서적 문제들을 만드는 사고 과정을 수정함으로써 해결하는 법, 즉 합리적이고 감정적인 정신 치료를 서술한 고전적인 자기도움 서적이다.

Emery, G., *A New Beginning*(New York : Simon and Schuster), 1981.
이 책은 인지 요법의 원칙들을 서술하며, 어떻게 그 원칙들이 우울증 치료에 적용될 수 있는지 보여주고 있다.

옮긴이의 말

"나는 우울합니다", "그 사람은 우울증에 빠져서 아무것도 하지 않고 삶의 의욕도 없답니다", "나는 왜 이렇게 화가 자꾸 나는지 사람 만나기가 두려울 정도입니다", "그 사람의 사고방식은 왜 그 모양인지?"

우리가 흔히 말하고 듣는 이야기다. 이런 말을 들을 때 우리는 무언가 적극적으로 돕고 싶어도 방법은 고사하고 문제를 정확히 파악하지도 못한다. 우리는 우울증에 빠진 사람의 사고방식이 어찌나 이해하기 힘들 정도로 뒤틀려 있는지 놀라워하며 그런 이들과의 만남 자체를 피하고 싶어한다. 그러나 생각해보면 우울증에 걸린 사람들의 사고 유형은 우리가 마음속으로 은밀히 진행하던 사고와 대화를 백주의 광명 속으로 노출한 데 대한 수치스런 놀람이었던 것 같다. 그렇다면 무엇이 건강한 사고이며, 부정적 사고가 일어날 때 어떻게 바로잡을 수 있을까?

건강하다고 자부해온 나 자신을 돌이켜봐도 승인(인정), 사랑, 성취(업적), 완벽을 얻지 못하면 전전긍긍하고 내가 당연히 누려야 한다고 여겨지는 그 무엇들을 행복의 선결 조건인 것처럼 바라보았다. 그리고 내 기분은 얼마나 자주 외부적 요인들에 의해 좌우되었던가? 나의 심리적인 장점은 무엇이며, 보다 인격적인 성장을 위한 방법은 무엇일까? 다시 말해서 나 자신을 존중하고 확신을 갖는 적극적인 삶의 태도, 기쁜 삶의 자세는 무엇일까?

이런 물음에 고심하고 있을 때 나는 이 책을 알게 되었다. 이 책을 소개해주신 분은 나의 상담자이자 정신적 벗이요 스승인 원하림(Sean Dwan)

신부님이었다. 그분의 격려와 지도가 없었다면 이 책의 번역과 이해에 상당한 어려움을 겪었을 것이다. 이 책에서 내가 받은 도움은 무척 크다. 비록 우울증이 아니더라도 지금보다 기쁜 삶을 살기 위해서 이 책이 퍽 유용했다.

이 책의 구성은 다음과 같다.

지은이 데이비드 번즈 박사는 먼저 우리가 우울증에 걸려 있는지, 있다면 그 상태는 어느 정도인지 측정하는 검사를 실시한 뒤 그 우울증에 이르게 하는, 그러면서도 정상적인 우리에게도 가끔 보이는 사고의 오류 10가지를 제시한다.

그는 이어 우울증에 걸린 사람이 반드시 믿는 잘못된 생각, 즉 나는 무가치하다는 신념을 극복하기 위한 방법으로 자기존중의 증폭법을 사례와 함께 친절히 알려준다. 아울러 우울증 환자의 특징인 무기력과 무활동성에 대해 중점적으로 알아본다.

우울증 환자의 무가치감이 환자 내면에서 진행되는 자기비판임을 주목한 번즈 박사는 그것을 어떻게 다스려야 할지 여러 가지 기법을 사례와 함께 설명해준다.

우울증 환자의 특징으로는 분노에 싸이기 쉬운 점과 죄의식이 있다. 그 분노와 죄의식의 원인을 규명하고 그런 느낌에 대처하는 법을 살펴본 지은이는 이쯤에 이르렀을 때 사람들이 흔히 제기하는 반론, "우울증의 원인이 사랑하는 이의 상실, 수족의 상실, 생명의 상실, 직업의 상실 등과 같은 이른바 현실적인 것이라면?"이란 물음을 스스로 던지면서 답하고 있다.

그렇다면 이 모든 것의 원인은 무엇일까? 다시 말하면 우울증에서 벗어난 환자가 자문하지 않을 수 없는 물음인 "내가 어떻게 그런 생각의 오류를 서슴없이 믿었던가?"에 대한 답으로 지은이는 우리 내면의 침묵의 가정, 즉 일이 이러저러하게 되어가야 한다는 가정으로 승인, 사랑, 완벽주의, 업적과 자기가치의 동일시 등을 들면서 이러한 가정들의 비논리성을 하나씩 파헤친다.

우울증에 곧잘 수반되는 자살 욕구를 규명한 후 번즈 박사는 인지 요법과 약물 치료의 연관성을 겨냥하여 약물 치료에 대해 자세한 안내를 해준다.

나는 이 책이 나오도록 도움을 주신 많은 분을 기억하며 감사드린다. 그리고 이 책을 번역하는 동안에 만난 우울증에 걸린 사람들 몇몇 을 아울러 기억한다. 무기력과 무활동성에 빠져 있던 이웃, 자살을 벌써 한 번 시도했고 또 시도한다던 사람……. 나는 그들의 아픈 물음에 대한 답을 쓴다는 마음으로, 감히 말한다면 일종의 사명감을 가지고 이 책과 씨름했다. 졸역이지만 옮긴이와 같은 물음에 시급한 해답을 찾을 사람들이 있으리라는 생각에 감히 내어놓는다.

지은이 데이비드 번즈 박사는 아머스트 대학을 수석 졸업하고, 스탠퍼드 대학교에서 의학박사 학위를 받았으며, 펜실베이니아 대학교에서 정신과 수련을 마쳤다. 그는 35세가 되기도 전에 정신의학 연구자에게 주어지는 최고의 영예인 베네트 상을 받았다. 그러나 그 영예를 누리게 만든 의학적 발견들이 현장에서 만나는 일상의 환자들에게 소용되지 않는데 깊이 회의를 느끼던 지은이는 기분장애에 관한 세계 최고의 권위자인 아론 베크 박사를 알게 되었다. 그들은 이 책의 기초를 이루는 '인지 요법'의 개발과 완성을 위해 함께 노력했다.

이 책은 이 인지 요법을 일반 대중이 쉽게 활용할 수 있도록 기획된 것으로서, 번즈 박사의 형안과 간결명료한 문장력과 실용적인 내용으로 이뤄진 작품이라고 베크 박사는 칭찬한다.

번즈 박사는 환자 치료 이외에도 펜실베이니아 대학교에서 정신 치료와 약물 치료를 가르치고 있으며, 전 세계의 정신건강 전문가 그룹에서 강의하는 등 의욕적으로 활동하고 있다. 그의 다른 책으로는 《Intimate Connections》가 있다.

구산에서

박승용

옮긴이 **박승용**

1986년 1월, 신부 서품을 받았다.
1991~1998년 미국 University of Wisconsin-Madisond에서
심리학 박사 학위를 획득했으며,
2002~2007년 의대에서 수학하고, 의사 고시에 합격했다.
논문으로 Measuring forgiveness across three cultures가 있으며,
현재 진료, 연구 활동 중이다.

우울한 현대인에게 주는 번즈 박사의 충고

1판 1쇄 발행 1991년 3월 19일
2판 재쇄 발행 2024년 9월 1일

지은이 데이비드 번즈 | 옮긴이 박승용
펴낸곳 (주)문예출판사 | 펴낸이 전준배
출판등록 2004. 02. 11. 제 2013-000357호 (1966. 12. 2. 제 1-134호)
주소 04001 서울시 마포구 월드컵북로 21
전화 393-5681 | 팩스 393-5685
홈페이지 www.moonye.com | 블로그 blog.naver.com/imoonye
페이스북 www.facebook.com/moonyepublishing | 이메일 info@moonye.com

ISBN 978-89-310-0228-7 03180

• 잘못 만든 책은 구입하신 서점에서 바꿔드립니다.

❖문예출판사® 상표등록 제 40-0833187호, 제 41-0200044호